OEUVRES COMPLÈTES

DE

SHAKESPEARE

TRADUITES

PAR ÉMILE MONTÉGUT

TOME PREMIER

LA TEMPÊTE

LES GENTILSHOMMES DE VÉRONE

LA COMÉDIE DES MÉPRISES

LE SONGE D'UNE NUIT D'ÉTÉ

LE MARCHAND DE VENISE

PARIS

LIBRAIRIE DE L. HACHETTE ET Cie

BOULEVARD SAINT-GERMAIN, N° 77

—

1867

OEUVRES COMPLÈTES

DE

SHAKESPEARE

Ex. de remplacement pour le magasin

Y k

4820

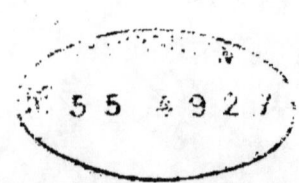

IMPRIMERIE GÉNÉRALE DE CH. LAHURE
Rue de Fleurus, 9, à Paris.

OEUVRES COMPLÈTES

DE

SHAKESPEARE

TRADUITES

PAR ÉMILE MONTÉGUT

TOME PREMIER

LA TEMPÊTE
LES GENTILSHOMMES DE VÉRONE
LA COMÉDIE DES MÉPRISES
LE SONGE D'UNE NUIT D'ÉTÉ
LE MARCHAND DE VENISE

PARIS

LIBRAIRIE DE L. HACHETTE ET Cie
BOULEVARD SAINT-GERMAIN, N° 77

—

1867
Tous droits réservés

LA TEMPÊTE

IMPRIMÉE POUR LA PREMIÈRE FOIS DANS L'ÉDITION EN-FOLIO DE 1623. — DATE PROBABLE DE LA REPRÉSENTATION : JOUR DE LA TOUSSAINT 1611.

PERSONNAGES DU DRAME.

ALONZO, roi de Naples.
SÉBASTIEN, son frère.
PROSPERO, le duc légitime de Milan.
ANTONIO, son frère, le duc usurpateur de Milan.
FERDINAND, fils du roi de Naples.
GONZALO, un honnête vieux conseiller.
ADRIEN, } Seigneurs.
FRANCISCO,
CALIBAN, esclave sauvage et difforme.
TRINCULO, bouffon.
STEPHANO, sommelier ivrogne.
Un capitaine de navire.
Un maître d'équipage.
Matelots.
MIRANDA, fille de Prospero.
ARIEL, esprit de l'Air.
IRIS,
CÉRÈS,
JUNON,   } Esprits.
NYMPHES,
MOISSONNEURS,
Autres esprits au service de Prospero.

SCÈNE. — Un vaisseau en mer, puis une île inhabitée.

AVERTISSEMENT.

Cette pièce présente plusieurs particularités curieuses. On connaît les matériaux d'où Shakespeare a tiré tous ses autres drames : c'est un conte de Boccace, de Cinthio, de Bandello ou de fra Luigi, un fragment d'Hollinshed, un épisode de Plutarque; mais les éléments de *la Tempête* sont jusqu'à présent restés introuvables. Au siècle dernier, le poëte Collins désigna une nouvelle italienne à l'historien de la poésie anglaise, Warton; mais Collins, à cette époque, était atteint de folie, et, vérification faite, il se trouva que le sujet de cette nouvelle, nommé *Aurelio et Isabella*, n'avait aucune ressemblance avec le sujet de *la Tempête*. La critique contemporaine, en Angleterre et en Allemagne, a déniché une vieille pièce allemande écrite par un certain Jacob Ayrer, notaire de Nuremberg, au dix-septième siècle, et intitulée *la Belle Sidea*, dont le sujet présente en effet, s'il faut en juger par l'analyse, de frappantes ressemblances avec celui de *la Tempête*. Un illustre poëte allemand, qui était en même temps un profond érudit de toutes les choses concernant Shakespeare et l'ancien théâtre anglais, Tieck, regardait cette pièce non comme une œuvre originale, mais comme une traduction de quelque vieux drame anglais aujourd'hui perdu, dont Shakespeare aurait eu connaissance, et un critique contemporain, M. Thoms, partage cette opinion. Ce fait n'a rien d'inadmissible, mais le fait contraire peut être tout aussi vrai. Il n'est pas impossible que la pièce de Jacob Ayrer soit la traduction allemande du même drame d'où Shakespeare a tiré le sujet de *la Tempête*. Il n'est pas davantage impossible qu'elle soit un arrangement plus ou moins arbitraire de l'œuvre de Shakespeare, au lieu d'être une traduction d'une œuvre antérieure. Un fait seul reste certain, c'est que ce vieux drame anglais est inconnu et qu'il est encore à trouver, aussi bien que le roman italien de Collins.

D'autres commentateurs ont cherché l'origine de *la Tempête* dans le naufrage qu'essuyèrent en 1609 sir George Sommers et sir Thomas Gates sur les côtes des Bermudes, naufrage dont la relation fut donnée l'année suivante par une des personnes de l'équipage. Ce fait peut bien avoir été en effet l'*occasion*, mais il n'a pu être la *matière* de l'œuvre de Shakespeare ; il a bien pu suggérer *la Tempête*, mais il n'a pu fournir au poëte les éléments de caractères semblables à ceux de Miranda, de Caliban, d'Ariel et de Prospero. Il a cependant son importance et mérite considération. Il y a dans *la Tempête* un tel luxe de détails de mœurs sauvages et exotiques qu'on peut sérieusement se demander si le but de Shakespeare, en écrivant cette pièce, n'a pas été de résumer les innombrables particularités poétiques qu'il avait rencontrées dans ses lectures des voyageurs contemporains, et de donner un corps aux impressions de toute sorte qu'il avait ressenties pendant ces lectures. Si cette hypothèse est vraie — et c'est une des meilleures qu'on puisse proposer pour expliquer l'origine de cette œuvre étrange, — rien n'empêche que le naufrage de 1609 et la relation qui en fut donnée l'année suivante, aient agi sur son génie par voie de sollicitation, pour ainsi dire, en lui suggérant l'idée de concentrer toutes ces impressions éparses d'admiration et de surprise, toutes ces joies et toutes ces terreurs d'imagination qu'il avait dû mille fois ressentir, et de créer dans l'île enchantée de Prospero le microcosme des milliers d'îles enchantées que son siècle avait vues surgir du sein de l'Océan, et dont ses contemporains lui avaient raconté les merveilles.

La mascarade du quatrième acte, représentée devant Ferdinand et Miranda, sur l'ordre de Prospero, par Ariel et ses compagnons, a fait supposer à quelques commentateurs que cette pièce avait dû être composée à l'occasion de quelque mariage, par exemple celui du comte d'Essex, dont la date est en effet la même que la date probable de *la Tempête*, 1611. Il y a bien quelques ressemblances entre cette pièce et le genre de divertissements poétiques appelés *Masques*, qui étaient à la mode sous la reine Élisabeth et le roi Jacques : la simplicité du plan, une action combinée en vue du spectacle, l'emploi de l'allégorie féerique, etc.; mais sa longueur, qui dépasse de beaucoup la longueur ordinaire des *Masques*, ne permet pas de la ranger dans cet ordre de productions. Il est bien possible qu'elle ait été représentée pour la première fois à quelque mariage ; ce qui est inadmissible, c'est qu'elle ait été composée expressément pour cette occasion. Tout indique que nous sommes en présence d'une œuvre rêvée à loisir, lentement combinée, patiemment exécutée, et non d'une improvisation brillante qui a dû être livrée à courte échéance, à jour fixe, pour une solennité qui n'admettait pas de retards.

Pour nous, s'il nous était permis de donner notre opinion personnelle après tant de critiques érudits, nous dirions qu'on ne retrouvera jamais les éléments dont s'est servi Shakespeare, par la raison bien simple que ces éléments n'ont jamais existé autre part que dans l'âme du poëte. *La Tempête* est, pour employer le langage de la critique allemande, la plus *subjective* des œuvres du poëte. Mais alors que signifie cet étrange rêve? La pièce a-t-elle un sens, ou n'est-elle qu'une fantaisie d'une grande imagination qui s'amuse? La date de *la Tempête* suffit, selon nous, pour donner la clef de tous ces mystères. Nous ne savons pas la date exacte de la représentation ; mais cette date, quelle qu'elle soit (la plus probable est 1611), ne peut être placée qu'entre les années 1610 et 1613 ; par conséquent, nous savons de science certaine que si elle n'est pas la dernière, elle est au moins une des dernières. Mais elle est la dernière ; car, à défaut de date précise, elle-même le proclame par son sujet, par ses caractères et par ses plus petits détails. Il nous est impossible, en effet, de voir autre chose dans *la Tempête* que le testament dramatique du grand poëte sous forme allégorique, ses adieux à son public, et enfin la synthèse poétique, ou comme s'exprimerait Prospero dans son langage de magicien, le *Microcosme* du monde infini sorti de son imagination. Quand on songe que cette pièce, par sa date, se rapproche d'aussi près que possible de la retraite définitive du poëte à Strafford sur Avon, il est difficile de ne pas identifier Prospero donnant congé à Ariel et se retirant après tant d'épreuves, heureusement surmontées, dans son duché de Milan, où, « sur trois de ses pensées, il doit en consacrer une à sa tombe, » avec Shakespeare donnant congé à son génie, et se retirant, après les longs déboires du théâtre, dans son bourg natal, pour s'y préparer, au sein du repos, à ce grand voyage qui devait suivre sa retraite de si près. Il est difficile de voir dans *la Tempête* autre chose qu'une généralisation poétique où tout le monde de Shakespeare a été concentré avec une simplicité et une sobriété admirable dans quelques personnages. Miranda, Caliban, Prospero, la nature humaine dans ce qu'elle a de plus haut et dans ce qu'elle a de plus bas, l'âme angélique et la brute instinctive, le pouvoir magique du génie, roi par les enchantements de l'inspiration et les sortiléges de la force morale et de la sympathie, voilà bien toute *la Tempête*, et voilà bien aussi l'œuvre entière de Shakespeare, dont la variété infinie a été ramenée à l'unité la plus étroite avec la plus admirable économie de moyens dans ces trois ou quatre personnages.

Cependant si le lecteur n'acceptait pas davantage cette explication, s'il s'obstinait à ne voir dans *la Tempête* qu'une simple fantaisie d'imagination sans but précis ni préconçu, il ne resterait plus qu'à proclamer le hasard, le plus grand des maîtres, et à admirer l'étonnante combinaison fortuite qui, de rêveries tourbillonnantes dans le cerveau du poëte comme les atomes du système d'Épicure, a su faire sortir un monde aussi complet, une fantaisie aussi logique, une chimère aussi réelle.

LA TEMPÊTE.

ACTE I.

SCÈNE PREMIÈRE.

Un vaisseau en mer. Une tempête avec tonnerre et éclairs.

Entrent successivement le Capitaine du navire *et le* Maître d'équipage.

Le capitaine. — Maître?

Le maître d'équipage. — Me voici, capitaine; qu'y a-t-il?

Le capitaine. — Très-bien; parlez aux matelots et manœuvrez vivement, ou nous allons échouer. Dépêchons! dépêchons! (*Il sort.*)
(*Entrent les matelots.*)

Le maître d'équipage. — En avant, mes agneaux! vivement, vivement, mes agneaux! hardi, hardi! ferlez le hunier! attention au sifflet du capitaine! Tu peux souffler jusqu'à extinction de ton vent, tempête, pourvu que nous ayons assez de champ [1].

Entrent ALONZO, FERDINAND, ANTONIO, SÉBASTIEN, GONZALO et autres.

Alonzo. — Mon brave maître, faites bien tous vos efforts. Où est le capitaine? Allons, montrez-vous des hommes.

Le maître d'équipage. — Pour le moment, je vous en prie, restez en bas.

Antonio. — Où est le capitaine, maître?

Le maître d'équipage. — Ne l'entendez-vous pas? vous embarrassez notre manœuvre. Restez dans vos cabines, vous assistez la tempête.

Gonzalo. — Voyons, mon brave, un peu de patience!

Le maître d'équipage. — Lorsque la mer en aura. Décampez donc! Quel souci, je vous le demande, cette meute rugissante de la tempête a-t-elle du nom de roi[2]? A vos cabines, et silence! Ne nous troublez pas.

Gonzalo. — Sans doute; cependant rappelle-toi qui tu as à bord.

Le maître d'équipage. — Personne que j'aime plus que moi-même. Vous êtes un conseiller, n'est-ce pas? Eh bien, si vous pouvez ordonner le silence à ces éléments et faire le calme sur l'heure, nous ne toucherons pas un cordage de plus. Usez de votre autorité, et si vous ne le pouvez pas, rendez grâces à Dieu d'avoir vécu si longtemps, et allez dans votre cabine vous tenir prêt à recevoir la mauvaise chance de notre situation, si c'est celle-là qui se présente. — Courage, mes braves enfants! — Tirez-vous de notre chemin, vous dis-je. (*Il sort.*)

Gonzalo. — La présence de ce gaillard-là me rassure beaucoup. Je ne lui vois pas du tout les signes de la noyade; toute sa personne au contraire parle expressivement de la potence. Tiens ferme pour sa pendaison, bonne fatalité! Fais de la corde de sa destinée notre câble de salut, car le nôtre nous est d'un médiocre secours. S'il n'est pas né pour la potence, nous sommes en mauvaise passe. (*Gonzalo et les autres seigneurs sortent.*)

(*Rentre le maître d'équipage.*)

Le maître d'équipage. — Abaissez le mât de hune! vivement! plus bas, plus bas! essayons de mettre à la cape sous la grande voile[3]. (*Cris dans l'intérieur du navire.*) La peste soit de ces hurlements! ils sont plus forts que la tempête et la manœuvre.

(*Rentrent Sébastien, Antonio et Gonzalo.*)

Comment, c'est encore vous! que venez-vous faire ici? Faut-il envoyer tout promener et nous laisser noyer? Tenez-vous absolument à couler bas?

Sébastien. — La peste te serre la gorge[4], chien braillard, blasphémateur, brute sans égards!

Le maître d'équipage. — Manœuvrez vous-même, alors!

Antonio. — Une potence pour toi, chien hargneux; une potence! fils de catin, insolent criard, nous avons moins peur d'être noyés que toi.

Gonzalo. — Je me porte garant qu'il ne se noiera pas, le vaisseau ne fût-il pas plus solide qu'une coquille de noix et fût-il plus ouvert que la plus effondrée des catins.

Le maître d'équipage. — Serrez le vent! ferme, ferme! relevez deux des basses voiles, et revenons en pleine mer. Au large, au large[5]!

(*Rentrent les matelots trempés par la tempête.*)

Les matelots. — Tout est perdu! en prières! en prières! tout est perdu! (*Ils sortent.*)

Le maître d'équipage. — Eh quoi! va-t-il donc falloir que nos bouches se glacent?

Gonzalo. — Le roi et le prince sont en prières; allons nous joindre à eux, car notre situation est la même que la leur.

Sébastien. — Je suis à bout de ma patience.

Antonio. — Nous sommes tout simplement filoutés de nos existences par des ivrognes. Ce coquin là-bas à la large gueule! puisses-tu te noyer et flotter roulé par dix marées!

Gonzalo. — Et malgré tout, cependant, il sera pendu, quoiqu'il n'y ait pas une goutte d'eau qui ne jure le contraire et qui ne s'ouvre aussi grande qu'elle peut pour l'engloutir.

(*Bruit confus de voix à l'intérieur du navire.*)

Miséricorde! nous sombrons! nous sombrons! Adieu, ma femme et mes enfants! Adieu, mon frère! Nous sombrons! nous sombrons! nous sombrons!

(*Sort le maître d'équipage.*)

Antonio. — Allons tous mourir avec le roi. *Il sort.*)

Sébastien. — Allons prendre congé de lui. (*Il sort.*)

Gonzalo. — Je donnerais bien tout à l'heure mille lieues de mer pour un acre de terre stérile, grande bruyère, genêts sombres ou n'importe quoi de semblable. La volonté d'en haut soit faite, mais j'aimerais beaucoup mieux mourir d'une mort sèche [6]. (*Il sort.*)

SCÈNE II.

L'île. — Devant la grotte de Prospero.

Entrent PROSPERO *et* MIRANDA.

Miranda. — Si c'est par la puissance de votre art, mon père bien-aimé, que les vagues furieuses poussent de tels rugissements, apaisez-les. Il semble que le ciel verserait à torrents la poix empestée, si la mer montant jusqu'à sa joue [7] n'allait éteindre ses feux. Oh! comme j'ai souffert avec ceux que je voyais souffrir! Un brave vaisseau, qui sans doute contenait dans ses flancs quelques nobles créatures, brisé tout entier, mis en pièces! Oh! leurs cris sont venus frapper contre mon propre cœur! Pauvres êtres! Ils ont péri. Si j'avais été quelque divinité puissante, j'aurais enfoncé la mer dans la terre, avant de lui laisser engloutir ainsi ce beau navire et sa cargaison d'âmes.

Prospero. — Rassérène-toi; plus d'angoisse : dis à ton cœur compatissant qu'il n'est arrivé aucun malheur.

Miranda. — O jour lamentable!

Prospero. — Aucun malheur, te dis-je. Je n'ai rien fait que par sollicitude pour toi, pour toi, ma chérie, pour toi, ma fille, qui ignores qui tu es, ignorant d'où je sors et si je suis quelqu'un de supérieur à Prospero, le possesseur d'une tout à fait pauvre grotte, ton père et rien de plus haut.

Miranda. — Le souci d'en savoir davantage ne s'est jamais mêlé à mes pensées.

Prospero. — Il est temps que je t'informe mieux. Prête-moi le secours de ta main et débarrasse-moi de mon vêtement magique. Là, très-bien. (*Il dépose sa robe à terre.*) Repose ici, mon art. — Allons, essuie tes yeux, console-toi. Ce naufrage, dont l'affreux spectacle a remué en toi la vertu même de la compassion, je l'ai, grâce aux mesures que mon art me permettait de prendre, si prudemment dirigé, qu'il n'en a pas coûté la perte d'une âme.... Que dis-je? il n'en a pas coûté même un cheveu à une seule des créatures de ce vaisseau, dont tu as entendu les cris, que tu as vues sombrer. Assieds-toi, car tu dois maintenant en savoir davantage.

Miranda. — Vous avez souvent commencé à m'apprendre qui je suis, mais toujours vous vous êtes arrêté et m'avez abandonnée à de vaines conjectures, en disant pour conclusion : attendons, pas encore.

Prospero. — L'heure est maintenant venue. La minute présente même t'ordonne d'ouvrir l'oreille; obéis et sois attentive. Peux-tu te rappeler une époque antérieure à celle où nous sommes venus habiter cette grotte? je ne crois pas, car tu n'avais pas alors trois ans pleins.

Miranda. — Certainement, seigneur, je le puis.

Prospero. — Qu'est-ce qui t'en fait souvenir? Est-ce une autre maison ou une autre personne? Retrace-moi l'image de quelqu'une des choses qui sont restées dans ta mémoire.

Miranda. — Cela est bien lointain, et plutôt comme un songe que comme une réalité que ma mémoire puisse garantir. N'avais-je pas alors quatre ou cinq femmes pour prendre soin de moi?

Prospero. — Tout autant, Miranda, et même davantage. Mais comment se fait-il que cette particularité vive dans ton esprit? Que vois-tu encore dans ce ténébreux lointain du passé, par delà cet abîme du temps? Puisque tu te souviens de choses antérieures à ton arrivée dans cette île, tu dois te rappeler comment tu y es venue?

Miranda. — Cependant non; cela, je ne le puis pas.

Prospero. — Il y a douze ans, Miranda, douze ans, ton père était alors le duc de Milan et un bien puissant prince.

Miranda. — Seigneur, n'êtes-vous pas mon père?

Prospero. — Ta mère était un modèle de vertu et elle m'avait dit que tu étais ma fille; ton père était duc de Milan, et son unique héritière, une princesse — pas moins née que cela.

Miranda. — O cieux! Quel mauvais jeu avons-nous donc eu qui nous ait forcés de partir de là-bas? Ou bien au contraire, cela fut-il pour nous une heureuse fortune?

Prospero. — L'un et l'autre, l'un et l'autre, ma fille. Par mauvais jeu, comme tu le dis, nous fûmes chassés de là-bas, mais par heureuse fortune nous fûmes poussés jusques ici [8].

Miranda. — Oh! le cœur me saigne en songeant aux souffrances que je vous ai causées et dont je n'ai pas gardé le souvenir. Mais, s'il vous plaît, continuez [9].

Prospero. — Mon frère et ton oncle qui se nommait Antonio, — je t'en prie, remarque bien ceci : qu'un frère puisse être aussi perfide, lui que j'aimais, après toi, plus que tout au monde, et à qui j'avais confié le gouvernement de mon État! — A cette époque, parmi toutes les seigneuries la mienne était la première, et parmi les ducs Prospero était le premier — le premier et réputé tel par la dignité et sans égal dans les arts libéraux. Comme ces arts faisaient l'objet de mon entière application, je me déchargeai sur mon frère des soins du gouvernement et je devins progressivement étranger à mon État, perdu, enfoui comme je l'étais dans mes études secrètes. Ton fourbe d'oncle.... me suis-tu bien?

Miranda. — Avec la plus grande attention, seigneur.

Prospero. — Une fois qu'il sut en perfection comment on accorde des faveurs et comment on les refuse, quels on doit faire avancer et quels faire reculer pour avoir dépassé leur rang [10], il créa à nouveau toutes mes créatures, je veux dire par là qu'il les remplaça ou qu'il en fit d'autres hommes. Tenant à la fois la clef des fonctionnaires et des fonctions, il monta tous les cœurs de mes sujets au diapason qui plaisait à son oreille, tant et si bien qu'il fut alors le lierre qui cachait mon tronc princier et suçait la séve de ma verdure pour alimenter la sienne. — Tu ne m'écoutes pas ?

Miranda. — Mon bon seigneur, je vous écoute.

Prospero. — Suis-moi bien, je t'en prie. En négligeant ainsi toutes les poursuites mondaines, tout entier dévoué au recueillement solitaire et au perfectionnement de mon esprit dans des études qui, sauf ce défaut d'être si abstraites, dépassaient en valeur tout ce qu'estime le vulgaire, j'éveillai dans mon hypocrite de frère une mauvaise nature, et ma confiance, comme une forte mère, engendra de lui une fourberie par contraste aussi grande qu'elle-même, et c'était en vérité une confiance sans limites, une foi sans mesure. Quand il eut été mis ainsi en possession non-seulement des ressources de mon revenu, mais de tout ce que mon pouvoir avait droit d'exiger, alors pareil à un homme qui a fait de sa mémoire une telle pécheresse contre la vérité qu'il finit par croire à son propre mensonge à force de le répéter, il en vint à s'imaginer qu'il était en effet le duc, par le fait même de la substitution de sa personne à la mienne et de cette représentation extérieure de la royauté avec la plénitude de ses prérogatives. Par cette raison, son ambition croissant.... m'entends-tu ?

Miranda. — Votre récit, seigneur, guérirait la surdité.

Prospero. — Pour supprimer toute différence entre le personnage qu'il joue et celui pour le compte de qui il le joue, il faut qu'il devienne le duc de Milan lui-même. Pour moi, pauvre homme, ma bibliothèque était un duché assez vaste; il me juge désormais incapable de toute royauté temporelle; il se ligue — si âpre était son désir de régner — avec le roi de Naples, s'engage à lui payer un tribut annuel, soumet sa couronne ducale à la couronne royale, et courbe le duché, jusqu'alors indompté — hélas ! pauvre Milan ! — sous le plus ignoble vasselage.

Miranda. — Oh! grands dieux!

Prospero. — Remarque bien ce traité et ses conséquences, et dis-moi s'il est possible que ce fût là un frère.

Miranda. — Je pécherais, si j'avais sur ma grand'-mère une autre opinion que respectueuse; des entrailles vertueuses ont porté de mauvais fils.

Prospero. — D'abord le traité. Le roi de Naples, mon ennemi invétéré, accueille les propositions de mon frère, lesquelles étaient qu'en retour des promesses précédemment énoncées, c'est-à-dire de l'hommage et d'un tribut, fort de je ne sais quelle somme, lui, le roi de Naples, s'engagerait à extirper du duché moi et les miens et à conférer à mon frère le beau Milan avec tous ses titres et dignités. En conséquence, une armée de traîtres fut levée, et au beau milieu d'une nuit marquée pour l'exécution du pacte, Antonio lui ouvrit les portes de Milan, d'où les agents du crime nous arrachèrent, au plus épais des ténèbres, moi et toi tout en larmes.

Miranda. — Hélas, quelle pitié! Moi qui ne me rappelle plus comment je pleurais alors, voilà que je me sens prête maintenant à pleurer de nouveau. Votre récit est pour mes yeux une invitation aux larmes.

Prospero. — Écoute encore un peu, et je vais t'amener à l'affaire qui nous intéresse aujourd'hui et sans laquelle ce récit serait fort intempestif.

Miranda. — Mais pourquoi ne nous firent-ils pas périr à ce moment-là?

Prospero. — Bien demandé, mademoiselle. Chérie, ils n'osèrent pas, si affectueux était l'amour que mon peuple me portait, et aussi parce qu'ils voulurent éviter d'imprimer à cette affaire une telle marque de sang. C'est de plus belles couleurs qu'ils essayèrent de peindre leur affreuse entreprise. Bref, ils nous traînèrent précipitamment à bord d'une barque et nous transportèrent à quelques lieues en mer, jusqu'à un point où ils tenaient prête une carcasse pourrie de bateau sans agrès, cordages, voiles ni mâts, et que les rats eux-mêmes avaient instinctivement désertée[11]. C'est là qu'ils nous déposèrent pour sangloter de compagnie avec la mer qui mugissait autour de nous, pour soupirer de compagnie avec les vents dont la compassion, nous renvoyant nos soupirs, nous mesura le péril avec tendresse.

Miranda. — Hélas ! Quel embarras je dus être alors pour vous !

Prospero. — Oh ! tu fus un chérubin qui me protégea. Pendant que, gémissant sous mon fardeau, je mêlais à la mer des larmes qui n'étaient que sel[12], toi, tu souriais, animée par une force qui venait du ciel, et ce spectacle suscita en moi une énergie patiente assez forte pour résister à tout ce qui pourrait advenir.

Miranda. — Comment arrivâmes-nous à terre ?

Prospero. — Par la protection de la divine Providence. Nous avions quelques vivres et un peu d'eau fraîche qu'un noble napolitain, Gonzalo, qui avait été chargé de diriger en chef cette affaire, nous donna par un bon mouvement de charité, ainsi que de riches vêtements, du linge, des étoffes, des objets de première nécessité, qui par la suite nous ont été fort utiles ; de plus, sachant combien j'aimais mes livres, sa libéralité me gratifia d'un certain nombre de volumes que j'estime au-dessus de mon duché.

Miranda. — Que je voudrais voir quelque jour cet homme !

Prospero. — Maintenant je me lève[13] ; toi, reste assise et écoute la fin de nos tribulations maritimes. Nous arrivâmes dans cette île ; et ici, moi ton maître d'école, je t'ai élevée comme ne peuvent l'être d'autres princesses qui ont plus d'heures à dépenser en vains passe-temps et des précepteurs moins pleins de sollicitude.

Miranda. — Que le ciel vous en récompense ! et maintenant, seigneur, je vous en prie — car j'en ai encore l'âme toute troublée — votre motif pour soulever cette tempête ?

Prospero. — Voici tout ce que tu dois en savoir[14]. Par un hasard fort étrange, la généreuse fortune, aujourd'hui ma chère dame protectrice, a conduit mes ennemis sur ce rivage, et, grâce à ma prescience, je découvre que mon zénith est dominé par une étoile propice dont je dois m'empresser de courtiser l'influence, faute de quoi, mes chances heureuses iront toujours en décroissant. Cesse ici tes questions ; je te vois une inclination au sommeil : c'est un engourdissement salutaire. Cède-lui, je sais que tu ne peux pas résister. (*Miranda s'endort.*)

Viens ici, mon serviteur, viens ; je suis prêt maintenant. Approche, mon Ariel, viens.

Entre ARIEL[15].

Ariel. — Salut, maître puissant ! sage seigneur, salut ! me voici tout prêt à répondre au bon plaisir de ta volonté, qu'il s'agisse de nager, de plonger dans le feu ou de chevaucher les nuages onduleux ; soumets à tes ordres souverains Ariel et toutes ses aptitudes.

Prospero. — Esprit, as-tu exécuté sans rien omettre la tempête que je t'avais ordonnée ?

Ariel. — De point en point. J'ai abordé le vaisseau du roi, et tour à tour, sur la proue, sur les flancs du navire, sur le pont, dans chaque cabine, j'ai flamboyé, objet d'épouvante. Quelquefois je me divisais et je brûlais en plusieurs endroits à la fois ; sur le grand mât, sur les vergues, sur le beaupré, je brillais en flammes séparées ; puis, me rejoignant, je me fondais en une seule flamme. Les éclairs de Jupiter, précurseurs des redoutables grondements de tonnerre, ne sont pas plus rapides, plus prompts à fuir devant la vue. Le feu et les explosions du soufre rugissant semblaient assiéger le tout-puissant Neptune et faire trembler ses vagues audacieuses, plus encore, ébranler jusqu'à son trident redouté[16].

Prospero. — Mon brave Esprit ! S'en est-il trouvé un assez ferme, assez intrépide pour que ce vacarme n'ait pas démonté sa raison ?

Ariel. — Pas un seul qui n'ait été saisi d'un délire insensé et qui n'ait représenté au naturel quelqu'une des expressions du désespoir. Tous, à l'exception des matelots, ont plongé dans l'onde écumante et quitté le vaisseau qu'à ce moment j'enveloppais tout entier de ma flamme. Le fils du roi, Ferdinand, les cheveux dressés de terreur, — mieux vaudrait dire des joncs que des cheveux, — fut le premier à s'élancer en criant : L'enfer est vide et tous les diables sont ici !

Prospero. — Bravo ! c'est bien là mon Esprit ! Mais **tout** cela ne se passait-il pas près du rivage?

Ariel. — Tout contre, mon maître.

Prospero. — Mais sont-ils sains et saufs, Ariel ?

Ariel. — Pas un cheveu de moins à leur tête; pas une tache sur leurs vêtements qui les soutenaient au-dessus de l'onde et qui sont plus frais qu'auparavant. Ainsi que tu me l'as ordonné, je les ai ensuite dispersés par groupes dans les diverses parties de l'île. Quant au fils du roi, je l'ai débarqué à part et je l'ai laissé dans un coin écarté de l'île, rafraîchissant l'air de ses soupirs et assis les bras tristement croisés, comme cela [17].

Prospero. — Dis-moi aussi ce que tu as fait du vaisseau du roi, des marins et du reste de la flotte.

Ariel. — Le vaisseau du roi est à l'abri, assuré contre tout péril. Il est caché dans cette baie profonde où une fois tu m'appelas à minuit pour aller te chercher de la rosée des Bermudes éternellement orageuses[18]. Les matelots sont tous couchés épars sous les écoutilles; je les ai quittés endormis par un charme que j'ai ajouté à leurs fatigues. Quant au reste des navires que j'avais dispersés, ils se sont ralliés et maintenant ils voguent sur les eaux de la Méditerranée et s'en retournent tristement à Naples avec la conviction qu'ils ont vu sombrer le vaisseau du roi et périr son auguste personne.

Prospero. — Ariel, ta mission a été exactement accomplie, mais il nous reste encore autre chose à faire. A quel moment du jour sommes-nous ?

Ariel. — Nous avons passé le milieu.

Prospero. — De deux sabliers au moins. Il nous faut précieusement employer le temps qui nous reste jusqu'à la sixième heure[19].

Ariel. — Faut-il encore travailler ? Puisque tu me

donnes tant de fatigue, laisse-moi te rappeler cette promesse que tu n'as pas encore tenue.

Prospero. — Qu'est-ce à dire, boudeur fantasque? Qu'est-ce que tu as à me demander?

Ariel. — Ma liberté.

Prospero. — Avant que le temps en soit arrivé? assez.

Ariel. — Souviens-toi, je t'en prie, que je t'ai loyalement servi, que je ne t'ai pas dit de mensonges ni fait de bévues, que je t'ai obéi de bon cœur sans jamais être ni récalcitrant ni grognon. Tu m'avais promis de me rabattre sur mon temps une année pleine.

Prospero. — As-tu donc oublié de quel tourment je te délivrai jadis?

Ariel. — Non.

Prospero. — Tu l'as oublié et tu crois faire beaucoup parce que tu foules le limon de l'abîme salé, parce que tu cours sur l'âpre vent du Nord, et que tu t'emploies à mon service dans les veines de la terre lorsqu'elle est durcie par la gelée.

Ariel. — Je ne pense pas ainsi, seigneur.

Prospero. — Tu mens, être malicieux. As-tu donc oublié l'immonde sorcière Sycorax que l'âge et les passions méchantes avaient courbée en cerceau? l'as-tu donc oubliée?

Ariel. — Non, seigneur.

Prospero. — Tu l'as oubliée. Où était-elle née, dis-moi? parle.

Ariel. — A Alger, seigneur.

Prospero. — Oui, n'est-ce pas? il me faut te rappeler une fois par mois ce que tu as été, puisque tu l'oublies. Cette maudite sorcière Sycorax fut, comme tu le sais, bannie d'Alger pour des méfaits nombreux et des sortiléges capables d'épouvanter l'ouïe humaine; cependant elle avait fait une action pour laquelle on voulut épargner sa vie. Cela n'est-il pas vrai?

Ariel. — Oui, seigneur.

Prospero. — Cette sorcière à l'œil chassieux [26] fut conduite ici enceinte et y fut abandonnée par les matelots.

ACTE I, SCÈNE II.

Toi, mon esclave, ainsi que tu me l'as raconté toi-même, tu étais alors son serviteur; mais comme tu étais un esprit trop délicat pour exécuter ses volontés exécrables et fangeuses, tu te refusas aux plus importants de ses ordres, et alors, dans l'accès d'une rage implacable, elle t'enferma avec l'aide de plus puissants ministres dans l'intérieur d'un pin entre les étroites cloisons duquel tu restas cruellement emprisonné pendant douze années; et lorsque, durant cet intervalle, elle mourut, ce fut là qu'elle te laissa, exhalant des gémissements aussi précipités que les tic tac de la roue d'un moulin qui tourne rapidement. Alors cette île — si j'en excepte le fils qu'elle y avait mis bas, un petit monstre tout rousseau, vrai produit de sorcière — n'était honorée de la présence d'aucune créature humaine.

Ariel. — Oui, Caliban, son fils.

Prospero. — C'est précisément ce que je dis, être borné; lui-même, ce Caliban que je tiens maintenant à mon service. Tu sais fort bien dans quels tourments je te trouvai; tes gémissements faisaient hurler les loups et pénétraient de compassion les entrailles des ours éternellement furieux. C'était un supplice à infliger aux damnés, et Sycorax n'était plus là pour défaire son ouvrage. Ce fut mon art, lorsqu'après mon arrivée je t'entendis, qui força le pin à s'ouvrir et te permit d'en échapper.

Ariel. — Je te remercie, maître.

Prospero. — Si tu murmures encore, je fendrai un chêne et je te chevillerai dans ses entrailles noueuses jusqu'à ce que tu y aies passé douze hivers à hurler.

Ariel. — Pardon, maître; je me conformerai à tes ordres et j'accomplirai de bonne grâce mes fonctions d'Esprit.

Prospero. — Fais ainsi, et dans deux jours je t'affranchis.

Ariel. — Voilà bien mon noble maître! Que faut-il faire? dis-moi, quoi? que faut-il faire?

Prospero. — Va prendre la figure d'une Nymphe de la Mer; invisible à tous les yeux, ne sois soumis qu'à la vue et à la mienne. Va revêtir cette forme et reviens ici sous cette métamorphose. Va, et fais diligence. (*Ariel sort.*) Réveille-toi, cher cœur, réveille-toi ; tu as bien dormi, réveille-toi.

Miranda, *se réveillant.* — L'étrangeté de votre histoire a mis en moi de l'accablement.

Prospero. — Secoue cette torpeur. Viens, nous irons voir Caliban, notre esclave, qui n'a jamais à nous répondre une bonne parole.

Miranda. — Seigneur, c'est un méchant ; je n'aime pas à arrêter sur lui mes yeux.

Prospero. — Oui, mais tel qu'il est, nous ne pouvons nous en passer. Il fait notre feu, il apporte notre bois et nous rend bien des services utiles. — Hé ! esclave ! Caliban ! Hé, fange ! réponds.

Caliban, *de l'intérieur de la grotte.* — Il y a assez de bois ici.

Prospero. — Sors, te dis-je, tu as autre chose à faire. Arrive donc, tortue ! Eh bien, quand te décideras-tu ? (*Rentre Ariel sous la forme d'une nymphe des eaux.*) Charmante apparition ! mon gracieux Ariel, j'ai à te dire un mot à l'oreille. (*Il lui parle bas.*)

Ariel. — Seigneur, cela sera fait.   (*Il sort.*)

Prospero. — Allons, esclave venimeux, fabriqué par le diable lui-même à ta méchante mère, viens ici.

Entre CALIBAN [21].

Caliban. — Qu'une rosée aussi malfaisante qu'en ait jamais ramassé ma mère sur un marécage pernicieux, avec une plume de corbeau, tombe sur vous deux ! Qu'un vent du sud-ouest souffle sur vous deux et vous couvre de pustules [22] !

Prospero. — Sache bien que cela te vaudra cette nuit des crampes et des points de côté qui te couperont le souffle ! Les farfadets [23], pendant ces heures plus profondément nocturnes où ils peuvent travailler, s'exerceront sur toi. Tu seras criblé de piqûres aussi serrées que les cellules d'un rayon de miel, et plus cuisantes que si elles étaient faites par les aiguillons des abeilles.

Caliban. — Il faut que je mange mon dîner. Cette île que tu me prends est à moi de par Sycorax, ma mère. Dans les premiers temps de ton arrivée tu me faisais bon accueil, tu me donnais de petites tapes d'amitié, tu me faisais boire de l'eau avec du jus de baie, tu m'apprenais comment il faut nommer la grosse lumière qui brûle pendant le jour et aussi la petite lumière qui brûle pendant la nuit; et alors moi je t'aimai et je te montrai toutes les ressources de l'île, les ruisseaux d'eau fraîche, les creux d'eau salée, les places stériles et les places fertiles. Que je sois maudit pour l'avoir fait! que tous les charmes de Sycorax, crapauds, escarbots, chauves-souris, s'abattent sur vous! car je compose à moi seul tous vos sujets, moi qui étais d'abord mon propre roi, et vous me donnez pour chenil un creux de ce dur rocher, pendant que vous me retenez le reste de l'île.

Prospero. — Triple menteur d'esclave, que les coups peuvent émouvoir mais non la bonté, je t'ai traité, tout ordure que tu sois, avec une sollicitude tout humaine, et je t'ai logé dans ma propre cellule jusqu'au jour où tu tentas de violer l'honneur de mon enfant.

Caliban. — O ho! ô ho! si cela avait pu se faire! tu m'en empêchas, autrement j'aurais peuplé l'île de petits Calibans.

Prospero. — Esclave abhorré sur qui aucun bien ne peut faire empreinte, être capable de tout mal, j'eus pitié de toi, je m'imposai la fatigue de te faire parler, je t'enseignai à toute heure une chose ou une autre; alors que tu ne savais pas, sauvage, démêler ta propre pensée et que tu jappais des cris inarticulés comme la plus brute des créatures, je pourvus tes sentiments obscurs d'expressions qui les rendirent intelligibles; mais ta vile essence, quoique tu t'instruisisses, avait en elle ces éléments vicieux dont de bonnes natures ne pouvaient supporter le contact, et c'est pourquoi tu fus justement confiné dans ce rocher, toi qui avais mérité plus qu'une prison.

Caliban. — Vous m'avez appris à parler, et le profit que j'en retire est de savoir comment maudire. La peste rouge[24] vous tue pour m'avoir appris votre langage!

Prospero. — Hors d'ici, graine de sorcière. Va nous chercher du bois et sois prompt, si tu m'en crois, à venir exécuter tes autres besognes. Tu hausses les épaules, sac à méchancetés! si tu montres de la négligence ou de la mauvaise volonté à faire ce que je te commande, je te rouerai de crampes épouvantables, je remplirai tes os de douleurs, je te ferai rugir de telle sorte que les bêtes trembleront au tintamarre de tes cris....

Caliban. — Non, non, je t'en prie. (*A part.*) Il faut que j'obéisse : son art est d'une telle puissance qu'il pourrait l'emporter même sur Setebos, le Dieu de ma mère, et le réduire en vasselage[25]. (*Il sort.*)

Prospero. — Allons, esclave, hors d'ici.

(*Rentre Ariel invisible, jouant de la musique et chantant; Ferdinand le suit.*)

Ariel, *chantant :*
Venez sur ces sables jaunes
Et puis prenez-vous les mains;
Lorsque vous vous serez salués et baisés,
— Les vagues turbulentes se taisent[26]. —
Dansez çà et là de vos pieds agiles,
Et vous, doux esprits, accompagnez du refrain,
Écoutez! Écoutez!

Voix éparses dans le lointain :
Baoôo, vaoôo!
Les chiens de garde aboient.

Voix éparses : Baoôo, vaoôo!
Écoutez! écoutez! j'entends
Le chant aigu de chante-clair le fanfaron,
Qui crie cock a doudle a douou[27].

Ferdinand. — D'où cette musique peut-elle venir, de l'air ou de la terre? Voilà qu'elle ne résonne plus. Pour sûr elle doit s'adresser à quelque divinité de l'île. Assis sur un des bancs de sable de la plage, je pleurais encore le naufrage du roi mon père, lorsque cette musique glis-

ACTE I, SCENE II.

sant sur les eaux est venue jusqu'à moi, calmant à la fois par ses douces mélodies leur furie et ma douleur. C'est de là que je l'ai suivie, ou pour mieux dire c'est de là qu'elle m'a traîné après elle. Mais elle s'est évanouie; non, elle recommence.

ARIEL *chante :*
Sous les eaux, à cinq brasses profondes, ton père est couché :
   Ses os en corail sont changés;
Ce qui était ses yeux perles est devenu;
   Rien de lui ne s'anéantira,
Mais tout subira une transformation marine
En quelque chose de riche et de merveilleux.
Les Nymphes de la Mer incessamment sonnent son glas.
   Refrain. Ding-dong,
 Écoutez, je les entends; ding-dong ! sonne.

FERDINAND. — Cette chanson mentionne mon père naufragé; ce n'est pas là œuvre mortelle ni des sons que puisse réclamer la terre. — J'entends maintenant la mélodie au-dessus de moi.

PROSPERO, *à Miranda.* — Relève les rideaux frangés de tes yeux et dis-moi ce que tu vois là-bas.

MIRANDA. — Qu'est-ce? Un esprit? Bon Dieu, comme cet être regarde tout autour de lui! Sur ma foi, seigneur, cela porte une noble forme; mais c'est un esprit[28].

PROSPERO. — Non, petite fille; cela mange, dort et possède les mêmes sens que nous, les mêmes. Ce galant que tu vois se trouvait dans le naufrage, et n'était qu'il est quelque peu flétri par le chagrin, qui est le chancre de la beauté, tu pourrais l'appeler un beau jeune homme. Il a perdu ses compagnons et il erre çà et là pour les retrouver.

MIRANDA. — Je pourrais bien l'appeler une chose divine, car, parmi les choses de la nature, je n'en vis jamais d'aussi noble.

PROSPERO, *à part.* — L'affaire marche, je le vois, au gré de mes résolutions. Esprit, mon rare Esprit, pour ce fait, je t'affranchirai dans deux jours.

FERDINAND. — A coup sûr voici la déesse que cette musique accompagne.... Accordez à ma prière d'apprendre si vous habitez sur le sol de cette île et d'obtenir quelques utiles informations sur la manière dont je dois m'y conduire. Mais la première de mes requêtes est celle-ci, que je vous adresse pourtant la dernière : O vous, merveille! êtes-vous ou non une jeune fille?

Miranda. — Une merveille, non, seigneur; mais une jeune fille, certainement.

Ferdinand. — O ciel, mon langage! Je serais le premier de ceux qui s'expriment dans cet idiome, si j'étais encore dans le pays où il se parle.

Prospero. — Comment le premier! Et que serais-tu si le roi de Naples t'entendait?

Ferdinand. — Ce que je suis maintenant, un pauvre être qui s'étonne de t'entendre parler du roi de Naples. Hélas! il m'entend tout à l'heure, et c'est parce qu'il m'entend que je pleure. C'est moi qui suis maintenant le roi de Naples, moi qui de mes yeux, où depuis n'a plus reflué la marée des larmes, ai contemplé le naufrage du roi mon père.

Miranda. — Hélas! miséricorde!

Ferdinand. — Oui, son naufrage, et en même temps celui de tous ses gentilshommes; le duc de Milan et son noble fils, tous deux ensemble.

Prospero, *à part*. — Le duc de Milan et sa plus noble fille pourraient te démentir, si cela était à propos en ce moment. — A première vue ils ont échangé leurs regards. — Mon délicat Ariel, cela te vaudra ta liberté. (*A Ferdinand.*) Un mot, mon bon monsieur; je crains que vous ne vous soyez fait quelque tort par vos paroles; un mot.

Miranda, *à part*. — Pourquoi mon père lui parle-t-il si peu doucement? Voilà le troisième homme que j'aie jamais vu et le premier pour qui j'aie soupiré. Puisse la pitié pousser mon père à incliner du côté de mon penchant!

Ferdinand. — Oh! si vous êtes une vierge et si vos affections ne sont pas encore engagées, je vous ferai reine de Naples.

Prospero. — Doucement, monsieur! Encore un mot. — Ils sont au pouvoir l'un de l'autre, mais il faut embarrasser la marche rapide de cette affection, de peur qu'une trop facile victoire ne fasse paraître son prix trop léger. — (*A Ferdinand.*) Encore un mot: Je te somme de me suivre. Tu usurpes un nom qui ne t'appartient pas, et c'est comme espion que tu t'es introduit dans cette île, afin de me l'arracher à moi, son souverain.

Ferdinand. — Non, aussi vrai que je suis un homme.

Miranda. — Rien de mal ne peut habiter dans un tel temple. Si le mauvais esprit a une si belle demeure, les esprits du bien s'efforceront de s'y loger avec lui.

Prospero. — Suis-moi. (*A Miranda.*) Ne parle pas en sa faveur, c'est un traître. (*A Ferdinand.*) Viens. Je vais unir par une même chaîne ton cou et tes pieds; l'eau de mer sera ta boisson, et tu auras pour nourriture des coquillages de ruisseaux, des racines desséchées et les cosses qui sont l'enveloppe du gland. Suis-moi.

Ferdinand. — Non; avant de subir un tel traitement j'attendrai que mon ennemi ait plus de puissance. (*Il tire son épée et reste immobile par enchantement.*)

Miranda. — O mon cher père, ne l'irritez pas par une trop imprudente épreuve, car il est fier et n'est point timide [29].

Prospero. — Eh bien! Qu'est-ce à dire? Mon pied va-t-il me faire la leçon? Relève ton épée, traître qui fais mine de vouloir frapper, mais qui n'oses pas, tellement le sentiment de ta culpabilité obsède ta conscience. Cesse de te mettre en garde, car avec cette verge [30] je puis te désarmer et faire tomber ton épée à terre.

Miranda. — Je vous en supplie, mon père.

Prospero. — Arrière, ne t'accroche pas ainsi à mes vêtements.

Miranda. — Seigneur, ayez pitié! Je serai sa caution.

Prospero. — Silence! Un mot de plus et tu t'attires mon déplaisir, pour ne pas dire ma haine. Quoi! te voilà plaidant pour un imposteur? Silence! Tu crois qu'il n'y a pas d'autres figures comme la sienne parce que tu n'as vu que lui et Caliban. Petite folle! C'est un Caliban pour la plupart des hommes, qui sont des anges comparés à lui!

Miranda. — Mes affections sont alors bien humbles, car je n'ai pas l'ambition de voir un homme plus parfait.

Prospero, *à Ferdinand*. — Marchons, obéis. Tes nerfs ont repris, dirait-on, la faiblesse de l'enfance; ils n'ont aucune vigueur.

Ferdinand. — Bien faibles ils sont en effet; mes esprits sont tous paralysés, comme dans un rêve. La perte de mon père, la fatigue que j'éprouve, le naufrage de tous mes amis, les menaces même de cet homme auquel je suis soumis, ne sont pour moi que de légères souffrances, si je puis seulement, de ma prison, contempler une fois par jour cette jeune fille. Que la liberté s'empare de toutes les autres parties de la terre; pour moi une telle prison est un assez vaste espace.

Prospero, *à part*. — Cela va bien. — (*A Ferdinand*.) Marchons. — (*A part*.) Tu as bien travaillé, mon gentil Ariel. — (*A Ferdinand*.) Suis-moi. — (*A Ariel*.) Ecoute ce que tu as encore à faire.

Miranda. — Ayez courage. Mon père a meilleur cœur que ses paroles ne pourraient donner à croire, seigneur. Ce qu'il vient de faire est tout à fait inaccoutumé.

Prospero, *à Ariel*. — Tu seras libre comme les vents des montagnes; mais alors exécute mes ordres exactement et de point en point.

Ariel. — Jusqu'à un iota.

Prospero, *à Ferdinand*. — Allons, suis-moi. — (*A Miranda*.) Ne me parle pas en sa faveur.

(*Ils sortent.*)

ACTE II.

SCÈNE PREMIÈRE.

Une autre partie de l'île.

Entrent ALONZO, SÉBASTIEN, ANTONIO, GONZALO, ADRIEN, FRANCISCO ET AUTRES.

GONZALO. — Je vous en prie, sire, soyez gai; vous avez, comme nous tous d'ailleurs, une vraie cause de joie, car notre salut compense largement nos pertes. Notre sujet de tristesse est d'occurrence ordinaire; chaque jour la femme de quelque matelot, les patrons de quelque navire marchand, le marchand lui-même ont juste le même prétexte de chagrin que nous; mais quant au miracle, — j'appelle ainsi le hasard d'avoir échappé sains et saufs, — sur des millions d'hommes il n'y en a qu'un bien petit nombre qui pourraient en raconter un pareil. En conséquence, mon noble maître, mettez sagement en balance nos motifs de chagrin et nos motifs de satisfaction.

ALONZO. — Paix, je t'en prie.

SÉBASTIEN. — Il reçoit les consolations comme de la soupe froide.

ANTONIO. — L'homme aux consolations ne le lâchera pas comme cela.

SÉBASTIEN. — Regardez, il est en train de remonter la montre de son esprit; tout à l'heure elle va sonner.

GONZALO. — Sire....

SÉBASTIEN. — Comptez : une....

Gonzalo. — Lorsque tout chagrin qui se présente est ainsi hébergé, il apporte à son hôte....

Sébastien. — Un dollar.

Gonzalo. — Une douleur (a), oui, en vérité, c'est ce qu'il apporte. Vous avez parlé plus juste que vous n'en aviez dessein.

Sébastien. — Et vous, vous l'avez pris plus sagement que je n'en avais envie.

Gonzalo. — C'est pourquoi, monseigneur....

Antonio. — Fi! quel prodigue il est de sa langue!

Alonzo. — Je t'en conjure, épargne-moi.

Gonzalo. — Bien, j'ai fini, mais cependant....

Sébastien. — Mais cependant il continuera.

Antonio. — Un bon pari à gagner. Lequel chantera le premier, de lui ou d'Adrien?

Sébastien. — Ce sera le vieux coq.

Antonio. — Ce sera le cochet.

Sébastien. — C'est dit. L'enjeu?

Antonio. — Un éclat de rire.

Sébastien. — Tenu.

Adrien. — Quoique cette île semble déserte....

Sébastien. — Ah! ah! ah! (*A Antonio.*) Vous voilà payé [1].

Adrien, *continuant*. — Inhabitable et presque inaccessible....

Sébastien. — Cependant....

Adrien. — Cependant....

Antonio. — Voilà un *cependant* qu'il ne pouvait manquer.

Adrien. — Le climat est tiède, et je dirais volontiers modéré par la nature avec une subtile et délicate tempérance [2].

Antonio. — Tempérance était en effet une délicate demoiselle [3].

Sébastien. — Oui, et subtile aussi, comme il l'a très-doctement énoncé.

(a) Espèce de calembour par à peu près qui repose sur la ressemblance de prononciation qui existe en anglais entre le mot *dollar* et le mot *dolour*.

ADRIEN. — L'air souffle autour de nous avec une fraîcheur extrême....

SÉBASTIEN. — Comme s'il avait des poumons, et pourris encore.

ANTONIO. — Ou comme s'il avait pris ses parfums dans un marais.

GONZALO. — Ici se trouvent toutes choses avantageuses à la vie....

ANTONIO. — Exact, sauf les moyens de vivre.

SÉBASTIEN. — De cela, il n'y en a pas ou il n'y en a guère.

GONZALO. — Comme l'herbe pousse drue! comme elle semble pleine de séve! comme elle est verte!

ANTONIO. — En réalité, le sol est couleur d'herbe brûlée.

SÉBASTIEN. — Avec une pointe de vert.

ANTONIO. — Il ne se trompe pas de beaucoup.

SÉBASTIEN. — Non, il ne fait que se méprendre du tout au tout.

GONZALO. — Mais la merveille de tout ceci, ce qui dépasse presque toute croyance....

SÉBASTIEN. — Comme tant d'autres merveilles attestées.

GONZALO. — C'est que nos vêtements, trempés comme ils l'ont été par la mer, conservent néanmoins leur fraîcheur et leur lustre, et qu'ils ont été plutôt teints derechef que ternis par l'eau salée.

ANTONIO. — Si une de ses poches pouvait parler, ne dirait-elle pas qu'il ment?

SÉBASTIEN. — Certes, ou bien elle empocherait très-faussement son allégation.

GONZALO. — Il me semble que nos vêtements sont maintenant aussi frais que le jour où nous les avons mis pour la première fois en Afrique, au mariage de la fille du roi, la belle Claribel, avec le roi de Tunis.

SÉBASTIEN. — Oui, un joli mariage, et suivi d'un bien heureux retour.

ADRIEN. — Jamais Tunis ne fut encore honorée d'un modèle de perfection pareil à sa reine.

GONZALO. — Non, depuis l'époque de la veuve Didon.

Antonio. — La veuve? bren pour elle. Comment cette veuve vient-elle là? la veuve Didon!

Sébastien. — Eh bien, quoi? Quand bien même il aurait dit aussi le veuf Énée, après? Bon Dieu! comme vous prenez cela!

Adrien. — La veuve Didon, dites-vous? Vous m'y faites penser : elle était de Carthage, et non de Tunis.

Gonzalo. — Cette Tunis, monsieur, fut autrefois Carthage.

Adrien. — Carthage!

Gonzalo. — Carthage, je vous assure.

Antonio. — Sa langue l'emporte sur la harpe miraculeuse.

Sébastien. — Oui, elle vient d'élever les murailles et les maisons en même temps.

Antonio. — Quelle chose impossible va-t-il rendre aisée maintenant?

Sébastien. — Je suis persuadé qu'il va mettre cette île dans sa poche, l'emporter chez lui et la donner à son fils en guise de pomme.

Antonio. — Et qu'il en sèmera les pepins dans la mer pour faire pousser d'autres îles.

Alonzo. — Eh! qu'y a-t-il [4]?

Antonio. — Il se réveille au bon moment.

Gonzalo, *à Alonzo*. — Sire, nous disions que nos vêtements semblent aussi frais que le jour où nous assistions au mariage de votre fille, qui est maintenant la reine de Tunis.

Antonio. — Et la plus accomplie qu'on y ait jamais vue.

Sébastien. — Exceptez, je vous en prie, la veuve Didon.

Antonio. — Ah! la veuve Didon! oui, oui, la veuve Didon!

Gonzalo. — N'est-il pas vrai, sire, que mon pourpoint est aussi frais que le premier jour où je l'ai mis? j'entends d'une certaine manière....

Antonio. — Voilà une *certaine manière* qu'il est allé pêcher loin.

Gonzalo. — Lorsque je le portai au mariage de votre fille.

ACTE II, SCÈNE I.

ALONZO. — Vous gorgez mon oreille de paroles dont mon âme n'a pas appétit. Plût au ciel que je n'eusse jamais marié ma fille là-bas, car en revenant j'ai perdu mon fils, et, si j'en crois mon pressentiment, elle aussi, reléguée comme elle l'est maintenant si loin de l'Italie, je ne la reverrai jamais. O toi ! mon héritier de Naples et de Milan, de quel poisson monstrueux auras-tu fait la nourriture ?

FRANCISCO. — Sire, il se peut qu'il vive. Je l'ai vu dompter sous lui les vagues et chevaucher sur leur dos ; il foulait les eaux dont il repoussait à droite et à gauche les attaques ennemies, et étreignait les plus grosses des lames qui venaient à sa rencontre ; il élevait sa tête hardie au-dessus des flots révoltés, et de ses bras vaillants il ramait à coups vigoureux vers le rivage qui se penchait sur sa base minée par les ondes comme s'il se fût incliné avec déférence pour le secourir. Je ne doute pas qu'il ne soit arrivé à terre.

ALONZO. — Non, non, il n'est plus.

SÉBASTIEN. — Sire, c'est vous-même que vous devez remercier pour cette perte, vous qui n'avez pas voulu honorer notre Europe de votre fille, mais qui avez préféré aller l'égarer aux bras d'un Africain, où elle est à tout le moins bannie loin de vos yeux, qui ont bien sujet de verser des larmes de regret [5].

ALONZO. — Paix, je t'en prie.

SÉBASTIEN. — Nous nous sommes tous agenouillés devant vous, nous vous avons importuné de supplications de toute sorte ; et cette belle âme elle-même, partagée entre l'aversion et l'obéissance, hésita longtemps avant de décider quel côté de la bascule elle ferait pencher. Nous avons perdu votre fils, et pour toujours, je le crains ; Milan et Naples vont avoir, par le fait de cette aventure, plus de veuves que nous ne leur ramenons de consolateurs ; la faute en est à vous.

ALONZO. — Et aussi à moi la plus chère des pertes.

GONZALO. — Monseigneur Sébastien, les vérités que vous exprimez manquent quelque peu de charité et d'opportunité. Vous avivez la plaie alors que vous devriez lui appliquer un emplâtre.

Sébastien. — Voilà qui est parfait.

Antonio. — Et très-chirurgical.

Gonzalo. — Sire, il fait mauvais temps en nous quand vous êtes assombri de nuages.

Sébastien. — Mauvais temps !

Antonio. — Très-mauvais.

Gonzalo. — Si j'étais chargé de la culture de cette île, Monseigneur....

Antonio. — Il y sèmerait de la graine d'ortie.

Sébastien. — Ou de la patience, ou des mauves.

Gonzalo. — Et si j'étais le roi, qu'est-ce que je ferais ?

Sébastien. — Vous éviteriez de vous enivrer, faute de vin.

Gonzalo. — J'établirais dans ma république toutes choses au rebours des méthodes habituelles, car je n'y admettrais aucun genre de trafic ; aucun nom de magistrat ; les lettres y seraient inconnues ; de richesse, de pauvreté, d'usage de service, point ; pas de contrats, de successions, de bornes, de terres encloses, de champs labourés ni de vignobles ; nul usage de métal, de blé, de vin ou d'huile ; tous les hommes seraient oisifs, tous, et toutes les femmes aussi, mais de plus innocentes et pures. Pas de souveraineté....

Sébastien. — Cependant il voudrait en être le roi.

Antonio. — La fin de sa république en oublie le commencement.

Gonzalo. — La nature produirait toutes choses en commun sans sueur et sans efforts. Je voudrais qu'on n'y connût ni la trahison ni la félonie, et qu'on n'y fît usage ni d'épée, ni de pique, ni de couteau, ni de fusil, ni d'aucune arme quelconque ; mais la nature, par sa propre bonté féconde, produirait tout à foison, tout en abondance pour nourrir mon peuple innocent [6].

Sébastien. — Et pas de mariage parmi vos sujets ?

Antonio. — Non, mon cher ; tous fainéants : des souillons et des coquins.

ACTE II, SCÈNE I.

Gonzalo. — Sire, je voudrais gouverner avec une telle perfection que l'âge d'or serait dépassé.

Sébastien. — Dieu protége Sa Majesté !

Antonio. — Vive Gonzalo !

Alonzo. — Assez, je t'en prie ; tes paroles ne me disent rien.

Gonzalo. — J'en crois aisément Votre Altesse, et ce que j'en ai fait n'était que pour donner une occasion de gaieté à ces gentilshommes qui ont la rate si sensible et si prompte à mettre en mouvement qu'ils sont toujours prêts à rire de rien.

Antonio. — C'est de vous que nous avons ri.

Gonzalo. — De moi qui, dans ce genre de folie joyeuse, ne suis rien en comparaison de vous ; par conséquent, vous pouvez continuer et rire encore de rien.

Antonio. — Quel coup il avait porté là !

Sébastien. — S'il n'était pas tombé tout à plat !

Gonzalo. — Vous êtes des gentilshommes du plus beau feu ; vous seriez capables de décrocher la lune de sa sphère si elle y restait cinq semaines sans changer.

Entre ARIEL *invisible et jouant une musique solennelle.*

Sébastien. — Nous l'enlèverions comme vous dites, et puis nous irions faire une battue aux flambeaux [7].

Antonio. — Voyons, mon bon seigneur, ne vous fâchez pas.

Gonzalo. — Oh ! non, je vous en donne ma parole ; je n'irai pas compromettre ma gravité si légèrement. Vous plaît-il de rire de moi jusqu'à m'endormir ? Je me sens vraiment alourdi.

Antonio. — Allez dormir, et tâchez de nous entendre [8]. (*Tous s'endorment, excepté Alonzo, Sébastien et Antonio.*)

Alonzo. — Quoi ! tous si vite endormis ! Je sens que mes yeux ont une inclination à se fermer ; je serais heureux qu'en même temps ils pussent avec eux fermer aussi mes pensées.

Sébastien. — Je vous en prie, sire, ne repoussez pas les avances de l'assoupissement ; c'est bien rarement que le sommeil visite la douleur, et lorsqu'il le fait c'est toujours comme consolateur qu'il se présente.

Antonio. — Nous deux, sire, nous garderons votre personne et veillerons à votre sûreté pendant que vous prendrez votre repos.

Alonzo. — Je vous remercie. Je me sens une étonnante inclination au sommeil.

(*Alonzo s'endort. Ariel sort.*)

Sébastien. — Quelle étrange torpeur s'est emparée d'eux tous!

Antonio. — Cela tient à la nature du climat.

Sébastien. — Mais si c'est là la raison, pourquoi nos paupières n'ont-elles pas ressenti l'action de cette influence? Je ne me sens nullement disposé au sommeil.

Antonio. — Ni moi, mes esprits sont fort éveillés. Ils se sont tous, au même moment, laissés glisser à terre, comme s'ils s'étaient donné le mot. Ils se sont tous abattus, comme si un même coup de foudre les avait frappés. Quelle bonne fortune, Sébastien, quelle bonne fortune! Mais chut! Et cependant il me semble que je lis sur ton visage ce que tu voudrais être. L'occasion présente t'appelle, et mon imagination échauffée par elle voit une couronne descendre sur ta tête.

Sébastien. — Mais quoi donc, es-tu bien éveillé?

Antonio. — Ne m'entendez-vous pas parler?

Sébastien. — Je t'entends, et certainement c'est un langage d'homme endormi, et c'est en rêve que tu as parlé. Qu'est-ce que tu as dit? C'est un étrange repos que de dormir ainsi les yeux tout grands ouverts! Se tenir debout, parler, marcher, et cependant être si profondément endormi!

Antonio. — C'est toi, noble Sébastien, qui laisses ta fortune dormir, ou plutôt mourir; c'est toi qui tout éveillé fermes les yeux.

Sébastien. — Tu ronfles d'une manière intelligible; il y a du sens dans tes ronflements.

Antonio. — Je suis plus sérieux que je n'ai coutume, et vous aussi vous allez le devenir si vous me prêtez attention; m'écouter, c'est vous faire le triple de vous-même.

Sébastien. — Oui, mais je suis une eau stagnante.

Antonio. — Je vous apprendrai à couler.

Sébastien. — Fais cela, car une paresse héréditaire m'enseigne à refluer.

Antonio. — Oh! si vous saviez combien vous chérissez ce projet au moment même où vous le raillez! combien, plus vous cherchez à le dépouiller et plus vous le parez! Les hommes de reflux touchent bien souvent tout près du fond par leurs craintes et leur indolence même.

Sébastien. — Je t'en prie, explique-toi mieux; la fixité de ton regard, l'expression rigide de tes traits proclament une pensée qui veut sortir de toi et dont l'accouchement te coûte de douloureux efforts.

Antonio. — M'y voici, seigneur. Quoique ce gentilhomme à la faible mémoire, qui, une fois enterré, en laissera chez les autres moins encore qu'il n'en a lui-même, ait presque persuadé au roi — car c'est l'homme de la persuasion, et il n'a pas d'autre emploi que persuader — que son fils est vivant, il est tout aussi impossible qu'il ne se soit pas noyé qu'il l'est à ce dormeur-là de nager en ce moment.

Sébastien. — Je n'ai pas d'espoir qu'il se soit sauvé.

Antonio. — Oh! dans ce *pas d'espoir* quel grand espoir il y a pour vous! Comme ce qui d'un côté s'appelle *pas d'espoir* conduit d'un autre à une espérance si haute que l'œil de l'ambition ne peut monter une ligne au-dessus et qu'il doute plutôt que la portée de son regard soit assez forte pour l'atteindre! M'accordez-vous que Ferdinand se soit noyé?

Sébastien. — Il n'est plus.

Antonio. — Eh bien! dites-moi, quel est après lui le plus proche héritier du trône de Naples?

Sébastien. — Claribel.

Antonio. — Celle qui est maintenant reine de Tunis? Celle qui habite à dix lieues plus loin que ne pourrait atteindre un homme qui voyagerait toute sa vie [9]? Celle qui ne peut recevoir de nouvelles de Naples (à moins que le soleil ne serve de courrier, car l'homme de la lune irait trop lentement) avant que les mentons nouveau-nés aient eu le temps de devenir rudes et bons pour le rasoir? Celle grâce à qui nous avons été engloutis par la mer, sauf quelques-uns qui ont été rejetés sur le rivage? Mais ceux-là sont désignés par ce coup de la destinée à exécuter un drame[10] dont ce qui est passé n'est que le prologue et dont la suite nous est confiée, à vous et à moi.

SÉBASTIEN. — Qu'est-ce que cet amas de balivernes, et qu'entendez-vous dire? Il est très-vrai que la fille de mon frère est reine de Tunis; il est vrai qu'elle est également héritière de Naples, et qu'entre les deux régions il y a une certaine distance.

ANTONIO. — Une distance dont chaque coudée semble crier : « Comment cette Claribel fera-t-elle pour nous mesurer jamais à reculons de Tunis jusqu'à Naples? Reste à Tunis, et que Sébastien s'éveille. » Si cette torpeur qui vient de les saisir était la mort, eh bien! mais ils vaudraient tout autant qu'ils valent maintenant. Il y a quelqu'un qui pourrait gouverner Naples tout aussi bien que celui qui dort là ; il se trouverait des seigneurs capables d'un bavardage aussi intarissable et aussi oiseux que Gonzalo; moi-même je pourrais faire un choucas aussi profondément jacassier. Oh! que ne portez-vous la même âme que moi! Quelle aubaine serait ce sommeil pour votre élévation! Me comprenez-vous?

SÉBASTIEN. — Il me semble que oui.

ANTONIO. — Et avec quel degré de satisfaction votre cœur accueille-t-il cette bonne fortune?

SÉBASTIEN. — Je me rappelle que vous avez supplanté votre frère Prospero.

ANTONIO. — C'est vrai; et voyez comme mes habits me vont bien; ils ont bien meilleure façon qu'autrefois. Les serviteurs de mon frère étaient alors mes compagnons, ils sont maintenant mes sujets.

SÉBASTIEN. — Mais votre conscience?

ANTONIO. — La conscience, seigneur, où cela loge-t-il?

Si c'était une engelure au talon, cela pourrait me retenir dans mes pantoufles, mais je ne sens pas cette divinité-là au dedans de moi. Il y aurait entre moi et Milan vingt consciences, qu'elles auraient le temps de se cristalliser en sucre candi et de se fondre ensuite avant de me gêner. Là repose votre frère, qui ne vaudrait pas mieux que la terre sur laquelle il est étendu, s'il était ce qu'il paraît être en ce moment, je veux dire mort; avec trois pouces de ce fer obéissant, je puis le mettre au lit pour l'éternité, pendant que vous-même, à mon exemple, vous pourriez faire tourner de l'œil pour jamais à ce vieux croûton, à ce sire Prudence qui désormais ne serait plus là pour censurer notre conduite. Quant aux autres, ils accepteront nos inspirations comme un chat boit du lait; et horloges obéissantes, ils sonneront l'heure pour n'importe quelle entreprise que nous dirons indispensable à tel ou tel moment.

Sébastien. — Ta conduite passée, cher ami, me servira d'exemple; par les mêmes moyens que tu as acquis Milan, j'entrerai en possession de Naples. Tire ton épée, un seul coup t'affranchira du tribut que tu payes, et moi le roi, je t'aimerai.

Antonio. — Dégainons ensemble, et lorsque je lèverai ma main, que la vôtre fasse de même pour s'abattre sur Gonzalo.

Sébastien. — Oh! un mot seulement. (*Ils parlent à l'écart.*)

(*Musique. — Rentre Ariel invisible.*)

Ariel. — Mon maître, par son art, a découvert le péril qui vous menace, vous son ami, et il m'envoie ici pour vous sauver la vie, car autrement son projet meurt [11].

(*Il chante dans l'oreille de Gonzalo.*)

Pendant qu'ici étendus vous ronflez,
La conspiration aux yeux ouverts
Guette son moment;
Si de la vie vous avez souci,
Secouez ce sommeil et alerte!
Debout! debout!

Antonio. — Maintenant frappons tous les deux à la fois.

Gonzalo. — Bons anges, sauvez le roi[12]! (*Ils s'éveillent.*) Eh bien! qu'y a-t-il? — Eh! éveillez-vous! — Pourquoi vos épées sont-elles tirées? Que signifient ces regards sinistres?

Alonzo, *s'éveillant*. — Qu'y a-t-il?

Sébastien. — Nous étions là à veiller sur votre repos, quand, à l'instant même, nous avons entendu éclater un sourd tonnerre de mugissements; on aurait dit des taureaux, ou plutôt des lions. Est-ce que ce n'est pas ce qui vous a éveillés? Mon oreille en a ressenti un choc terrible.

Alonzo. — Je n'ai rien entendu.

Antonio. — Oh! c'était un vacarme à effrayer même l'oreille d'un monstre, à faire trembler la terre! assurément c'étaient les rugissements de tout un troupeau de lions.

Alonzo. — Avez-vous entendu ce bruit, Gonzalo?

Gonzalo. — Sur mon honneur, sire, j'ai entendu un bourdonnement, et fort étrange vraiment, lequel m'a réveillé. Je vous ai secoué et j'ai crié; et comme mes yeux s'ouvraient, j'ai vu leurs épées hors du fourreau. Il y a eu un bruit, c'est la vérité. Nous ferons sagement de nous tenir sur nos gardes ou bien de quitter cette place; tirons nos épées.

Alonzo. — Partons d'ici et remettons-nous à la recherche de mon pauvre fils.

Gonzalo. — Le ciel le garde de ces bêtes sauvages, car à coup sûr il est dans l'île.

Alonzo. — Marchons. (*Ils sortent.*)

Ariel. — Prospero, mon seigneur, sera instruit de ce que j'ai fait; ainsi, roi, va en toute sécurité à la recherche de ton fils. (*Il sort.*)

SCÈNE II.

Une autre partie de l'île.

Entre CALIBAN, *avec un fardeau de bois. On entend un bruit de tonnerre.*

CALIBAN. — Que toutes les vapeurs empestées que le soleil pompe des marais, des mares et des terres plates [13] tombent sur Prospero et fassent de lui petit à petit une seule et même plaie ! Ses esprits m'entendent, et cependant je ne puis me tenir de le maudire ; mais à moins qu'il ne le leur ordonne, ils ne viendront pas me pincer, m'effrayer de leurs apparitions de diablotins, me faire choir dans les bourbiers, ni m'égarer la nuit sous la forme d'une flamme trompeuse [14]. Pour le plus petit rien, il les lâche après moi ; quelquefois ce sont des singes qui me font des grimaces, me poursuivent de leurs cris et puis après cela me mordent ; d'autres fois ce sont des hérissons qui se roulent en boule sur mon chemin, où mes pieds nus rencontrent leurs piquants lorsqu'ils veulent se poser à terre ; d'autres fois encore je suis entouré de serpents qui sifflent contre moi à me rendre fou [15]. Ah ! justement voilà un de ses esprits qui vient me tourmenter pour ma lenteur à porter le bois ; je vais m'étendre à plat ; peut-être qu'il ne me remarquera pas.

Entre TRINCULO.

TRINCULO. — Pas un buisson, pas un arbrisseau pour se mettre à couvert du temps, et voilà une autre tempête qui se brasse. Je l'entends qui piaule dans le vent, et il y a là-bas certain nuage noir, ce gros là-bas, qui ressemble à une sale outre qui va répandre sa liqueur. S'il tonnait comme il a déjà fait, je ne sais pas où je pourrais cacher ma tête ; ce nuage, là-bas, ne peut manquer de tomber à pleins seaux. (*Apercevant Caliban.*) Eh ! qu'y a-t-il là ? Un homme ou un poisson? Cela est-il mort, ou bien cela vit-il? C'est un poisson ; il sent comme un poisson, une vieille odeur de rance qui est tout à fait comme celle du poisson, une manière de merluche qui ne serait pas des plus fraîches[16]. Si j'étais en Angleterre, comme j'y étais autrefois, et si j'y avais seulement ce poisson peint, il n'y aurait pas un imbécile les jours de foire qui ne me donnât pour le voir une pièce d'argent. Dans ce pays, ce monstre enrichirait son homme : toute bête étrange y enrichit son homme. Ils ne donneraient pas un denier pour secourir un mendiant estropié, mais ils vont en donner dix pour voir un Indien mort[17]. Tiens, il a des jambes comme un homme et ses nageoires sont comme des bras ! Il est chaud, sur ma parole. Je lâche maintenant ma première opinion, je lui donne tout à fait congé; cette chose n'est pas un poisson, c'est un insulaire que le tonnerre aura frappé tantôt. (*Bruit de tonnerre.*) Hélas ! voilà la tempête revenue. Ce que j'ai de mieux à faire est de me fourrer sous son gaban[18] ; il n'y a pas d'autre abri par ici. Le malheur vous accouple un homme à de drôles de camarades de lit. Je vais me fourrer là-dessous jusqu'à ce que l'orage ait fini de pisser.

Entre STEPHANO *chantant, une bouteille à la main.*

STEPHANO :
Je n'irai plus en mer, en mer,
A terre, ici, je mourrai.

C'est un refrain lamentable à porter un homme en terre; mais voilà ma consolation[19]. (*Il boit.*)
Le patron, le fauberteur, le maître d'équipage et moi,
Le canonnier et son second,
Nous aimions Mall, Meg, et Marianne et Margot,
Mais aucun de nous ne se souciait de Katy,
Car elle avait une langue qui piquait comme une aiguille;
Elle criait à un matelot : Va•te faire pendre;
Elle n'aimait pas l'odeur du goudron ni de la poix,
Mais un tailleur pouvait la gratter où cela lui démangeait.
Allons, enfants, en mer et qu'elle aille se faire pendre.

ACTE II, SCENE II.

C'est encore une chanson misérable; mais voilà ma consolation. (*Il boit.*)

CALIBAN. — Ne me tourmente pas. Oh!

STEPHANO. — Qu'est-ce qu'il y a? Avons-nous des diables ici? Est-ce pour nous jouer des tours que vous vous déguisez en sauvages et en hommes de l'Inde, eh? Je n'ai pas échappé à la noyade pour avoir peur maintenant de vos quatre jambes, car il a été dit : « L'homme le plus solidement bâti qui ait jamais marché sur quatre jambes ne lui fera pas céder le terrain, » et cela sera dit encore tant que Stephano respirera par les narines [20].

CALIBAN. — L'esprit me tourmente. Oh!

STEPHANO. — C'est quelque monstre à quatre pattes de l'île qui aura, j'imagine, attrapé les fièvres. Où diable peut-il avoir appris notre langage? Ne serait-ce qu'en cette considération, je vais lui donner quelques secours. Si je puis le guérir, l'apprivoiser et l'emmener à Naples avec moi, il fera un présent digne du plus grand empereur qui ait jamais marché dans du cuir de vache.

CALIBAN. — Ne me tourmente pas, je t'en prie; je porterai mon bois plus vite.

STEPHANO. — Il est tout à l'heure dans son accès, car ce qu'il dit n'est pas très-sage. Je vais lui faire goûter de ma bouteille; s'il n'a pas encore bu de vin, cela est capable de lui enlever son accès. Si je parviens à le guérir et à l'apprivoiser, je ne saurais trop le soigner, car il fera rentrer son maître dans ses dépenses, et largement.

CALIBAN. — Tu ne me fais pas encore beaucoup de mal, mais tu m'en feras tout à l'heure, je le reconnais à ton tremblement, voilà Prospero qui agit sur toi.

STEPHANO. — Avancez, ouvrez la bouche; voilà qui va vous délier la langue, chat (*a*), ouvrez votre bouche, voilà qui va secouer vos tremblements, et cela rondement, c'est moi qui vous le dis. Vous ne pouvez pas dire qui est votre ami[21]; ouvrez encore vos mâchoires.

(*a*) Allusion à l'expression populaire anglaise : *Ce vin ferait parler un chat.*

Trinculo. — Il me semble reconnaître cette voix; on dirait que c'est celle.... Mais il est noyé, et ces êtres-ci sont des diables. Oh! défendez-moi!

Stephano. — Quatre jambes et deux voix! Un monstre tout à fait précieux! Sa voix de devant sans doute est faite pour dire du bien de son ami, sa voix de derrière pour médire et tenir de sales propos. Je le guérirai s'il ne faut pour cela que tout le vin qui est dans ma bouteille. Avance ici.... *Amen*[22]. Je vais faire boire un peu ton autre bouche.

Trinculo. — Stephano!

Stephano. — Est-ce ton autre bouche qui m'appelle? Miséricorde! c'est un diable et non pas un monstre. Je vais le laisser là; je n'ai pas de longue cuiller, moi (a).

Trinculo. — Stephano, si tu es Stephano, touche-moi et parle-moi; car je suis Trinculo; n'aie pas peur, ton bon ami Trinculo.

Stephano. — Si tu es Trinculo, sors de là-dessous. Je vais te tirer par les plus courtes jambes, car si dans ce tas de jambes, il y a celles de Trinculo, ce sont les plus courtes. Tu es bien Trinculo lui-même en vérité. Comment diable as-tu fait pour servir de siége à ce veau de lune[23]? Est-ce que par hasard il peut peter des Trinculos?

Trinculo. — Je l'avais cru tué par un coup de tonnerre; mais n'es-tu pas noyé, Stephano? J'espère maintenant que tu n'es pas noyé. L'orage est-il passé? Je me suis caché sous le gaban du veau de lune mort par crainte de l'orage. Oh Stephano! deux Napolitains de sauvés.

Stephano. — Je t'en prie, ne tourne pas comme cela autour de moi; mon estomac n'est pas ferme.

Caliban. — Voilà de bien beaux êtres, s'ils ne sont pas des esprits. Celui-là est un brave dieu et il possède une liqueur céleste; je vais me mettre à genoux devant lui.

Stephano, *à Trinculo*. — Comment t'es-tu échappé? comment es-tu venu ici? Jure-moi sur cette bouteille de

---

(a) Allusion au proverbe écossais : *Il faut une longue cuiller pour manger avec le diable.*

me dire comment tu es venu ici. Moi, je me suis échappé sur une pipe de vin des Canaries que les matelots avaient jetée par-dessus bord. C'est la vérité, je le jure sur cette bouteille, que j'ai faite de mes mains avec de l'écorce d'arbre depuis que j'ai abordé à terre.

Caliban. — Et moi je veux jurer sur cette bouteille d'être ton fidèle sujet, car cette liqueur n'est pas de la terre.

Stephano. — Allons, voyons, jure et raconte comment tu t'es sauvé.

Trinculo. — En nageant jusqu'à terre comme un canard, mon bon; je puis nager comme un canard, je le jure.

Stephano. — Ici, baise le livre. Si tu peux nager comme un canard, en revanche, tu es fait comme une oie.

Trinculo. — O Stephano, est-ce que tu as encore de ce vin ?

Stephano. — La pipe entière, mon bonhomme. Ma cave est dans un rocher près du rivage; c'est là que j'ai caché mon vin. Eh bien ! veau de lune, comment ça va-t-il maintenant ? Comment se porte ta fièvre ?

Caliban. — Est-ce que tu n'es pas tombé du ciel ?

Stephano. — De la lune, je t'assure. C'est moi qui étais dans le temps l'homme de la lune.

Caliban. — Je t'y ai vu et je t'adore. Ma maîtresse t'avait montré à moi, avec ton chien et ton fagot [24].

Stephano. — Arrive; jure-moi ce que tu dis là. Baise le livre. Je vais tout à l'heure renouveler son contenu, jure.

Trinculo. — Par cette bonne lumière, voilà un monstre d'une pauvre tête! Moi, avoir peur de lui ! Un monstre tout à fait borné ! *L'homme de la lune!* Un pauvre monstre crédule ! Bien aspiré, monstre, sur ma parole.

Caliban. — Je te montrerai jusqu'au plus petit bout de terre fertile de l'île et je baiserai ton pied. Je t'en prie, sois mon dieu.

Trinculo. — Par cette lumière ! un monstre ivrogne et tout à fait perfide; lorsque son dieu dormira, il lui volera sa bouteille.

Caliban. — Je baiserai ton pied et je jurerai d'être ton sujet.

Stephano. — Avance, alors; à genoux et jure.

Trinculo. — Ce monstre à tête de chien me fera crever de rire. Un tout à fait méprisable monstre. Je me sentirais une fantaisie de le battre....

Stephano. — Allons, bois.

Trinculo, *continuant sa phrase.* — N'était que le pauvre monstre est ivre. Un abominable monstre!

Caliban. — Je te montrerai les meilleures sources; je te cueillerai des baies; j'irai pour toi à la pêche et je te procurerai tout le bois qu'il te faudra. La peste tombe sur le tyran que je sers! Je ne lui porterai plus de fagots; mais c'est toi que je suivrai désormais, homme merveilleux.

Trinculo. — Un bien misérable monstre. Appeler merveilleux un pauvre ivrogne!

Caliban. — Je t'en prie, laisse-moi te conduire où poussent les fruits sauvages; avec mes longs ongles je te déterrerai des noix de terre; je te montrerai un nid de geai et je t'apprendrai à prendre au piége le leste marmouset; je te conduirai dans les fourrés de noisetiers, et quelquefois j'irai dénicher pour toi de jeunes mouettes du rocher. Veux-tu venir avec moi?

Stephano. — Ouvre la marche, je te prie, sans parler davantage. Trinculo, comme le roi et tout le reste de notre équipage se sont noyés, c'est nous qui héritons de cette île. (*A Caliban.*) Avance, toi, porte ma bouteille. Nous la remplirons tout à l'heure, camarade Trinculo.

Caliban, *chantant d'une voix ivre.* — Adieu, maître! adieu! adieu!

Trinculo. — Quel braillard de monstre! quel ivrogne de monstre!

Caliban, *chantant :*
Je ne ferai plus de barrages pour les poissons.
  Je n'entretiendrai plus de bois le feu
    A ta sommation;
Plus de frottage de vaisselle, plus de lavage de plats [25];
   Ban, Ban, Ca-Caliban
A un nouveau maître; cherche un autre domestique.

Liberté ! Ohé ! ohé ! liberté !
Liberté ! ohé ! liberté !

Stephano. — Oh le brave monstre ! Allons, ouvre la marche. (*Ils sortent.*)

ACTE III.

SCÈNE PREMIÈRE.

Devant la grotte de Prospero.

Entre FERDINAND, *portant une bûche.*

Ferdinand. — Il y a certains jeux qui sont fatigants, mais dont le charme compense la fatigue ; il y a certains genres d'abaissement qu'on peut supporter avec noblesse, et de très-pauvres éléments sortent souvent de magnifiques résultats[1]. Cette misérable tâche que je remplis devrait m'être aussi lourde qu'odieuse ; mais la maîtresse que je sers vivifie ce qui est stérile et transforme en plaisirs mes fatigues. Oh ! elle est dix fois plus aimable que son père n'est bourru, et c'est un vrai fagot d'épines. Il me faut, pour obéir à une dure injonction, transporter et mettre en pile plusieurs milliers de ces bûches. Ma douce maîtresse pleure quand elle me voit travailler et dit que si vil ouvrage n'eut jamais semblable ouvrier. Je m'oublie ; mais ces douces pensées, qui me rendent plus légers mes travaux, font aussi que le moment où je travaille le moins est celui où je suis le plus occupé[2].

Entrent MIRANDA, *puis* PROSPERO, *qui se tient caché à quelque distance.*

Miranda. — Hélas! je vous en prie, ne travaillez pas si fort. Je voudrais que le tonnerre eût brûlé ces bûches qu'il vous est enjoint d'empiler. Je vous en prie, posez celle-là et reposez-vous; lorsqu'elle brûlera elle pleurera pour vous avoir fatigué. Mon père est enfoncé dans l'étude; je vous en conjure, reposez-vous; il en a pour trois heures avant de sortir.

Ferdinand. — O très-chère maîtresse, le soleil se couchera avant que j'aie achevé la tâche que je dois m'efforcer d'accomplir.

Miranda. — Si vous voulez vous asseoir, je porterai vos bûches pendant ce temps-là. Je vous en prie, donnez-moi celle-là, je vais la joindre à la pile.

Ferdinand. — Non, précieuse créature. J'aimerais mieux rompre mes nerfs, briser mes reins, que de vous laisser subir un tel déshonneur pendant que je serais assis à ne rien faire.

Miranda. — Cette besogne me conviendrait aussi bien qu'à vous, et je l'accomplirais beaucoup plus aisément, car mon cœur m'y porte et le vôtre y répugne.

Prospero, *à part.* — Pauvre papillon, tu as pris le poison, cette visite le prouve.

Miranda. — Vous avez l'air fatigué.

Ferdinand. — Non, noble maîtresse. C'est une fraîche matinée pour moi que votre présence aux heures de la nuit. Je vous prie, dites-moi, afin que je puisse surtout le placer dans mes prières, quel est votre nom?

Miranda. — Miranda. O mon père, en le disant je viens de désobéir à vos ordres.

Ferdinand. — O Miranda admirée, véritablement le faîte de l'admiration, égale à tout ce qu'il y a de plus précieux au monde! Mes yeux ont enveloppé bien des dames de leurs plus affectueux regards, et bien des fois la musique de leurs langues a su rendre captive mon oreille trop prompte. Pour diverses vertus j'ai aimé diverses femmes, mais jamais avec une âme entière ; car toujours quelque défaut se querellait en elles avec les plus nobles qualités et leur faisait échec ; mais vous si parfaite, si incomparable, vous êtes formée avec ce qu'il y a de meilleur dans chaque créature.

Miranda. — Je ne connais personne de mon sexe, je ne me rappelle aucun visage de femme, excepté le mien, que mon miroir m'a fait connaître ; et de ceux que je puis appeler hommes, je n'en ai pas vu d'autres que vous, mon bon ami, et mon cher père. Comment sont les visages humains ailleurs qu'ici, je ne le sais pas ; mais par ma pudeur, ce joyau de mon douaire, je ne souhaite pas d'autre compagnon que vous, et mon imagination serait impuissante à me créer une figure, en dehors de vous, que je puisse aimer. Mais je babille un peu trop follement et j'oublie ainsi les leçons de mon père.

Ferdinand. — Par ma condition, je suis prince, Miranda, et aussi, je le crois bien (plaise à Dieu que non !), roi ; c'est vous dire que je ne serais pas plus d'humeur à supporter cet esclavage de porteur de bois qu'à permettre à la mouche à viande de venir piquer ma lèvre. Écoutez parler mon âme : dès l'instant où je vous vis, mon cœur s'envola pour s'attacher à votre service ; c'est là qu'il réside pour m'enchaîner à cet esclavage, et c'est pour l'amour de vous que je suis un si patient bûcheron.

Miranda. — M'aimez-vous ?

Ferdinand. — O ciel ! ô terre ! soyez témoins de mes paroles ! Couronnez, si je dis vrai, mes déclarations d'un dénoûment favorable ; et si je n'exprime que de faux semblants, que tout le bonheur qui m'est réservé soit par vous converti en infortune. Oui, je vous aime, je vous révère, je vous honore au delà de toute chose au monde.

Miranda. — Je suis une folle de pleurer de ce qui me rend joyeuse.

Prospero, *à part*. — Noble rencontre de deux rares affections ! Que le ciel fasse pleuvoir sa grâce sur le sentiment qui vient de naître entre eux.

Ferdinand. — Pourquoi pleurez-vous ?

Miranda. — A cause de mon faible mérite qui me retient d'offrir ce que je désire donner, et encore davantage de prendre ce dont je mourrais d'être privée. Mais ceci est pur enfantillage, et plus mon affection cherche à se cacher, plus démesurée elle se montre. Arrière, artificieuse timidité; sois mon inspiratrice, simple et sainte innocence. Je suis votre femme, si vous voulez m'épouser; sinon, je mourrai votre suivante; vous pouvez me refuser pour compagne, mais je serai votre servante, que vous le veuilliez ou non.

Ferdinand. — Dites ma maîtresse, chérie, et moi toujours aussi humble que je le suis maintenant.

Miranda. — Mon mari alors?

Ferdinand. — Oui, et avec un cœur aussi désireux que l'esclavage fut jamais désireux de la liberté; voici ma main.

Miranda. — Et voici la mienne, avec mon cœur dedans; et maintenant adieu pour une demi-heure.

Ferdinand. — Mille et mille tendres choses [3].

(*Ils sortent.*)

Prospero. — Je ne puis être aussi joyeux qu'ils le sont, eux qui éprouvent en même temps les ravissements de la surprise; mais ma satisfaction ne peut être plus grande. Je vais retourner à mon livre, car j'ai encore à accomplir, avant l'heure du souper, plusieurs choses qui regardent cette affaire. (*Il sort.*)

SCÈNE II.

Une autre partie de l'île.

Entrent CALIBAN *avec une bouteille*, STEPHANO *et* TRINCULO.

Stephano. — Laisse-moi tranquille; lorsque le baril sera à sec nous boirons de l'eau; pas une goutte auparavant. Par conséquent, tenons ferme, et à l'abordage. Domestique monstre, bois à ma santé.

Trinculo. — Domestique monstre ! C'est l'île de la folie ! Ils disent qu'elle n'a que cinq habitants ; nous voilà trois ; si les deux autres ont des caboches comme les nôtres, l'État trébuche.

Stephano. — Bois, domestique monstre, puisque je te l'ordonne. Tu as presque les yeux dans la tête, vraiment.

Trinculo. — Et où pourrait-il bien les avoir? Ce serait, ma foi, un joli monstre, s'il les avait à la queue [4].

Stephano. — Mon domestique monstre a noyé sa langue dans le vin. Quant à moi, la mer ne peut me noyer, j'ai nagé trente-cinq lieues en long et en large, en avant et en arrière [5], avant de pouvoir toucher la terre, vrai comme il fait jour. Tu seras mon lieutenant, monstre, ou bien mon enseigne.

Trinculo. — Votre lieutenant, si vous voulez ; il ne vaut rien pour enseigne [6].

Stephano. — Nous ne prendrons pas la course, *monsieur le monstre* [7]?

Trinculo. — Non, ni le pas non plus ; mais vous vous coucherez comme des chiens et vous ne direz pas un mot non plus.

Stephano. — Veau de lune, parle donc une fois dans ta vie, si tu es un bon veau de lune.

Caliban. — Comment se porte Ton Honneur? Laisse-moi lécher ton soulier ; je ne veux pas le servir, lui, il n'est pas vaillant.

Trinculo. — Tu mens, ô monstre très-ignorant, je me sens en état de bousculer un constable. Mais, dis-moi donc, poisson débauché, est-ce qu'un homme qui a bu autant de vin que moi aujourd'hui a jamais été un lâche? Vas-tu nous conter un monstrueux mensonge, moitié poisson et moitié monstre?

Caliban. — Oh! comme il se moque de moi! Vas-tu le laisser faire, monseigneur?

Trinculo. — Monseigneur, dit-il ; se peut-il qu'un monstre soit aussi naïf?

Caliban. — Oh! oh! il recommence. Mords-le à mort, je t'en prie.

Stephano. — Trinculo, tâchez d'avoir une bonne langue dans votre bouche; si vous vous mutinez, le premier arbre.... Le pauvre monstre est mon sujet, et il ne sera pas dit qu'on l'insultera.

Caliban. — Je remercie mon noble seigneur. Lui plairait-il d'écouter de nouveau la proposition que je lui avais faite?

Stephano. — Mais oui, vraiment; mets-toi à genoux et répète-la. Je me tiendrai debout et ainsi fera Trinculo.

Entre ARIEL, *invisible.*

Caliban. — Comme je te l'ai déjà dit, je suis soumis à un tyran, un sorcier qui par les ruses de son art m'a volé cette île.

Ariel. — Tu mens.

Caliban, *à Trinculo.* — C'est toi qui mens, mauvais farceur de singe. Je voudrais qu'il plût à mon vaillant maître de t'exterminer. Je ne mens pas.

Stephano. — Trinculo, si vous l'interrompez encore dans son histoire, par ce poignet, je vais déloger quelques-unes de vos dents.

Trinculo. — Mais quoi donc? je n'ai rien dit.

Stephano. — Motus alors, et plus une parole. (*A Caliban.*) Continue.

Caliban. — Je dis que par sorcellerie, il a pris cette île, et c'est à moi qu'il l'a prise. S'il plaît à Ta Grandeur de tirer sur lui vengeance de cette fraude, car je sais que tu es courageux, mais cet être-là ne l'est pas....

Stephano. — Cela est très-certain.

Caliban. — Tu seras maître de l'île et je te servirai.

Stephano. — Mais comment s'y prendre pour exécuter ce projet? Peux-tu me conduire vers l'individu en question?

Caliban. — Certes, certes, monseigneur. Je te le livrerai endormi, et alors tu pourras lui enfoncer un clou dans la tête.

Ariel. — Tu mens, tu ne le peux pas.

Caliban, *à Trinculo.* — Quel nigaud que cet arlequin-là!

Paillasse rogneux[8]! J'en supplie Ta Grandeur, donne-lui des coups et retire-lui sa bouteille; quand il ne l'aura plus, il ne pourra boire rien que de l'eau salée, car je ne lui montrerai pas les sources vives.

STEPHANO. — Trinculo, ne joue pas davantage avec le danger. Interromps encore une fois le monstre, je mets ma clémence à la porte et je t'aplatis comme un hareng sec.

TRINCULO. — Quoi! qu'ai-je fait? Je n'ai rien fait. Je vais m'en aller plus loin.

STEPHANO. — N'as-tu pas dit qu'il mentait?

ARIEL. — Tu mens.

STEPHANO. — Ah! je mens? Tiens, attrape (*il le frappe*); si cela est de ton goût, donne-moi le démenti une seconde fois.

TRINCULO. — Je n'ai pas donné de démenti. Vous avez perdu l'esprit et aussi les oreilles. Maudite soit votre bouteille! Voilà ce que peuvent le vin et la griserie. Que la peste tombe sur votre monstre et que le diable vous emporte les doigts!

CALIBAN. — Ha! ha! ha!

STEPHANO. — Maintenant, continue ton histoire. — Tiens-toi à distance, je t'en prie.

CALIBAN. — Bats-le comme plâtre; et puis, dans un petit moment, je le battrai moi aussi.

STEPHANO. — Tiens-toi à distance. Voyons, continue.

CALIBAN. — Eh bien! comme je te l'ai dit, c'est son habitude de dormir dans l'après-midi. A ce moment, tu pourras, après que tu auras enlevé ses livres, lui casser la tête, ou bien lui écraser le crâne avec une bûche, ou bien l'éventrer avec un pieu, ou bien lui couper le cou avec ton couteau. Souviens-toi de t'emparer d'abord de ses livres, car sans eux il n'est qu'un sot comme moi, et il n'a plus un seul esprit à ses ordres; ils le détestent tous d'une haine aussi enracinée que la mienne. Ne brûle que ses livres; il a de beaux ustensiles, — c'est comme cela qu'il les appelle, — dont il se propose d'orner sa maison quand il en aura une. Mais ce qui est bien plus à considérer, c'est la beauté de sa fille; lui-même il l'appelle une *non pareille*. Je n'ai jamais vu d'autres femmes qu'elle et Sycorax ma mère; mais elle surpasse autant Sycorax que ce qui est très-grand surpasse ce qui est très-petit.

Stephano. — Est-ce donc une aussi belle fille que tu le dis?

Caliban. — Oui, certes, monseigneur; elle conviendra très-bien à ton lit, je te le garantis, et elle te donnera de beaux enfants.

Stephano. — Monstre, je tuerai cet homme; sa fille et moi nous serons roi et reine; — Dieu protége nos gracieuses altesses! — et Trinculo et toi-même vous serez vice-rois. Goûtes-tu ce projet, Trinculo?

Trinculo. — Il est excellent.

Stephano. — Donne-moi ta main. Je suis fâché de t'avoir battu; mais tant que tu vivras, veille à avoir une bonne langue dans la bouche.

Caliban. — D'ici à une demi-heure il sera endormi; voudras-tu l'exterminer alors?

Stephano. — Oui, sur mon honneur.

Ariel. — Je vais rapporter cela à mon maître.

Caliban. — Tu me rends tout joyeux; je me sens ivre de plaisir. Amusons-nous; voulez-vous que nous reprenions la chanson où chacun chante à son tour[9], que vous m'appreniez tout à l'heure?

Stephano. — Je ferai droit à ta demande, monstre, toute espèce de droit. Allons, Trinculo, chantons. (*Il chante.*)

Bafouons-les et dévoilons-les; dévoilons-les et bafouons-les.
La pensée est libre....

Caliban. — Ce n'est pas l'air.

(*Ariel joue l'air sur un chalumeau et un tambourin.*)

Stephano. — Qu'est-ce que cet écho?

Trinculo. — C'est l'air de notre chanson joué par la figure de Personne.[10]

Stephano. — Si tu es un homme, montre-toi sous ton vrai visage; si tu es un diable, montre-toi comme il te plaira.

Trinculo. — Oh! pardonnez-moi mes péchés.

Stephano. — Celui qui meurt paye toutes ses dettes; je te défie. Miséricorde!

Caliban. — Est-ce que tu as peur?

Stephano. — Moi, monstre, non.

Caliban. — N'aie pas peur; l'île est pleine de bruits, de sons et de doux airs qui donnent du plaisir et ne font pas de mal. Quelquefois mes oreilles vont bourdonner des accords de mille bruyants instruments; d'autres fois ce sont des voix si douces, que s'il m'arrive de m'éveiller après un long sommeil, elles vont me faire dormir encore, et alors si je rêve, il me semble voir les nuages s'ouvrir et me montrer des richesses prêtes à pleuvoir sur moi, si bien que si je m'éveillais sur ces entrefaites, je pleurerais du désir de rêver encore.

Stephano. — Voilà un beau royaume pour moi; un royaume où j'aurai ma musique pour rien!

Caliban. — Lorsque Prospero sera massacré.

Stephano. — Il le sera dans un moment; je garde bonne note de ton histoire.

Trinculo. — Voilà le son qui s'éloigne, suivons-le, et ensuite faisons notre affaire.

Stephano. — Marche devant, monstre, nous te suivrons. Je voudrais bien voir ce tambourineur! il a bonne main.

Trinculo. — Vas-tu venir? Je te suis, Stephano.

(*Ils sortent* [11].)

SCÈNE III.

Une autre partie de l'île.

Entrent ALONZO, SÉBASTIEN, ANTONIO, GONZALO, ADRIEN, FRANCISCO et d'autres.

Gonzalo. — Par Notre-Dame! sire, je ne puis aller plus avant. Mes vieux os sont fatigués. C'est dans un vrai labyrinthe que nous avons tourné, à travers toute sorte d'allées droites et de méandres. Daignez souffrir que je me repose ; j'en ai absolument besoin.

Alonzo. — Vieux gentilhomme, je ne puis te blâmer, étant moi-même accablé par la fatigue jusqu'à l'hébétement ; assieds-toi donc et repose-toi. Ici même je veux congédier mon espoir et ne pas lui conserver plus longtemps auprès de moi son office de flatteur. Il est noyé, celui à la découverte de qui nous nous égarons ainsi, et la mer se raille de nos inutiles recherches sur terre. Soit ; qu'il aille en paix.

Antonio, *à voix basse, à Sébastien*. — Je suis on ne peut plus ravi qu'il ait ainsi complétement abandonné toute espérance ; mais n'allez pas, pour une première rebuffade de la fortune, abandonner le dessein que nous avions résolu d'accomplir.

Sébastien, *à voix basse, à Antonio*. — A la première occasion favorable nous mènerons l'affaire à fond.

Antonio, *à voix basse, à Sébastien*. — Que ce soit cette nuit, car maintenant ils sont fatigués par la marche, et ils n'auront ni la volonté ni le pouvoir d'être aussi vigilants que lorsqu'ils sont reposés.

Sébastien, *à voix basse, à Antonio*. — Oui, cette nuit même ; plus un mot.

(*Une musique étrange et solennelle se fait entendre.*)

Alonzo. — Quelle harmonie est-ce là ? Mes bons amis, écoutez !

Gonzalo. — Une musique merveilleusement douce !

(*Entre Prospero invisible au-dessus de la scène. Entrent diverses figures bizarres apportant une table de banquet. Les apparitions dansent tout autour de la table en faisant des saluts gracieux, invitent le roi à manger et se retirent.*)

Alonzo. — Envoyez-nous vos bons anges gardiens, ô cieux ! Quels étaient les êtres que nous venons de voir ?

Sébastien. — Une représentation de marionnettes vivantes. Maintenant je croirai qu'il y a des licornes, qu'il est en Arabie un arbre qui sert de trône au phénix, et qu'à cette heure même un phénix règne sur ses rameaux[12].

Antonio. — Je croirai l'un et l'autre désormais, et lorsqu'il se présentera quelque chose qui ne rencontre pas de créance, elle n'aura qu'à venir me trouver et je jurerai qu'elle est vraie. Les voyageurs ne mentent jamais, quoi qu'en disent les imbéciles sédentaires, qui rejettent leurs assertions.

Gonzalo. — Voudrait-on me croire, si je rapportais à Naples ce que nous venons de voir? si je disais que j'ai vu de tels insulaires (car incontestablement ces êtres appartiennent à la population de l'île), qui, malgré leurs formes monstrueuses, ont cependant — fait remarquable ! — des manières plus gracieuses qu'on n'en pourrait trouver chez beaucoup de gens de notre race[13], pour ne pas dire chez tous sans exception?

Prospero, *à part*. — Honnête seigneur, tu as dit vrai; car quelques-uns des hommes ici présents sont pires que des diables.

Alonzo. — Mon imagination ne peut se lasser de songer à ces formes, à ces gestes, à ces sons qui, dépourvus du secours de la parole, composent cependant un si expressif langage muet.

Prospero, *à part*. — Retardez vos éloges jusqu'au départ[14].

Francisco. — Ils se sont évanouis d'une manière étrange.

Sébastien. — Peu importe, puisqu'ils nous ont laissé en s'en allant les mets de leur banquet, car nous avons bon appétit. Vous plairait-il de goûter à ce qui est devant nous?

Alonzo. — Moi, non.

Gonzalo. — En vérité, sire, vous n'avez rien à craindre. Lorsque nous étions enfants, qui aurait voulu croire qu'il y avait des montagnards pourvus de fanons comme les taureaux, avec des poches de chair suspendues à leur cou? ou encore qu'il existait des hommes qui avaient la tête dans la poitrine[15], merveilles dont pourtant se porte garant aujourd'hui n'importe quel assuré à cinq pour un au retour de ses voyages[16]?

Alonzo. — Je m'assoirai à cette table et je prendrai ce

repas, dût-il être pour moi le dernier. Eh! qu'importe? puisque je sens que le meilleur de ma vie est passé. Mon frère, monseigneur le duc, asseyez-vous et faites comme nous.

(*Tonnerre et éclairs. Entre Ariel sous la figure d'une harpie; il bat la table de ses ailes, et, par un adroit artifice, le banquet disparaît.*)

ARIEL. — Vous êtes ici trois criminels que la destinée, qui est chargée de gouverner ce bas monde et tout ce qu'il renferme, a contraint la mer, à la faim insatiable, de vomir dans cette île où l'homme n'habite pas, vous indignes désormais de vivre parmi les hommes. Je vous ai rendus fous.... (*Voyant Alonzo, Sébastien et les autres mettre l'épée à la main.*) C'est avec une valeur semblable à la vôtre que les hommes se pendent et se noient. Insensés! Moi et mes compagnons nous sommes les ministres de la destinée; la matière dont vos épées sont forgées pourrait tout aussi bien blesser les vents à la voix sifflante ou poignarder de coups dérisoires les eaux qui toujours se referment sur elles-mêmes, que diminuer mes ailes d'un seul brin de duvet; mes compagnons, les autres ministres de la destinée, sont comme moi invulnérables. Mais vos épées eussent-elles le pouvoir de nous blesser, que vous éprouveriez maintenant qu'elles sont trop lourdes pour vos forces et que vous ne pourriez les soulever. Rappelez-vous, — car c'est là l'objet du message dont je suis chargé pour vous, — rappelez-vous que vous trois, vous avez chassé de Milan le bon Prospero, et que vous l'avez exposé sur la mer — qui vous a payé le salaire de ce crime — lui et son enfant innocent. Pour cette indigne action, les puissances divines, qui peuvent retarder leur vengeance, mais qui n'oublient pas, ont soulevé contre votre repos les mers et les rivages et toutes les créatures vivantes. Elles t'ont privé de ton fils, toi, Alonzo, et elles proclament par ma voix qu'une ruine lentement incessante, pire que tout genre de mort qui frappe en une seule fois, vous suivra pas à pas, vous et toutes vos entreprises. Rien, si ce n'est le repentir du cœur et une vie désormais pure, ne peut vous préserver contre leurs colères, qui sans cela vont tomber sur vos têtes dans cette île désolée.

(*Ariel s'évanouit dans un éclat de tonnerre ; puis, aux accords d'une douce musique, entrent les fantômes, qui dansent avec des grimaces et des mines moqueuses, et enlèvent la table.*)

Prospero, *à part, à Ariel.* — Tu as excellemment joué ce personnage de harpie, mon Ariel ; il avait vraiment une grâce d'oiseau dévorant[17] ; dans ce que tu avais à dire, tu n'as rien omis de mes instructions, et mes ministres subalternes ont aussi rempli leurs rôles avec une réalité voisine de la vie et une singulière exactitude. Mes charmes puissants opèrent, et ces hommes, mes ennemis, sont tous pris dans les lacs de leur délire ; ils sont maintenant en mon pouvoir, et je les abandonne à leur fièvre pour aller visiter le jeune Ferdinand, qu'ils supposent noyé, et ma fille, sa bien-aimée et la mienne. (*Il sort.*)

Gonzalo. — Au nom de tout ce qu'il y a de sacré, sire, d'où vient que vous restez ainsi plongé dans cette étrange stupeur ?

Alonzo. — Oh ! c'est monstrueux, monstrueux ! Il m'a semblé que les vagues parlaient et me racontaient cela, que les vents me chantaient cela, et que le tonnerre, cet orgue profond et terrible, prononçant le nom de Prospero, proclamait mon péché de sa voix de basse. Ainsi mon fils a pour lit le limon de la mer ! oh ! j'irai le chercher plus avant que n'a jamais pénétré la sonde, et je me coucherai avec lui dans la vase. (*Il sort.*)

Sébastien. — Un seul démon à la fois, et je battrai toutes leurs légions !

Antonio. — Je serai ton second. (*Sébastien et Antonio sortent.*)

Gonzalo. — Tous trois sont désespérés ; leur faute énorme, comme un poison destiné à n'agir que longtemps après avoir été pris, commence maintenant à mordre sur leurs âmes. Je vous en prie, vous qui avez des jambes plus souples que les miennes, suivez-les bien vite et prévenez-les contre les accidents où peut les entraîner le désordre de leurs esprits.

Adrien. — Je vous en prie, suivez-nous.

(*Ils sortent.*)

ACTE IV.

SCÈNE UNIQUE.

Devant la grotte de Prospero.

Entrent PROSPERO, FERDINAND *et* MIRANDA.

Prospero. — Si je vous ai trop sévèrement puni, la compensation que vous recevez répare mon offense; car je vous ai donné une des fibres de ma propre vie[1], ou pour mieux dire je vous ai donné celle pour qui seule je vis. Une fois encore je la remets entre tes mains. Tous les tourments que je t'ai imposés n'ont eu pour but que de mettre à l'essai ton amour, et tu as merveilleusement supporté l'épreuve. Ici, à la face du ciel, je ratifie le riche présent que je te fais. O Ferdinand, ne souris pas de moi pour les éloges que je lui donne, car tu reconnaîtras qu'elle bat toutes les louanges et les laisse boitant derrière elle[2].

Ferdinand. — Je le croirais contre la parole d'un oracle.

Prospero. — Ainsi donc, reçois ma fille à la fois comme un présent de ma main et comme ton propre bien dignement acheté par toi; cependant si tu romps son nœud virginal avant que toutes les cérémonies saintes soient accomplies selon toutes les formalités du rite consacré, aucune rosée du ciel ne tombera sur cette union pour la faire grandir, mais la haine stérile, le dédain aux aigres regards, la discorde sèmeront votre couche de ronces si odieuses que vous la prendrez tous deux en horreur; ainsi, prenez bien garde à l'état où vous serez lorsque les lampes de l'hymen vous éclaireront[3].

FERDINAND. — Aussi vrai que j'espère des jours paisibles, une belle postérité et une longue vie, dans un amour pareil à celui que j'éprouve aujourd'hui, l'antre le plus obscur, la place la plus favorable, la tentation la plus violente que notre plus mauvais génie puisse me présenter ou me suggérer, ne pourront jamais, corrompant mon honneur et l'amollissant en luxure, me porter à dépouiller de la volupté de ses vives impatiences ce jour de la célébration nuptiale, où je penserai que les chevaux de Phœbus se sont fourbus, ou bien que la nuit reste enchaînée en bas.

PROSPERO. — Noblement parlé. Assieds-toi et cause avec elle; elle est tienne maintenant. Eh, Ariel! mon ingénieux serviteur! Ariel!

Entre ARIEL, *invisible.*

ARIEL. — Que veut mon puissant maître? Me voici.
PROSPERO. — Vous avez, toi et tes petits compagnons[4], accompli votre dernière tâche d'une manière digne de tout éloge, et je veux vous employer dans un artifice du même genre. Va, et amène ici tout ce petit peuple sur lequel je t'ai donné pouvoir; excite-le à nous donner une représentation animée, car je veux montrer à ce jeune couple quelques-unes des fantasmagories de mon art; c'est ma promesse, et ils en attendent de moi l'accomplissement.

ARIEL. — Tout de suite.
PROSPERO. — Oui, le temps d'un clin d'œil.
ARIEL. — Avant que vous ayez pu dire : Va et viens, Respiré deux fois et crié : Bien! bien!
Chacun d'eux accourant sur la pointe de ses pieds agiles,

Sera ici présent avec sa grimace et sa moue.
M'aimez-vous, maître? Non[5]?

Prospero. — Tendrement, mon délicat Ariel. N'approche pas avant que tu m'entendes appeler.

Ariel. — Bien, je comprends. (*Il sort.*)

Prospero, *à Ferdinand.* — Songe à ne pas mentir. Ne lâche pas trop la bride à tes caresses; les serments les plus forts sont serments de paille lorsque le feu se met dans le sang. Sois plus réservé, ou autrement bonne nuit à votre vœu de continence.

Ferdinand. — Je vous le garantis, seigneur; la blanche et froide neige virginale que je presse sur mon cœur abat l'ardeur de mon sang [6].

Prospero. — Bien. Maintenant, mon Ariel, arrive. Amène un renfort d'acteurs supplémentaires; il en vaut mieux quelques-uns de trop que de manquer d'un seul. Apparais, et vivement. Quant à vous deux, langue nouée, yeux ouverts; gardez le silence.

(*Une douce musique se fait entendre.*)

UNE MASCARADE.

Entre IRIS.

Iris. — Cérès, dame prodigue en bienfaits, quitte tes riches plaines
De froment, de seigle, d'orge, de vesce, d'avoine et de pois;
Tes montagnes verdoyantes, où les moutons broutent le gazon,
Et tes pâturages plats où ils sont parqués sous le chaume[7],
Tes rives aux bords ornés de pivoines et de lis[8],
Que l'humide Avril fait jaillir à ton commandement,
Pour composer de chastes couronnes aux froides nymphes; et tes fourrés de genêts,
Dont l'ombre est aimée du jeune homme éconduit [9]
Lorsqu'il est délaissé par sa maîtresse; tes vignes enlacées aux échalas,
Et tes plages marines stériles et hérissées de rochers,

Où tu vas respirer l'air. La reine du ciel,
Dont je suis l'arc humide et la messagère,
Te commande d'abandonner tous ces séjours et de venir
Sur cette pelouse, à cette place même, prendre part aux divertissements
De sa grâce souveraine. Ses paons arrivent à grands coups d'aile ;
Approche, riche Cérès, pour la recevoir.

Entre CÉRÈS.

Cérès. — Salut, messagère aux multiples couleurs, qui jamais
Ne désobéis à l'épouse de Jupiter ;
Qui de tes ailes de safran sur mes fleurs
Secoues des rosées suaves et des ondées rafraîchissantes,
Qui de chacun des bouts de ton écharpe bleue couronnes
Mes terrains boisés et mes plateaux dépouillés d'arbrisseaux ;
Riche écharpe de ma terre orgueilleuse, pourquoi ta reine
M'a-t-elle ici mandée, sur ce tapis au court gazon ?
Iris. — Pour célébrer un contrat de véritable amour,
Et conférer libéralement une dotation
A ces amants bienheureux.
Cérès. — Mais dis-moi, si tu le sais, arc céleste,
Vénus et son fils accompagnent-ils aujourd'hui la reine ?
Depuis qu'ils ont organisé le complot par lequel le ténébreux Pluton
S'empara de ma fille, j'ai juré d'éviter
La scandaleuse société de la mère et de son aveugle fils.
Iris. — N'aie aucune crainte de sa présence. J'ai rencontré Sa Divinité
Fendant les nuages, en route vers Paphos, et son fils
Emporté avec elle dans son char attelé de colombes. Ils s'imaginaient avoir jeté
Quelques charmes lascifs sur ce jeune homme et cette jeune fille,
Qui ont fait vœu de n'accomplir aucun des rites du lit nuptial

Avant que les flambeaux de l'hymen soient allumés. Mais leur espoir a été vain :
La chaude maîtresse de Mars s'en est retournée;
Son intraitable garnement de fils a brisé ses flèches;
Il jure qu'il n'en lancera plus, mais qu'il jouera désormais avec les moineaux,
Et qu'il ne veut plus être qu'un enfant et rien qu'un enfant.
CÉRÈS. — La plus haute des reines,
La grande Junon s'avance; je la reconnais à sa démarche.

Entre JUNON.

JUNON. — Comment se porte ma généreuse sœur? Venez avec moi
Bénir ces époux, afin qu'ils puissent vivre prospères
Et honorés dans leur postérité.

CHANT.

JUNON. — Honneurs, richesses, heureux mariage!
Bonheur de longue durée et de constant accroissement!
Que toutes les heures soient pour vous des heures de joie!
Ainsi Junon chante sur vous ses bénédictions.
CÉRÈS. — A vous les richesses de la terre, l'abondance à foison,
Les granges et les greniers toujours pleins,
Les vignes chargées de bouquets de grappes pressées,
Les plantes courbées sous leur riche fardeau.
Que le printemps vous revienne au plus tard
A la fin même de la moisson!
Que la pénurie et le besoin s'écartent de vous!
Telles sont pour vous les bénédictions de Cérès.
FERDINAND. — Voilà un spectacle tout à fait majestueux et d'une magique harmonie[10]. M'est-il permis de croire sans témérité que ce sont là des esprits?
PROSPERO. — Des esprits que par mon art j'ai appelés de leurs frontières pour exécuter mes fantaisies de l'heure présente.
FERDINAND. — Oh! laissez-moi vivre ici toujours; un

père et une femme si rares[12], si extraordinaires, font de ce lieu un paradis.

(*Junon et Cérès se parlent bas et envoient Iris faire un message.*)

Iris. — Nymphes des ruisseaux aux cours sinueux appelées Naïades,
Aux couronnes de joncs, aux regards toujours innocents,
Quittez vos demeures onduleuses et venez sur la verte terre,
Venez répondre à l'invitation que vous recevez : Junon l'ordonne.
Venez, nymphes pudiques[12], et aidez-nous à célébrer
Une alliance de véritable amour : ne vous faites pas trop attendre.

(*Entrent plusieurs nymphes.*)

Vous, moissonneurs brûlés du soleil et qu'Août accable,
Sortez de vos sillons et livrez-vous à la joie;
Faites jour de fête; mettez vos chapeaux de paille de seigle,
Et unissez-vous, par groupes, à ces fraîches nymphes
Dans une danse rustique.

(*Entrent plusieurs laboureurs dans le costume de leur condition; ils s'unissent aux nymphes dans une danse gracieuse, vers la fin de laquelle Prospero tressaille subitement et parle; après quoi, au milieu d'un bruit étrange, sourd et confus, les fantômes s'évanouissent lentement et comme à contre-cœur[13].*)

Prospero, *à part*. — J'avais oublié l'ignoble conspiration de la brute Caliban et de ses associés contre ma vie; le moment où ils doivent mettre leur projet à exécution est presque arrivé. (*Aux esprits.*) Bien joué; retirez-vous; assez.

Ferdinand. — Voilà qui est étrange! Votre père est en proie à quelque émotion qui l'agite fortement.

Miranda. — Jamais, jusqu'à ce jour, je ne lui avais vu une colère qui le mît si fort hors de lui.

Prospero. — Votre visage, mon fils, porte une expression d'émoi, comme si vous étiez effrayé; rassurez-vous, seigneur. Nos divertissements sont maintenant finis. Ces êtres, nos acteurs, comme je vous l'ai dit précédemment, étaient tous des esprits; ils se sont fondus en air, en air subtil; et pareils à l'édifice sans base de cette vision, les tours coiffées de nuages, les palais somptueux, les temples solennels, le grand globe lui-même et tout ce qu'il contient se dissoudront un jour, et comme s'est dissipée cette insubstantielle fantasmagorie, ils s'évanouiront sans même laisser derrière eux un flocon de vapeur. Nous sommes faits de la même étoffe que les rêves, et notre pauvre petite vie est environnée de sommeil. Seigneur, je suis un peu chagrin; excusez ma faiblesse; mon vieux cerveau est troublé. N'ayez pas d'inquiétude de ce malaise : retirez-vous dans ma cellule, s'il vous plaît, et reposez-vous. Je vais faire un tour ou deux pour calmer mon âme agitée.

FERDINAND et MIRANDA. — Nous vous souhaitons le calme.

PROSPERO. — Arrive avec la rapidité d'une pensée. (A Ferdinand et Miranda.) Je vous remercie[14]. Ariel, viens!

ARIEL. — Me voici, tout proche de tes pensées[15]. Quel est ton plaisir?

PROSPERO. — Esprit, il faut nous préparer à faire face à Caliban.

ARIEL. — Oui, mon maître; lorsque j'ai introduit Cérès[16], j'ai pensé à t'en parler; mais je n'ai pas osé, de peur de t'irriter.

PROSPERO. — Dis-moi encore, où as-tu laissé ces goujats?

ARIEL. — Je vous l'ai dit, seigneur; ils étaient tellement échauffés par l'ivresse qu'ils en étaient cramoisis, si pleins de valeur qu'ils frappaient l'air pour leur avoir soufflé à la figure, et battaient la terre pour leur avoir baisé les pieds, et cependant au milieu de tout cela ne perdant jamais de vue leur projet. Alors j'ai battu mon tambourin, et aussitôt, pareils à des poulains sauvages, ils ont dressé les oreilles, écarquillé les paupières et relevé le nez comme pour flairer la musique; j'ai tellement charmé leurs oreilles que je les ai fait courir comme des veaux après mon tambourinement, à travers les ronces aux dents aiguës, les fougères aux dards effilés, les ajoncs piquants et les épines qui pénétraient dans leurs jambes mal assurées[17] : à la fin je les ai laissés barbotant dans le petit étang au manteau de boue qui est par derrière votre grotte, et s'enfonçant jusqu'au menton en se démenant pour retirer leurs pieds englués par la vase puante du lac.

PROSPERO. — Fort bien joué, mon oiseau. Garde encore ta forme invisible ; va me chercher dans ma demeure et apporte ici tout ce que tu y trouveras d'oripeaux ; ce sera le leurre qui prendra ces voleurs.

ARIEL. — J'y vais, j'y vais. (*Il sort.*)

PROSPERO. — Un démon, un démon de naissance sur la nature duquel l'éducation ne peut mordre, avec qui toutes les peines que j'avais prises par humanité sont perdues, tout à fait, tout à fait perdues ; et de même que son corps devient toujours plus difforme avec les années, ainsi son âme se gangrène toujours davantage. Je vais leur infliger une correction à tous jusqu'à les faire rugir.

(*Entre Ariel, chargé de hardes brillantes.*)

Approche ; range-les sur cette corde.
(*Prospero et Ariel restent invisibles. Entrent Caliban, Stephano et Trinculo, tous mouillés.*)

CALIBAN. Je vous en prie, marchez doucement! que la taupe aveugle ne puisse entendre un pied se poser. Nous sommes maintenant près de sa grotte.

STEPHANO. — Monstre, votre lutin, que vous disiez un lutin inoffensif, ne s'est guère mieux conduit avec nous qu'un jean-foutre[18].

TRINCULO. — Monstre, je sens le pissat de cheval des pieds à la tête, ce dont mon nez est en grande indignation.

STEPHANO. — Et le mien aussi. Entendez-vous, monstre? Si j'arrive à vous prendre en grippe, voyez-vous....

TRINCULO. — Tu n'es plus qu'un monstre fichu.

CALIBAN. — Mon bon seigneur, conserve-moi encore ta faveur. Aie patience, car le butin que je vais te faire obtenir compensera bien cette mésaventure ; ainsi parle doucement : tout est encore silencieux comme s'il était minuit;

Trinculo. — Oui, mais avoir perdu nos bouteilles dans la mare....

Stephano. — Il n'y a pas seulement à cela de la honte et du déshonneur, monstre : il y a une perte immense.

Trinculo. — Cela m'est plus sensible que mon barbotage dans la mare, et cependant tout cela vient du fait de votre lutin inoffensif, monstre.

Stephano. — Je veux aller chercher mes bouteilles, dussé-je pour ma peine enfoncer jusqu'aux oreilles.

Caliban. — Je t'en prie, mon roi, sois calme. Vois-tu bien ici? c'est la bouche de la grotte. Pas de bruit et entre. Commets cet excellent méfait qui doit faire cette île tienne pour toujours, et moi, ton Caliban, pour toujours aussi ton lèche-pieds.

Stephano. — Donne-moi ta main; je commence à me sentir des idées sanguinaires.

Trinculo. — *O roi Stephano! ô Pair*[19]! ô digne Stephano! regarde quelle magnifique garde-robe pour toi!

Caliban. — Laisse donc tout cela, fou, ce n'est que du rebut.

Trinculo. — Oh! oh! monstre, nous nous connaissons donc en friperie? O roi Stephano!

Stephano. — Lâche cette robe, Trinculo; par mon poing! j'aurai cette robe.

Trinculo. — Ta Grâce l'aura.

Caliban. — Que l'hydropisie noie cet imbécile! Que prétendez-vous faire en vous amusant à de pareilles défroques? Marchons donc et accomplissons d'abord le meurtre. S'il s'éveille, il va couvrir nos peaux de noirs[20] de la tête aux pieds. Ah! il nous arrangera d'une drôle de façon!

Stephano. — Monstre, tenez-vous tranquille. Madame la Corde, n'est-ce pas là mon pourpoint? Maintenant voilà le pourpoint sous la ligne; vous êtes capable d'en perdre vos cheveux, pourpoint, et de devenir un pourpoint chauve[21].

Trinculo. — Faites, faites, n'en déplaise à Votre Grâce, nous volons à la ligne et au niveau[22].

Stephano. — Je te remercie de ce bon mot; voilà un vêtement pour ta peine. Tant que je serai roi de cette île, l'esprit ne restera jamais sans récompense. Voler à la ligne et au niveau! Voilà ce qui s'appelle bien se fendre d'un bon mot. Encore un autre habit pour ce bon mot.

Trinculo. — Monstre, avance; mets un peu de glu à tes doigts, et en route avec le reste.

Caliban. — Je ne veux rien de tout cela. Nous perdrons notre temps et nous serons changés en barnaches[23] ou en singes avec de vilains fronts tout bas.

Stephano. — Monstre, prêtez vos doigts; aidez-nous à emporter tout cela, là où j'ai placé ma barrique de vin, ou je vous mets à la porte de mon royaume. Allons! emportez ceci.

Trinculo. — Et ceci?

Sthephano. — Oui, et encore ceci.

(*On entend un bruit de chasseurs. Entrent divers esprits sous la forme de limiers qui donnent la chasse aux conspirateurs sur l'excitation de Prospero et d'Ariel.*)

Prospero. — Eh! *Montagne*, eh!

Ariel. — *Argent*, suis par là, *Argent*!

Prospero. — *Furie*, *Furie*, ici! *Tyran*, ici! écoute, écoute[24]!

(*Caliban, Stephano et Trinculo sont chassés de la scène.*)

Va, ordonne à mes lutins de tordre leurs articulations dans des convulsions cruelles, de raccourcir leurs muscles par des crampes invétérées, et de les couvrir de meurtrissures, de manière à leur faire un corps plus tacheté que la fourrure du léopard ou du chat sauvage des montagnes.

Ariel. — Écoute! ils rugissent.

Prospero. — Qu'on leur donne une chasse à fond de train. A cette heure tous mes ennemis sont à ma merci; bientôt tous mes travaux seront finis et tu jouiras de l'air, ton élément, en pleine liberté[25]. Suis-moi, et sers-moi encore un peu de temps.   (*Ils sortent.*)

ACTE V.

SCÈNE UNIQUE[1].

Devant la grotte de Prospero.

Entrent PROSPERO *vêtu de sa robe magique et* ARIEL.

Prospero. — Maintenant mon projet commence à prendre figure ; mes charmes ne se rompent pas, mes esprits obéissent, et le temps avance en droite ligne avec le dénoûment qu'il apporte. Où en est le jour ?

Ariel. — Près de la sixième heure, l'heure à laquelle, monseigneur, vous avez dit que nous cesserions nos travaux.

Prospero. — Oui, c'est ce que j'ai dit lorsque j'ai commencé à soulever la tempête. Dis-moi, mon Esprit, en quel état sont le roi et ses compagnons ?

Ariel. — Parqués ensemble, de la manière dont vous m'en aviez donné l'ordre, et précisément dans le même état où vous les avez laissés : tous prisonniers dans le bosquet de tilleuls[2] qui protége votre grotte contre les inclémences du temps ; ils n'en peuvent sortir avant que vous les délivriez. Le roi, son frère et le vôtre, continuent tous trois à délirer ; les autres, pleins de chagrin et d'effroi, se lamentent sur leur malheur, mais surtout, maître, celui que vous avez nommé le bon vieux seigneur Gonzalo ; ses larmes coulent le long de sa barbe comme les pluies d'hiver s'égouttent d'un toit de paille. Vos charmes les travaillent si violemment, que si vous les voyiez maintenant, votre cœur en serait touché.

Prospero. — Crois-tu, Esprit?

Ariel. — Le mien le serait, si j'appartenais à la race humaine.

Prospero. — Et le mien aussi le sera. Eh quoi! toi qui n'es rien que de l'air, tu éprouverais un frisson de pitié, une émotion pour leurs peines; et moi qui suis de leur espèce, moi qui sens aussi vivement, moi qui suis passion comme eux[3], je ne serais pas plus tendrement touché que toi? Quoique je sois blessé au vif par l'énormité de leurs offenses, cependant je prends parti contre ma colère avec ma raison plus noble. Il est plus beau d'agir par vertu que par vengeance; du moment qu'ils se repentent, l'unique but de mon projet est atteint et ne réclame pas de moi un froncement de sourcil de plus. Va, délivre-les, Ariel. Je vais rompre mes charmes, les rappeler à leur bon sens, et ils vont redevenir eux-mêmes.

Ariel. — Je vais les chercher, seigneur.

(*Il sort.*)

Prospero. — Vous, Elfes des collines, des ruisseaux, des lacs dormants et des bosquets; et vous, qui de vos pieds qui ne font pas d'empreintes, courez sur le sable après Neptune lorsqu'il se retire, et fuyez devant lui lorsqu'il remonte; et vous, petits êtres nains, qui au clair de lune tracez en dansant ces cercles[4] qui laissent l'herbe amère et que la brebis ne broute pas; et vous, dont le passe-temps est de faire naître à minuit les champignons, et qui vous plaisez à entendre le solennel couvre-feu : vous êtes des maîtres bien faibles; et cependant, grâce à votre aide, j'ai pu dans tout l'éclat de son midi obscurcir le soleil, évoquer les vents à la rage séditieuse, et déchaîner la guerre rugissante entre la verte mer et la voûte azurée, allumer le tonnerre aux grondements redoutables, et décapiter avec la propre foudre de Jupiter le chêne orgueilleux qui lui est cher, faire trembler les promontoires sur leurs bases massives, et retourner par leurs racines le cèdre et le pin, ordonner aux tombeaux de réveiller leurs dormeurs, d'ouvrir leurs portes et de les laisser sortir. Oui, voilà, grâce à votre aide, jusqu'où mon art a pu porter sa puissance. Mais j'abjure ici cette impérieuse magie, et lorsque je vous aurai ordonné — ce que je fais en ce moment — un peu de musique céleste pour opérer sur les sens de ces hommes le but que je poursuis, but que ce charme aérien est destiné à me faire atteindre, je briserai ma baguette de commandement, je l'enfouirai à plusieurs toises sous la terre; et plus avant que n'est encore descendue la sonde, je plongerai mon livre sous les eaux. (*Musique solennelle.*)

(*Rentre Ariel. Après lui viennent Alonzo faisant des gestes frénétiques et suivi par Gonzalo; Sébastien et Antonio, dans le même état que le roi, et suivis d'Adrien et de Francisco. Ils entrent tous dans le cercle tracé par Prospero, et y demeurent enchantés. Prospero, après les avoir observés, reprend la parole.*)

PROSPERO. — Qu'une musique solennelle, la meilleure médecine pour une imagination en désordre, guérisse ton cerveau maintenant sans puissance, cuit dans ton crâne par le feu du délire! — Demeurez là tranquilles, car un charme vous enchaîne. — Vertueux Gonzalo[5], homme honorable, mes yeux que la vue des tiens rappelle à l'humaine sympathie, laissent tomber des larmes sœurs de celles que tu verses. — L'enchantement se dissipe avec rapidité; et de même que le jour se glisse furtivement par-dessous la nuit fondant par degrés ses ténèbres, ainsi leurs facultés s'éveillant commencent à chasser les vapeurs de l'ignorance[6] qui enveloppent les clartés de leur raison. — O bon Gonzalo, mon vrai sauveur, fidèle serviteur du maître que tu suis, à mon retour je te rendrai tes bienfaits à la fois en paroles et en actes. — Tu as agi bien cruellement envers moi et envers ma fille, Alonzo. Ton frère fut un des promoteurs de ton crime; — tu en pâtis maintenant, Sébastien! — Vous, ma chair et mon sang, vous, mon frère, qui pour faire en votre âme la place plus grande à l'ambition en avez expulsé le remords et la nature; vous qui avec Sébastien (dont les tortures intérieures sont portées au comble pour cette tentation) avez voulu tuer votre roi : je te pardonne, tout dénaturé que tu sois[7]. — Leur entendement commence à bouillonner, et sa marée montante couvrira bientôt de son flot la plage de leur raison, maintenant encore infecte et limoneuse. Pas un qui m'ait encore regardé ou qui me reconnaisse! Ariel, va me chercher le chapeau et la rapière qui sont dans ma grotte. (*Ariel sort.*) Je vais changer d'habillement et me présenter tel que j'étais autrefois comme duc de Milan. Vivement, mon Esprit; avant peu tu seras libre.

ARIEL *rentre en chantant et aide* PROSPERO
à s'habiller.

Ariel.
Là où suce l'abeille, je suce aussi;
Mon lit est la clochette d'une primevère;
C'est là que je me couche quand les hiboux crient.
Sur le dos de la chauve-souris je m'envole
A la fin de l'été gaiement[8].
Gaiement, gaiement je vivrai maintenant
Sous la fleur qui pend à la branche.

Prospero. — Oui, voilà bien mon exquis Ariel! Tu me manqueras, et cependant tu auras ta liberté; oui, oui, oui. Rends-toi au vaisseau du roi, invisible comme tu es: tu y trouveras les matelots endormis sous les écoutilles; réveille le capitaine et le maître d'équipage et pousse-les devant toi jusqu'ici; immédiatement, je t'en prie.

Ariel. — Je bois l'air devant moi et je reviens avant que ton pouls ait battu deux fois. (*Il sort.*)

Gonzalo. — Toutes les causes de trouble, de tourment, d'étonnement, d'effroi sont réunies ici. Puisse quelque pouvoir divin nous guider hors de cette terrible contrée!

Prospero. — Regarde, seigneur roi, voici devant toi Prospero, le duc spolié de Milan. Pour mieux t'assurer que c'est bien un prince vivant qui te parle, je t'embrasse, et je souhaite, à toi et à ceux qui t'accompagnent, une cordiale bienvenue.

Alonzo. — Si tu es ou non Prospero, ou bien si tu es

quelque fantasmagorie magique destinée à m'abuser comme je l'ai été récemment[9], je ne le sais pas. Ton pouls bat comme celui d'un être de chair et de sang, et depuis que je te vois, je sens diminuer l'affliction de mon esprit, dans laquelle, je le crains bien, j'ai été plongé et retenu par un accès de folie. Tout cela — si ce n'est pas une illusion — fait augurer à notre impatiente curiosité une bien étrange histoire. Je résigne ton duché et je sollicite le pardon de mes torts. Mais comment Prospero est-il vivant et se trouve-t-il ici?

PROSPERO, à Gonzalo. — D'abord, noble ami, laisse-moi embrasser ta vieillesse, dont l'honneur dépasse toute estimation et toute mesure.

GONZALO. — Tout cela est-il ou n'est-il pas? Je n'oserais affirmer ni l'un ni l'autre.

PROSPERO. — Vous vous ressentez encore de quelques-unes des illusions de cette île[10] qui ne vous laissent pas le pouvoir de croire aux choses évidentes. La bienvenue à vous tous, mes amis. (*A part, à Antonio et à Sébastien.*) Quant à vous, ma paire de seigneurs, si j'en avais envie, je pourrais vous valoir les regards menaçants de Son Altesse et vous montrer sous vos figures de traîtres : pour le moment, je ne ferai pas de révélations.

SÉBASTIEN, *à part*. — Le diable parle par sa bouche.

PROSPERO. — Non. — Pour vous, très-détestable seigneur, que je ne puis appeler frère sans m'infecter la bouche.... je te pardonne ta faute la plus insigne ; je te les pardonne toutes, et je te réclame mon duché que tu es, je le sais, contraint de me rendre.

ALONZO. — Si tu es Prospero, donne-nous des détails sur ta délivrance. Comment nous as-tu rencontrés ici, nous qui, il y a trois heures, avons fait naufrage sur ce rivage, où j'ai perdu — oh ! combien poignant est ce souvenir! — mon cher fils Ferdinand?

PROSPERO. — J'en suis désolé, sire.

ALONZO. — Irréparable est la perte ; et la patience dit qu'elle n'a pas pour un tel malheur de remèdes efficaces.

PROSPERO. — Je croirais plutôt que vous n'avez pas bien

cherché son appui, car sa douce faveur me prête son assistance souveraine pour supporter une perte semblable et me permet de goûter le bonheur du repos.

Alonzo. — Vous, une perte semblable?

Prospero. — Oui, sire, aussi grande pour moi, aussi récente, et contre une perte aussi cruelle j'ai des ressources beaucoup plus faibles que les consolations qui peuvent répondre à l'appel de votre douleur, car j'ai perdu ma fille.

Alonzo. — Une fille! O ciel, que ne sont-ils vivants, et tous deux à Naples, roi et reine! Pour qu'ils y fussent, je consentirais à être moi-même enseveli sous la vase de cette couche limoneuse où mon fils gît étendu. Quand donc avez-vous perdu votre fille?

Prospero. — Dans cette dernière tempête. — Je vois que ces seigneurs sont tellement stupéfaits de cette rencontre qu'ils en dévorent leur raison[11] et ont peine à croire que leurs yeux soient des ministres de vérité et que leurs paroles soient un souffle naturel; mais à quelque degré que vous ayez été poussés hors de vos sens, tenez pour certain que je suis Prospero, ce duc même qui fut chassé de Milan, et qui, sur ce même rivage où vous avez fait naufrage, aborda par un hasard bien étrange pour devenir le roi de cette île. N'en parlons pas davantage pour le moment; car c'est une chronique à raconter lentement, journée après journée, et non pas une anecdote de déjeuner, ni un récit qui convienne à cette première entrevue. Sire, soyez le bienvenu. Cette grotte est ma cour; j'y ai peu de suivants, et au dehors pas un sujet. Je vous en prie, jetez un regard dans son intérieur. Puisque vous m'avez rendu mon duché, je veux vous en remercier par quelque chose d'aussi précieux, ou tout au moins vous montrer une merveille dont vous serez aussi content que je le suis de mon duché.

(*L'entrée de la grotte s'élargit, et laisse voir Ferdinand et Miranda jouant aux échecs.*)

Miranda. — Mon doux seigneur, vous me trichez.

Ferdinand. — Non, mon bien cher amour, je ne le ferais pas pour le monde entier.

Miranda. — Oui, et vous me disputeriez[12] par tricherie une vingtaine de royaumes, que je dirais que vous jouez franc jeu.

Alonzo. — Si c'est encore une des fantasmagories de l'île, j'aurai perdu deux fois un fils chéri.

Sébastien. — Un miracle fort extraordinaire !

Ferdinand. — Bien que les mers menacent, elles sont compatissantes ; je les ai maudites sans sujet. (*Il se jette aux genoux d'Alonzo.*)

Alonzo. — Que toutes les bénédictions d'un père rempli de joie enveloppent ta personne tout entière ! Relève-toi, et dis-nous comment tu es venu ici.

Miranda. — O merveille ! Que de superbes créatures de tous côtés ! Comme le genre humain est beau ! Oh ! l'excellent nouveau monde qui contient un tel peuple !

Prospero. — Oui, il est nouveau pour toi.

Alonzo. — Quelle est cette jeune fille avec laquelle vous étiez à jouer ? Votre plus ancienne intimité ne peut dater de plus de trois heures. Est-ce la déesse qui, après nous avoir séparés, nous a fait ensuite retrouver ainsi ?

Ferdinand. — Sire, elle est mortelle, mais une immortelle Providence me l'a donnée. Je l'ai choisie alors que je ne pouvais prendre le conseil de mon père et que je croyais même ne plus en avoir. Elle est fille de ce fameux duc de Milan dont j'ai si souvent entendu parler, mais que je n'avais jamais vu jusqu'à ce jour ; de lui j'ai reçu une seconde fois la vie, et cette dame me donne ainsi un second père.

Alonzo. — Et moi je suis le sien. Mais quel étrange étonnement cela va produire de me voir solliciter le pardon de mon enfant !

Prospero. — Arrêtez, sire ; pourquoi donc ferions-nous porter à notre mémoire le souvenir pénible d'une affliction qui est déjà loin de nous ?

Gonzalo. — Je pleurais au dedans de moi-même, sans quoi j'aurais déjà parlé. Abaissez vos regards sur cette scène, ô Dieux! et faites descendre sur les fronts de ce couple une couronne bénie, car c'est vous qui avez tracé le chemin qui nous a conduits ici.

Alonzo. — Je réponds *Amen*, Gonzalo.

Gonzalo. — Ainsi donc, Milan a été chassé de Milan [13] pour que sa postérité donnât des rois à Naples? Oh! réjouissez-vous d'une joie plus qu'ordinaire et inscrivez ceci en lettres d'or sur des colonnes impérissables : « Dans un même voyage, Claribel a trouvé un époux à Tunis, et son frère Ferdinand une femme là où lui-même s'était perdu; dans une île misérable, Prospero a retrouvé son duché, et nous tous, tant que nous sommes, nous avons retrouvé nos individus alors qu'aucun de nous n'était son propre maître. »

Alonzo (*à Ferdinand et à Miranda*). — Donnez-moi vos mains, et s'il est quelqu'un qui ne vous souhaite pas le bonheur, que le chagrin et la tristesse s'établissent à demeure dans le cœur de celui-là!

Gonzalo. — Ainsi soit-il, *Amen*.

(*Rentre Ariel avec le capitaine du navire et le maître d'équipage qui le suivent dans un état d'ébahissement.*)

Gonzalo, *continuant*. — Oh! regardez, sire, regardez, voici encore des nôtres. Je l'avais bien prédit que s'il y avait une potence à terre, ce gaillard-là ne se noierait pas. Eh quoi, monsieur Blasphème, vous qui crachiez si bien par-dessus bord vos imprécations impies, plus un juron maintenant que vous voilà débarqué? N'as-tu donc plus de langue à terre? Et quelles nouvelles?

Le maître d'équipage. — La première et la meilleure, c'est que nous avons retrouvé sains et saufs notre roi et les personnes de sa suite; la seconde, c'est que notre vaisseau, que nous tenions pour coulé il n'y a pas plus de trois heures, est aussi solidement joint, se tient aussi bien à flot, est aussi parfaitement gréé que le premier jour où nous avons mis à la mer.

Ariel, *à part, à Prospero*. — Seigneur, tout cela je l'ai fait depuis mon dernier départ.

Prospero, *à part, à Ariel.* — Mon adroit Esprit!

Alonzo. — Tous ces événements ne sont pas naturels; ils vont croissant toujours en étrangeté. Dites-nous, comment êtes-vous venus ici?

Le maître d'équipage. — Sire, si je croyais que je suis bien éveillé, je ferais effort pour vous le dire. Nous étions plongés dans un sommeil de mort et — comment cela s'est-il fait, je n'en sais rien — tous fourrés sous les écoutilles, lorsqu'il n'y a qu'un instant nous avons été réveillés par des bruits étranges et divers, rugissements, cris de détresse, hurlements, cliquetis de chaînes et autres variétés de vacarmes toutes horribles; immédiatement nous nous trouvons en liberté et nous voyons en parfaite assiette notre brave, royal, excellent vaisseau, et notre capitaine sautant de joie en le regardant; puis, en un rien de temps, plaise à Votre Altesse, nous nous sommes trouvés séparés des autres et nous avons été comme poussés jusqu'ici en nous frottant les yeux.

Ariel, *à part, à Prospero.* — Cela a-t-il été bien exécuté?

Prospero, *à part, à Ariel.* — Admirablement. La diligence même. Tu seras libre.

Alonzo. — Voilà le plus étrange labyrinthe que jamais homme ait parcouru; il y a en jeu dans toute cette affaire une puissance d'action qui surpasse celle que posséda jamais la nature : il faut que quelque oracle éclaire notre intelligence.

Prospero. — Sire, mon suzerain, ne fatiguez pas votre esprit à tourner et à retourner l'étrangeté de cette aventure; lorsque nous serons libres de choisir une heure de loisir (ce qui sera bientôt), alors, seuls en tête-à-tête, je vous donnerai l'explication, qui vous semblera très-simple, de chacun de ces événements. Jusque-là, gardez votre esprit en joie et jugez pour le mieux de toute chose. (*A part, à Ariel.*) Viens ici, Esprit; mets en liberté Caliban et ses compagnons; délie le charme. (*Ariel sort.*) Comment va maintenant mon gracieux seigneur? Il vous manque encore quelques gens de votre suite, certains drôles grotesques que vous ne vous rappelez pas.

Rentre ARIEL, *poussant devant lui* CALIBAN, STEPHANO *et* TRINCULO, *revêtus des défroques qu'ils ont volées.*

STEPHANO. — Que chacun travaille pour tous les autres, et que personne ne se préoccupe de lui-même, car il n'y a ici-bas que hasards. *Corragio !* faux brave de monstre, *corragio* [14] !

TRINCULO. — Si les espions [15] que je porte dans ma tête ne sont pas menteurs, voici un superbe spectacle.

CALIBAN. — Sétebos ! les admirables esprits que voilà ! Comme mon maître est beau ! J'ai peur qu'il ne me châtie.

SÉBASTIEN. — Ha ! ha ! Qu'est-ce que ces espèces-là, monseigneur Antonio ? Suffirait-il d'argent pour les acquérir ?

ANTONIO. — Très-probablement ; l'un d'eux est un vrai poisson, et sans aucun doute bon pour le marché.

PROSPERO. — Remarquez seulement les oripeaux de ces hommes, messeigneurs, et dites-moi s'ils sont honnêtes gens [16]. Ce drôle difforme eut pour mère une sorcière, si puissante, qu'elle pouvait commander à la lune, faire à volonté le flux et le reflux, et agir dans la sphère de son empire contre et malgré son pouvoir. Ces trois hommes m'ont volé, et ce demi-diable (car c'est un diable bâtard) avait comploté avec eux de m'enlever la vie. Vous devez reconnaître pour vôtres deux de ces drôles ; quant à ce produit des ténèbres, je le reconnais pour mien.

CALIBAN. — Je serai pincé à mort.

ALONZO. — N'es-tu pas Stephano, mon ivrogne de sommelier ?

SÉBASTIEN. — Il est ivre en ce moment même ; où a-t-il pu se procurer du vin ?

ALONZO. — Et Trinculo, qui ne tient pas debout et qui est tout prêt à tomber ! où donc ont-ils trouvé la grande liqueur qui les a ainsi dorés [17] ? Comment as-tu fait pour te mettre à pareille sauce ?

Trinculo. — J'ai été mis à cette sauce[18] depuis que je ne vous ai vu, et j'ai bien peur qu'elle ne me sorte plus des os. Je ne craindrai plus les piqûres des mouches.

Sébastien. — Eh bien, Stephano, qu'y a-t-il donc?

Stephano. — Oh! ne me touchez pas, je ne suis pas Stephano, je ne suis qu'une crampe[19].

Prospero. — Vous vouliez être le roi de l'île, coquin?

Stephano. — J'aurais été un roi fort sensible, alors[20].

Alonzo, *montrant Caliban*. — Voici la créature la plus étrange que j'aie encore vue.

Prospero. — Il est aussi difforme dans ses mœurs que dans sa personne. Drôle, rendez-vous dans ma grotte, prenez avec vous vos compagnons, et si vous voulez obtenir mon pardon, arrangez-la avec soin.

Caliban. — Oui, je le ferai, et désormais je serai plus sage et je m'efforcerai d'obtenir ma grâce. Quel triple-double âne j'étais de prendre cet ivrogne pour un dieu et d'adorer cet absurde imbécile!

Prospero. — Allons, pars! Hors d'ici.

Alonzo. — Hors d'ici et allez remettre vos défroques où vous les avez trouvées.

Sébastien. — Ou plutôt volées.

(*Caliban, Stephano et Trinculo sortent.*)

Prospero. — Sire, j'invite Votre Altesse et sa suite à entrer dans ma pauvre grotte, où vous prendrez votre repos pour cette seule nuit, dont j'emploierai une partie à des récits qui, je n'en doute pas, la feront passer rapidement. Ils vous diront l'histoire de ma vie et les incidents particuliers qui se sont succédé depuis mon arrivée dans l'île; puis le matin venu, je vous conduirai à votre vaisseau, et nous ferons route pour Naples, où j'espère voir célébrer le mariage de nos chers bien-aimés; de là je me retirerai dans mon Milan, où, sur trois de mes pensées, il y en aura une pour ma tombe.

Alonzo. — Il me tarde d'entendre l'histoire de votre vie, qui doit singulièrement captiver l'oreille de qui l'écoute.

Prospero. — Je vous raconterai tout, et je vous promets des eaux calmes, des brises propices et des voiles si rapides

que votre navire aura bien vite rattrapé et laissé loin
derrière lui votre flotte royale. (*A part, à Ariel.*) Mon
Ariel, mon petit oiseau, c'est à toi qu'en revient la charge;
après cela, retourne aux éléments, sois libre et porte-toi
bien! — Je vous en prie, veuillez approcher.

(*Ils sortent.*)

ÉPILOGUE RÉCITÉ PAR PROSPERO.

Maintenant tous mes charmes sont détruits :
Je n'ai plus d'autre force que la mienne propre,
Et elle est bien faible; aussi, est-il vrai qu'en ce moment,
Vous pouvez à volonté me retenir ici
Ou me renvoyer à Naples. Ne permettez pas,
Maintenant que j'ai recouvré mon duché
Et pardonné au traître, que vos propres enchantements
Me retiennent à leur tour dans cette île déserte;
Mais délivrez-moi de mes chaînes
Avec l'aide de vos mains bienfaisantes.
Il faut que le souffle favorable de vos lèvres
Gonfle mes voiles, ou bien mon projet est manqué,
Et ce projet était de vous plaire. Maintenant je n'ai plus
D'esprit pour exécuter, d'art pour enchanter,
Et ma fin dernière sera le désespoir,
A moins que je ne sois secouru par la prière[24],
Qui pénètre si avant qu'elle emporte d'assaut
La miséricorde divine elle-même et délie de toutes les
  fautes.
Comme vous voudriez obtenir le pardon pour vos péchés,
Permettez à votre indulgence de m'accorder la liberté.

COMMENTAIRE.

ACTE I.

1. *Blow till thou burst thy wind, if room enough.* La manœuvre qui vient d'être exécutée a pour but d'empêcher le vaisseau de courir trop vite contre terre, par conséquent de maintenir une certaine distance entre le vaisseau et la côte. C'est cette distance qui s'appelle *room*, *sea room*, champ, espace de mer.

2. Le texte porte simplement *these roarers*, ces rugissants, qualification qui peut s'appliquer soit aux vents, soit aux vagues; mais elle est assez générale pour que nous ayons cru pouvoir l'appliquer à tous les bruits de la tempête indistinctement.

3. *Down with top-mast*, etc. On descend le mât de hune parce que le navire ayant couru trop vite sur terre malgré la manœuvre précédente, il n'y a plus assez de distance, de *sea room*. Cette manœuvre est le complément de la première.

4. La plupart des éditions portent : *A pox o' your throat*, la vérole te serre la gorge, au lieu de *a plague o' your throat*, la peste te serre la gorge.

5. Les deux manœuvres précédentes ayant échoué, alors, pour empêcher que le navire n'aille se briser contre la côte, on essaye de se rejeter en pleine mer, de prendre le large.

6. De nombreuses autorités en matière de marine se sont accordées à louer l'exactitude des manœuvres ordonnées pendant toute cette scène. Voici, entre autres, un extrait d'un article de lord Mulgrave, tiré de l'édition *variorum* de Shakspeare donnée par Boswell en 1821 :

« La première scène de *la Tempête* est un exemple très-frappant de la grande exactitude des connaissances de Shakspeare dans la science professionnelle qui est la plus difficile à acquérir sans le secours de l'expérience. Il doit avoir acquis ces connaissances par des conversations avec quelques-uns des très-habiles marins de cette époque. Aucun livre n'avait été publié encore sur ce sujet.

« La succession des événements est strictement observée dans le **progrès** naturel de la détresse décrite ; les expédients adoptés sont les meilleurs qu'on pût employer pour seconder les chances de salut, et ce n'est ni au manque d'habileté des matelots, ni aux mauvaises conditions du vaisseau, mais seulement au pouvoir de Prospero que le naufrage doit être attribué.

« Les mots de commandement ne sont pas seulement strictement exacts, mais ils sont choisis soigneusement; il n'y a là que les mots qui désignent le but à atteindre, sans aucun de ceux plus superflus qui se rapportent aux manœuvres de détail. Le vaisseau de Shakspeare était trop bien monté pour qu'il fût nécessaire d'apprendre aux matelots ce qu'ils avaient à faire et comment ils devaient le faire.

« Le poëte a montré une parfaite connaissance des innovations introduites de son temps dans la marine, aussi bien que des points douteux de la manœuvre maritime. Il a placé une de ces manœuvres douteuses (celle qui consiste à abaisser le mât de hune) précisément dans la seule circonstance où elle soit indiscutable. »

Les événements se succèdent trop rapidement sans doute pour la durée stricte de la représentation de cette scène ; mais peut-être que si la durée attribuée par les critiques au déroulement de l'action de ce drame était distribuée entre les diverses parties, la portion de temps accordée à cette scène se trouverait suffisante. En tout cas, le poëte a pris soin de marquer par des sorties les intervalles qui séparent les différentes manœuvres.

7. *Welkin's cheek*, la joue du ciel. Expression bizarrement métaphorique à laquelle Shakspeare porte une affection toute particulière.

8. Il y a ici un jeu de mots qui consiste dans une altération par Prospero du sens que Miranda a donné à l'expression de *foul play* qui signifie à la fois mauvaise chance et mauvaise manœuvre, autrement dit, mauvais jeu du destin et mauvais jeu des hommes. Miranda entend l'expression dans le premier sens, Prospero dans le second.

9. *Oh! My heart bleeds*
    To think of the teen that I have turned you to.

Ce passage est d'une interprétation délicate. On peut le traduire comme on l'a fait d'ordinaire : « Oh! mon cœur saigne en songeant aux souffrances dont j'ai réveillé le souvenir en vous, vers lesquelles j'ai tourné votre esprit, *turned you to.* » Mais ce n'est pas Miranda qui peut avoir réveillé des souvenirs dont elle n'a pas gardé mémoire, qu'elle n'a pas prié son père de lui rappeler, puisque c'est au contraire Prospero qui s'est chargé spontanément de lui apprendre ce qu'elle ignorait. En outre, cette expression *to turn you to*, *to turn him to*, se rencontrant plusieurs fois dans Shakspeare dans le sens de causer, d'occasionner, c'est celui-là que nous avons cru devoir adopter.

10. *And whom to trash for over topping.* Cette expression est susceptible non de deux sens mais de deux nuances du même sens. Elle peut être empruntée soit au vocabulaire de l'arboriculture, soit au vocabulaire de la vénerie. Elle peut signifier : élaguer, émonder, rejeter,

comme on émonde les branches trop grandes, ou bien faire reculer, comme on fait reculer les chiens qui, placés au premier rang, dépassent la ligne de la meute.

11. Les commentateurs ont fait remarquer que Shakspeare, qui avait beaucoup lu les chroniques d'Hollinshed, avait pu se rappeler ce passage : « Après cela Edwin, le frère du roi, étant accusé d'avoir entamé quelque conspiration contre son frère, fut banni du royaume et jeté dans un *vieux vaisseau pourri sans rameurs, ni matelots*, accompagné seulement d'un écuyer, etc. » Ce détail du vaisseau pourri et sans agrès ni équipage aura frappé peut-être l'imagination de Shakspeare.

12. *When I have decked the sea with drops full salt.* Prospero veut indiquer par cette expression *full salt*, que l'excès de son malheur lui arrachait ses plus *vraies* larmes, et malgré l'étrangeté de l'expression, nous avons cru devoir la conserver. L'équivalent français de larmes amères n'approche pas de cette énergie.

13. *Now I arise*, maintenant je me lève. Ces mots de Prospero n'ont jamais été bien expliqués. Quelques commentateurs croient qu'ils s'adressent non à Miranda, mais à Ariel qui s'est approché invisible à tout autre qu'à Prospero. Ils signifieraient dans ce cas : tout à l'heure, je suis à toi, je vais avoir fini. On appuie cette opinion sur ces paroles de Prospero à Ariel un peu plus bas, *come, I am ready now*, viens, je suis prêt maintenant. Nous croyons tout simplement que Prospero se lève en effet et veut marquer par ces mots la fin approchante de son discours qu'il termine debout, tout en se préparant à ses communications magiques avec Ariel. Disons enfin que ce sont de ces paroles, comme il en abonde dans Shakspeare, qui ne sont douteuses que parce que l'auteur écrivait en vue de spectateurs et non de lecteurs. L'acteur, en effet, peut leur donner par son jeu la signification précise qui leur manque, soit en marquant par un geste ou une intonation qu'il va se lever, soit en se levant en effet.

14. *Know thus far forth*, apprends-en jusque-là, apprends-en autant que je vais t'en dire et pas plus loin.

15. Ariel appartient à l'ordre des esprits élémentaires ; mais dans laquelle des quatre catégories faut-il le classer ? Dans la liste des personnages du drame, il est désigné sous le titre de génie de l'Air, et en effet quelques-unes de ses opérations se rapportent bien aux fonctions que les savants en démonologie attribuent aux esprits de l'air. Telle est notamment la tempête ordonnée par Prospero, et dont il rend compte à son maître dans cette scène. Les fonctions particulières de cet ordre d'esprits, dit le vieux Robert Burton, l'auteur de l'*Anatomie de la mélancolie*, consistent à soulever divers genres d'ouragans et notamment ceux qui se rapprochent le plus des tempêtes, à déraciner les arbres, à faire tomber le tonnerre sur les clochers et les maisons, à frapper les hommes et les bêtes, à faire pleuvoir des pierres. Mais là ne se bornent pas les fonctions d'Ariel, car nous le voyons, sur l'ordre de Prospero, se transformer en Nymphe de la mer ou Esprit des Eaux, et dans sa querelle avec son maître, celui-ci lui reproche de faire trop d'état

des services qu'il lui rend dans les entrailles de la terre, lorsqu'elle est durcie par la gelée. Ariel est donc ce qu'on pourrait appeler un esprit pour tout faire, pour lequel la spécialité et la division des fonctions n'existent pas.

16. Le commentateur anglais Douce a fait remarquer que la description que fait Ariel de sa métamorphose en flammes effrayantes et inoffensives à la fois se rapporte exactement au météore bien connu des marins sous les noms de *Sainte-Hélène*, *Saint-Elme*, *Saint-Herme*, *Sainte-Claire*, *Saint-Nicolas*, *Saint-Pierre*. « Lorsque le météore apparaissait en une seule flamme, les Anciens lui donnaient le nom d'Hélène, la sœur de Castor et de Pollux, et alors on le regardait comme signe de mauvais augure en souvenir des calamités dont cette dame avait été l'occasion, en soulevant la guerre de Troie. Lorsqu'il se présentait en deux flammes, ils l'appelaient *Castor et Pollux*, et il était regardé comme un heureux présage. Dans la collection des anciens voyages d'Hackluyt, une description très-détaillée de ce météore se rencontre dans la relation du voyage de Robert Tomson, marchand, à la nouvelle Espagne, en 1555. Quelques passages de cette relation se rapportent exactement aux exploits d'Ariel. « Alors vint sur le sommet de la grande vergue et du grand mât une certaine petite lumière, qui ressemblait beaucoup à la lumière d'une petite chandelle ; les Espagnols l'appelaient le *cuerpo santo* et disaient que c'était saint Elme, le patron des marins. Cette lumière resta environ trois heures à bord de notre navire, sautant de mât en mât, et quelquefois elle brillait en deux ou trois endroits à la fois. »

17. *In this sad knot.* Ariel joint la pantomime à ses paroles.

18. *The still vexed Bermoothes.* Shakspeare avait peut-être tiré ce détail de la relation de sir Walter Raleigh intitulée : *De la découverte du vaste, riche et bel empire de Guyane*, où, après avoir parlé du canal de Bahama, l'auteur ajoute : « Les autres parties des Indes, à cause des calmes et des maladies, sont vraiment insupportables, et quant à la mer des Bermudes, c'est tout à fait une mer diabolique par ses tonnerres, ses éclairs et ses tempêtes. » (Note de l'édition Staunton.)

19. Le sens de ce passage est très-douteux, peut-être simplement par la faute d'une mauvaise ponctuation. Quelques commentateurs ont fait remarquer que par ces paroles, *de deux sabliers au moins*, Prospero répondait lui-même à la question qu'il venait d'adresser à Ariel. Ne serait-il pas possible que Prospero, prenant pour base la réponse d'Ariel et se parlant à lui-même, calculât qu'il lui reste encore pour l'accomplissement de ses projets au moins le temps de deux sabliers? Un des derniers éditeurs anglais de Shakspeare, M. Staunton, propose un changement de ponctuation qui donne un sens analogue à celui que nous suggérons. Ce passage, tel qu'il le ponctue, peut se traduire ainsi : « Deux sabliers au moins — le temps entre le moment présent et la sixième heure — doivent être employés par nous précieusement. »

20. *This blue eyed hag*, cette sorcière aux yeux bleus, dit le texte ;

mais je me range volontiers à l'avis de ceux qui croient à une faute dans ce passage et qui proposent de lire *this blear eyed hag*.

21. On dirait que Shakspeare a voulu résumer dans *la Tempête* tous les détails poétiques qu'il avait recueillis dans ses lectures des voyages de son temps. Nous en avons déjà vu des exemples pour Ariel, ses fonctions et la nature du météore qu'il fait flamboyer sur le vaisseau en détresse. Pour Caliban, on a suggéré, avec assez de vraisemblance, que l'idée première de ce personnage pouvait avoir été donnée à Shakspeare par un passage de l'*Histoire des voyages dans l'Inde occidentale et orientale* d'Eden, livre d'où le poète semble, en outre, avoir tiré les noms de plusieurs des personnages de sa pièce, tels que Alonzo, Ferdinand, Gonzalo, Sébastien, Antonio, etc., etc. Voici ce passage : « Partant de là, ils naviguèrent jusqu'au 49e degré et demi sous le pôle antarctique, où ils hivernèrent et furent forcés de rester l'espace de deux mois. Pendant tout ce temps, ils ne virent personne, excepté qu'un jour, par hasard, ils aperçurent un homme de la stature d'un géant qui s'avançait vers le port dansant et chantant, et qui peu après sembla jeter de la poussière sur sa tête. Le capitaine envoya sur le canot quelques-uns de ses hommes à terre, qui firent les signes de paix : ce que voyant, le géant n'eut aucune crainte et se rendit avec le domestique du capitaine, en sa présence, dans une petite île. Lorsqu'il vit le capitaine et quelques-unes des personnes de sa compagnie, il fut grandement étonné et fit des signes en levant ses mains au ciel, voulant dire par là que ces hommes en étaient descendus. Ce géant était si grand que la tête d'un de nos hommes de moyenne stature ne lui venait qu'à la ceinture. Il était de forte corpulence et bien proportionné dans toutes les parties du corps, avec un large visage peint de diverses couleurs, mais pour la plus grande partie jaune. Sur les joues étaient peints deux cœurs, et ses yeux étaient entourés de cercles rouges. Ses cheveux étaient colorés de blanc, et son vêtement était composé de la peau d'une bête dont les morceaux étaient cousus ensemble. Cette bête, à ce qu'il nous sembla, devait avoir une grande tête et de grandes oreilles comme une mule, avec le corps d'un chameau et la queue d'un cheval. Les pieds du géant étaient chaussés de cette même peau, à la manière de nos souliers. Le capitaine le fit manger et boire et lui donna diverses choses, entre autres un grand miroir, dans lequel s'étant regardé, il fut effrayé soudainement de son image et se jeta en arrière avec une telle violence qu'il renversa deux de ceux qui étaient près de lui. Le capitaine lui donna des grelots et d'autres clochettes plus grandes, un miroir, un peigne, une paire de colliers de verre, et l'envoya à terre avec quatre de ses hommes bien armés. » (Édition STAUNTON.)

22. Voici un extrait du commentaire de Batman sur le livre de Bartolomé : *De proprietatibus rerum*, qui jette quelque jour sur ce passage : « Le corbeau tire son nom de *corax*.... On dit que les corbeaux se nourrissent de la rosée du ciel, tout le temps qu'ils n'ont pas encore de plumes noires. » Le même auteur nous éclaire sur les raisons qui font choisir le vent du Sud-Ouest à Caliban comme moyen

de malédiction : « Le vent du Sud est chaud et humide.... les vents du Sud corrompent et détruisent, ils brûlent et apportent aux hommes la maladie. » Douce.

23. *Urchins*. Ce mot signifie à proprement parler hérissons; mais il est évident qu'ici il désigne une variété quelconque de lutins et d'esprits de la nuit; seulement il est assez difficile de fixer laquelle. Néanmoins, comme le supplice dont Prospero menace Caliban est bien celui que peuvent infliger des hérissons, on peut supposer que ce mot a ici un double sens et désigne des esprits qui auraient pris la forme de cet animal. A l'Acte II, Caliban mentionne formellement les hérissons parmi les esprits que Prospero envoie pour le tourmenter. Il faut enfin se rappeler que les animaux nocturnes, escarbots, crapauds, hérissons, etc., sont pris souvent dans Shakspeare comme synonymes d'esprits malfaisants. Voir entre autres passages les chœurs des esprits qui bercent le sommeil de Titania dans *le Songe d'une nuit d'été.*

24. *The red plague*, la peste rouge; nom ancien de l'érysipèle.

25. Dans le livre d'Eden, déjà cité, se trouve une mention curieuse de ce dieu Setebos, qui appartient, selon l'auteur, à la mythologie patagonienne. « Le capitaine retint deux de ces géants qui étaient parmi les plus jeunes et les mieux faits. Il les prit par ruse de la manière que voici. Leur ayant donné des miroirs, des couteaux, des ciseaux, des grelots, des colliers de verre et d'autres babioles, il leur remplit tellement les mains qu'elles n'en pouvaient tenir davantage, puis il leur fit mettre aux jambes deux paires de chaînes, en leur faisant signe qu'il les leur donnerait, ce qui leur plut beaucoup, parce qu'elles étaient d'un métal brillant. Lorsqu'ils sentirent les chaînes à leurs jambes, ils commencèrent à avoir des doutes, mais le capitaine les rassura et les fit rester tranquilles. Enfin, lorsqu'ils virent qu'ils étaient trompés, ils rugirent comme des taureaux et appelèrent leur grand diable Setebos pour les délivrer.... Ils disent que, lorsque l'un d'eux vient à mourir, il apparaît dix ou douze diables près du corps du mort, dansant et sautant; ils disent que les diables ont le corps peint de diverses couleurs, et qu'il y en a un plus grand que les autres qui fait grand bruit de joie et de satisfaction. C'est ce plus grand diable qu'ils appellent Setebos. » (Édition Staunton.)

26. *Curtsied when you have and kissed*
— *The wild waves whist.* —

Ces deux vers présentent un double sens. D'après la ponctuation généralement adoptée, le second vers serait une sorte de parenthèse poétique; c'est le sens que nous lui donnons. D'après la ponctuation originale, le second vers ferait suite au premier, en sorte qu'il n'y aurait pas interruption dans le sens. Ces deux vers signifieraient alors : « Lorsque par votre salut et votre baiser, vous aurez amené les vagues à la paix et au silence, lorsque vous les aurez apaisées par vos caresses. » Mais il est cependant plus probable que ces deux mots *curtsied and kissed* font allusion à la vieille coutume qu'avaient les couples de danseurs de se saluer et de se baiser avant de s'engager à la danse.

27.   *I hear*
The strain of strutting chanticleer
Cry : cock a doodle Doo.

Chanticlier, chante clair, le nom du coq dans le Roman du Renard et le langage populaire du moyen âge. Ce mot signifie aussi *réveille matin,* autre nom populaire du coq. *Cock a doodle a doo;* nous n'avons pas cru devoir traduire cette onomatopée par celle de *cocorico*. Cocorico est le chant de désir ou de triomphe du coq auprès de la poule, mais n'est pas du tout ce cri prolongé et aigu de sentinelle par lequel il marque les heures.

28. Miranda, ne sachant pas si Ferdinand est un homme, emploie pour le désigner le pronom neutre *it*, cela.

29. *For he is gentle and not fearful.* Ces mots peuvent être interprétés de deux manières. Miranda peut vouloir dire il est *doux* et il n'est pas *redoutable*, *gentle* signifiant à la fois doux, vaillant, noble, et *fearful* n'ayant d'autre sens que celui de redoutable, terrible. Mais il est probable que Shakspeare a détourné ce dernier mot de sa signification stricte et a voulu lui faire signifier : intrépide; qui ne connaît pas la peur. Ce sens est plus conforme à la situation, au caractère du prince et au sentiment d'amour que Miranda commence à éprouver pour Ferdinand.

30. La baguette magique de Prospero.

ACTE II.

1. Dans la plupart des éditions, cette phrase est coupée en deux. L'éclat de rire est attribué à Antonio et le reste des paroles à Sébastien; mais il est évident que la phrase entière doit être attribuée à Sébastien qui a perdu ayant parié que Gonzalo parlerait le premier. C'est donc lui qui doit rire et non Antonio auquel, au contraire, est dû cet éclat de rire.

2. La phrase, traduite mot à mot, est celle-ci : « Cette île doit nécessairement être d'une *température* subtile, douce et délicate. » Température est exprimé par le mot *temperance*, qui sert à amener la plaisanterie d'Antonio.

3. Allusion peut-être à l'habitude que commençaient à prendre les puritains de donner des noms de vertus chrétiennes à leurs enfants; mais plus probablement à quelque personnage allégorique de quelque roman religieux ou populaire, ou de quelque vieille pièce dans le goût de nos *moralités*.

4. Dans toutes les éditions, ce *eh* est attribué à Gonzalo. M. Staunton, le dernier éditeur de Shakspeare, pense avec juste raison, selon nous, qu'il doit être attribué à Alonzo qui n'a rien dit depuis le commen-

...ent de la scène où il a prié Gonzalo de le laisser en paix et qui
...n de la torpeur rêveuse où l'a plongé la tristesse. Les paroles
...o qui suivent immédiatement et qui s'expliquent difficilement.
...les ne sont pas une manière d'*a parte* sur ce réveil du roi, et surtout
...s premières paroles de Gonzalo qui semblent vouloir mettre le roi au
courant de la conversation, corroborent cette opinion.

5. *Where she, at least, is banished from your eye*
    Who hath cause to wet the grief on't.

Le sens de ce passage est quelque peu douteux. A quel sujet se rapporte le pronom *who* du second vers, à la fille du roi, ou à l'œil du roi ? Si c'est à l'œil, alors le pronom *who* a été employé à la place de *which*, substitution qui n'est pas rare dans Shakspeare et ses contemporains ; mais ne serait-il pas possible, ainsi qu'on l'a suggéré, que *who* se rapportât à *she*, c'est-à-dire à la fille du roi, et le passage ne pourrait-il pas se traduire ainsi : « où elle est à tout le moins bannie de vos yeux, elle qui a bien sujet de ressentir le chagrin d'un tel événement. » Nous nous contentons d'indiquer ce sens hypothétique et nous nous en tenons au sens généralement adopté.

6. Shakspeare connaissait Montaigne par la traduction de Florio de 1603. Il avait même possédé un exemplaire de cette traduction où on peut lire son nom écrit de sa propre main sur la page du titre et qui est aujourd'hui la propriété du *British Museum*. Toute cette description de la république utopique de Gonzalo est copiée presque mot pour mot dans le chapitre des *Essais* intitulé *des Cannibales*. Voici ce passage : « C'est une nation, diray-je à Platon, en laquelle il n'y a aucune espèce de traficque, nulle cognoissance des lettres, nulle science de nombres, nul nom de magistrat ni de supériorité politique, nul usage de service, de richesse ou de pauvreté, nuls contracts, nulles successions, nuls partages, nulles occupations qu'oysifves, nuls respects de parenté que communs, nuls vestements, nulle agriculture, nul metal, nul usage de vin ou de bled ; les paroles mesmes qui signifient le mensonge, la trahison, la dissimulation, l'avarice, l'envie, la détraction, le pardon, inouyes. »

7. La battue aux flambeaux, récréation rustique qui est encore en usage dans plusieurs de nos provinces, consiste à battre les buissons et les arbres pour éveiller les oiseaux et à les éblouir au moyen de torches qui les effrayent et les attirent. Sébastien veut dire sans doute qu'ils se serviraient de la lune qu'ils auraient décrochée en guise de flambeaux pour faire une chasse nocturne ; peut-être aussi y a-t-il dans le nom anglais de cette chasse, *bat fowling*, un calembour ironique à l'adresse de Gonzalo : *bat* signifie chauve-souris, et Gonzalo étant très-vieux, Sébastien a pu glisser une intention d'impertinence dans sa phrase.

8. *Go sleep and hear us*, allez dormir et entendez-nous. Je crois qu'Antonio, qui roule déjà dans sa tête les criminelles pensées qu'il va communiquer à Sébastien et qui n'attend pour cela que l'occasion de ce sommeil, fait dans ces paroles une allusion enveloppée à ce dessein criminel qu'il va exprimer et que Gonzalo ne pourra pas entendre.

9. *She that dwells ten leagues beyond man's life*, mot à mot, celle qui demeure dix lieues par delà la vie de l'homme. Cette expression traduite textuellement n'offre aucun sens et ne peut être rendue que par un équivalent. Antonio dans ces deux vers comme dans tout le reste de son discours emploie une certaine exagération facétieuse pour faire comprendre l'énorme distance qui sépare Tunis de Naples. Cela signifie donc qu'elle demeure à dix lieues au delà de tout pays civilisé, de toute terre habitée, aux antipodes comme nous dirions, ou plus exactement qu'il faut toute une vie d'homme pour arriver jusqu'à son royaume.

10. *To perform an act*. Antonio joue légèrement sur le sens du mot *act*, qui signifie à la fois action et acte de comédie.

11. Ce passage a été complétement transformé par les éditeurs modernes. Voici le texte des anciennes éditions :

> *My master through his art foresees the danger*
> *That these, his friends, are in; and sends me forth*
> *(For else his project dies) to keep them living.*

« Mon maître par son art a prévu le danger que courent ces hommes qui sont ses amis et il m'envoie (car autrement son projet meurt) pour leur sauver la vie. » On a fait remarquer que de tous les naufragés il n'y avait, à proprement parler, que Gonzalo que Prospero pût traiter d'ami, et on a substitué le pronom personnel *you* au pronom démonstratif *these* et le singulier *friend* au pluriel *friends*. Restait le pronom *them* du troisième vers. M. Dyce est venu à son tour proposer de le supprimer et de le remplacer par *thee*, et on ne saurait nier que si les premières modifications sont légitimes, cette dernière ne soit très-logique. J'ai conformé modestement ma traduction au texte ainsi modifié, mais vraiment la nécessité de ces corrections ne me frappe pas beaucoup; l'ancien texte se comprend fort bien, se comprend même mieux que le nouveau, et il est beaucoup plus logique. Voyons plutôt. Si par ces mots, *these, his friends*, ceux-ci ses amis, Ariel voulait désigner la totalité des naufragés, à coup sûr on pourrait supposer qu'il y a une erreur dans le texte, puisque les ennemis mortels de Prospero se trouvent précisément parmi eux. Ces mots désignent donc tout simplement les personnes endormies, dont la vie est en danger, Gonzalo et le roi. De ces deux personnes il n'y en a qu'une, Gonzalo, que Prospero ait raison, à la vérité, de traiter d'ami, car le roi l'a privé de son duché, mais ce roi traître a un fils cher à Prospero et à Miranda, et l'amitié que Prospero porte au fils qu'il songe à s'attacher par un mariage se reporte naturellement sur le père. Cet ancien texte n'a donc rien qui ne se comprenne fort bien, puisque les paroles d'Ariel désignent deux personnes seulement, Gonzalo et Alonzo.

12. Dans toutes les éditions ce passage est distribué entre Gonzalo et Alonzo. Gonzalo prononce tout simplement ces mots : « Bons anges, sauvez le roi, » et Alonzo s'éveillant prononce le reste. Le dernier éditeur de Shakspeare, M. Staunton, le propose d'attribuer tout le passage à Gonzalo et se fonde assez justement sur les paroles qu'il prononce plus

bas : « Alors je vous ai secoué et j'ai crié. » C'est en effet ce que fait le personnage qui parle dans ce passage; c'est lui, quel qu'il soit, qui éveille les autres dormeurs. « Qu'y a-t-il ? » *what is the matter*, qui suit immédiatement ce passage et qui a toujours été donné à Gonzalo, se trouve ainsi placé dans la bouche du roi.

13. *Flats*, terres plates. Les terrains plats sont généralement pernicieux, surtout lorsqu'ils sont argileux, parce qu'ils ne laissent pas écouler l'eau et qu'ils l'absorbent difficilement.

14. *Like a Firebrand*. *Firebrand* signifie tison allumé, etc. Cependant on peut se demander si Shakspeare n'a pas voulu désigner les feux follets.

15. Le commentateur Douce a rapproché la description que Caliban fait des métamorphoses des esprits d'un passage d'un livre contemporain : *Déclaration des impostures papistes* par Harnest. Voici ce passage : « Ils font des figures grotesques, des grimaces, des mines comme un singe ; ils se roulent en boule comme un hérisson. »

16. *Kind of poor John*, une manière de *pauvre Jean*; sobriquet populaire du poisson comparé à Caliban.

17. Les Anglais de cette époque avaient pu en effet voir non-seulement des Indiens vivants, mais des Indiens morts. Sir Martin Frobisher, lorsqu'il revint de son voyage de découvertes, ramena avec lui plusieurs Indiens. Un de ces Indiens qu'il avait pris par trahison mourut en effet en Angleterre. Voici le récit qu'en fait le voyageur lui-même : « Alors, lorsqu'il se vit réduit en captivité, il coupa sa langue en deux avec ses dents; néanmoins il n'en mourut pas, mais il vécut jusqu'à son arrivée en Angleterre, où il succomba au froid qu'il avait pris en mer. » Steevens.

18. *Gaberdine*, une manière de vêtement large de dessus, une sorte de blouse portée par les classes populaires.

19. *This is a scurvy tune to sing at a man's funeral : well here's my comfort*. Mot à mot, c'est une chanson scorbutique, etc. Stephano joue peut-être sur le mot *scurvy*, qui signifie à la fois scorbutique et misérable, mais plus probablement, il emprunte cette épithète à son vocabulaire de marin, et il associe naturellement l'idée du scorbut, la maladie propre aux marins, à tout ce qui est triste ou lamentable. *Here's my comfort* peut par suite être entendu de deux manières. La bouteille est une consolation contre la tristesse de cette chanson, et elle est aussi un préservatif, un remède préventif pour la bouche qui la chante.

20. Stephano, dans ce passage, nous a bien l'air de parodier quelque sermon puritain, et avec lui les tournures du style biblique.

21. *You cannot tell who is your friend*. Stephano peut vouloir dire, vous ne connaissez pas votre ami, vous ne savez pas quel est l'ami qui vous arrive ; mais plus probablement ces paroles correspondent à cette phrase du langage populaire, qu'aiment à se répéter les ivrognes dans les épanchements de leur fraîche intimité : l'homme ne peut jamais dire qui est son ami ou qui ne l'est pas.

22. *Amen*. Invitation à Caliban de cesser de boire.

23. *Moon Calf*, veau de lune. Une masse informe; monstre mentionné par Pline et dont un contemporain de Shakspeare, Drayton, avait fait le sujet d'un poëme.

24. C'était une opinion commune autrefois qu'on voyait dans la lune un homme avec un chien et un fagot, et la croyance populaire voyait dans cette figure fantastique le personnage de Caïn chargé d'un fagot d'épines. Dante désigne la lune par ces mots; *Caïn et ses épines : Caina e le spine.*

25. *Scrape trencher.* A propos de ce mot le commentateur Malone a la note suivante : « A l'époque de notre auteur, la vaisselle de bois était d'un usage général, et des domestiques mâles étaient employés à la nettoyer. J'ai aidé (dit Lyly dans l'histoire de sa vie et de son temps, 1620), à porter dans une matinée plus de dix-huit baquets d'eau. Je faisais volontiers toute manière de besogne, nettoyer et gratter la vaisselle, etc. »

ACTE III.

1. *And most poor matters point to rich ends;* mot à mot, et de très-pauvres matières sont la route à de riches fins.

2. *But these sweet thoughts do even refresh my labour,*
    Most busy, least when I do it.

Ce passage a mis aux abois tous les commentateurs et tous les éditeurs, qui n'ont su comment l'expliquer, ni comment arrêter le texte. La difficulté porte surtout sur le mot *least*, moins, du second vers. Tous à l'envi se sont évertués à lui chercher un remplaçant, celui-ci en ajoutant *less* à *busy*, ce qui donne *Busiless*, inoccupé, de loisir, celui-là en mettant *busy* au superlatif *busiest*, cet autre en suggérant le mot *blest*, béni, ou le mot *still*, encore, dans le vieux sens de toujours. M. Staunton suggère le mot *felt*, senti, ce qui donne la phrase que voici : « et je les sens plus vivement, plus activement lorsque je suis appliqué à mon travail; » sens très-intelligible, très-acceptable et qui s'accorde parfaitement avec celui du premier vers. Cependant il arrive quelquefois que des difficultés qui ont arrêté des générations de commentateurs se trouvent à la fin plus apparentes que réelles, et peut-être en est-il ainsi de celle qui nous occupe. Peut-être n'est-il besoin de rien changer et suffit-il tout simplement de transposer ainsi ce *least* embarrassant : *most busy, when I least do it,* ce qui signifie : « plus occupé alors que je travaille moins, » qui doit être le sens véritable. Ferdinand veut donc dire que ces douces pensées qui le délassent pendant son labeur, qui ont la puissance d'alléger son labeur, sont par elles-mêmes une occupation si absorbante, que l'oubli dont il s'accuse n'est qu'apparent, car il est d'autant plus occupé qu'il travaille moins.

3 *A thousand thousand*, mille et mille. Il est assez difficile de dire

exactement quelles sont les choses que sous-entend Ferdinand en si grande quantité. Répond-il à Miranda, qui lui donne congé pour une demi-heure, et veut-il dire non une demi-heure, mais mille et mille? cela n'est pas probable. Leur réserve mutuelle ne permet pas de songer aux baisers; il est donc vraisemblable que ce *thousand thousand* est une sorte de formule de politesse, comme celles par lesquelles on prend congé de quelqu'un ou par lesquelles on termine une lettre, comme, mille et mille choses, mille et mille fois à vous, etc., etc.

4. Nous trouvons dans une des éditions de Shakspeare la note suivante : « En 1574 une baleine s'échoua près de Ramsgate; un monstrueux poisson, dit un contemporain, mais non si monstrueux que quelques-uns le rapportèrent, car ses yeux étaient dans sa tête et non à sa queue. »

5. *Off and on*, terme de marine. *Un bord à terre, un bord au large;* d'un côté aller sur terre, de l'autre revenir en mer.

6. Il y a là une série de jeux de mots, qui sort tout naturellement des diverses significations du mot *standard*. *Standard* signifiant non-seulement *étendard*, mais encore *enseigne, modèle, type de perfection*, Trinculo insinue d'abord que Caliban ferait une mauvaise enseigne pour attirer les pratiques, ensuite qu'il est trop laid pour servir de modèle ou être pris pour une perfection. Enfin, comme Caliban est ivre, il est probable que Trinculo joue sur le sens du verbe *to stand*, se tenir debout.

7. *We will not run monsieur monster*. Nous ne courrons pas, c'est-à-dire nous ne nous enfuirons pas. J'ai conservé le mot à mot afin de donner un sens à la réplique de Trinculo, *nor go neither:* nous ne marcherons pas non plus.

8. *What a pied ninny's this! thou scurvy patch! Pied*, bariolé, allusion à l'habit de diverses couleurs que porte Trinculo en sa qualité de bouffon. *Patch* a la même signification. Quelques commentateurs veulent faire dériver ce mot d'une corruption de l'italien *pazzo*, qui signifie fou.

9. *Will you troll the catch*. *Troll*, tourner circulairement, chanter alternativement. *Catch*, chant alterné à plusieurs parties.

10. Personne, *Nobody*, était une figure ridicule qu'on trouvait sur les enseignes des boutiques et dont un portrait se trouve placé en tête de la comédie de *Personne et Quelqu'un, Nobody and Somebody*. Il existe un exemplaire unique d'une vieille ballade populaire intitulée *the well spoken Nobody*, dans la collection Milles à Britwell-House, qui a fourni à l'antiquaire bien connu M. Halliwell un curieux dessin représentant un plancher semé d'ustensiles de ménage en pièces, et au milieu une fantastique figure avec un rouleau portant ces mots : *Personne est mon nom, c'est moi qui porte le blâme de chacun*. (Note de l'édition STAUNTON.) Le commentateur Malone avait déjà donné sur le personnage de *Nobody* une note qui contenait à peu près les mêmes détails.

11. Plusieurs des incidents de cette scène, les jeux de voix d'Ariel, l'air exécuté sur le tambourin, la description par Caliban de la musique de

l'île, peuvent avoir été empruntés à Marco Polo, le voyageur vénitien, qui dans le chapitre XLIV de son livre 1er, décrivant le désert de Lop, s'exprime ainsi : « Audiuntur ibi voces dæmonum, etc., voces fingentes « eorum quos comitari se putant. Audiuntur interdum in aere con- « centus musicorum instrumentorum. » Cette œuvre fut traduite en anglais par John Frampton en 1579, sous le titre de : « Les Très Nobles et Très Fameux voyages de Marcus Paulus, un des membres de la noblesse de l'État de Venise, » et le passage ci-dessus est ainsi rendu dans cette version : « Vous entendrez dans l'air les sons du tambourin et d'autres instruments destinés à effrayer les voyageurs ; ce sont de mauvais esprits qui font ces bruits, et il arrive même qu'ils appellent par leurs noms certains des voyageurs. » Steevens.

12. Dans le *Pline* de Holland on trouve le passage suivant : « J'ai moi-même entendu raconter d'étranges choses sur cette espèce d'arbre, et principalement par rapport à l'oiseau *phénix* qu'on suppose avoir tiré son nom de ce dattier ; car on m'a assuré que ledit oiseau mourait avec cet arbre, et qu'il revivait de lui-même lorsque l'arbre renaissait. »

13. *Our human generation.* La plupart des traductions portent : de notre génération, c'est-à-dire de nos contemporains ; mais l'épithète *human*, humaine, indique qu'ici le mot *generation* doit être pris dans un autre sens, et qu'il signifie de notre espèce, de notre race, de la variété humaine à laquelle nous appartenons.

14. *Praise in departing*, ne louez qu'au départ, locution proverbiale.

15. Se rappeler le discours d'Othello devant le sénat de Venise. Lui aussi avait vu des hommes qui ont la tête au-dessous des épaules. Walter Raleigh n'en avait pas vu, mais il nomme les provinces qu'on lui a indiquées comme étant habitées par de semblables monstres. Quant aux montagnards, qui ont des poches de chair suspendues au cou, ce sont simplement des goitreux, comme le fait remarquer le commentateur Steevens.

16. Il existait au temps de Shakspeare, parmi les voyageurs, les marins et les patrons d'entreprises maritimes, une coutume qui consistait, avant de s'embarquer ou de faire embarquer ses hommes, à placer une certaine somme, à la condition qu'en cas de retour, cette somme serait rendue au quintuple. C'était cette coutume qui, dans Shakspeare, dans Ben Jonson et bien d'autres auteurs de cette époque, s'appelle l'assurance du cinq pour un. On voit que nos compagnies d'assurances modernes datent de loin, et qu'il y a peu de choses nouvelles sous le soleil.

17. *A grace it had, devouring.* Membre de phrase assez obscur, grâce à la virgule embarrassante qui sépare *devouring* des mots précédents. Cela veut-il dire que la harpie avait une *grâce dévorante*, c'est-à-dire une grâce d'oiseau de proie, qu'elle était une perfection d'oiseau dévorant ? ou bien cela veut-il dire qu'elle avait de la grâce en faisant évanouir les mets, en les dévorant métaphoriquement parlant ? Nous croyons que le premier sens est le plus probable.

ACTE IV.

1. *A thread of mine own life.* L'édition in-folio porte *a third of mine own life*, ce qui signifie un tiers de ma propre vie, par conséquent une partie de ma vie, et n'est pas aussi loin qu'on pourrait le croire d'abord du sens du texte corrigé.

2. Prospero, qui a commencé par dire *vous* à Ferdinand, emploie tout à coup le pronom *tu*, marquant ainsi avec rapidité les nuances de ses sentiments. Dans le premier cas, c'est un prince qui sollicite le pardon d'un prince; dans le second, c'est un père qui s'adresse à son fils. Le *vous* cesse dès l'instant où Miranda est remise aux mains de Ferdinand.

3. *Take heed as Hymen's lamps shall light you.* Il nous semble que le sens de ce vers a été toujours mal compris, faute peut-être par les traducteurs de le considérer comme la conclusion des recommandations de Prospero. Prospero vient d'avertir les jeunes fiancés des dangers qui les menacent s'ils convoitent les plaisirs du mariage avant la célébration même du mariage. Il veut donc dire : Faites attention à l'état dans lequel vous vous trouverez le jour du mariage : si les flambeaux de l'hymen brillent sur des personnes restées chastes, l'union sera heureuse ; si au contraire ils brillent sur des personnes instruites par l'incontinence des plaisirs qu'ils devaient éclairer pour la première fois, l'union sera malheureuse.

4. *Meaner fellows.* *Meaner* signifie à la fois ici plus petit et moins puissant ; nous n'avons cependant pas osé traduire ce mot par celui de subalterne, parce qu'il nous a semblé que cette qualification s'accorderait mal avec celle de *fellows*, compagnons. Les esprits, quoique moins puissants, et surtout moins bien doués qu'Ariel, sont cependant ses égaux, ses camarades.

5. Ariel, obéissant à un de ses caprices d'esprit, se met tout à coup à parler en petits vers lyriques ; c'est une boutade d'enfant aimant et heureux d'obéir à celui qu'il aime, qui s'exprime par un rhythme plus vif et moins solennel que celui du grand vers dramatique.

6. Le texte porte : *the ardour of my liver*, l'ardeur de mon foie. On croyait autrefois que les passions amoureuses avaient leur siége dans le foie.

7. *Thatched with stover.* *Stover*, une sorte de gros foin, d'herbe à tige solide dont on se servait pour couvrir les toitures.

8. Le texte de ce vers a été très-controversé. L'édition in-folio porte : *Thy banks with pioned and twilled brims*, ce qui signifie tes bancs de terre, tes sillons aux flancs bêchés et retournés. Steevens et Hanmer proposèrent de lire *pionied and lilied brims*, tes bords garnis de pivoines et de lis, ce qui est le texte même que nous adoptons. Il est impossible de ne pas croire avec Steevens que le poëte a voulu parler des rives de cours d'eau, de ruisseaux, qui seraient ornées de fleurs ;

cette opinion s'impose avec d'autant plus de force que nous le voyons dans le vers suivant parler précisément de fleurs destinées aux couronnes de nymphes chastes et froides, et que les fleurs qui sont l'emblème de la chasteté sont précisément celles qui croissent près des cours d'eau.

9. Le jaune, couleur de la fleur de genêt, était considéré comme la couleur des amants délaissés.

10. *Charmingly harmonious*. *Charmingly* a ici deux sens, mais il doit se prendre surtout dans le sens de magique.

11. *So rare a wondered father and a wife.* Tel est le texte généralement admis, quoiqu'il ne laisse pas que de soulever quelques objections. Les anciennes éditions portent *so rare a wondered father and wise*, un père si rare, si merveilleux et si sage; le compliment de Ferdinand s'adresserait donc à Prospero seul. Mais on fait justement remarquer qu'il ne suffirait pas de Prospero pour que l'île fût pour Ferdinand un paradis; par conséquent son compliment doit s'adresser au père et à la fille à la fois. M. Staunton propose judicieusement de lire ainsi ce vers : *so rare a wonder, and a father wise :* « une si rare merveille et un père si sage. »

12. *Temperate nymphs*, nymphes de tempérament calme, de sens sobres. Mot dont la nuance exacte n'est rendue ni par chaste, ni par modeste, ni par réservé.

13. Le divertissement, qui s'appelle en anglais *masque*, mascarade, était très à la mode du temps de Shakspeare. Pas de fête publique, pas d'événement solennel, pas de cérémonie officielle ou de mariage illustre qui ne fût célébré par un *masque* dû souvent à l'imagination de quelque grand poëte. Les masques de Ben Jonson, le poëte en titre de toutes les solennités, sont justement célèbres. Ce masque intercalé par Shakspeare dans *la Tempête*, a fait croire à plusieurs critiques que cette pièce avait été faite en l'honneur de quelque mariage, et l'on a conjecturé que, représentée en 1612, elle avait dû être composée en 1611 pour le mariage du comte d'Essex. Comme cette assertion ne repose sur aucun fondement certain, nous l'enregistrons simplement à titre de renseignement. Il était assez naturel que Prospero prince et magicien eût l'idée de célébrer le mariage de son gendre par les divertissements que les princes commandaient aux magiciens de l'art, c'est-à-dire aux poëtes.

14. L'édition primitive porte *I thank thee*, je te remercie, au lieu de *I thank you*, je vous remercie, de sorte qu'on ne savait exactement à qui ces paroles s'adressaient. Mais comme adressées à Ariel elles n'ont aucun sens, puisqu'elles le remercient de quelque chose qu'il n'a pas encore exécuté, il a semblé naturel de les considérer comme un remercîment aux vœux du jeune couple. Si ces paroles viennent à la suite de celles qui sont adressées à Ariel, c'est que ces dernières sont dites à part, mentalement, et qu'elles ne sont *parlées* que pour le spectateur, et non pour le jeune couple, en sorte que cette irrégularité apparente s'explique par ce fait qu'elles sont bien les premières que puissent entendre Ferdinand et Miranda, celles qui précèdent étant restées dans

la pensée de Prospero. Restait une difficulté : *I thank thee*, dit Prospero, je te remercie ; mais les exemples de pronoms personnels singuliers employés comme pronoms personnels pluriels abondent dans Shakespeare.

15. *Thy thoughts I cleave to*, mot : à mot je suis collé à tes pensées, attaché à tes pensées. Il n'y a pas de mot français pour rendre cette obéissance si rapide qu'elle ressemble à une union intime, dont se vante Ariel.

16. *When I presented Cérès*, lorsque j'ai introduit ou présenté Cérès. Quelques commentateurs font remarquer que *present* était pris autrefois dans le sens de *représenter, jouer un rôle*, et qu'alors ces mots signifieraient non pas qu'Ariel a introduit le personnage de Cérès, mais que c'est lui qui, dans le *Masque*, jouait ce personnage. Nous ne voyons rien qui autorise une pareille supposition.

17. *Their frail shins*, mot à mot : leurs jambes fragiles ; mais nous croyons qu'ici *frail* signifie *chancelantes, peu fermes*.

18. *Played the Jack with us* : a joué le Jacquot avec nous. Expression populaire qui s'employait pour signifier se conduire comme un drôle, et qui correspond à notre expression se conduire comme un jean-foutre, par laquelle nous avons cru devoir la traduire. Quelques commentateurs, critiques ou traducteurs voient dans ce mot une abréviation du nom populaire du feu follet, *the Jack o'Lantern*.

19. *O king Stephano, o peer*. Allusion à une chanson populaire qui commence ainsi : « Le roi Étienne, un digne pair, » une manière de chanson de *Roi Dagobert* anglaise, où ce roi normand est représenté comme porté à l'économie sur la question de sa garde-robe. Iago chante deux couplets de cette chanson au second acte d'Othello.

20. *Pinches*. Meurtrissures faites par l'action de pincer. Nous avons employé l'expression populaire de faire des *noirs*, couvrir de *noirs* ou de *bleus*, faute de mot qui rende plus exactement l'expression anglaise.

21. Série de coq-à-l'âne, de calembours par à peu près, de jeux de mots impossibles à rendre. *Corde* se dit en anglais *line*, et *line* signifie en même temps *ligne, rangée*. Premier jeu de mots : madame la corde ou madame la ligne (la rangée d'habits). Stephano, dont le langage est émaillé d'expressions dues à ses habitudes de marin, transforme encore une fois ce mot *line* et en fait la *ligne équatoriale*. Le pourpoint qu'il dérobe a donc passé sous la ligne. Maintenant ceux qui passent sous la ligne risquent de contracter la calvitie, c'est pourquoi le pourpoint pourrait bien perdre ses cheveux ; enfin un pourpoint se nomme en anglais *jerkin* comme le faucon, et une variété de cette espèce d'oiseau se nommant *bald jerkin*, faucon chauve ou choucas, il s'ensuit que ce pourpoint va devenir un choucas chauve, puisqu'il est menacé de perdre son poil. Ce n'est pas tout : ce pourpoint devient chauve non-seulement parce qu'il a passé sous la ligne, mais parce qu'il a été descendu de la corde, qui était faite de crins des chevaux.

1 — 7

22. *We steal by line and level.* Le jeu de mots de Trinculo est encore fort compliqué ; d'abord il semble emprunté au dictionnaire de l'arpentage : tirer une ligne pour établir un niveau. Enfin *steal by line and level* peut vouloir dire voler en ligne et en surface; nous dirions en long et en large.

23. *Nous serons changés en barnaches.* La barnache est un oiseau, mais son nom anglais *barnacle* est aussi celui du coquillage qui s'attache aux vaisseaux. Est-ce la similitude du nom qui a fait croire autrefois que cet oiseau sortait de ce coquillage? Telle était l'opinion commune, non-seulement parmi le peuple, mais parmi les lettrés. Mais voici qui est plus extraordinaire encore : on croyait que ce coquillage croissait sur une certaine espèce d'arbres, et que son produit était cet oiseau, qu'on appelait pour cette raison *oie d'arbre, tree goose.* Le crédule et quelque peu hâbleur sir John Mandeville déclare que, dans son pays, « les arbres portent un fruit qui se change en oiseau ; ceux de ces oiseaux qui tombent dans l'eau vivent; ceux qui tombent à terre meurent aussitôt, et ces oiseaux sont excellents à manger. » Le commentateur Douce cite l'opinion d'un écrivain qui raconte que « dans les régions du nord de l'Écosse, certains arbres portent des coquilles de poissons ; lorsque ces coquilles tombent dans l'eau, elles deviennent les oiseaux que nous nommons *barnacles*, dans le nord de l'Angleterre *brand geese*, et dans le Lancashire *tree geese*. »

24. Il est assez difficile de dire si cet « écoute, écoute ! » s'adresse aux limiers ou à Ariel.

25. *Thou shalt have the air at freedom*, tu auras l'air en liberté. Cela ne veut pas dire seulement qu'il sera libre comme l'air, pleinement libre, mais encore qu'il possédera librement son élément, son royaume de l'air. Il faut se rappeler qu'Ariel est qualifié Esprit de l'air.

ACTE V.

1. Les scènes sont déterminées dans Shakspeare non par l'entrée ou la sortie des différents personnages, comme dans le théâtre français, mais seulement par les changements de lieu. Le cinquième acte de *la Tempête* se passant comme le quatrième, du reste, tout entier devant la grotte de Prospero, se compose donc d'une seule scène.

2. *Line grave.* Le tilleul *linden, line tree* était anciennement appelé *line*.

3. *That relish all as sharply, passion as they. Passion* est-il un substantif? est-il un verbe? Si on supprime la virgule comme le font quelques éditions, c'est un substantif; si on la conserve, *passion* prend le sens de *passioned ;* mais qu'on lise le texte comme on voudra, le sens n'en est aucunement changé.

4. C'était une croyance populaire que ces petits cercles qu'on observe le matin dans les prairies, avant que la rosée soit complètement dissipée, étaient dus aux rondes que les fées avaient menées pendant la nuit;

l'herbe plus verte de ces cercles était, disait-on, particulièrement amère, et les brebis évitaient de la brouter.

5. *Holy Gonzalo, honourable man.* *Holy* signifie à proprement parler saint ; aussi cette épithète a-t-elle semblé si singulière à quelques commentateurs qu'ils ont proposé celle de noble ; mais la correction est peu heureuse. Qui ne voit immédiatement que ce mot est pris comme synonyme de digne, de vertueux ?

6. *Ignorant fumes.* *Ignorant* est pris ici dans le sens d'inconscient, qui s'ignore soi-même, qui ne se connaît pas.

7. Shakspeare aime ces changements rapides dans les personnes des verbes. Nous en avons vu un exemple au commencement du quatrième acte. Dans ce discours, comme dans celui où Prospero remet Miranda aux mains de Ferdinand, le *tu* succède brusquement au *vous*, et marque le moment où le frère éclate sous le juge, comme dans le premier cas le moment où le père prend subitement la place du prince.

8. On a fait observer que les chauves-souris volent en été, et non pas après l'été. Cette observation est parfaitement juste, seulement il faut bien admettre qu'il y a, malgré tout, un certain soir où elles prennent congé de l'été, après quoi on ne les revoit plus. D'ailleurs cette petite singularité, comme beaucoup d'autres détails de cette pièce, s'explique d'elle-même, si l'on admet que dans *la Tempête*, comme nous le croyons fermement, Shakspeare, représenté par Prospero, donne congé à son génie, représenté par Ariel. La fin de l'été signifie ici l'âge où il a cessé d'écrire, qui est bien en effet le déclin de l'été de la vie.

9. *Or some enchanted trifle to abuse me.* *Abuse* ici peut avoir deux sens différents, tous deux applicables à la situation d'Alonzo. Il a peur d'être *abusé* par une nouvelle fantasmagorie, et en même temps d'en être maltraité comme il l'a été par la fantasmagorie d'Ariel déguisé en harpie.

10. *You do yet taste some subtleties of the isle.* Au sujet de cette expression de *subtleties*, Steevens a la note suivante : « C'est un terme pris au dictionnaire de l'ancienne cuisine et de l'ancienne confiserie. Lorsqu'un plat était combiné de manière à paraître ce qu'il n'était pas, on l'appelait une *subtilty*, une illusion. Les dragons, les châteaux, les arbres en sucre portaient la même dénomination. » Ces *subtleties* étaient tout simplement ce que nous appellerions des plats montés. Il est très-possible que Prospero emploie en effet ce mot dans ce sens, et c'est ce que semble indiquer le verbe *to taste*, goûter ; mais la pensée reste parfaitement claire avec le sens ordinaire du mot *subtilties*, illusions.

11. *That they devour their reason.* Expression énergique que rendent mal nos équivalents français : en perdre la raison, y perdre son latin, etc.

12. *Wrangle*, disputer. Cette expression, quelque peu détournée de son sens ordinaire, est empruntée au vocabulaire du jeu de paume, et signifie se retirer en continuant à lutter, disputer sa défaite, et, transportée à un autre jeu, chercher à gagner, lorsqu'on a évidemment perdu, par conséquent tricher.

13. *Milan a été chassé de Milan.* Le nom du duché est pris ici pour la personne du duc, selon le langage dérivé des principes féodaux qui identifiaient le royaume avec le prince.

14. Ces mots sont en italien dans l'original. Stephano appelle Caliban *bully monster*, faux brave de monstre, sans doute à cause de la terreur que lui aura causée cette chasse, où il a reconnu le pouvoir de Prospero.

15. Les espions dont veut parler Trinculo sont ses yeux.

16. *Mark but the badges of these men.* Badges, à proprement parler, veut dire signe, insigne, marque de reconnaissance. On peut se demander si Prospero ne conserve pas à ce mot sa signification propre, et s'il ne veut pas dire : regardez bien ces hommes et dites-moi s'ils ne portent pas les marques de la malhonnêteté ; mais il est probable que par ce mot, Prospero désigne les marques évidentes, matérielles de cette malhonnêteté, c'est-à-dire les oripeaux dont ils sont couverts.

17. *La grande liqueur qui les a ainsi dorés.* Allusion à l'élixir suprême des alchimistes, dans lequel l'or entrait comme base. *Qui les a dorés?* équivaut simplement à : qui les a mis dans cet état ? peut-être aussi cette expression fait-elle allusion aux oripeaux de clinquant dont les fripons sont revêtus.

18. *How camest thou in this pickle.* Pickle signifie état, condition, et aussi saumure, salaison. Alonzo prend le mot dans le premier sens et Trinculo dans le second ; peut-être aussi Alonzo le prend-il dans le même sens que Trinculo, et sa phrase équivaut-elle à celle par laquelle nos ivrognes français expriment un état de complète intoxication : *être salé, être poivré.*

19. L'ingéniosité des commentateurs est sans bornes. Cette phrase si simple, si intelligible, a fait, on ne sait comment, croire à Warburton que Shakspeare avait tiré *la Tempête* d'une vieille pièce italienne, qu'il n'a pu désigner et qu'il déclare n'avoir pas lue. Cette phrase, d'après lui, devrait être la traduction de cette autre qu'il imagine gratuitement : je ne suis pas *Stephano*, je suis *Staffilato*, c'est-à-dire le fouetté, le battu.

20. Allusion aux douleurs que lui causent les coups qu'il a reçus.

21. Allusion aux histoires qu'on racontait à cette époque sur le désespoir des nécromanciens à leurs derniers moments, et sur l'efficacité des prières de leurs amis pour leur salut. — Note de l'édition de Pope et de Warburton.

LES
DEUX GENTILSHOMMES
DE VÉRONE

IMPRIMÉE POUR LA PREMIÈRE FOIS DANS L'ÉDITION DE 1623. — DATE PROBABLE DE LA REPRESENTATION : ENTRE LES ANNÉES 1585 ET 1591.

PERSONNAGES.

LE DUC DE MILAN, père de SILVIA.
VALENTIN, } les deux gentilshommes de Vérone.
PROTÉE,
ANTONIO, père de PROTÉE.
THURIO, rival ridicule de VALENTIN.
ÉGLAMOUR, auxiliaire de SILVIA dans son évasion.
SPEED, valet de VALENTIN.
LANCE, valet de PROTÉE.
PANTHINO, valet d'ANTONIO.
L'HÔTELIER, chez lequel JULIA loge à Milan.
BANDITS de grand chemin.
SILVIA, fille du DUC DE MILAN, aimée de VALENTIN.
JULIA, dame de Vérone, aimée de PROTÉE.
LUCETTA, suivante de JULIA.
DOMESTIQUES, MUSICIENS.

SCÈNE. — Tantôt à Vérone, tantôt à Milan, tantôt sur la frontière de Mantoue.

AVERTISSEMENT.

La pièce des *Deux Gentilshommes de Vérone* fut imprimée pour la première fois dans l'édition in-folio de 1623, mais la date de la représentation est restée absolument inconnue. C'est incontestablement une des premières productions de Shakspeare, et il est impossible de la rapporter à une autre période de sa vie qu'à celle de sa jeunesse. Une certaine inconsistance dans les caractères, un dénoûment à la fois brusque et choquant, l'abus des *concetti* et des jeux de mots, l'abondance du mauvais goût et du pathos solennel, tout indique dans cette pièce l'inexpérience et l'immaturité d'un génie qui n'a pas encore pris possession de lui-même, qui subit encore l'empire de la mode régnante. Cependant, en dépit de ces nombreux défauts, où la jeunesse de l'auteur se révèle avec trop d'évidence, Malone n'a pas hésité à donner pour date à cette pièce l'année 1595 et à la faire ainsi contemporaine du *Songe d'une nuit d'été* et de *Roméo et Juliette*, supposition aussi inadmissible que le serait la coïncidence du printemps et de l'automne dans une même saison et la contemporanéité de la fleur et du fruit sur le même arbre. Malone donnait comme preuve de sa supposition le passage où le père de Protée parle des voyages que les gentilshommes du temps faisaient exécuter à leurs fils et des entreprises où ils les lançaient au sortir de l'adolescence : « Ils envoient les uns dans les camps, pour y tenter la fortune de la guerre, les autres à la découverte des îles lointaines. » Ce passage, selon le commentateur, se rapportait à des faits contemporains qui se placent en l'année 1595, le voyage de Walter Raleigh à la Trinité, les levées d'hommes exécutées en Angleterre dans la crainte d'une nouvelle invasion espagnole, etc. Mais de pareils faits ne suffisent pas pour déterminer une date avec assurance, et Shakspeare, qui vivait à une époque où les guerres étaient perpétuelles et où régnait la fièvre des voyages de découvertes, n'avait pas besoin du voyage de Walter Raleigh et de la terreur panique d'une nouvelle Armada pour écrire le très-peu significatif passage sur lequel s'appuie Malone. En 1586 ou 1588 aussi bien qu'en 1595, les gentilshommes avaient coutume d'envoyer leurs fils à l'armée pour y compléter leur éducation, et la fièvre des entreprises lointaines n'est pas un fait plus particulier à cette année qu'à toute autre de la même époque. Plus tard, Malone se rabattit sur l'année 1591, pour des raisons tout aussi érudites que les précédentes, mais tout aussi peu concluantes. En l'absence de renseignements positifs, qui permettent de nommer une année précise, nous croyons avec M. Knight qu'il est impossible de s'égarer en plaçant cette date entre 1585 et 1591.

Quelques critiques se sont autorisés des très-nombreux défauts de cette pièce pour déclarer qu'elle n'était pas de Shakspeare. Cette assertion est trop légère pour mériter un long examen, et on peut se borner pour toute réponse à demander avec Johnson : « Si cette pièce n'est pas de Shakspeare, à qui pouvons-nous l'attribuer? car il est plus croyable que Shakspeare a pu rester au-dessous de ses plus hautes inspirations qu'il n'est croyable que d'autres aient pu s'élever jusqu'à ses inspirations les plus inférieures. » En effet, quelle que soit son infériorité relativement aux autres œuvres du poëte, il est impossible de ne pas sentir dans cette production la présence du génie. Sans doute ce génie ne plane pas encore en pleine lumière, il ne fait encore qu'essayer son vol; mais à la puissance de ses coups d'aile et à l'élévation de ses essors, le grand poëte se révèle avec évidence. N'y eût-il dans cette pièce que le caractère de Julia, ce caractère suffirait pour la faire rapporter à Shakspeare. Ne voit-on pas clairement dans ce caractère l'origine de ces travestissements si chers à l'imagination du poëte et le germe premier de ce personnage d'amoureuse à la tendresse hardie qui, sous les noms divers de Viola, d'Imogène, de Rosalinde, de Célia, tient une si grande place dans son théâtre?

Les matériaux dont Shakspeare s'est servi pour construire sa pièce sont évidemment multiples et doivent être rapportés non à un seul, mais à plusieurs auteurs. L'épisode de Valentin chez les bandits a été, selon la conjecture de Steevens, empruntée à l'*Arcadia* de Sidney; l'épisode de Julia à l'histoire de Félix et de Félismène dans la *Diane* de Montemayor[1]; et, enfin, ceux qui sont curieux de vieille littérature italienne trouveront, dans un récit d'Énéas Sylvius Piccolomini (Pie II) intitulé : *les Amours du comte Schlick avec une dame siennoise*, tous les éléments de la scène où Lucetta remet à Julia la lettre de Protée.

---

[1]. S'il faut placer la date des *Deux Gentilshommes de Vérone* entre 1585 et 1591, on peut élever légitimement quelques doutes sur la réalité de l'emprunt fait à Montemayor, car la *Diane* ne fut pas traduite en anglais avant l'année 1598. Mais Shakspeare a pu avoir connaissance de l'épisode de Félix et Félismène par une autre voie que la traduction, par exemple, par quelque pièce de théâtre de son temps; et, en effet, les historiens nous apprennent qu'une comédie intitulée *l'Histoire de Félix et de Félismène* fut jouée devant la reine Élisabeth en 1584.

LES DEUX GENTILSHOMMES DE VÉRONE.

ACTE I.

SCÈNE PREMIÈRE.

Une place publique de Vérone.

Entrent VALENTIN *et* PROTÉE.

VALENTIN. — Renonce à me persuader, mon bien cher Protée; les jeunes gens qui restent au logis gardent toujours l'esprit pot au feu. Si l'affection n'enchaînait pas tes tendres années aux doux regards d'une maîtresse honorée, je t'engagerais à m'accompagner pour aller visiter les merveilles du monde, plutôt que d'user ta jeunesse à traîner au logis des jours monotones dans une inertie stérile. Mais puisque tu aimes, continue d'aimer, et tâche de t'en bien trouver, comme je désire m'en bien trouver moi-même lorsque je me mettrai à aimer à mon tour.

PROTÉE. — Tu veux donc partir! eh bien! mon doux Valentin, adieu! pense à ton Protée lorsqu'il t'arrivera de voir dans tes voyages quelque chose de rare et de digne de remarque; souhaite-moi pour associé de ton bonheur, lorsque tu rencontreras quelque bonne fortune, et dans tes heures de danger, si jamais le danger vient s'attacher à toi, recommande tes peines à mes pieuses prières, car je serai ton intercesseur fidèle, Valentin[1].

Valentin. — Et tu prieras pour mon succès dans un livre d'amour?

Protée. — Je prierai pour toi dans un certain livre que j'aime.

Valentin. — C'est-à-dire dans quelque creuse histoire de profond amour; comment, par exemple, le jeune Léandre traversa l'Hellespont.

Protée. — C'est une profonde histoire d'un amour plus profond encore, car Léandre était plongé dans l'amour jusque par-dessus les semelles.

Valentin. — Cela est incontestable, car vous qui n'avez jamais traversé l'Hellespont, vous avez cependant de l'amour jusque par-dessus les bottes.

Protée. — Par-dessus les bottes! voyons, ne me mets pas les bottes (*a*).

Valentin. — Oh! non, je n'en ferai rien, car cela ne te botte pas.

Protée. — Quoi donc?

Valentin. — L'état d'amoureux, où il faut acheter le mépris par les gémissements, de pauvres regards bien timides par des soupirs à fendre le cœur, la joie d'une minute passagère par vingt nuits de veilles, de fatigues et de soucis, où vainqueur, la conquête peut vous être funeste, où vaincu, vous ne gagnez rien qu'un cruel labeur, et où, de quelque manière que la chance tourne, l'unique résultat est une folie acquise au prix de la raison, ou bien une raison vaincue par une folie.

(*a*) Voici le premier des innombrables jeux de mots dont cette pièce, œuvre de la jeunesse de Shakespeare, est émaillée. *Ne me donne pas les bottes*, *give me not the boots*, est une expression proverbiale qui équivaut à : ne te moque pas de moi, et en même temps une allusion aux *bottes* ou *brodequins*, instrument de torture en usage alors en Écosse. La réponse de Valentin : *Cela ne te botte pas*, a le même sens qu'en français et veut dire : Cela ne te va pas, ne te convient pas.

Protée. — Ainsi, s'il faut s'en rapporter à votre jugement, je suis fou.

Valentin. — Ainsi, s'il faut s'en rapporter à votre jugement, j'ai bien peur que vous ne le deveniez ².

Protée. — C'est l'amour que vous critiquez ; je ne suis pas l'amour.

Valentin. — L'amour est votre maître, car il vous maîtrise, et celui qui est ainsi subjugué par un fou ne peut pas, il me semble, être réputé sage.

Protée. — Cependant les écrivains nous disent que c'est dans les plus doux boutons de la fleur que le ver rongeur aime à se loger, et que c'est de même dans les plus beaux esprits que l'amour rongeur habite de préférence.

Valentin. — Et les écrivains nous disent aussi que de même que le bouton le plus précoce est rongé par le ver avant qu'il soit éclos, ainsi le jeune et tendre esprit infecté de folie par l'amour se dessèche encore en bourgeon, et perd, dès son printemps même, sa verdure et toutes les belles promesses de ses futures espérances. Mais pourquoi perdre mon temps à te conseiller, toi qui es tout entier la proie de désirs passionnés ? Une fois encore adieu ! Mon père est sur le port, attendant que j'arrive pour me voir embarquer.

Protée. — Je vais t'accompagner jusque-là, Valentin.

Valentin. — Non, mon doux Protée, disons-nous adieu maintenant. Que tes lettres viennent à Milan m'apporter des nouvelles de ta personne, de tes succès en amour et de tous les événements qui se passeront en l'absence de ton ami, et de mon côté mes lettres iront rendre aux tiennes leur visite.

Protée. — Que tous les bonheurs pleuvent sur toi à Milan !

Valentin. — Que le même souhait se réalise ici pour toi, et maintenant adieu ! (*Il sort.*)

Protée, *seul*. — Il court après l'honneur et moi après l'amour ; il quitte ses amis pour les rendre plus fiers de lui ; moi je quitte mes amis, je me quitte moi-même et toute chose au monde pour l'amour. C'est toi, Julia, qui m'as ainsi métamorphosé, qui me fais négliger mes études, perdre mon temps, combattre les bons conseils, estimer le monde néant, c'est toi qui affaiblis mon esprit par les rêveries et enfièvres mon cœur de préoccupations inquiètes.

Entre SPEED.

Speed. — Messire Protée, Dieu vous garde! avez-vous vu mon maître?

Protée. — Il vient de partir à l'instant afin de s'embarquer pour Milan.

Speed. — Alors il y a vingt contre un à parier qu'il est déjà à bord du vaisseau, et moi je me suis conduit comme un *vrai sot* animal en le perdant³.

Protée. — En effet, la bête s'égare fort souvent quand le berger est absent⁴.

Speed. — Vous concluez donc que mon maître est un berger et moi un mouton?

Protée. — Précisément.

Speed. — Eh bien! mais alors mes cornes sont aussi ses cornes, soit que je veille, soit que je dorme⁵.

Protée. — Réponse niaise et tout à fait digne d'un mouton.

Speed. — Preuve nouvelle que je suis un mouton.

Protée. — Oui, et ton maître un berger.

Speed. — Je puis nier cette conclusion par un raisonnement.

Protée. — Il faudra qu'il me mette bien à court si je ne maintiens pas ladite conclusion par un autre argument.

Speed. — Le berger cherche le mouton et non pas le mouton le berger; or, je cherche mon maître et mon maître ne me cherche pas; donc je ne suis pas un mouton.

Protée. — Le mouton suit le berger pour le fourrage, et le berger ne suit pas le mouton pour sa nourriture; toi, tu suis ton maître pour des gages, et ton maître ne te suit pas pour des gages; donc tu es un mouton.

Speed. — Un autre argument de même force et je vais crier : *Béeh*.

Protée. — Mais tâche un peu de m'écouter maintenant. As-tu remis ma lettre à Julia?

ACTE I, SCENE I.

Speed. — Oui, Monsieur. Moi, mouton tondu, je lui ai donné votre lettre à elle, brebis en dentelles; et elle, brebis en dentelles, ne m'a rien donné pour ma peine, à moi mouton tondu⁶.

Protée. — Ah! que de moutons! je crains que le pâturage ne soit trop petit pour eux.

Speed. — Si le terrain est trop encombré, vous ne feriez pas mal de la mettre à la longe.

Protée. — Non, en cela tu te trompes, c'est toi qu'on devrait mettre à la chaîne.

Speed. — Une chaîne! Ah! Monsieur, un moindre bijou sera une récompense suffisante pour le port de votre lettre.

Protée. — Tu t'abuses, j'entends par chaîne une *attache*.

Speed. — Une corde alors; déroulez-la et déroulez-la encore, elle sera trois fois trop courte pour mesurer les pas qu'il m'a fallu faire vers votre maîtresse avec votre lettre⁷.

Protée. — Mais qu'a-t-elle dit? (*Speed fait un signe de tête.*) A-t-elle fait signe ainsi?

Speed. — *Ouais*.

Protée. — Cygne, oie! quoi, tout cela fait une bête.

Speed. — Vous vous trompez, Monsieur; je dis qu'elle a fait signe; vous me demandez si elle a fait signe, et je vous réponds *ouais*.

Protée. — Et tout cela mis ensemble fait une bête⁸.

Speed. — Eh bien, puisque vous avez pris la peine de mettre tout cela ensemble, gardez-le pour votre peine.

Protée. — Non, non, cela vous servira de récompense pour avoir porté ma lettre.

Speed. — Fort bien, je vois qu'il faut que j'en empoche avec vous.

Protée. — Quoi, Monsieur? qu'est-ce qu'il faut que vous empochiez?

Speed. — Parbleu, Monsieur, des lettres, puisque je n'ai rien que celles du mot de bête pour ma peine⁹.

Protée. — Malepeste! comme vous avez l'esprit vif!

Speed. — Et cependant tout vif qu'il est il ne peut parvenir à attraper à la course votre lambine de bourse.

Protée. — Allons, allons; parle vite et nettement. Qu'a-t-elle dit?

Speed. — Ouvrez votre bourse, afin que l'argent et le message soient remis en même temps.

Protée. — Bien, Monsieur : voici pour votre peine. (*Il lui donne de l'argent.*) Qu'a-t-elle dit?

Speed. — Vraiment, Monsieur, je crois que vous la gagnerez difficilement.

Protée. — Quoi! t'en a-t-elle autant laissé voir?

Speed. — Monsieur, elle ne m'a rien laissé voir, rien du tout, pas même un ducat pour lui avoir remis votre lettre; et puisqu'elle a été si dure pour moi lorsque je lui portais votre âme, je crains fort qu'elle ne vous montre la même dureté lorsque vous la lui ouvrirez. Ne lui donnez pas d'autres gages que des pierres, car elle est aussi dure que l'acier.

Protée — Quoi! elle n'a rien dit?

Speed. — Rien, pas même : Prenez ceci pour votre peine. — Pour me témoigner votre bonté, — grâces vous en soient rendues — vous m'avez donné six deniers, en retour desquels je vous engage à porter désormais vos lettres vous-même, et là-dessus, Monsieur, je vais aller vous recommander au souvenir de mon maître.

Protée. — File, file, va-t'en préserver du naufrage votre vaisseau, qui ne peut sombrer tant qu'il t'aura à bord, car une mort plus sèche t'est réservée à terre. (*Speed sort.*) Je vais me procurer un meilleur messager; je crains que ma Julia ne dédaigne mes lettres, les recevant d'un aussi méprisable courrier. (*Il sort.*)

SCÈNE II.

Vérone. — Le jardin de la maison de Julia.

Entrent JULIA *et* LUCETTA.

Julia. — Mais, dis-moi, Lucetta, maintenant que nous sommes seules, me conseillerais-tu de tomber amoureuse?

LUCETTA. — Oui, Madame, pourvu que vous ne trébuchiez pas étourdiment.

JULIA. — De toute cette belle affluence de gentilshommes qui viennent chaque jour causer avec moi, quel est à ton avis le plus digne d'amour ?

LUCETTA. — Veuillez me répéter leurs noms, et je vous dirai mon opinion selon mon humble et simple bon sens.

JULIA. — Que penses-tu du beau seigneur Églamour [10] ?

LUCETTA. — Que c'est un charmant causeur, un chevalier élégant et soigné ; mais si j'étais à votre place, je ne l'accepterais jamais pour amoureux.

JULIA. — Que penses-tu du riche Mercatio ?

LUCETTA. — De ses richesses, beaucoup de bien ; de sa personne, couci-couçà.

JULIA. — Que penses-tu du gracieux Protée ?

LUCETTA. — Seigneur ! Seigneur ! Ah ! comme la folie nous gouverne !

JULIA. — Eh bien ! quoi ? Qu'y a-t-il ? Que signifient ces exclamations à propos de ce nom ?

LUCETTA. — Pardon, chère Madame ; mais c'est le comble de l'audace à moi, indigne créature que je suis, de me permettre de juger ainsi d'aimables gentilshommes [11].

JULIA. — Pourquoi ne pas donner ton avis sur Protée aussi bien que sur les autres ?

LUCETTA. — Voici pourquoi : entre beaucoup qui sont bien, il est selon moi le mieux.

JULIA. — Votre raison pour penser ainsi ?

LUCETTA. — Je n'en ai pas d'autre qu'une raison de femme. Je le trouve ainsi parce que je le trouve ainsi.

JULIA. — Et tu voudrais me voir jeter mon amour sur lui ?

LUCETTA. — Oui, si vous pensez qu'il ne serait pas mal placé.

JULIA. — Cependant il est, de tous, celui qui m'a le moins émue [12].

LUCETTA. — Cependant il est, je crois, de tous, celui qui vous aime le mieux.

JULIA. — Son peu d'instances montre son peu d'amour.

Lucetta. — Oh! ils aiment peu, ceux qui laissent voir leur amour aux autres.

Julia. — Je voudrais connaître ses sentiments.

Lucetta. — Jetez les yeux sur cette lettre, Madame. (*Elle lui donne une lettre.*)

Julia, *lisant*. — « *A Julia.* » De la part de qui?

Lucetta. — Son contenu vous le dira.

Julia. — Dis, dis, qui te l'a remise?

Lucetta. — Le page du seigneur Valentin, envoyé, je crois, par Protée. Il aurait voulu vous la remettre à vous-même, mais je me suis trouvée sur son chemin, et je l'ai reçue en votre nom. Pardonnez ma faute, je vous prie.

Julia. — Sur ma pudeur, vous êtes une admirable entremetteuse! Quoi! osez-vous bien accueillir ainsi des messages de galanterie, et préparer en cachette des piéges à ma jeunesse? C'est là un joli métier, je vous assure, et vous êtes tout à fait digne de l'exercer. Reprenez cette lettre et tâchez de la faire retourner à son auteur, ou bien ne vous présentez jamais plus devant mes yeux.

Lucetta. — Plaider pour l'amour mérite un meilleur salaire que la haine.

Julia. — Voulez-vous bien partir?

Lucetta. — Oui, afin de vous laisser réfléchir.

(*Elle sort.*)

Julia, *seule*. — Et cependant je voudrais bien avoir parcouru cette lettre. Il serait honteux maintenant de la rappeler et de l'inviter à une faute pour laquelle je l'ai grondée. Quelle sotte! Elle sait que je suis une fille et elle ne trouve pas un moyen de me contraindre à lire cette lettre! Car les filles par pudeur disent toujours *non*, alors même qu'elles veulent que celui qui les presse comprenne *oui*. Fi! fi! Quel désordonné que ce fol amour, qui comme un enfant malade égratigne sa nourrice, et tout aussitôt après vient repentant baiser la verge! Avec quelle brutalité j'ai chassé Lucetta, alors que je grillais d'envie qu'elle restât! Avec quelle colère je me suis étudiée à froncer le sourcil, tandis qu'une joie intérieure forçait mon cœur à sourire! Ma pénitence sera de rappeler Lucetta et de lui demander la rémission de ma folie passée. Eh ! Lucetta !

(*Lucetta rentre.*)

Lucetta. — Que désire Madame ?

Julia. — Est-il bientôt l'heure du dîner ?

Lucetta. — Je voudrais qu'elle fût déjà venue ; au moins vous pourriez faire passer votre colère sur les plats et non plus sur votre suivante.

Julia. — Qu'est-ce donc que vous ramassez là si délicatement ?

Lucetta. — Rien.

Julia. — Pourquoi vous êtes-vous baissée alors ?

Lucetta. — Pour ramasser un papier que j'avais laissé tomber.

Julia. — Et ce papier n'est rien ?

Lucetta. — Rien qui me concerne.

Julia. — Alors, laissez-le chercher à ceux qu'il concerne.

Lucetta. — Madame, il ne laissera rien à chercher à ceux qu'il concerne, à moins qu'il n'ait un faux interprète [13].

Julia. — Quelqu'un de vos amoureux vous a écrit une lettre en vers ?

Lucetta. — Pour que je puisse les chanter en mesure, donnez-moi la note, Madame ; Votre Grâce s'entend à choisir le ton.

Julia. — Aussi mal que possible pour de semblables bagatelles. L'air qui leur convient le mieux est celui de *Léger d'amour* [14].

Lucetta. — Ils ont trop de poids pour un air si léger.

Julia. — Trop de poids ? Alors ils sont chargés de quelque refrain ?

Lucetta. — Oui, et d'un refrain qui serait mélodieux si vous le chantiez.

Julia. — Et pourquoi ne le chantez-vous pas vous-même ?

Lucetta. — Je ne peux pas monter si haut.

JULIA. — Voyons votre chant. (*Prenant la lettre.*) Eh bien, mignonne!

LUCETTA. — Conservez ce ton et vous viendrez à bout de chanter la chanson tout entière; et pourtant, je ne sais pas pourquoi, je n'aime pas ce ton-là.

JULIA. — Vous ne l'aimez pas?

LUCETTA. — Non, Madame, vous prenez le ton trop haut.

JULIA. — Et vous, mignonne, vous prenez le ton trop impertinent.

LUCETTA. — Bon! voilà maintenant que vous le prenez trop bas; vous détruisez l'accord par de trop brusques variations. Il ne vous a manqué que de prendre un ton moyen pour exécuter votre chanson.

JULIA. — Le ton moyen est impossible à garder avec votre basse hors de mesure.

LUCETTA. — Mais, vraiment, je faisais la partie de basse pour Protée [15].

JULIA. — J'en ai assez de ce bavardage. Voici ma réponse à toutes ces importunités. (*Elle déchire la lettre.*) Allez-vous-en, et laissez les morceaux à terre. Vous voudriez peut-être les ramasser pour me faire entrer en colère?

LUCETTA. — Elle fait semblant d'être offensée, mais elle serait charmée qu'une seconde lettre vînt renouveler son courroux. (*Elle sort.*)

JULIA. — Plût au ciel que je fusse courroucée contre celle-là même [16]! Oh! mains haïssables, comment avez-vous pu déchirer des paroles si tendres! O guêpes injurieuses, après vous être nourries d'un si doux miel, comment avez-vous pu tuer avec vos aiguillons les abeilles qui l'avaient fait! En réparation je vais baiser chacun de ces morceaux de papier à tour de rôle. Voyez! celui-ci porte écrit : « *Tendre Julia.* » Oh! plutôt *cruelle Julia!* Vois, en punition de ton ingratitude, je jette ton nom contre ces dures pierres, et je marche avec mépris sur ton dédain. Sur celui-là, on lit : « *Protée, blessé d'amour.* » Pauvre nom blessé! mon sein sera ta couche jusqu'à ce que ta blessure soit entièrement guérie, et je sonde ainsi sa profondeur avec un baiser de souveraine affection. Deux fois, trois fois, ce nom de *Protée* se trouve écrit ; soyez calmes, bons vents, n'emportez pas un seul mot jusqu'à ce que j'aie retrouvé chaque lettre de cette lettre, excepté celles qui forment mon propre nom ; pour celles-là, qu'un tourbillon les emporte sur le sommet effrayant d'un roc escarpé et sauvage, et de là les précipite dans la mer en courroux. Las ! voici dans une seule ligne son nom deux fois écrit : « *Protée le pauvre délaissé, Protée le passionné à la douce Julia.* » Ces derniers mots, je vais les déchirer ; et cependant je n'en ferai rien, puisque si gentiment il les a accouplés aux expressions gémissantes qui accompagnent son nom. Je vais unir ainsi nos deux noms l'un contre l'autre ; bien, maintenant embrassez-vous, enlacez-vous, disputez-vous, faites tout ce que vous voudrez.

(*Rentre Lucetta.*)

Lucetta. — Madame, le dîner est servi et votre père attend.

Julia. — Bien, partons.

Lucetta. — Quoi ? est-ce que nous allons laisser là ces morceaux de papier pour faire des cancans à tout venant ?

Julia. — S'ils vous inspirent tant de sollicitude, le mieux est de les relever.

Lucetta. — J'ai été déjà *relevée* [17] moi-même pour les avoir laissés tomber ; cependant, je ne veux pas les laisser là exposés à prendre froid.

Julia. — Je vois que vous avez pour ces pauvres restes une piété de *bout de mois* [18].

Lucetta. — Bien, bien, Madame, dites ce qu'il vous semble voir ; moi aussi je vois ce que je vois, quoique vous imaginiez que je suis myope.

Julia. — Allons, allons, vous plairait-il de me suivre ?

SCÈNE III.

Vérone. — Un appartement dans la maison d'Antonio.

Entrent ANTONIO *et* PANTHINO.

Antonio. — Dites-moi, Panthino, qu'est-ce donc que ce langage sévère que mon frère vous a tenu dans le cloître?

Panthino. — C'était à propos de son neveu Protée, votre fils.

Antonio. — Eh bien! qu'en disait-il?

Panthino. — Il s'étonnait que Votre Seigneurie lui permît de dépenser sa jeunesse au logis, tandis que d'autres pères de moindre état envoient leurs fils pousser leur chemin dans le monde, les uns aux armées, pour y tenter la fortune militaire; d'autres à la découverte d'îles lointaines; d'autres encore aux universités savantes. Il disait que votre fils Protée était égal à n'importe laquelle de ces carrières, et même à toutes, et il m'a recommandé de vous solliciter de ne pas le laisser davantage perdre son temps au logis, car ce serait plus tard pour lui une grande infériorité que de n'avoir pas voyagé dans sa jeunesse.

Antonio. — Tu n'as pas besoin de me presser beaucoup à propos d'un sujet qui depuis un mois ne me sort pas de la tête. J'ai sérieusement réfléchi qu'il perdait son temps, et qu'il ne serait jamais un homme accompli sans la connaissance et l'usage du monde. L'expérience s'acquiert par la pratique des choses et se perfectionne par le cours rapide des années; mais alors, dis-moi, où vaudrait-il mieux l'envoyer?

Panthino. — Je pense que Votre Seigneurie n'ignore pas que son compagnon, le jeune Valentin, est attaché au service de l'empereur dans sa cour royale[19].

Antonio. — Je le sais parfaitement.

Panthino. — Je crois que c'est là que Votre Seigneurie

ferait bien de l'envoyer; là, il pratiquerait les joutes et les tournois, entendrait de beaux discours, converserait avec des gentilshommes et serait à portée de tous les exercices qui conviennent à sa jeunesse et à sa noble naissance.

Antonio. — Je goûte ton opinion; tu m'as fort bien conseillé, et la mise à exécution de tes avis te fera voir combien ils m'agréent. Je vais sans le moindre retard le dépêcher à la cour de l'empereur.

Panthino. — Demain, si cela vous convient, car don Alphonso et d'autres gentilshommes de renom doivent partir pour aller saluer l'empereur et mettre leurs services à sa disposition.

Antonio. — Très-bonne compagnie! Protée partira avec eux, et — mais justement le voilà fort à propos. Nous allons lui annoncer cette résolution.

Entre PROTÉE.

Protée. — Doux amours! douces lignes! douce vie! Voici la marque de sa main, agent de son cœur; voici son serment d'amour, gage de son honneur. Oh! si nos pères voulaient approuver notre amour et sceller notre bonheur de leur consentement! O céleste Julia!

Antonio. — Qu'est-ce donc? Quelle est cette lettre que vous lisez?

Protée. — Plaise à Votre Seigneurie, c'est un mot ou deux de souvenir que m'envoie Valentin, et qu'il m'a fait parvenir par un ami qui vient de le quitter.

Antonio. — Passez-moi cette lettre, que je voie les nouvelles qu'elle contient.

Protée. — Elle ne contient aucune nouvelle, seigneur; Valentin m'écrit simplement pour me dire combien il vit heureux, combien adoré, et journellement honoré par l'empereur de marques de faveur, et pour m'exprimer le désir de me voir auprès de lui, associé à sa fortune.

Antonio. — Et dans quelles dispositions ce souhait vous laisse-t-il?

Protée. — Mais dans les dispositions de quelqu'un qui

n'a d'autre volonté que celle de Votre Seigneurie, et qui ne dépend pas du désir d'un ami.

ANTONIO. — Ma volonté s'accorde passablement bien avec son désir. Ne va pas t'étonner de ma brusque décision ; ce que je veux, je le veux, et c'est tout. J'ai résolu que tu irais passer quelque temps avec Valentin à la cour de l'empereur ; tu recevras de moi exactement la même pension qu'il reçoit des siens. Tiens-toi prêt à partir demain matin, ne t'excuse pas, mes ordres sont péremptoires.

PROTÉE. — Monseigneur, je ne puis avoir fait mes préparatifs en si peu de temps ; veuillez différer mon départ d'un jour ou deux.

ANTONIO. — N'aie aucune crainte, les choses dont tu auras besoin te suivront de près ; plus de retard ; tu partiras demain. Marchons, Panthino ; vous allez vous employer à presser les préparatifs de son voyage.

(*Antonio et Panthino sortent.*)

PROTÉE, *seul*. — Ainsi, en évitant le feu par crainte de me brûler, je me suis jeté dans la mer, où je me suis noyé. Je n'ai pas osé montrer à mon père la lettre de Julia de peur qu'il ne mît obstacle à mon amour, et le plus grand de tous les obstacles, c'est ma propre excuse qui lui a fourni le moyen de l'élever. Oh ! comme le printemps d'amour ressemble à la splendeur incertaine d'un jour d'avril, qui découvre maintenant toute la beauté du soleil et que tout à l'heure un nuage en passant va dissiper !

(*Rentre Panthino.*)

PANTHINO. — Messire Protée, votre père vous demande. Il est très-pressé ; par conséquent, allez vite, je vous en prie.

PROTÉE. — C'est bien, j'y cours ; mon cœur obéit, et cependant il répond *non* mille fois. (*Ils sortent.*)

ACTE II.

SCÈNE PREMIÈRE.

Milan. — Un appartement dans le palais du duc.

Entrent VALENTIN *et* SPEED.

Speed. — Monsieur, votre gant.

Valentin. — Il n'est pas à moi ; j'ai mis les miens.

Speed. — Il doit être cependant à vous, car c'est un gant dépareillé qui cherche son autre moitié [1].

Valentin. — Ah ! laisse-moi voir ; oui, donne-le-moi ; il m'appartient. O doux ornement qui pare une chose divine ! Ah ! Silvia ! Silvia !

Speed, *appelant*. — Madame Silvia ! Madame Silvia !

Valentin. — Eh bien ! faquin, qu'est-ce que ces manières ?

Speed. — Oh ! Monsieur, elle est hors de la portée de ma voix.

Valentin. — Mais qui vous a donc commandé de l'appeler, Monsieur ?

Speed. — Votre Honneur elle-même, Monsieur, ou je me suis trompé.

Valentin. — Fort bien, vous aurez toujours trop de hâte.

Speed. — Et cependant vous m'avez grondé tout récemment pour mon trop de lenteur.

Valentin. — Assez, Monsieur ; dites-moi, connaissez-vous Madame Silvia ?

Speed. — Celle qui est aimée de Votre Honneur ?

VALENTIN. — Comment savez-vous donc que je suis amoureux?

SPEED. — Parbleu, par les signes particuliers que voici : vous avez appris, à l'exemple de Messire Protée, à croiser vos bras comme un mécontent; à vous délecter d'un chant d'amour comme un rouge-gorge; à vous promener seul comme quelqu'un qui a la peste; à soupirer comme un écolier qui a perdu son A B C; à pleurer comme une fillette qui vient d'enterrer sa grand'maman; à jeûner comme un homme qui est à la diète; à veiller comme un homme qui a peur des voleurs; à parler d'une voix pleurnicheuse comme un mendiant à la Toussaint[2]. Auparavant, vous aviez coutume, lorsque vous riiez, d'éclater comme un coq, et lorsque vous vous promeniez, de marcher comme un lion; si vous jeûniez c'était immédiatement après dîner, et si vous aviez l'air triste c'était toujours faute d'argent. Mais il a suffi d'une maîtresse pour vous métamorphoser si complétement que, lorsque je vous regarde, c'est à peine si je reconnais mon maître..

VALENTIN. — Est-ce qu'on remarque en moi tous ces signes?

SPEED. — On les remarque tous en *dehors* de vous.

VALENTIN. — En dehors de moi! c'est impossible.

SPEED. — En dehors de vous, et cela est très-certain, car vous êtes si simple qu'en *dehors de vous* personne ne saurait l'être autant; mais ces folies vous dominent tant *au dedans* qu'elles vous mettent *en dehors* de vous, et qu'elles transparaissent *au travers* de vous comme l'urine dans une fiole; si bien que toute personne qui vous voit possède l'œil d'un médecin pour désigner votre maladie (a).

VALENTIN. — Mais, dis-moi, connais-tu Madame Silvia?

SPEED. — Celle que vous regardez toujours ainsi à souper?

VALENTIN. — Ah! tu en as fait la remarque? Elle-même précisément.

(a) Speed équivoque sur les différentes significations du mot *without*, sans, au dehors de, etc.

Speed. — Non, Monsieur, je ne la connais pas.

Valentin. — Comment! tu la connais pour me l'avoir vu regarder, et cependant tu ne la connais pas?

Speed. — N'a-t-elle pas l'air très-commun, Monsieur?

Valentin. — Mais non, mon garçon; elle est moins belle encore qu'elle n'est distinguée.

Speed. — Quant à cela, Monsieur, je le sais parfaitement.

Valentin. — Quoi! qu'est-ce que tu sais?

Speed. — Qu'elle n'est pas aussi belle que distinguée — de vous[3].

Valentin. — Je veux dire que sa beauté est exquise et sa distinction infinie.

Speed. — C'est que l'une est en peinture et que l'autre est sans prix.

Valentin. — Comment en peinture? Comment sans prix?

Speed. — Parbleu, Monsieur, elle se peint tellement pour se faire belle que pour tout homme sa beauté est sans prix.

Valentin. — Eh bien! quel cas faites-vous donc de moi? J'estime à un très-haut prix sa beauté.

Speed. — Vous ne l'avez pas revue depuis qu'elle est défigurée?

Valentin. — Depuis quand est-elle défigurée?

Speed. — Depuis que vous l'aimez.

Valentin. — Je l'ai aimée dès le premier moment où je l'ai vue et je la trouve toujours belle.

Speed. — Si vous l'aimez, vous ne pouvez la voir.

Valentin. — Pourquoi?

Speed. — Parce que l'amour est aveugle. Oh! pourquoi n'avez-vous pas mes yeux, ou pourquoi vos yeux n'ont-ils plus la clairvoyance qu'ils avaient autrefois, alors que vous plaisantiez Messire Protée parce qu'il allait sans jarretières!

Valentin. — Eh bien! qu'est-ce que je verrais maintenant si j'avais encore cette clairvoyance?

Speed. — Votre présente folie et l'extrême laideur de votre maîtresse, car si Protée, étant amoureux, n'y voyait pas assez pour attacher ses chausses, vous, qui êtes maintenant dans le même état, vous n'y voyez pas assez pour mettre les vôtres.

Valentin. — Il me semble, alors, mon garçon, que vous êtes amoureux, car, hier matin, vous n'y avez pas vu assez clair pour essuyer mes souliers.

Speed. — C'est vrai, Monsieur, j'étais amoureux de mon lit ; je vous remercie de m'avoir bousculé pour mon amour ; cela m'a donné plus de hardiesse pour vous relancer sur les vôtres.

Valentin. — Bref, je lui *porte* une grande affection.

Speed. — Je voudrais que vous la lui eussiez *remise*; de cette façon vous seriez débarrassé de votre affection.

Valentin. — Hier au soir elle m'a commandé d'écrire quelques vers pour une personne qu'elle aime.

Speed. — Et les avez-vous écrits?

Valentin. — Oui.

Speed. — Et les vers ne sont-ils pas quelque peu boiteux?

Valentin. — Non, mon garçon ; ils sont aussi droits qu'il m'a été possible de les faire. — Silence ; elle vient.

Entre SILVIA.

Speed, *à part*. — Oh! l'excellente pièce! Oh! l'admirable marionnette! Mon maître va maintenant lui souffler les paroles de son rôle.

Valentin. — Madame et maîtresse, mille bonjours.

Speed, *à part*. — Eh! donnez-vous une bonne nuit, cela vaudra un million de révérences.

Silvia. — Messire Valentin et serviteur, je vous en présente deux mille.

Speed, *à part*. — C'est lui qui devrait payer l'intérêt et c'est elle qui le paye.

Valentin. — Ainsi que vous me l'avez ordonné, j'ai écrit votre lettre pour cet ami secret que vous ne nommez pas, tâche que j'aurais eu beaucoup de répugnance à accomplir, n'était mon obéissance à Votre Seigneurie. (*Il lui donne une lettre.*)

ACTE II, SCENE I.

Silvia. — Je vous remercie, gentil serviteur. Voilà qui est très-spirituellement fait.

Valentin. — Excusez-moi, Madame ; cela est bien imparfait, car ignorant à quelle personne cette lettre doit aller, j'ai écrit à l'aventure et sans beaucoup de précision.

Silvia. — Peut-être trouvez-vous que c'est beaucoup de peine ?

Valentin. — Non, Madame ; si cela peut vous obliger, vous n'avez qu'à commander pour que je vous en écrive mille fois autant : et cependant....

Silvia. — Une jolie période ! Bien, j'en devine la suite ; et cependant je ne la dirai pas, — et cependant je ne m'en soucie point, — et cependant reprenez ce papier, — et cependant je vous remercie, ne voulant pas désormais vous importuner davantage.

Speed, *à part.* — Et cependant vous recommencerez, et cependant, encore un autre cependant.

Valentin. — Que veut dire Votre Grâce ? Est-ce que cette lettre ne vous plaît pas ?

Silvia. — Mais si ! mais si ! Les vers sont très-bien tournés ; mais puisque vous les avez écrits à contre-cœur, reprenez-les, — allons, reprenez-les. (*Elle lui rend la lettre.*)

Valentin. — Madame, ils sont pour vous.

Silvia. — Oui, oui ; vous les avez écrits à ma requête, Monsieur ; mais je n'en veux pas ; ils sont pour vous : je les aurais voulus plus attendrissants.

Valentin. — S'il plaît à Votre Grâce, j'en écrirai une autre.

Silvia. — Et lorsque vous l'aurez écrite, relisez-la par amour pour moi ; si elle vous plaît, tant mieux ; si elle ne vous plaît pas, eh bien, tant mieux encore.

Valentin. — Si elle me plaît, Madame ! Quoi alors ?

Silvia. — Eh bien, si elle vous plaît, gardez-la pour votre peine ; et là-dessus, bonjour, mon serviteur. (*Elle sort.*)

Speed. — Oh ! adresse inaperçue, impénétrable, invisible, à peu près comme un nez sur un visage ou une girouette sur un clocher. Mon maître la sollicite et c'est elle qui enseigne à son solliciteur, qui est son protégé, à devenir son protecteur. Oh! l'excellent artifice! En a-t-on jamais connu de plus fort! Mon maître pris pour secrétaire, et qui s'écrit à lui-même.

VALENTIN. — Eh bien, Monsieur, sur quoi donc êtes-vous là à raisonner avec vous-même?

SPEED. — Ne vous en déplaise, je cherchais des rimes, c'est vous qui avez la raison.

VALENTIN. — La raison! Pour faire quoi?

SPEED. — Pour être l'orateur de Madame Silvia.

VALENTIN. — Auprès de qui?

SPEED. — Auprès de vous-même. Parbleu, elle vous fait la cour par métaphore.

VALENTIN. — Quelle métaphore?

SPEED. — Par une lettre, devrais-je dire.

VALENTIN. — Comment donc cela? elle ne m'a pas écrit.

SPEED. — Quel besoin en a-t-elle, puisqu'elle vous a fait écrire à vous-même? Comment, vous n'apercevez pas la ruse?

VALENTIN. — Non, ne le crois pas.

SPEED. — En effet, je ne vous crois pas, Monsieur. Mais n'avez-vous pas aperçu l'aveu qu'elle vous a adressé?

VALENTIN. — Elle ne m'a rien adressé, si ce n'est une parole de mauvaise humeur.

SPEED. — Comment donc! elle vous a donné une lettre.

VALENTIN. — C'est la lettre que j'ai écrite pour son ami.

SPEED. — Et cette lettre, elle l'a remise à son adresse, voilà tout.

VALENTIN. — Je voudrais bien qu'il n'y eût rien de pis.

SPEED. — Je vous garantis que les choses sont en aussi bon état que je le dis. « Car souvent vous lui avez écrit, et elle, par modestie ou bien encore faute de loisir, n'a pas pu vous répondre; peut-être aussi, craignant que quelque messager ne découvrît ses sentiments, elle a enseigné à l'objet de ses amours lui-même à écrire à son amant. » Tout ce que je récite là est textuel, car c'est dans un texte imprimé que je l'ai trouvé[4]. Mais à quoi rêvez-vous, Monsieur? Il est l'heure du dîner.

Valentin. — J'ai dîné.

Speed. — Parfait; mais écoutez, Monsieur : quoique le caméléon Amour puisse se nourrir d'air, moi je me nourris de viandes et je mangerais volontiers un morceau. Oh! ne soyez pas comme votre maîtresse; laissez-vous attendrir, laissez-vous attendrir ! *(Ils sortent.)*

SCÈNE II.

Vérone. — Le jardin de la maison de Julia.

Entrent PROTÉE *et* JULIA.

Protée. — Prenez patience, ma charmante Julia.

Julia. — Il le faut bien, puisqu'il n'y a pas de remède.

Protée. — Aussitôt qu'il me sera possible, j'effectuerai mon retour.

Julia. — Si votre cœur ne tourne pas, votre retour sera bien plus prompt. Gardez ce souvenir pour l'amour de Julia. *(Elle lui donne un anneau.)*

Protée. — Allons, nous allons faire un échange; prenez celui-ci. *(Il lui donne à son tour un anneau.)*

Julia. — Et scellons ce contrat d'un baiser sacré.

Protée. — Voici ma main comme promesse de ma loyale constance, et si jamais il arrive qu'une heure dans la journée me surprenne à ne pas soupirer pour l'amour de toi, Julia, puisse l'heure suivante m'apporter quelque événement malheureux en punition de cet oubli de mon amour! Mon père m'attend; ne me réponds plus. Voici l'heure de la marée, une tout autre marée que celle de tes larmes, cette marée qui me retiendrait plus longtemps que je ne dois. Julia, adieu ! *(Julia sort.)* Quoi! partie sans me dire une parole? Oui, le véritable amour est ainsi, il ne peut parler, car la sincérité a pour le faire resplendir des actions meilleures que des paroles⁵.

Entre PANTHINO.

PANTHINO. — Seigneur Protée, on vous attend.

PROTÉE. — Marche, j'y vais, j'y vais. Hélas! la séparation frappe de mutisme les pauvres amants.

(*Ils sortent.*)

SCÈNE III.

Vérone. — Une rue.

Entre LANCE, *conduisant un chien.*

LANCE. — Vrai, je n'aurai pas fini de pleurer avant une heure; toute la race des Lance a ce défaut. J'ai reçu ma *proportion* comme l'enfant *prodige*, et je vais avec le seigneur Protée à la cour impériale. Je crois que Crab, mon chien, est bien le chien le plus insensible qui existe; ma mère pleurait, mon père se lamentait, ma sœur sanglotait, notre servante hurlait, notre chat se tordait les pattes, et toute notre maison était sens dessus dessous, et ce mâtin, aux entrailles cruelles, n'a pas versé une seule larme. C'est une pierre, un vrai caillou, et qui n'a pas plus de pitié qu'un chien. Un juif aurait pleuré en voyant nos adieux; c'est au point que ma grand'mère, qui n'a pas d'yeux, pleurait, voyez-vous, de notre séparation, à s'en rendre aveugle. Je m'en vais vous montrer la scène. Ce soulier est mon père; — non, c'est le soulier gauche qui est mon père; — non, non, ce soulier gauche est ma mère; — mais non, cela ne va pas comme ça non plus; — oui, c'est bien ça, c'est bien ça, — c'est le soulier qui a la plus mauvaise semelle. Donc, ce soulier qui a un trou est ma mère, et l'autre est mon père. C'est cela même, morbleu! Maintenant, Monsieur, ce bâton est ma sœur; car, voyez-vous, elle est aussi blanche qu'un lis et aussi

ACTE II, SCENE III.

fluette qu'une verge; ce chapeau est Nan, notre servante; je suis le chien; non, le chien est lui-même, et je suis le chien. Oh! oh! je suis le chien, et le chien est moi; oui, c'est cela, c'est cela. Maintenant, je m'approche de mon père : « Père, votre bénédiction. » Maintenant le soulier ne doit pas dire un mot, tant il pleure. Maintenant j'embrasse mon père; bien, voilà qu'il pleure à flots. Maintenant, je vais vers ma mère. Oh! si elle pouvait parler! Mais, non : muette comme une souche[7]. Bien, je l'embrasse; là, ça y est. Tenez, voilà exactement le soupir que ma mère tire de sa poitrine. Maintenant je vais à ma sœur; remarquez le gémissement qu'elle pousse. Maintenant, pendant tout ce temps, le chien ne verse pas une larme et ne dit pas un mot; mais voyez comme j'abats la poussière avec mes larmes.

Entre PANTHINO.

PANTHINO. — Vite, vite, Lance, à bord. Ton maître est embarqué et il te faut prendre tes jambes à ton cou pour le rattraper. Eh bien, qu'est-ce qu'il y a? Pourquoi pleures-tu, bonhomme? Dépêche-toi donc, âne, tu vas perdre la marée si tu tardes plus longtemps.

LANCE. — Il importe assez peu que *l'amarré* soit perdu, car c'est le plus insensible *amarré* qu'un homme ait jamais *amarré* (a).

PANTHINO. — Qu'est-ce que c'est que cette marée insensible?

LANCE. — Parbleu, celui qui est *amarré* ici, Crab, mon chien.

PANTHINO. — Allons donc, nigaud, je veux dire que tu perdras le flot, et en perdant le flot, tu perdras ton voyage, et en perdant ton voyage, tu perdras ton maître, et en perdant ton maître, tu perdras ton service, et en perdant ton service.... Eh bien, pourquoi veux-tu m'interrompre?

LANCE. — De peur que tu ne perdes ta langue.

PANTHINO. — Comment pourrais-je perdre ma langue?

(a) Jeu de mots sur la ressemblance de prononciation des mots *tied*, attaché, et *tide*, marée.

LANCE. — Dans ton histoire.

PANTHINO. — Dans ta mâchoire[8] !

LANCE. — Moi perdre la marée, et le voyage, et le maître, et le service, et l'amarré, allons donc ! Sais-tu bien, mon bonhomme, que si la rivière était à sec, je serais capable de la renouveler avec mes larmes, et que si les vents s'abattaient, je pourrais pousser le bateau avec mes soupirs?

PANTHINO. — Allons, allons, en route, mon brave; on m'a envoyé t'appeler.

LANCE. — Monsieur, appelez-moi comme vous voudrez.

PANTHINO. — Veux-tu venir?

LANCE. — Bien, je pars.   (*Ils sortent.*)

SCÈNE IV.

Milan. — Un appartement dans le palais du duc.

Entrent SILVIA, VALENTIN, THURIO *et* SPEED.

SILVIA. — Serviteur !

VALENTIN. — Maîtresse?

SPEED. — Maître, le seigneur Thurio fronce le sourcil en vous regardant.

VALENTIN. — Oui, mon garçon, c'est par amour.

SPEED. — Pas pour vous, toujours.

VALENTIN. — Pour ma maîtresse, alors.

SPEED. — Vous feriez bien de le battre.

SILVIA. — Serviteur, vous êtes triste.

VALENTIN. — En effet, Madame, je le parais.

THURIO. — Paraissez-vous ce que vous n'êtes pas?

VALENTIN. — Peut-être.

THURIO. — C'est ce que font les contrefacteurs.

VALENTIN. — C'est ce que vous faites.

THURIO. — Qu'est-ce que je parais que je ne sois pas?

VALENTIN. — Sage.

THURIO. — Quelle preuve avez-vous que je sois le contraire?

Valentin. — Votre folie.

Thurio. — Et où trouvez-vous ma folie?

Valentin. — Je la trouve sous votre pourpoint.

Thurio. — Mon pourpoint est un doublet.

Valentin. — Eh bien, alors, je doublerai votre folie.

Thurio. — Qu'est-ce à dire?

Silvia. — Comment, vous voilà en colère, Messire Thurio! Allez-vous changer de couleur?

Valentin. — Donnez-lui-en la permission, Madame, c'est une manière de caméléon.

Thurio. — Un caméléon qui aurait beaucoup plus envie d'aspirer votre sang que de respirer dans votre air.

Valentin. — Vous avez dit, Monsieur?

Thurio. — Oui, Monsieur, dit et fait aussi, pour cette fois.

Valentin. — Cela, je le sais parfaitement, Monsieur; vous finissez toujours avant de commencer.

Silvia. — Voilà une belle volée de paroles, Messieurs, et vivement envoyée et rendue.

Valentin. — C'est la vérité, Madame; nous en remercions le prêteur.

Silvia. — Quel est celui-là, serviteur?

Valentin. — Vous-même, Madame; car vous avez prêté le feu. Messire Thurio emprunte son esprit aux regards de Votre Grâce; et il dépense gracieusement ce qu'il emprunte en votre compagnie.

Thurio. — Monsieur, si vous vous avisez de mesurer vos dépenses de paroles sur les miennes, je ferai faire banqueroute à votre esprit.

Valentin. — Je sais cela parfaitement, Monsieur; vous avez un trésor de paroles, mais pas d'autre monnaie, j'imagine, pour payer vos domestiques, car il paraît à leurs livrées râpées qu'ils doivent vivre de paroles sèches.

Silvia. — Assez, Messieurs, assez; voici mon père.

Entre LE DUC.

Le duc. — Eh bien, ma fille Silvia, vous voilà vigoureusement assiégée. — Messire Valentin, votre père est en bonne santé. Que diriez-vous d'une lettre venant de vos amis et vous portant force bonnes nouvelles?

Valentin. — Monseigneur, je serai reconnaissant envers tout messager porteur de bonnes nouvelles de Vérone.

Le duc. — Connaissez-vous don Antonio, votre compatriote?

Valentin. — Oui, Monseigneur; je le connais pour un gentilhomme honorable, fort estimé, et qui mérite sa bonne réputation.

Le duc. — N'a-t-il pas un fils?

Valentin. — Oui, mon bon Seigneur, un fils sur qui peuvent justement se porter l'honneur et la considération d'un tel père.

Le duc. — Vous le connaissez bien?

Valentin. — Je le connais comme moi-même; car nous sommes liés depuis notre enfance et nous avons passé toutes nos heures ensemble. Moi, je n'étais qu'un profond paresseux, laissant perdre avec les précieux bienfaits du temps l'occasion de revêtir ma jeunesse d'une perfection divine; mais le seigneur Protée — car tel est son nom — a su faire bon usage de son temps et en tirer noblement profit. Il est jeune d'années, mais vieux d'expérience; son visage est sans rides, mais son jugement est mûr; et en un mot — car toutes les louanges que je lui donne restent en arrière de son mérite — accompli au physique comme au moral, il est doué de tous les agréments qui décorent un gentilhomme.

Le duc. — Malepeste, Monsieur! s'il répond au bien que vous en dites, il n'est pas moins digne d'être l'amant d'une impératrice que propre à être le conseiller d'un empereur. Eh bien, Monsieur, ce gentilhomme vient de m'arriver avec des recommandations de personnes puissantes; il a l'intention de passer quelque temps ici. Je pense que ces nouvelles ne vous contrarient pas.

Valentin. — Si j'avais pu souhaiter quelqu'un, c'eût été lui.

Le duc. — Faites-lui donc l'accueil qui convient à son mérite. C'est à vous que je parle, Silvia, et à vous, Mes-

ACTE II, SCÈNE IV.

sire Thurio, car pour Valentin, je n'ai pas besoin de lui faire de telles recommandations. Je vais vous l'envoyer immédiatement. *(Il sort.)*

Valentin. — J'ai déjà parlé de ce gentilhomme à Votre Grâce; c'est celui qui serait venu avec moi si sa maîtresse n'avait enchaîné ses yeux dans la prison de cristal de ses regards.

Silvia. — Elle leur a sans doute rendu la liberté, sur quelque autre garantie de fidélité.

Valentin. — Je suis bien sûr qu'elle les tient encore prisonniers.

Silvia. — Alors il doit être aveugle, et étant aveugle, comment a-t-il pu trouver son chemin pour venir vous chercher ?

Valentin. — L'Amour a vingt paires d'yeux, Madame.

Thurio. — On dit que l'Amour n'a pas d'yeux du tout.

Valentin. — Oui, pour voir des amants comme vous, Thurio : devant des objets vulgaires l'Amour baisse la vue.

Silvia. — Finissez, finissez; voici le gentilhomme.

Entre PROTÉE.

Valentin. — Soyez le bienvenu, mon cher Protée. — Maîtresse, je vous en prie, confirmez-lui sa bienvenue par quelque faveur particulière.

Silvia. — Si c'est le gentilhomme dont vous désiriez si souvent apprendre des nouvelles, son mérite lui est une sûre garantie de bon accueil.

Valentin. — C'est lui, maîtresse; douce dame, accordez-lui d'entrer avec moi au service de Votre Grâce.

Silvia. — Une maîtresse trop humble pour un si éminent serviteur !

Protée. — Non, douce dame; mais un serviteur trop bas pour mériter un regard d'une aussi noble maîtresse.

Valentin. — Laissez là toute cette escrime de modestie; douce dame, admettez-le au rang de vos serviteurs.

Protée. — Je tirerai toute ma fierté de mon devoir, et de rien autre chose.

Silvia. — Et le devoir n'a jamais été frustré de sa

récompense. Serviteur, soyez le bienvenu auprès d'une indigne maîtresse.

Protée. — Tout autre que vous qui dirait une telle chose risquerait sa vie.

Silvia. — Tout autre qui dirait que vous êtes le bienvenu?

Protée. — Non, que vous êtes indigne.

(*Entre un domestique.*)

Le domestique. — Madame, Monseigneur votre père désirerait vous parler.

Silvia. — Je suis à ses ordres. (*Le domestique sort.*) Allons, Messire Thurio, venez avec moi. Une fois encore, mon nouveau serviteur, soyez le bienvenu. Je vous laisse causer des affaires de votre pays [9]. Lorsque vous aurez fini, je compte entendre parler de vous.

Protée. — Nous irons tous les deux nous mettre aux ordres de Votre Grâce. (*Sortent Silvia et Thurio.*)

Valentin. — Maintenant, dites-moi, comment vont tous ceux que vous venez de laisser là-bas?

Protée. — Vos parents vont bien et vous envoient tous leurs compliments.

Valentin. — Et les vôtres?

Protée. — Je les ai tous laissés en bonne santé.

Valentin. — Comment se porte votre dame? Et vos amours? prospèrent-ils?

Protée. — Mes confidences amoureuses vous ennuyaient d'habitude; je sais que vous ne prenez pas plaisir aux entretiens d'amour.

Valentin. — Oui, ami Protée; mais ma vie est bien changée maintenant. J'ai bien fait pénitence pour mes mépris de l'Amour; son impérieuse royauté me les a fait payer par des jeûnes rigoureux, des gémissements de repentance, des larmes pendant la nuit, des soupirs d'angoisse pendant le jour. Pour se venger de mes mépris, l'Amour a chassé le sommeil de mes yeux asservis, dont il a fait les gardiens des souffrances de mon propre cœur. O mon gracieux Protée, l'Amour est un maître puissant! Il m'a rendu humble à ce point que je confesse qu'il n'est pas de malheur comparable à ses châtiments et qu'il n'est pas de joie sur terre qui vaille l'honneur d'être à son service. Maintenant, plus de causerie, si ce n'est sur l'amour ; maintenant, avec ce mot tout sec amour, je puis déjeuner, dîner, souper et dormir.

Protée. — Assez ; je lis votre bonne aventure dans vos yeux. N'était-ce pas là l'idole que vous adorez ?

Valentin. — Elle-même. N'est-ce pas que c'est un ange du ciel ?

Protée. — Non, mais c'est un modèle de beauté terrestre.

Valentin. — Dites divine.

Protée. — Je ne veux pas la flatter.

Valentin. — Oh ! flattez-moi, car l'amour adore les louanges.

Protée. — Lorsque j'étais malade, vous me faisiez avaler des pilules amères ; je veux vous en administrer de pareilles.

Valentin. — Accordez-moi au moins la vérité sur elle. Si elle n'est pas divine, avouez au moins qu'elle est une principauté souveraine de toutes les créatures de la terre[10].

Protée. — Ma maîtresse exceptée.

Valentin. — Cher ami, pas d'exception. Ton exception ferait à mon amour une injure exceptionnelle.

Protée. — N'ai-je pas raison de préférer la mienne ?

Valentin. — Oui, et je veux t'aider à justifier ta préférence. Ta maîtresse sera investie de ce grand honneur de porter la queue de ma dame, de peur que la vile terre n'ait la chance de voler un baiser à son vêtement, et que devenant orgueilleuse d'une si haute faveur, elle ne dédaigne de faire pousser les fleurs embaumées de l'été et ne nous condamne à perpétuité aux rigueurs de l'hiver.

Protée. — Qu'est-ce à dire, Valentin ? Qu'est-ce que toutes ces vantardises ?

Valentin. — Pardonnez-moi, Protée ; toutes mes paroles ne peuvent rien pour vanter celle dont la perfection met à néant toutes les autres perfections ; elle est seule de son espèce.

Protée. — Eh bien ! laissez-la seule.

Valentin. — Pas pour le monde entier. Elle est à moi, ami, et la possession d'un tel joyau me fait aussi riche que le seraient vingt océans dont les sables seraient des perles, les flots du nectar, et les rochers de l'or pur. Pardonne-moi de ne pas songer à toi ; mais, tu le vois, mon amour me fait extravaguer. Mon stupide rival, auquel son père porte affection, uniquement à cause de ses immenses richesses, est sorti avec elle ; il me faut aller les rejoindre, car l'amour, tu le sais, est plein de jalousie.

Protée. — Mais vous aime-t-elle ?

Valentin. — Oui, et nous sommes fiancés ; il y a mieux : nous avons fixé l'heure de notre mariage ainsi que le plan secret de notre évasion : escalade par sa fenêtre, échelle de cordes, tous les moyens sont arrêtés et décidés pour mon bonheur. Viens avec moi dans ma chambre, mon bon Protée ; tu m'aideras de tes conseils dans cette affaire.

Protée. — Allez devant ; je vais vous retrouver tout à l'heure ; il faut que je me rende au port pour faire débarquer quelques bagages dont j'ai un besoin absolu, puis j'irai vous rejoindre immédiatement.

Valentin. — Vous dépêcherez-vous ?

Protée. — Oui.   (*Valentin et Speed sortent.*)

Protée, *seul*. — De même qu'une chaleur éteint une autre chaleur et qu'un clou en chasse un autre, ainsi le souvenir de mon ancien amour est entièrement effacé par un objet plus nouveau. Est-ce sa beauté ou l'éloge de Valentin, est-ce sa vraie perfection ou ma menteuse duplicité qui font ainsi déraisonner ma raison ? Elle est belle, mais elle est belle aussi Julia que j'aime.... que j'aimais, car maintenant mon amour s'est fondu, pareil à une image de cire placée près du feu, qui ne porte plus la ressemblance de la chose qu'elle était. Il me semble que mon zèle pour Valentin s'est refroidi et que je ne l'aime plus comme autrefois. C'est que j'aime trop sa dame, beaucoup trop, et voilà pourquoi je l'aime si peu, lui. Que sera donc ma passion quand je la connaîtrai mieux, puisque sans la connaître j'ai pu commencer à l'aimer ! Ce n'est pourtant encore que le portrait d'elle-même que j'ai contemplé[11], et il a suffi pour éblouir l'œil de ma raison ; mais lorsque je contemplerai la réalité de ses perfections, il n'y a pas de raison pour que je ne devienne pas aveugle. Je vais tenir en bride, si je le puis, mon amour qui s'égare, sinon j'userai de mon adresse pour la conquérir.

(*Il sort.*)

SCÈNE V.

Milan. — Une rue.

Entrent SPEED *et* LANCE.

Speed. — Lance, parole d'honneur, tu es le bienvenu à Milan.

Lance. — Ne te parjure pas ainsi, mon tourtereau, car je ne suis pas le bienvenu. Je suis toujours d'avis qu'un homme n'est jamais perdu avant d'être pendu, et qu'il n'est jamais le bienvenu quelque part avant qu'on ait tiré certains canons et que l'hôtesse ait dit : « Soyez le bienvenu[12]. »

Speed. — Viens çà, tête de fou ; je vais te mener tout droit au cabaret où, pour un canon de dix sous, tu auras dix mille souhaits de bienvenue. Mais, dis-moi, flandrin, comment ton maître s'est-il séparé de Madame Julia ?

Lance. — Parbleu, après s'être pris à bras le corps pour tout de bon, ils se sont séparés en bonne humeur, satisfaits l'un de l'autre[13].

Speed. — Mais l'épousera-t-elle ?

Lance. — Non.

Speed. — Comment, non ? Et lui, l'épousera-t-il ?

Lance. — Pas davantage.

Speed. — Comment donc ? Est-ce qu'ils ont rompu ?

Lance. — Rompu, non ; à eux deux ils sont unis comme un seul poisson.

Speed. — Oui ; mais en quelle position sont leurs affaires ?

Lance. — Parbleu, lorsque la position est bonne pour lui, elle est bonne pour elle aussi.

Speed. — Quel âne tu fais ! Je ne parviens pas à supposer ce que tu veux dire.

Lance. — Quel imbécile tu es de ne pas le pouvoir ! Mon bâton le supposerait, lui (*a*) !

Speed. — Ce que tu veux dire ?

Lance. — Oui, et ce que je veux faire aussi. Regarde, je n'ai qu'à me pencher et je vais le lui faire supposer.

Speed. — Tu poses sur lui, c'est la vérité.

Lance. — Eh bien ! *poser sur* ou *supposer*, n'est-ce pas la même chose [14] ?

Speed. — Dis-moi vrai : y aura-t-il un mariage ?

Lance. — Demande à mon chien. S'il dit oui, le mariage se fera ; s'il dit non, il ne se fera pas. S'il remue sa queue sans rien dire, le mariage se fera.

Speed. — La conclusion de tout cela, c'est que le mariage se fera.

Lance. — Tu n'obtiendras jamais ce secret de moi que par parabole.

Speed. — Cela m'est bien égal, pourvu que je l'obtienne ainsi ; mais, Lance, que dis-tu de mon maître, qui est devenu un remarquable amoureux ?

Lance. — Je ne l'ai jamais connu autrement.

Speed. — Autrement que quoi ?

Lance. — Qu'un homme *à moues* remarquables, comme tu viens de le dire fort bien (*b*).

Speed. — Mais, fils de catin, tu ne m'as pas entendu.

Lance. — Eh ! animal, ce n'est pas de toi que j'entendais parler, c'est de ton maître.

(*a*) Série de jeux de mots sur la signification du verbe stand, poser, être situé, qui, précédé du mot *under*, signifie comprendre, *understand*, et suivi du même mot signifie s'appuyer, poser sur, *stand under*.

(*b*) Lance joue sur la prononciation approximative des mots *lover*, amant, et *lubber*, lourdaud, imbécile. Ton maître est devenu un remarquable amoureux, dit Speed, et Lance répond : Je ne l'ai jamais connu autrement qu'un remarquable imbécile. (*Remarkable lover, remarkable lubber.*)

Speed. — Je te dis que mon maître est devenu un amoureux très-chaud.

Lance. — Et je te dis, moi, que cela m'est égal que l'amour l'échauده. Viens, si tu veux, avec moi, à la boutique à bière; sinon je t'appelle Hébreu, Juif et indigne du nom de chrétien.

Speed. — Pourquoi cela?

Lance. — Parce que tu n'as pas assez de charité pour suivre un chrétien dans sa bière [15]. Veux-tu venir?

Speed. — A ton service.   (*Ils sortent.*)

SCÈNE VI.

Milan. — Un appartement dans le palais du duc.

Entre PROTÉE.

Protée. — Abandonner ma Julia, c'est être parjure; aimer la belle Silvia, c'est être parjure; trahir mon ami, c'est être encore plus parjure, et cependant le pouvoir qui m'imposa mon premier serment est le même qui me provoque à ce triple parjure. Amour m'ordonne de jurer et Amour m'ordonne de me parjurer. Oh! Amour, doux tentateur, si tu as fait le péché, enseigne à ton sujet induit en tentation à l'excuser! J'ai d'abord adoré une étincelante étoile, mais maintenant j'adore un soleil céleste. Les vœux irréfléchis peuvent être rompus par la réflexion, et il manque d'esprit, celui qui manque d'une volonté assez résolue pour persuader à son esprit d'échanger l'inférieur contre le meilleur. Fi, fi, langue irrévérencieuse! Oser appeler inférieure celle dont tu as si souvent affirmé la souveraineté par vingt mille serments tirés du plus profond de mon âme! Je ne puis cesser d'aimer, et c'est cependant ce que je fais; mais, dans mon cas particulier, je cesse d'aimer là où je devrais continuer à aimer. Je perds Julia et je perds Valentin. Pour les garder, il faut que je me perde moi-même; si, au contraire, je les perds, je me gagne moi-même en échange de Valentin, et en échange de Julia je gagne Silvia. Je me suis plus cher à moi-même qu'un ami, car l'amour de soi est ce qui nous est le plus précieux, et Silvia — j'en prends à témoin le ciel qui l'a faite si belle — réduit Julia à la condition d'Éthiopienne hâlée. J'oublierai que Julia est vivante en me rappelant que mon amour pour elle est mort ; et quant à Valentin, je le tiendrai pour ennemi, puisque j'espère retrouver dans Silvia une amitié plus douce que la sienne. Je ne puis être constant envers moi-même sans user de quelque trahison envers Valentin. Cette nuit, il se dispose à escalader, au moyen d'une échelle de corde, la fenêtre de la céleste Silvia, et moi, son rival, qu'il a mis dans le secret, je dois être son auxiliaire. Je m'en vais immédiatement donner avis de leur projet de déguisement et de fuite au père de Silvia, qui, dans sa fureur, bannira Valentin, car il a l'intention de donner sa fille à Thurio ; mais Valentin une fois parti, j'entraverai par quelque adroite ruse les gauches mouvements de ce lourdaud de Thurio. Amour, comme tu m'as prêté ton esprit pour tracer la route à mon dessein, prête-moi tes ailes pour arriver rapidement à son terme. (*Il sort.*)

SCÈNE VII.

Vérone. — Un appartement dans la maison de Julia.

Entrent JULIA *et* LUCETTA.

JULIA. — Conseille-moi, Lucetta ; assiste-moi, ma bonne fille ; je t'en conjure, par ta plus tendre amitié, toi qui es la tablette où toutes mes pensées sont lisiblement inscrites et gravées, fais-moi la leçon et suggère-moi quelque bon moyen qui me permette avec honneur d'aller rejoindre mon bien-aimé Protée.

LUCETTA. — Hélas ! La route est longue et fatigante.

JULIA. — Un pèlerin vraiment pieux ne se fatigue pas

de mesurer des royaumes avec ses faibles pieds ; combien moins encore se fatiguera-t-elle, celle qui a pour voler les ailes de l'amour, surtout lorsque ces ailes doivent la diriger vers un si cher objet et de perfections aussi divines que Messire Protée !

Lucetta. — Il vaudrait mieux patienter jusqu'au retour de Protée.

Julia. — Oh ! ne sais-tu pas que ses regards sont l'aliment de mon âme ? Plains-moi pour la disette où je dépéris, soupirant depuis si longtemps après cette nourriture. Si tu connaissais les émotions intimes de l'amour, tu saurais qu'autant vaudrait allumer du feu avec de la neige que chercher à éteindre le feu de l'amour avec des paroles.

Lucetta. — Je ne cherche pas à éteindre le feu ardent de votre amour, mais à en modérer l'extrême violence, de crainte qu'il ne brûle au delà des bornes de la raison.

Julia. — Plus tu essayes de le contenir et plus il brûle. Le courant qui glisse avec un doux murmure, tu le sais bien, lorsqu'il est arrêté, bouillonne avec une colère impatiente ; mais, lorsque son cours naturel n'est pas empêché, il rend une délicieuse musique en passant sur les cailloux émaillés, et donne un doux baiser à tous les roseaux qu'il rencontre dans son pèlerinage ; c'est ainsi, en s'amusant à mille capricieux retards, que par mille détours sinueux il s'achemine vers le tumultueux Océan. Laisse-moi donc aller et n'empêche pas mon cours ; je serai patiente comme un doux ruisseau et je saurai trouver un plaisir dans la fatigue de chacun de mes pas jusqu'à ce que le dernier m'ait enfin conduite près de mon amour ; là je me reposerai alors, comme après bien des tourmentes une âme bienheureuse se repose dans les champs Élysées.

Lucetta. — Mais sous quel costume voyagerez-vous ?

Julia. — Je ne voyagerai pas avec des habits de femme, car je veux éviter les agressions grossières des hommes entreprenants. Bonne Lucetta, procure-moi un costume qui puisse convenir à un page de bonne naissance.

Lucetta. — Il faut alors que Votre Seigneurie coupe ses cheveux.

Julia. — Non, ma fille, je les attacherai par des cordons de soie en vingt nœuds vainqueurs, de l'originalité la plus capricieuse. La fantaisie va bien à un jeune homme même plus âgé que je n'en aurai l'air.

Lucetta. — De quelle manière ferai-je vos culottes, Madame ?

Julia. — C'est à peu près comme si tu disais : « Dites-moi, mon bon monsieur, de quelle largeur voulez-vous votre jupon? » Fais-les de la façon qui te plaira le mieux, Lucetta.

Lucetta. — Il vous les faut nécessairement avec une languette, Madame.

Julia. — Fi, fi, Lucetta! cela serait tout à fait malséant.

Lucetta. — Un haut-de-chausses ne vaut pas une épingle s'il n'a pas de languette où l'on puisse attacher des épingles [16].

Julia. — Lucetta, choisis ce qui paraîtra à ton amitié le plus convenable et le plus élégant. Mais, dis-moi, ma fille, qu'est-ce que le monde pensera de moi pour avoir entrepris un voyage aussi aventureux? Je crains fort qu'il ne fasse médire de moi.

Lucetta. — Si telle est votre crainte, restez au logis et ne partez pas.

Julia. — Oh! pour cela, non.

Lucetta. — Alors, ne vous souciez pas de la calomnie et partez. Si, à votre arrivée, Protée se montre heureux de votre voyage, il importe bien peu qu'il déplaise à tel ou tel quand vous serez partie; mais je redoute fort que Protée n'en soit pas enchanté.

Julia. — C'est là la moindre de mes craintes, Lucetta, des serments par milliers, des larmes par flots, des preuves d'amour à l'infini, me garantissent un tendre accueil auprès de mon Protée.

Lucetta. — Toutes ces démonstrations sont aux ordres des hommes infidèles.

Julia. — Hommes vils, ceux qui les emploient à si vile fin! Mais des étoiles plus loyales ont présidé à la naissance de Protée : ses paroles sont des chaînes, ses serments sont des oracles, son amour est sincère, ses pensées sans tache, ses larmes de véridiques messagères de son cœur, son cœur aussi éloigné de la fraude que le ciel l'est de la terre.

LUCETTA. — Plaise à Dieu qu'il se montre tel que vous le décrivez, à votre arrivée!

JULIA. — Écoute, si tu m'aimes, ne lui fais pas l'injure de soupçonner sa loyauté, mais aime-le si tu veux mériter mon amitié. Viens immédiatement avec moi dans ma chambre prendre note des objets qui me sont nécessaires pour exécuter ce voyage si désiré. Je mets à ta disposition tout ce qui m'appartient, mes biens, mes terres, ma réputation, et je ne te demande en retour que de m'expédier d'ici. Viens, ne me réponds pas, et à notre affaire immédiatement. Ces retards m'impatientent. (*Elles sortent.*)

ACTE III.

SCÈNE PREMIÈRE.

Milan. — Une antichambre dans le palais du duc.

Entrent LE DUC, THURIO *et* PROTÉE.

LE DUC. — Seigneur Thurio, laissez-nous seuls un instant, je vous prie; nous avons à nous entretenir de quelques affaires secrètes. (*Thurio sort.*) Maintenant, dites-moi, Protée, ce que vous me voulez.

PROTÉE. — Mon gracieux seigneur, ce que je vais

vous révéler, les lois de l'amitié m'ordonnent de le cacher; mais lorsque je repasse dans ma pensée toutes les gracieuses faveurs que j'ai reçues de vous, tout indigne que je suis, le sentiment du devoir m'aiguillonne à vous découvrir ce que nul autre mobile au monde n'aurait le pouvoir de me faire avouer. Sachez donc, noble prince, que le seigneur Valentin, mon ami, se propose, cette nuit, d'enlever votre fille; j'ai été pris, moi en personne, pour confident du complot. Je sais que vous avez résolu de donner votre aimable fille à Thurio, qu'elle déteste, et si elle vous était ainsi enlevée, ce serait pour votre vieillesse une cruelle affliction. Aussi, par respect de mon devoir, j'ai préféré entraver mon ami dans l'exécution de son projet, plutôt que de laisser, en me taisant, s'entasser sur votre tête une montagne de chagrins qui, si vous n'étiez averti, vous pousseraient prématurément dans la tombe.

Le duc. — Protée, je te remercie de ton honnête sollicitude; en retour, dispose de moi tant que je vivrai. Moi-même, je m'étais très-souvent aperçu de leur amour, alors qu'ils me croyaient le plus profondément endormi, et, plus d'une fois, j'ai eu l'intention d'interdire à Valentin et la société de ma fille et le séjour de ma cour; mais, craignant que mes soupçons jaloux, m'induisant en erreur, ne me portassent à lui faire préjudice à tort, — j'ai toujours su me tenir en garde jusqu'ici contre les jugements téméraires, — je lui ai fait bon visage, afin d'arriver à découvrir ce que tu viens de me révéler toi-même. Pour bien te prouver jusqu'où allaient mes craintes, sache que, connaissant la prise que la séduction a sur la tendre jeunesse, j'ai placé sa chambre à coucher tout au haut d'une tour dont j'ai toujours gardé la clef sur moi et d'où Silvia ne peut être enlevée.

Protée. — Apprenez, noble seigneur, qu'ils ont arrêté un plan qui lui permettra d'escalader la chambre à coucher de votre fille, et de la descendre par une échelle de corde. Cette échelle, le jeune amant est en ce moment même allé la chercher, et il va tout à l'heure passer par ici en la portant; vous pouvez, si cela vous plaît, l'arrêter au passage. Mais, mon bon seigneur, mettez-y assez d'adresse pour que ma révélation ne soit pas soupçonnée, car c'est par amour pour vous et non par haine pour mon ami que je vous ai découvert ce projet.

Le duc. — Sur mon honneur, il ne saura jamais que j'a reçu de toi la moindre lumière sur cette affaire.

Protée. — Adieu, Monseigneur, voici venir Valentin.
(*Il sort.*)

Entre VALENTIN.

Le duc. — Messire Valentin, où allez-vous si vite?

Valentin. — Avec le plaisir de Votre Grâce, il y a un messager qui attend mes lettres pour mes amis, et je cours les lui remettre.

Le duc. — Sont-elles de grande importance?

Valentin. — Leur teneur se compose entièrement des nouvelles de ma santé et du bonheur dont je jouis à votre cour.

Le duc. — Oh! bien alors, rien ne presse; reste un peu avec moi, j'ai à t'entretenir de quelques affaires qui me touchent de près et dont je veux te faire confident. Tu n'ignores pas que j'ai désiré marier ma fille à mon ami, messire Thurio?

Valentin. — Je le sais parfaitement, Monseigneur, et assurément ce serait là une alliance riche et honorable; en outre, le gentilhomme en question est plein de vertu, de générosité, de noblesse et de toutes les qualités qui peuvent sourire à une femme pareille à votre aimable fille. Votre Grâce ne peut-elle l'amener à le regarder d'un bon œil?

Le duc. — Non, je t'assure; elle est maussade, revêche, d'humeur chagrine, orgueilleuse, désobéissante, entêtée, sans souci de ses devoirs; elle oublie toujours qu'elle est ma fille et ne me redoute pas plus que si je n'étais pas son père, et s'il faut te le dire, son intraitable caractère, en me donnant à réfléchir, a éteint en moi tout amour pour elle. J'espérais autrefois que mes derniers jours s'écouleraient entourés des soins de sa tendresse filiale, mais aujourd'hui je me suis résolu à prendre femme et à l'abandonner à qui la voudra. Puisqu'elle n'a de considération ni pour moi, ni pour mes biens, que sa beauté lui serve de dot.

Valentin. — Qu'est-ce que Votre Grâce désire que je fasse en cette affaire?

Le duc. — Messire, il y a ici à Milan une dame que j'aime; mais elle est timide et réservée, et ne fait aucun cas de ma vieille éloquence. Je voudrais que tu me servisses de précepteur — car depuis bien longtemps j'ai oublié le métier de galant, et d'ailleurs les modes de la galanterie sont changées aujourd'hui — et que tu m'enseignasses comment je dois m'y prendre pour être favorablement regardé du soleil de ses yeux.

Valentin. — Gagnez-la avec des présents si elle n'a pas égard aux paroles. Souvent des bijoux muets avec leur silencieux langage, mieux que les plus vives paroles touchent le cœur des femmes.

Le duc. — Mais elle a dédaigné un présent que je lui ai envoyé.

Valentin. — Souvent une femme dédaigne ce qui lui plaît davantage : envoyez-en un second et tenez bon, car le dédain, au début, rend plus fort l'amour qui lui succède. Si elle fronce le sourcil, cela ne voudra pas dire qu'elle vous hait, c'est qu'elle veut vous rendre plus amoureux encore; si elle gronde, ce n'est pas qu'elle veuille vous congédier, car ces toquées deviennent tout à fait folles quand on les laisse seules. Quoi qu'elle dise, n'abandonnez pas la partie, et n'allez pas croire que par *allez-vous-en* elle voudra dire *ne revenez pas*. Louez, flattez, vantez, exaltez leurs grâces, et quelque noires qu'elles soient, dites-leur qu'elles ont des figures d'anges. Tout homme qui possède une langue, et qui avec cette langue ne peut parvenir à gagner une femme, n'est pas un homme, je le déclare.

Le duc. — Mais celle dont je parle est promise par ses parents à un jeune gentilhomme de mérite, et si sévèrement surveillée, qu'aucun homme ne peut avoir accès auprès d'elle pendant le jour.

Valentin. — Eh bien alors, j'essayerais de l'approcher de nuit.

Le duc. — Oui, mais les portes sont verrouillées, et les clefs cachées en lieu sûr, si bien que personne ne peut pénétrer près d'elle la nuit.

Valentin. — Qu'est-ce qui empêche d'entrer par la fenêtre?

Le duc. — Sa chambre est tout en haut, très-loin du sol, et la muraille offre si peu de prise qu'on ne peut l'escalader sans péril évident pour sa vie.

Valentin. — Une échelle de corde habilement faite, avec deux crochets pour l'attacher, suffirait pour escalader la tour d'une autre Héro, si un hardi Léandre voulait tenter l'aventure.

Le duc. — Eh bien, par le sang qui te fait gentilhomme, daigne m'apprendre où je pourrai trouver une échelle de ce genre.

Valentin. — Quand voudriez-vous vous en servir? dites-le-moi, seigneur, s'il vous plaît.

Le duc. — Cette nuit même, car l'amour est comme un enfant qui aspire impatiemment à tout ce qui est à portée de son atteinte.

Valentin. — A sept heures, ce soir, vous aurez votre échelle.

Le duc. — Mais, écoute-moi bien, je veux aller la trouver seul; quelle est pour moi la meilleure manière de transporter cette échelle?

Valentin. — Elle sera d'un poids si léger, monseigneur, que vous pourrez la transporter sous un manteau d'une longueur raisonnable.

Le duc. — Un manteau de la longueur du tien pourrait-il faire l'affaire?

Valentin. — Oui, mon bon seigneur.

Le duc. — Laisse-moi voir ton manteau, alors; je m'en procurerai un d'une égale longueur.

Valentin. — N'importe quel manteau fera l'affaire, Monseigneur.

Le duc. — Comment vais-je m'y prendre pour porter un manteau? je t'en prie, laisse-moi essayer ton manteau. *(Il prend le manteau de Valentin.)* Qu'est-ce que cette lettre? qu'y a-t-il là? « *A Silvia....* » Eh! voici justement l'objet nécessaire à mon entreprise!... J'aurai l'audace pour une fois de rompre le cachet. *(Il lit.)*

« Mes pensées trouvent un asile la nuit auprès de ma Silvia; ce sont mes esclaves, à moi, et je leur permets de s'envoler vers elle. Oh! si leur maître pouvait aller et venir aussi légèrement, lui-même irait se loger là où insensibles elles se nichent! Mes pensées, qui sont mes hérauts, reposent sur ton chaste sein, tandis que moi, leur roi, qui les introduis près de toi, je maudis la faveur qui leur permet de jouir d'une telle faveur, parce que je voudrais pour moi-même l'heureuse fortune de mes serviteurs; je me maudis moi-même, de ce que c'est moi-même qui les envoie habiter là où leur seigneur voudrait habiter. »

Et qu'y a-t-il là encore? « Silvia, cette nuit je t'affranchirai. » C'est bien cela, et voilà l'échelle qui doit servir à l'entreprise. — Eh quoi, Phaéthon, — car tu n'es que le fils de Mérops [1], aspires-tu donc à guider le char céleste et à incendier le monde par ton audacieuse folie? As-tu donc la prétention d'atteindre les étoiles parce qu'elles brillent au-dessus de toi? Va donc, vil intrus! esclave outrecuidant! va porter à tes égales les caresses de tes sourires, et attribue à ma modération seule et non à une exacte balance entre ton châtiment et ta faute le privilége que je te laisse de partir d'ici. Sois-moi reconnaissant de cette indulgence plus que de toutes les faveurs trop nombreuses que je t'ai prodiguées; mais si tu traînes sur mon territoire plus de temps que n'en exige de toi l'empressement le plus actif à quitter ma cour royale, par le ciel! ma colère ira bien au delà de l'amour que j'ai pu porter jamais à ma fille ou à toi-même. Pars! je ne veux pas écouter tes vaines excuses; mais si tu tiens à ta vie, fais diligence.

(Il sort.)

ACTE III, SCÈNE I.

Valentin. — Et pourquoi pas la mort plutôt qu'une vivante torture? mourir, c'est être banni de moi-même, et Silvia est moi-même; banni d'elle, c'est moi banni de moi, mortel bannissement! Quelle lumière est encore lumière, si Silvia ne m'est plus visible? Quelle joie est encore joie, si Silvia ne m'est plus présente? A moins que me figurer qu'elle est présente ne me soit une joie, et que de l'ombre de ses perfections je ne me fasse une lumière! Est-ce qu'il y a pour moi une musique dans le chant du rossignol, si Silvia n'est pas près de moi pendant la nuit? et si je ne puis pas contempler Silvia pendant le jour, est-ce que le jour a pour moi une clarté? Elle est mon essence, et je cesse d'être, si je ne suis réchauffé, illuminé, caressé, conservé vivant par sa radieuse influence. Ce n'est pas fuir la mort que de fuir mon arrêt de mort; si je m'attarde ici, je ne fais qu'attendre la mort; mais en fuyant d'ici, c'est loin de la vie que je fuis.

Entrent PROTÉE *et* LANCE.

Protée. — Cours, mon garçon, cours, cours et découvre-le.

Lance. — Arrête! arrête!

Protée. — Que vois-tu donc?

Lance. — Le gibier que nous chassons, il n'y a pas un poil sur sa tête qui ne soit à un Valentin.

Protée. — Valentin?

Valentin. — Non.

Protée. — Qui donc alors? son esprit?

Valentin. — Pas davantage.

Protée. — Quoi alors?

Valentin. — Rien.

Lance. — Est-ce que rien peut parler? maître, faut-il frapper?

Protée. — Qui veux-tu frapper?

Lance. — Rien.

Protée. — Manant, tiens-toi tranquille.

Lance. — Mais, Monsieur, je ne frapperai rien; je vous en prie....

Protée. — Tiens-toi tranquille, je te dis, faquin.... Ami Valentin, un mot.

Valentin. — Mes oreilles sont pleines et ne peuvent plus donner de place aux bonnes nouvelles, tant elles en ont recueilli de mauvaises.

Protée. — Alors j'ensevelirai les miennes dans un silence muet, car elles sont déplaisantes, malsonnantes et mauvaises.

Valentin. — Silvia est morte ?

Protée. — Non, Valentin.

Valentin. — Un non-Valentin, en effet, pour Silvia puisqu'elle lui est interdite² ! M'a-t-elle renié ?

Protée. — Non, Valentin.

Valentin. — Il n'y a plus de Valentin si Silvia l'a renié ! Quelles nouvelles vouliez-vous me donner ?

Lance. — Monsieur, il y a une proclamation qui dit que vous êtes *évanoui*³.

Protée. — Que tu es banni; — oh ! les voilà ces nouvelles — banni de cette ville, de Silvia; de moi, ton ami !

Valentin. — Oh ! je me suis déjà tant repu de cette infortune que l'excès va tout à l'heure me soulever le cœur. Silvia sait-elle que je suis banni ?

Protée. — Oui, oui, et pour faire casser cet arrêt — qui, n'étant pas révoqué, conserve toute sa force — elle a offert toute une mer de ces perles liquides que les hommes appellent des larmes et les a versées aux pieds insensibles de son père. En même temps qu'elle versait ces larmes, elle s'est elle-même humblement prosternée à genoux, tordant ses mains, dont la blancheur était si bien d'accord avec sa douleur, qu'on eût dit que le chagrin venait de les pâlir exprès pour cette occasion. Mais ni ses genoux courbés, ni ses chastes mains levées au ciel, ni ses tristes soupirs, ni ses profonds gémissements, ni le torrent argenté de ses larmes n'ont pu émouvoir son père impitoyable et lui arracher autre chose que ces paroles : « Si Valentin est pris, il mourra. » Bien plus, cette

ACTE III, SCÈNE I.

intercession pour obtenir ta grâce l'a tellement mis hors de lui qu'il l'a consignée dans une étroite prison avec des menaces terribles de l'y laisser toujours.

VALENTIN. — Assez, à moins que le premier mot que tu vas prononcer n'ait une puissance mortelle sur ma vie. S'il en est ainsi, murmure-le à mon oreille comme l'antienne finale de ma douleur éternelle.

PROTÉE. — Cesse de te lamenter sur ce qui est irrémédiable, et cherche un remède à ce qui te fait te lamenter. Le temps est le père et le nourricier de tout bien. Si tu restes, tu ne pourras pas voir ta bien-aimée, et rester, c'est en outre abréger ta vie. L'espoir est le bâton de l'amoureux ; pars d'ici appuyé sur lui, et sache l'employer contre les pensées de désespoir. Si ta personne doit être absente d'ici, tes lettres au moins pourront y venir ; adresse-les-moi et je les déposerai dans le sein à la blancheur de lait de ta bien-aimée. Mais ce n'est pas le moment des récriminations ; viens, je vais t'accompagner jusqu'au delà des portes de la ville, et avant de nous séparer, nous conférerons amplement de tout ce qui concerne tes affaires d'amour. Pour l'amour de Silvia, si ce n'est pour l'amour de toi-même, considère le danger où tu es et viens avec moi.

VALENTIN. — Lance, je t'en prie, si tu vois mon valet, dis-lui de se hâter et de me rejoindre à la porte du Nord.

PROTÉE. — Va, faquin, et tâche de le trouver. Marchons, Valentin.

VALENTIN. — Oh! ma chère Silvia! Malheureux Valentin ! *(Valentin et Protée sortent.)*

LANCE, *seul*. — Je ne suis qu'un imbécile, voyez-vous, et cependant j'ai assez d'esprit pour soupçonner que mon maître est une manière de coquin, et c'est pour le mieux, s'il n'est coquin que d'une seule manière[4]. Personne au monde ne sait encore que je suis amoureux, et cependant je suis amoureux ; mais un attelage de chevaux ne m'arracherait pas ce secret, ni quelle est la personne que j'aime non plus ; et cependant c'est une femme ; mais quelle est cette femme, je ne le dirai pas, et cependant c'est une fille d'étable ; et cependant ce n'est pas une fille, car elle a fait parler d'elle ; et cependant c'est la fille d'étable de son maître, car elle le sert pour des gages. Elle a plus de qualités qu'un épagneul, ce qui est beaucoup pour une simple chrétienne. (*Il tire un papier de sa poche.*) Voici le chataloge[5] de ses qualités. (*Il lit.*) *Imprimis, elle peut chercher et rapporter.* Eh bien ! mais un cheval n'en ferait pas davantage, même un cheval ne peut pas aller chercher, il ne peut que porter ; donc elle vaut mieux qu'une rosse. *Item, elle peut traire ;* une aimable vertu, savez-vous, chez une fille qui a les mains propres.

Entre SPEED.

SPEED. — Eh bien, seigneur Lance, quelles nouvelles de Votre Grandeur ?

LANCE. — Ma grande heure ! Suis-je donc une horloge[6] ?

SPEED. — Allons, bon, voilà encore votre vieux défaut ; jouer sur les mots. Quelles nouvelles sur ce papier ?

LANCE. — Les nouvelles les plus noires[7] dont on ait jamais entendu parler.

SPEED. — Noires ? Comment ça, mon bon ?

LANCE. — Parbleu, noires comme de l'encre.

SPEED. — Laisse-moi les lire.

LANCE. — Fi de toi, lourdaud ! tu ne sais pas lire.

SPEED. — Tu mens, je sais lire.

LANCE. — Je vais te mettre à l'essai. Réponds-moi à ceci : Qui t'a mis au monde ?

SPEED. — Parbleu, le fils de mon grand-père.

LANCE. — O le musard illettré ! c'était le fils de ta grand'mère ; voilà qui prouve que tu ne sais pas lire.

SPEED. — Voyons, imbécile, voyons ; fais-moi essayer sur ton papier.

LANCE. — Voilà, et que saint Nicolas te vienne en aide[8].

SPEED, *lisant.* — *Item, elle peut traire.*

LANCE. — Oui, cela, elle le peut.

SPEED. — *Item, elle peut brasser de la bonne ale.*

LANCE. — Et de là vient le dicton : Bénédiction sur votre cœur, vous brassez de la bonne ale.

Speed. — *Item, elle peut sarcir.*

Lance. — C'est comme si l'on disait : Peut-elle ça, si (*a*)...?

Speed. — *Item, elle peut tricoter.*

Lance. — Comment un homme pourrait-il craindre d'être à bas avec une fille qui peut lui tricoter des bas?

Speed. — *Item, elle peut laver et écurer.*

Lance. — Une vertu toute spéciale; car alors elle n'a pas besoin qu'on la lave et qu'on l'écure.

Speed. — *Item, elle peut filer.*

Lance. — Je puis donc laisser le monde rouler sur ses roues, puisque son rouet peut la nourrir.

Speed. — *Item, elle a un grand nombre de vertus innommées.*

Lance. — Autant vaut dire des vertus bâtardes, c'est-à-dire qui ne connaissent pas leurs pères, et qui par conséquent n'ont pas de nom.

Speed. — *Suit le catalogue de ses vices.*

Lance. — Sur les talons mêmes de ses vertus.

Speed. — *Item, on ne doit pas l'embrasser à jeun à cause de son haleine.*

Lance. — Bon, c'est un défaut qu'on peut corriger avec un déjeuner. Continue.

Speed. — *Item, elle a la bouche friande*[9].

Lance. — Voilà qui fait réparation pour sa mauvaise haleine.

Speed. — *Item, elle parle en dormant.*

Lance. — Cela importe peu si elle ne dort pas en parlant.

Speed. — *Item, elle parle lentement.*

Lance. — Oh! le scélérat qui a mis cela au nombre de ses vices! Parler lentement, chez une femme, est pure vertu. Efface-moi cela, je t'en prie, et mets-le en tête de ses vertus.

Speed. — *Item, elle est orgueilleuse.*

Lance. — Efface-moi encore cela, c'est l'héritage d'Ève et on ne peut pas le lui retirer.

(*a*) Calembour exécrable qui roule sur un à-peu-près de prononciation entre les mots *sew*, coudre, et *so*, ainsi.

Speed. — *Item, elle n'a pas de dents.*

Lance. — Cela m'est encore égal, attendu que j'aime la croûte, moi.

Speed. — *Item, elle est hargneuse.*

Lance. — Bien ; le correctif de ce défaut est qu'elle n'a pas de dents pour mordre.

Speed. — *Item, sa bouche fera souvent l'éloge du vin.*

Lance. — Si le vin est bon, elle aura raison d'en faire l'éloge, et si elle ne le fait pas, je le ferai, moi, car les bonnes choses veulent être louées.

Speed. — *Item, elle est trop libérale.*

Lance. — Ce ne peut pas être de sa langue, puisqu'il est écrit qu'elle a la parole lente ; ça ne sera pas de sa bourse, car je la tiendrai fermée ; maintenant, elle peut être libérale d'une autre chose, mais je ne puis l'empêcher. Bien ; continue.

Speed. — *Item, elle a plus de cheveux que d'esprit, plus de défauts que de cheveux, et plus d'argent que de défauts.*

Lance. — Arrête un peu ; je la prends ; deux ou trois fois, en écoutant ce dernier article, je l'ai prise et je l'ai lâchée ; répète encore.

Speed. — *Item, elle a plus de cheveux que d'esprit.*

Lance. — Plus de cheveux que d'esprit. Cela doit être nécessairement ; je m'en vais le prouver. Le couvercle de la salière cache le sel, et c'est pourquoi il est plus que le sel ; les cheveux, qui couvrent l'esprit, sont plus que l'esprit, car le plus grand cache le moindre. Qu'est-ce qui vient ensuite ?

Speed. — *Plus de défauts que de cheveux.*

Lance. — Cela, c'est monstrueux. Oh ! que je voudrais que cela n'y fût pas !

Speed. — *Et plus d'argent que de défauts.*

Lance. — Voilà un mot qui fait paraître les défauts tout gracieux. Bien, je la prendrai ; et si le mariage se fait, ce qui n'est pas impossible....

Speed. — Eh bien alors, quoi ?

Lance. — Eh bien, alors, je te dirai que ton maître t'attend à la porte du Nord.

Speed. — Moi!

Lance. — Mais oui, toi-même. Qui diable es-tu donc? Il en a attendu de plus huppés que toi.

Speed. — Et je dois aller le rejoindre.

Lance. — Aller! courir plutôt, car tu es resté si longtemps qu'aller tout simplement ne te suffira pas.

Speed. — Que ne le disais-tu plus tôt? La peste soit de tes lettres d'amour! (*Il sort.*)

Lance. — Il va être fouaillé d'importance pour avoir lu ma lettre. Un goujat sans manières qui se fourre dans les secrets d'autrui! Je vais le suivre; cela me divertira de lui voir appliquer une correction. (*Il sort.*)

SCÈNE II.

Milan. — Un appartement dans le palais du duc.

Entrent LE DUC *et* THURIO.

Le duc. — Maintenant que Valentin est banni de sa vue, ne doutez pas, messire Thurio, qu'elle ne finisse par vous aimer.

Thurio. — Depuis son exil, elle n'a fait que me mépriser encore davantage, fuir ma compagnie, me prodiguer ses railleries; si bien que je désespère complétement de me la rendre favorable.

Le duc. — Cette faible impression d'amour est comme une figure découpée dans la glace; une heure de chaleur lui fait perdre sa forme et la dissout en eau. Quelques jours suffiront pour fondre la glace de ses dispositions et pour effacer le souvenir de l'indigne Valentin.

Entre PROTÉE.

Le duc. — Eh bien, messire Protée, votre compatriote a-t-il obéi, en s'éloignant, à notre ordonnance?

Protée. — Il est parti, mon bon seigneur.

Le duc. — Ma fille prend son exil avec chagrin.

Protée. — Un peu de temps, Monseigneur, suffira pour tuer ce chagrin.

Le duc. — Je le crois; mais Thurio ne pense pas ainsi. Protée, la bonne opinion que j'ai de toi — car tu m'as donné quelques preuves de réel mérite — m'inspire assez de confiance pour désirer conférer avec toi.

Protée. — Puissé-je ne plus vivre en possession de vos grâces, dès l'instant où je manquerais de loyauté envers Votre Grâce.

Le duc. — Tu sais combien une union entre ma fille et messire Thurio était dans mes désirs?

Protée. — Je le sais, Monseigneur.

Le duc. — Et je présume aussi que tu n'ignores pas combien elle est opposée à mes désirs?

Protée. — Elle y était opposée, Monseigneur, quand Valentin était ici.

Le duc. — Oui, et elle persévère dans son obstination avec perversité. Que pourrions-nous bien imaginer pour faire oublier à cette demoiselle l'amour de Valentin et lui inspirer l'amour de messire Thurio?

Protée. — Le meilleur moyen est de diffamer Valentin en l'accusant de fausseté, de lâcheté, et de basse origine, trois choses que les femmes ont en aversion profonde.

Le duc. — Oui; mais elle pensera que c'est la haine qui fait parler ainsi.

Protée. — Sans doute, si c'est son ennemi qui profère l'accusation; aussi faut-il qu'elle soit portée avec des circonstances vraisemblables par quelqu'un que Silvia tienne pour l'ami de Valentin.

Le duc. — Eh bien! il faut vous charger de l'entreprise.

Protée. — Cela, Monseigneur, je rougirais de le faire; c'est là un vilain métier pour un gentilhomme, surtout s'il faut l'exercer contre son meilleur ami.

Le duc. — Puisque dans la situation où il est maintenant vos éloges ne pourraient lui servir, vos calomnies ne peuvent davantage lui nuire; c'est donc une action indifférente à laquelle vous êtes sollicité par moi, votre ami.

Protée. — Vous me décidez, Monseigneur. Elle ne continuera pas longtemps à l'aimer, s'il me suffit pour cela de dire tout ce qu'il est possible de dire à son désavantage. Mais à supposer que cette manœuvre réussisse à la guérir de son amour pour Valentin, il ne s'ensuit pas qu'elle aimera messire Thurio.

Thurio. — Aussi, quand vous découdrez de son cœur l'amour de Valentin, de peur qu'il ne s'effile et ne soit plus bon à rien, ayez bien soin de le recoudre sur le fond d'étoffe de ma personne, ce que vous pouvez faire en me vantant autant que vous déprécierez messire Valentin.

Le duc. — Protée, nous nous confions à vous dans cette affaire, parce que nous savons, sur le rapport de Valentin même, que vous êtes déjà un ferme desservant d'amour et que vous ne pouvez sitôt apostasier et changer d'inclination. Sur cette garantie, vous aurez accès auprès de Silvia pour conférer avec elle tout à votre aise. Elle est morose, languissante, mélancolique, et sera charmée de vous voir par amour pour votre ami; vous en profiterez pour l'amener doucement par vos discours à haïr le jeune Valentin et à aimer mon ami.

Protée. — Tout ce que je pourrai faire, je le ferai, mais vous, messire Thurio, vous n'êtes pas assez adroit; vous devriez disposer des gluaux pour prendre ses désirs; par exemple, de beaux sonnets plaintifs, dont les vers habilement composés seraient surchargés d'assurances de dévouement.

Le duc. — Oui, grande est la force de la divine poésie.

Protée. — Dites-lui que sur l'autel de sa beauté vous sacrifiez vos larmes, vos soupirs, votre cœur. Écrivez jusqu'à ce que votre encrier soit à sec, et alors faites de l'encre avec vos larmes, et composez quelques vers touchants propres à lui donner la preuve de la sincérité des sentiments que vous lui exprimerez; car c'est avec les nerfs du poëte même qu'était tendue cette lyre d'Orphée dont l'incomparable musique pouvait attendrir les pierres et le fer, dompter les tigres et pousser hors des profondeurs insondables où ils habitent les énormes léviathans pour les amener danser sur le rivage. Faites suivre ces élégies lamentablement éplorées d'une visite nocturne sous la fenêtre de votre dame avec une bande mélodieuse de musiciens; faites accompagner par leurs instruments quelque couplet mélancolique; l'austère silence de la nuit s'accordera merveilleusement avec le caractère de ces plaintives effusions. C'est ainsi, et seulement ainsi que vous triompherez d'elles.

Le duc. — Voilà un plan qui démontre en toi l'expérience de l'amour.

Thurio. — Je mettrai tes avis à exécution cette nuit même; en conséquence, Protée, mon doux conseiller, allons immédiatement dans la ville pour réunir quelques habiles musiciens. J'ai un sonnet qui sera tout à fait propre à ouvrir la campagne amoureuse dont tu viens de me tracer le plan.

Le duc. — A l'œuvre, gentilshommes.

Protée. — Nous tiendrons compagnie à Votre Grâce jusques après souper, et puis nous arrêterons la marche que nous avons à suivre.

Le duc. — A l'œuvre tout de suite; je vous excuserai. (*Ils sortent.*)

ACTE IV.

SCÈNE PREMIÈRE.

La frontière de Mantoue. — Une forêt.

Entrent PLUSIEURS BANDITS.

PREMIER BANDIT.—Compagnons, tenons ferme : je vois un voyageur.

DEUXIÈME BANDIT. — Quand même il y en aurait dix, ne reculons pas, mais courons-leur sus, et à bas.

Entrent VALENTIN *et* SPEED.

TROISIÈME BANDIT. — Arrêtez, Monsieur, et jetez-nous tout ce que vous avez sur vous, sinon nous allons vous faire asseoir et vous dévaliser nous-mêmes.

SPEED. — Monsieur, nous sommes perdus; ce sont là les bandits que tous les voyageurs redoutent tant.

VALENTIN. — Mes amis....

PREMIER BANDIT.—Non, Monsieur; nous sommes vos ennemis.

SECOND BANDIT.— Paix ! nous devons l'écouter.

TROISIÈME BANDIT. — Oui, par ma barbe, nous devons l'écouter, car il a vraiment bon air.

VALENTIN. — Sachez donc que j'ai peu de bien à perdre. Je suis un homme persécuté par le malheur; toutes mes richesses se composent de ces pauvres habits; si vous m'en dépouillez, vous aurez pris la totalité de ce que je possède.

Second bandit. — Où allez-vous?

Valentin. — A Vérone.

Premier bandit. — D'où venez-vous?

Valentin. — De Milan.

Troisième bandit. — Y avez-vous séjourné longtemps?

Valentin. — Seize mois environ, et j'y serais resté bien davantage, si je n'avais été traversé par la fortune aux voies perverses.

Premier bandit. — Quoi! vous avez été banni de Milan?

Valentin. — Oui.

Second bandit. — Pour quel délit?

Valentin. — Pour un délit qu'il me coûte beaucoup maintenant de rappeler. J'ai tué un homme dont la mort me cause de grands repentirs, bien que je l'aie défait bravement en duel, sans avantage déloyal ou basse trahison.

Premier bandit. — Bah! ne vous en repentez jamais, si les choses se sont passées ainsi. Mais est-ce pour une aussi petite faute que vous avez été banni?

Valentin. — Pour cela même, et je me suis tenu pour fort heureux d'en être quitte pour la peine de l'exil.

Second bandit. — Possédez-vous les langues?

Valentin. — Ma jeunesse voyageuse m'a fort heureusement pourvu de cette instruction, sans quoi je me fusse trouvé souvent fort embarrassé.

Troisième bandit. — Par la tonsure du gros chapelain de Robin Hood[1], ce compagnon serait un roi excellent pour notre bande aventureuse.

Premier bandit. — Nous l'aurons. — Messieurs, un mot.

Speed. — Maître, entrez dans leur bande : c'est une honorable espèce de voleurs.

Valentin. — Paix, faquin!

Second bandit. — Répondez à cette question : Avez-vous quelque appui sur lequel vous puissiez compter?

Valentin. — Rien, que les chances de ma fortune.

Troisième bandit. — Sachez alors que quelques-uns d'entre nous sont des gentilshommes que la fougue d'une jeunesse sans frein a jetés hors de la compagnie des gens comme il faut[2]. Moi, qui vous parle, je fus banni de Vérone pour avoir tenté d'enlever une dame, une héritière proche parente du duc.

Second bandit. — Et moi, de Mantoue, pour le meurtre d'un gentilhomme, que dans un accès de colère je frappai au cœur.

Premier bandit. — Et moi, pour quelques peccadilles de même genre que celles-là. — Mais venons au fait, car, si nous citons nos fautes, c'est pour vous donner les raisons qui expliquent notre manière de vivre irrégulière. Considérant que vous êtes un bel homme, bien tourné, linguiste, s'il faut en croire vos paroles, et doué de toutes les perfections qui font de vous un homme tel que notre profession en réclame....

Second bandit. — Et par-dessus tout, à dire vrai, par la raison que vous êtes proscrit, nous voulons bien traiter avec vous. Vous plairait-il d'être notre chef, et, faisant de nécessité vertu, de vivre avec nous dans cette solitude?

Troisième bandit. — Qu'en dis-tu? Veux-tu faire partie de notre bande? Dis oui, et tu seras notre capitaine à tous; nous te rendrons hommage, tu nous commanderas, et nous t'aimerons comme notre chef et notre roi.

Premier bandit. — Mais si tu fais fi de notre courtoisie, tu es un homme mort.

Second bandit. — Tu ne vivras point pour aller te vanter de ce que nous t'avons offert.

Valentin. — J'accepte vos propositions et je consens à vivre avec vous, pourvu que vous ne commettiez pas d'outrages envers les femmes sans défense et les pauvres voyageurs.

Troisième bandit. — Non, nous méprisons de semblables pratiques, comme lâches et viles. Allons, viens avec nous; nous allons te mener dans notre caverne[3], et te montrer tous les trésors que nous y avons amassés et que nous mettons comme nous-mêmes à ta disposition.

(*Ils sortent.*)

SCÈNE II.

Milan. — La cour du duc.

Entre PROTÉE.

Protée. — J'ai été déjà fourbe envers Valentin, et maintenant il faut que je sois encore déloyal envers Thurio. Le prétexte de parler en sa faveur m'a fourni le moyen de présenter mon propre amour ; mais Silvia est trop belle, trop sincère, trop sainte, pour se laisser corrompre par mes offres indignes. Lorsque je proteste de la sincérité de mon amour pour elle, elle me jette au nez ma fausseté envers mon ami; lorsque j'offre mes vœux à sa beauté, elle m'invite à me rappeler combien j'ai été parjure en rompant ma foi envers Julia, que j'aimais ; et cependant, malgré tous ses brusques sarcasmes, dont le moindre suffirait pour éteindre l'espérance d'un amant, plus elle méprise mon amour et plus il grandit, et, semblable à un épagneul, plus il se blottit contre elle. Mais voici Thurio; il nous faut maintenant nous rapprocher de sa fenêtre et réjouir ses oreilles d'une sérénade.

Entrent THURIO *et les musiciens.*

Thurio. — Eh bien! messire Protée, vous vous êtes donc insinué ici avant nous [4] ?

Protée. — Oui, aimable Thurio; car vous savez que l'amour s'insinue humblement là où il ne peut entrer tout droit.

Thurio. — Oui; mais j'espère, Monsieur, que vous n'aimez pas ici.

Protée. — Pardon, Monsieur, car sans cela je n'y serais pas.

Thurio. — Qui aimez-vous ? Silvia ?

Protée. — Oui, Silvia, — pour votre compte.

Thurio — Portez mes remercîments au vôtre. — Maintenant, Messieurs, accordez vos instruments et allons-y rondement.

Entrent à quelque distance des personnages précédents
UN HOTELIER *et* JULIA *en habits de page.*

L'HÔTELIER. — Qu'est-ce donc, mon jeune hôte? il me semble que vous avez de l'*élancolie*[5]. Pourquoi cela, je vous prie?

JULIA. — Parbleu, mon hôte, parce que je n'ai pas de raison d'être gai[6].

L'HÔTELIER. — Venez, nous allons vous rendre gai; je vais vous conduire à un endroit où vous entendrez de la musique et où vous verrez ce gentilhomme dont vous m'avez parlé.

JULIA. — Mais l'entendrai-je parler?

L'HÔTELIER. — Oui, vous l'entendrez.

JULIA. — Ce sera ma vraie musique. (*La musique joue.*)

L'HÔTELIER. — Écoutez! Écoutez!

JULIA. — Est-ce qu'il est dans cette société?

L'HÔTELIER. — Oui; mais silence, écoutons-les.

CHANSON.

Quelle est Silvia? Quelle est-elle,
Pour que tous nos bergers la vantent à l'envi?
Elle est sainte, belle et sage,
Et de telles grâces le ciel l'orna
Afin qu'elle fût admirée.

Est-elle bonne autant que belle?
Car la bonté vit bien avec la beauté.
L'amour s'est adressé à ses yeux
Pour y trouver le remède à sa cécité,
Et l'y ayant trouvé, il s'y est logé.

Que nos chants disent donc à Silvia
Que Silvia est parfaite;
Elle surpasse toutes les créatures
Qui habitent cette triste terre.
Allons lui porter nos guirlandes.

L'hôtelier. — Eh bien! qu'y a-t-il donc? Vous voilà plus triste encore que tout à l'heure! Que veut dire cela, jeune homme? La musique ne vous plaît donc pas?

Julia. — Vous vous trompez; c'est le musicien qui ne me plaît pas.

L'hôtelier. — Et pourquoi cela, mon joli garçon?

Julia. — Il joue faux, mon petit père[7].

L'hôtelier. — Comment cela? Ses cordes ne sont pas d'accord?

Julia. — Non, et cependant il joue si faux qu'il fait grincer les cordes même de mon cœur.

L'hôtelier. — Vous avez l'oreille délicate.

Julia. — Oui, et je voudrais être sourde. Cette musique me pèse sur le cœur.

L'hôtelier. — Je m'aperçois que vous n'aimez pas la musique.

Julia. — Pas du tout, quand elle est si discordante.

L'hôtelier. — Écoutez! quel beau changement de musique!

Julia. — Oui, c'est dans ce changement qu'est la souffrance.

L'hôtelier. — Vous voudriez qu'ils jouassent toujours une seule chose?

Julia. — Je voudrais que le même homme jouât toujours la même chose. Mais, dites-moi, hôtelier, ce messire Protée dont nous parlons rend-il souvent visite à cette dame?

L'hôtelier. — Je vous dirai ce que m'en a dit Lance, son valet, — qu'il l'aimait hors de toute mesure et de tout compte[8].

Julia. — Où est Lance?

L'hôtelier. — Il est allé chercher son chien, que, sur l'ordre de son maître, il doit conduire pour le remettre en présent à la dame.

Julia. — Silence! écartons-nous. La compagnie se sépare.

Protée. — Messire Thurio, soyez sans crainte; je plaiderai si bien en votre faveur que vous serez forcé d'avouer que ma rouerie n'a pas sa pareille.

Thurio. — Où nous retrouverons-nous?

Protée. — A la fontaine Saint-Grégoire.

Thurio. — Adieu.

(*Sortent Thurio et les musiciens.*)

SILVIA *paraît à sa fenêtre.*

Protée. — Madame, je souhaite le bonsoir à Votre Seigneurie.

Silvia. — Je vous remercie de votre musique, Messieurs. Qui vient de parler?

Protée. — Un homme, Madame, dont vous apprendriez bien vite à distinguer la voix si vous connaissiez la pure sincérité de son cœur.

Silvia. — Messire Protée, je crois?

Protée. — Messire Protée et votre serviteur, gracieuse dame.

Silvia. — Quel est votre désir?

Protée. — De pouvoir accomplir les vôtres.

Silvia. — Votre souhait est exaucé; mon désir est que vous alliez immédiatement vous mettre au lit chez vous. Homme artificieux, parjure, fourbe, déloyal! Me crois-tu donc assez sotte, assez vaine, pour être séduite par tes flatteries, toi dont les serments en ont tant trompé? Va-t'en, va-t'en faire à ton amour les réparations que tu lui dois. Pour moi, je jure par cette pâle reine de la nuit, que je suis si loin de vouloir accéder à ta requête, que je te méprise pour tes coupables poursuites, et que tout à l'heure je vais me gronder moi-même pour le temps que je perds maintenant à te parler.

Protée. — J'avoue, douce bien-aimée, que j'aimais une dame; mais elle est morte.

Julia, *à part.* — Cela se trouverait faux si je voulais parler; car je suis sûre qu'elle n'est pas enterrée.

Silvia. — Supposons qu'elle le soit; mais Valentin, ton ami, est vivant; Valentin, auquel je suis fiancée, ainsi que tu en es témoin; n'as-tu pas honte de l'outrager par les importunités dont tu me poursuis?

Protée. — J'entends dire aussi que Valentin est mort.

Silvia. — Tu peux me supposer morte aussi ; car, sois-en sûr, mon amour est enseveli dans sa tombe.

Protée. — Douce dame, laissez-moi le tirer de terre.

Silvia. — Va-t'en au sépulcre de ta dame et évoque son amour, ou, du moins, ensevelis ton amour avec le sien.

Julia, *à part.* — Il n'entend pas cela.

Protée. — Madame, puisque votre cœur est si dur pour moi, accordez au moins votre portrait à mon amour, ce portrait qui est suspendu dans votre chambre ; je lui parlerai, je lui adresserai mes soupirs et mes larmes ; car, puisque la réalité de votre parfaite personne appartient à un autre, je ne suis qu'une ombre, et à votre ombre je consacrerai un amour réel.

Julia, *à part.* — Si vous en possédiez la réalité, vous la tromperiez assurément et vous en feriez une ombre comme moi-même.

Silvia. — J'ai le plus grand dégoût à être votre idole, Monsieur ; mais, comme le culte des ombres et l'adoration des formes mensongères s'accordent parfaitement avec votre fausseté, envoyez chez moi demain matin, et je remettrai ce portrait, et là-dessus, bon sommeil.

Protée. — Oui, un sommeil à peu près pareil à celui des malheureux qui attendent leur exécution pour le lendemain matin.

(*Protée sort et Silvia se retire de sa fenêtre.*)

Julia. — Partons-nous, hôtelier ?

L'hôtelier. — Sur ma foi, j'étais complétement endormi.

Julia. — Dites-moi, s'il vous plaît : où loge messire Protée ?

L'hôtelier. — Chez moi, parbleu. Ma parole, je crois qu'il est presque jour.

Julia. — Non. Mais c'est bien en tout cas la nuit la plus longue et la plus accablante que j'aie jamais passée.

(*Ils sortent.*)

SCÈNE III.

Encore la cour du palais ducal.

Entre ÉGLAMOUR.

Églamour. — Voici l'heure où Madame Silvia m'a prié de venir prendre ses instructions. Elle a quelque affaire importante dans laquelle elle veut m'employer. Madame ! Madame !

SILVIA *reparaît à sa fenêtre.*

Silvia. — Qui m'appelle ?
Églamour. — Votre serviteur et votre ami, qui attend les ordres de Votre Seigneurie.
Silvia. — Messire Églamour, mille bonjours.
Églamour. — Je vous en souhaite autant à vous-même, noble dame. Conformément aux ordres de Votre Seigneurie, me voici venu de grand matin pour savoir quel service votre bon plaisir désire m'ordonner.
Silvia. — O Églamour, tu es un gentilhomme — ne crois pas que je te flatte, je te jure que telle n'est pas mon intention — vaillant, sage, compatissant, accompli, en un mot. Tu n'ignores pas quel affectueux bon vouloir je portais à Valentin, le proscrit, ni comment mon père voudrait me forcer à épouser le vaniteux Thurio, que j'abhorre de toute mon âme. Toi-même, tu as aimé, et je t'ai entendu dire que le chagrin ne pénétra jamais aussi avant dans ton cœur que le jour où mourut ta dame, ton véridique amour, sur la tombe de laquelle tu fis vœu de parfaite chasteté. Messire Églamour, je voudrais rejoindre Valentin à Mantoue, où j'apprends qu'il s'est retiré, et comme les routes sont dangereuses, je désire ta respectable compagnie, ayant pleine confiance dans ta foi et dans ton honneur. Ne m'objecte pas la colère de mon père, Églamour, mais pense à ma douleur, — la douleur

d'une dame! — et combien il est juste que je prenne la fuite pour me préserver d'une de ces unions impies que le ciel et la fortune ne manquent jamais de récompenser par toutes sortes de fléaux. Je te conjure, du plus profond d'un cœur aussi plein de chagrin que la mer est pleine de sable, de venir avec moi et de m'accorder la protection de ta compagnie; sinon de cacher ce que je t'ai dit, afin que je puisse me risquer à partir seule.

ÉGLAMOUR. — Madame, je compatis profondément à vos douleurs, et sachant combien vertueuse en est la cause, je consens à partir avec vous, car je me soucie aussi médiocrement de ce qui peut m'arriver, que je désire ardemment tout ce qui peut vous rendre heureuse. Quand partons-nous?

SILVIA. — Ce soir.

ÉGLAMOUR. — Où nous rencontrerons-nous?

SILVIA. — A la cellule du père Patrick, où j'ai l'intention d'aller dévotement me confesser.

ÉGLAMOUR. — Je ne ferai pas défaut à Votre Seigneurie. Adieu, charmante dame.

SILVIA. — Adieu, bon messire Églamour.

(*Églamour sort et Silvia se retire de sa fenêtre.*)

SCÈNE IV.

Toujours la cour du palais ducal.

Entre LANCE *avec son chien.*

LANCE. — Lorsqu'un maître a un domestique dont on peut dire qu'il se comporte avec lui comme un chien, voyez-vous, ça va mal. En voici un que j'ai pris tout petit, que j'ai sauvé de la noyade lorsqu'on portait à l'eau trois ou quatre de ses frères et sœurs encore aveugles. Je l'ai dressé avec un soin.... justement de manière à faire dire : « Voilà comment je voudrais dresser un chien. » Je suis envoyé pour le remettre comme un présent de mon maître à Madame Silvia, et je ne suis pas plus tôt entré dans la salle à manger qu'il s'arrête devant son assiette et lui vole sa cuisse de chapon. Oh ! c'est une chose scandaleuse quand un chien ne sait pas se conduire comme il faut dans toutes les sociétés. J'en voudrais un, comme on dirait, qui prendrait sur lui d'être un vrai chien, d'être, en quelque sorte, un chien propre à toutes choses. Si je n'avais pas eu plus d'esprit que lui en prenant pour mon compte une faute qu'il avait commise, je crois, en vérité, qu'il aurait été pendu ; il en eût pâti aussi sûr que je vis ; vous allez en juger. Il s'en va se fourrer dans la compagnie de trois ou quatre chiens gentilshommes, sous la table du duc ; il n'y avait pas — faites excuse du mot — le temps d'une pissade qu'il était là, que toute la compagnie le sentait. « A la porte, le chien, » dit l'un. « Qu'est-ce que c'est que ce mâtin ? » dit un autre. « Flanquez-le dehors à coups de fouet, » dit le troisième. « Qu'on le pende, » dit le duc. Moi, qui reconnaissais bien l'odeur et qui savais que c'était Crab, je m'en vais au compère qui fouette le chien : « Ami, lui dis-je, vous prétendez fouetter le chien ? — Oui, parbleu, je le prétends, fait-il. — Vous lui faites d'autant plus de tort, ai-je répondu, que c'est moi qui ai commis la chose que vous savez. » Lui ne fait ni une ni deux, mais il me flanque à coups de fouet hors de la salle. Combien y a-t-il de maîtres qui en feraient autant pour leurs domestiques ? Bien mieux, parole d'honneur, je me suis laissé mettre aux ceps pour des puddings qu'il avait volés, sans quoi il était exécuté. Je me suis laissé mettre au pilori pour des oies qu'il avait tuées, autrement il en pâtissait. Vous l'avez oublié maintenant, n'est-ce pas ? Oui, mais moi je me rappelle le tour que vous m'avez joué lorsque je prenais congé de Madame Silvia. Est-ce que je ne t'avais pas dit de m'observer et de faire ce que je ferais ? Quand m'as-tu vu lever la jambe et faire de l'eau contre les jupons d'une dame ? M'as-tu jamais vu faire pareille plaisanterie ?

Rentre PROTÉE *suivi de* JULIA.

Protée. — Sébastien est ton nom? Tu me plais beaucoup, et je vais immédiatement t'employer à quelque service.

Julia. — A ce qu'il vous plaira, je ferai ce que je pourrai.

Protée. — Je l'espère. (*A Lance.*) Ah çà! manant, fils de catin, où êtes-vous donc allé flâner ces deux derniers jours?

Lance. — Parbleu, Monsieur, j'ai mené à Madame Silvia le chien que vous m'aviez ordonné de lui conduire.

Protée. — Et qu'a-t-elle dit de mon petit bijou?

Lance. — Parbleu, elle a dit que votre chien était un mâtin, et vous fait répondre que des jappements sont des remercîments assez bons pour un pareil cadeau.

Protée. — Mais elle a reçu mon chien.

Lance. — Non, en vérité, elle ne l'a pas reçu; le voici, que j'ai ramené.

Protée. — Comment donc, est-ce que c'est celui-là que tu lui as offert de ma part?

Lance. — Oui, Monsieur; l'autre mignon écureuil m'a été volé par les garçons du bourreau, sur la place du Marché, et alors je lui ai offert mon propre chien qui est aussi gros que dix des vôtres et qui est en conséquence un cadeau dix fois aussi considérable.

Protée. — Tire-toi d'ici et retrouve mon chien, ou ne te représente jamais plus devant mes yeux. Va-t'en, te dis-je! Est-ce que tu restes là pour me vexer? (*Lance sort.*) Un manant qui, à chaque instant, m'est une occasion de honte! Sébastien, je t'ai pris à mes gages, en partie parce que j'ai besoin d'un jeune homme tel que toi, capable de faire mon service avec quelque discrétion, car il n'y a pas à se fier à un rustre pareil, mais surtout à cause de ta figure et de tes manières qui, si ma pénétration ne me trompe pas, sont des témoignages de bonne éducation, de bonne étoile et de loyal caractère ; sache-le, c'est pour cela que je t'accepte. Prends cet anneau et va le porter immédiatement à Madame Silvia. Elle m'aimait bien, celle qui me le donna.

JULIA. — Vous ne l'aimiez pas, à ce qu'il semble, puisque vous vous séparez de son gage d'amour. Elle est morte, sans doute?

PROTÉE. — Pas du tout; je crois qu'elle est vivante.

JULIA. — Hélas!

PROTÉE. — Pourquoi soupires-tu cet hélas?

JULIA. — Je ne puis m'empêcher de la plaindre.

PROTÉE. — Pourquoi donc la plains-tu?

JULIA. — Parce qu'il me semble qu'elle vous aimait aussi bien que vous aimez votre dame Silvia. Elle rêve à celui qui a oublié son amour, vous raffolez de celle qui ne se soucie pas de votre amour. C'est pitié que l'amour soit si traversé, et c'est en pensant à cela que cet hélas! m'est échappé.

PROTÉE. — Bon; donne-lui cet anneau, et de plus cette lettre. Voici là sa chambre. Dis à ma dame que je lui rappelle la promesse qu'elle m'a faite de son divin portrait. Ton message achevé, reviens dans ma chambre, où tu me trouveras triste et solitaire. (*Il sort.*)

JULIA. — Combien y a-t-il de femmes qui voudraient faire un pareil message? Hélas! pauvre Protée! tu as pris un renard pour gardien de tes brebis. Hélas! pauvre fou! pourquoi est-ce que je le plains, lui qui me méprise de tout son cœur? Il me méprise parce qu'il l'aime, elle; moi, je le plains parce que je l'aime, lui. Cet anneau, je le lui donnai lorsqu'il me quitta, pour l'obliger à se souvenir de mon amour, et maintenant, malheureuse messagère, il me faut plaider pour ce que je ne voudrais pas obtenir, remettre ce que je voudrais voir refuser, louer sa fidélité lorsque je voudrais l'entendre déprécier. Je suis l'amante fidèle et à toute épreuve de mon maître, mais je ne puis être la fidèle servante de mon maître sans être envers moi une déloyale traîtresse. Cependant je ferai sa cour, mais avec autant de froideur que je désire peu —le ciel le sait! — lui servir d'éperon pour le faire avancer.

Entre SILVIA *avec sa suite.*

Julia. — Bonjour, noble dame, veuillez, je vous prie, m'accompagner vers Madame Silvia.

Silvia. — Que lui voudriez-vous si c'était moi qui fût elle?

Julia. — Si c'est vous qui êtes Silvia, je supplie votre patience de vouloir bien écouter le message que je suis chargé de vous transmettre.

Silvia. — De la part de qui?

Julia. — De la part de mon maître, messire Protée, Madame.

Silvia. — Ah! il vous envoie chercher un portrait.

Julia. — Oui, Madame.

Silvia. — Ursule, apporte ici mon portrait. — (*On apporte le portrait.*) Donne ceci à ton maître, et dis-lui de ma part qu'une certaine Julia, qu'ont oubliée ses pensées changeantes, conviendrait mieux à l'ornement de sa chambre que cette ombre de ma personne.

Julia. — Madame, qu'il vous plaise de lire cette lettre. (*Elle lui donne une lettre.*) Pardonnez-moi, Madame, je vous ai par mégarde remis une lettre qui ne vous regarde pas; voici celle qui est adressée à Votre Seigneurie. (*Elle lui en donne une autre.*)

Silvia. — Je t'en prie, laisse-moi regarder encore la première.

Julia. — Cela ne se peut pas, excellente dame, pardonnez-moi.

Silvia. — Tenez alors. (*Elle lui rend la première lettre.*) Je ne jetterai pas les yeux sur ces lignes de votre maître; je sais qu'elles sont farcies de protestations et pleines de serments nouveau-nés qu'il brisera aussi aisément que je déchire ce papier. (*Elle déchire la seconde lettre.*)

Julia. — Madame, il envoie cet anneau à Votre Seigneurie.

Silvia. — Il n'en est que plus indigne, de me l'envoyer, car je lui ai entendu dire mille fois que sa Julia le

ACTE IV, SCÈNE IV.

lui donna lors de son départ. Quoique son hypocrite main ait profané cet anneau, la mienne ne fera pas un tel outrage à sa Julia.

JULIA. — Elle vous remercie.

SILVIA. — Que dis-tu ?

JULIA. — Je vous remercie, Madame, pour l'intérêt que vous lui portez. Pauvre dame ! mon maître lui fait grande injure.

SILVIA. — Est-ce que tu la connais ?

JULIA. — Presque aussi bien que je me connais moi-même ; en pensant à ses malheurs, je vous assure que j'ai pleuré plus de cent fois.

SILVIA. — Sans doute, elle croit que Protée l'a abandonnée.

JULIA. — Je pense qu'elle le croit, et c'est là la cause de sa douleur.

SILVIA. — N'est-elle pas extrêmement belle ?

JULIA. — Elle a été plus belle qu'elle ne l'est, Madame ; lorsqu'elle croyait que mon maître l'aimait bien, elle était, selon mon jugement, aussi belle que vous ; mais depuis qu'elle a négligé son miroir et rejeté le masque qui la garantissait du soleil, l'air a décoloré les roses de ses joues et outragé le teint de lis de son visage, si bien que maintenant elle est aussi noire que je le suis.

SILVIA. — De quelle taille est-elle ?

JULIA. — A peu près de la mienne ; car, à la Pentecôte, lorsque nous jouâmes nos mascarades de fête, nos jeunes gens voulurent que je me chargeasse du rôle de la femme, et on m'habilla dans la robe de Madame Julia, qui, de l'avis de tout le monde, m'allait aussi bien que si elle avait été faite pour moi ; c'est ainsi que je sais qu'elle est à peu près de ma taille. Ce jour-là, je la fis pleurer pour tout de bon, car je jouais un rôle lamentable, Madame : celui d'Ariane se désespérant sur le parjure et la fuite indigne de Thésée, et j'approchai par mes larmes si près de la vie même, que ma pauvre maîtresse, intérieurement émue, pleurait amèrement, et que je meure, si mon âme ne ressentit pas sa propre douleur !

Silvia. — Elle t'est redevable pour ta sympathie, gentil jeune homme. Hélas! pauvre dame! désolée et délaissée! Je pleure moi-même en pensant à ton récit. Tiens, jeune homme, voici ma bourse; je te la donne en considération de ton amour pour ta douce maîtresse. Adieu!

Julia. — Et elle vous remerciera si jamais elle vient à vous connaître. (*Silvia sort avec les personnes de sa suite.*) Une vertueuse dame, douce et belle! j'espère que les poursuites de mon maître n'auront qu'un médiocre succès, puisqu'elle a tant de respect pour l'amour de ma maîtresse. Hélas! comme l'amour peut jouer avec lui-même! Voici son portrait; voyons un peu. Il me semble que si j'avais cette coiffure-là, ma figure aurait autant de charmes que la sienne; et certainement le peintre l'a un peu flattée, à moins que je ne me flatte moi-même beaucoup trop. Sa chevelure est châtaine, la mienne est d'un blond parfait; si c'est là toute la différence qui le fait changer d'amour, je me procurerai une perruque de cette couleur. Ses yeux sont clairs comme le verre, et aussi les miens. Oui, mais son front est petit, et le mien est élevé. Bah! Est-il une de ces choses qu'il aime en elle que je ne pusse m'approprier et faire aimer en moi, si cet insensé d'amour n'était pas un dieu aveugle? Viens, pauvre ombre de Julia, viens et emporte cette ombre, car c'est ta rivale. O forme sans corps, tu seras honorée, baisée, aimée, adorée! Mais si son idolâtrie avait un grain de raison, c'est la réalité de ma personne qui lui servirait d'idole à ta place. Je te traiterai avec affection par égard pour ta maîtresse qui en a bien agi avec moi; autrement, par Jupiter, je jure que je t'aurais arraché ces yeux qui ne voient pas, afin de faire cesser l'amour que mon maître a pour toi. (*Elle sort.*)

ACTE V.

SCÈNE PREMIÈRE.

Milan. — Une abbaye.

Entre ÉGLAMOUR.

ÉGLAMOUR. — Le soleil commence à dorer le ciel du couchant, et il est maintenant à peu près l'heure où Silvia doit me rejoindre à la cellule de frère Patrick. Elle ne manquera pas, car les amants ne pèchent pas par inexactitude; à moins que ce ne soit pour arriver avant l'heure fixée, tellement l'éperon de leur impatience les fait avancer vite. Voyez, la voici. (*Entre Silvia.*) Un heureux soir, Madame.

SILVIA. — Amen! amen! Vite, mon bon Églamour, sortons par la poterne qui est par derrière les murs de l'abbaye. Je suis suivie, je le crains, par plusieurs espions.

ÉGLAMOUR. — N'ayez aucune crainte; la forêt n'est pas à trois lieues d'ici; si nous pouvons l'atteindre, nous sommes en parfaite sûreté. (*Ils sortent.*)

SCÈNE II.

Milan. — Un appartement dans le palais du duc.

Entrent THURIO, PROTÉE *et* JULIA.

Thurio. — Messire Protée, que répond Silvia à mon message amoureux?

Protée. — Oh! Messire, je l'ai trouvée mieux disposée qu'elle n'était, et cependant elle a des objections contre votre personne.

Thurio. — Quelles objections? que j'ai la jambe trop longue?

Protée. — Non, qu'elle est trop petite.

Thurio. — Je porterai des bottes, pour la faire un peu plus ronde.

Julia, *à part*. — Oui, mais l'amour ne se laissera pas éperonner par ce qu'il déteste.

Thurio. — Que dit-elle de mon visage?

Protée. — Elle dit qu'il est d'une grande blancheur.

Thurio. — En cela, elle ment, l'espiègle. Mon visage est brun.

Protée. — Mais les perles sont blanches, et cependant vous connaissez le vieux dicton : « Les hommes bruns sont des perles aux yeux des belles dames. »

Julia, *à part*. — C'est vrai; des perles comme celles-là arrachent les yeux des dames, car j'aimerais mieux fermer les miens que de les regarder.

Thurio. — Goûte-t-elle ma conversation?

Protée. — Peu lorsque vous parlez de la guerre.

Thurio. — Mais beaucoup sans doute lorsque je parle d'amour et de paix?

Julia, *à part*. — Mais davantage, encore, lorsque vous vous tenez en paix.

Thurio. — Que dit-elle de ma valeur?

Protée. — Oh! Messire, elle ne la met pas en question.

ACTE V, SCÈNE II.

Julia, *à part.* — C'est inutile, puisqu'elle sait que cette valeur est couardise.

Thurio. — Que dit-elle de ma naissance?

Protée. — Qu'elle vous fait descendre de bon lieu.

Julia, *à part.* — C'est vrai ; car sa lignée descend d'un gentilhomme à un fou.

Thurio. — Apprécie-t-elle mes propriétés?

Protée. — Oh! oui, et elle s'apitoie sur elles.

Thurio. — Pourquoi?

Julia, *à part.* — Parce qu'elles sont possédées par un pareil âne.

Protée. — Parce que les ayant affermées, elles ont le malheur d'être séparées de vous.

Julia. — Voici le duc.

Entre LE DUC.

Le duc. — Or çà, messire Protée! or çà, messire Thurio! lequel de vous deux a vu messire Églamour depuis ces dernières heures?

Thurio. — Pas moi.

Protée. — Ni moi.

Le duc. — Avez-vous vu ma fille?

Protée. — Pas davantage.

Le duc. — Parbleu, alors, elle est allée rejoindre ce manant de Valentin, et Églamour l'accompagne. C'est évident, car frère Laurent les a rencontrés tous deux dans la forêt, où il errait par pénitence ; il a reconnu parfaitement Églamour ; quant à Silvia, il a bien soupçonné que c'était elle, mais comme elle était masquée, il n'a pu en être certain. En outre, elle avait annoncé qu'elle se rendrait en confession ce soir à la cellule de frère Patrick, et elle n'y était pas. Toutes ces circonstances confirment sa fuite ; par conséquent, je vous en prie, ne vous amusez pas à bavarder, mais montez à cheval immédiatement et venez me retrouver au bas de la montée qui conduit vers Mantoue, où ils se sont enfuis. Dépêchez-vous, chers gentilshommes, et suivez-moi.

(Il sort.)

THURIO. — Parbleu, voilà qui promet une fille diantrement folle! Fuir sa fortune, lorsque sa fortune la suit. Je vais courir après eux, plutôt pour me venger d'Églamour que par amour pour cette extravagante de Silvia. (*Il sort.*)

PROTÉE. — Et moi, je pars aussi; mais plus par amour pour Silvia que par haine pour Églamour, qui l'accompagne. (*Il sort.*)

JULIA. — Et moi, je pars à mon tour, plus pour m'opposer à cet amour que par haine pour Silvia, qui est partie par amour. (*Elle sort.*)

SCÈNE III.

Les frontières de Mantoue. — La forêt.

Entrent LES BANDITS *avec* SILVIA.

PREMIER BANDIT. — Venez, venez; soyez patiente, nous devons vous mener devant notre capitaine.

SILVIA. — Mille malheurs plus grands m'ont appris à supporter celui-là avec patience.

SECOND BANDIT. — Venez; amenez-la.

PREMIER BANDIT. — Où est le gentilhomme qui l'accompagnait?

TROISIÈME BANDIT. — Il a de bonnes jambes et nous a échappé; mais Moïse et Valerius le poursuivent. Va-t'en avec elle jusqu'à l'extrémité de la forêt, à l'ouest; notre capitaine est là. Nous allons poursuivre l'homme en fuite; le taillis est cerné, il ne peut s'échapper.

(*Ils sortent tous, excepté le premier bandit et Silvia.*)

PREMIER BANDIT. — Venez, je vais vous mener à la caverne du capitaine; n'ayez pas peur, il est plein d'honneur et n'est pas homme à se conduire déloyalement avec une femme.

SILVIA. — O Valentin, voilà ce que j'endure pour toi!

(*Ils sortent.*)

SCÈNE IV.

Une autre partie de la forêt.

Entre VALENTIN.

Valentin. — Comme sous l'empire d'un mode constant d'existence, l'habitude grandit vite dans l'homme! Ces bois ombreux, déserts, solitaires me plaisent mieux que les villes florissantes et peuplées. Ici je puis m'asseoir tout seul, sans être vu de personne, et répondre aux notes plaintives du rossignol par les soupirs de ma détresse et le récit de mes malheurs. O toi qui habites dans mon cœur, ne reste pas si longtemps sans faire séjour dans ta demeure, de crainte que sa ruine croissant par ton absence, l'édifice ne s'écroule et ne laisse aucun souvenir de ce qu'il était! Restaure-moi par ta présence, Silvia! Aimable nymphe, montre-toi charitable pour ton berger délaissé! (*Un bruit se fait entendre.*) Qu'est-ce que ce vacarme et cette agitation aujourd'hui? Mes compagnons, qui pour toute loi ont les désirs de leur volonté, donnent sans doute la chasse à quelque malheureux voyageur. Ils m'aiment bien; cependant j'ai beaucoup à faire pour les empêcher de se porter à des outrages grossiers. Qui donc vient ici? Retire-toi, Valentin.

(*Il se retire à l'écart.*)

Entrent PROTÉE, SILVIA *et* JULIA.

Protée. — Madame, bien que vous n'ayez aucun égard pour ce que peut faire votre serviteur, je vous ai rendu ce service d'exposer ma vie et de vous arracher des mains de cet homme, qui aurait outragé votre honneur et votre amour. Accordez-moi pour récompense un seul de vos beaux regards. Je ne puis demander, et, j'en suis sûr, vous-même ne pouvez accorder une moindre faveur que celle-là.

VALENTIN, *à part*. — Ce que je vois et entends est vraiment comme un rêve! Amour, prête-moi la patience de me contenir un instant.

SILVIA. — O misérable, malheureuse que je suis!

PROTÉE. — Oui, vous étiez malheureuse avant que je ne vinsse, Madame; mais mon arrivée vous a porté le bonheur.

SILVIA. — Ton approche met le comble à mon malheur.

JULIA, *à part*. — Et au mien lorsque c'est de votre personne qu'il s'approche.

SILVIA. — Si j'avais été saisie par un lion affamé, j'aurais préféré servir de déjeuner à la bête féroce, plutôt que d'avoir pour sauveur le fourbe Protée. O ciel! tu es juge qu'autant j'aime Valentin, dont la vie m'est aussi chère que mon âme, autant — car davantage serait impossible — je déteste l'hypocrite et parjure Protée! Ainsi donc, retire-toi, cesse tes sollicitations.

PROTÉE. — Quelle action périlleuse, fût-elle voisine de la mort, n'entreprendrais-je pas pour un regard où ne se lirait pas la colère? Oh! c'est la malédiction de l'amour, et l'expérience nous la montre constante, que les femmes ne peuvent aimer qui les aime.

SILVIA. — Absolument comme Protée, qui ne peut aimer qui l'aime. Relis le cœur de Julia, ton premier amour, celle pour qui tu déchiras ta foi en mille serments; tous ces serments tu les as fait dégénérer en parjures afin de m'aimer. Il ne te reste plus de foi, à moins que tu n'en aies deux, ce qui est pire que de n'en avoir aucune, car il vaut mieux n'avoir aucune foi que d'en avoir plusieurs, ce qui est trop pour un seul homme. Toi, traître envers ton loyal ami!

PROTÉE. — En amour, qui respecte un ami?

SILVIA. — Tous, excepté Protée.

PROTÉE. — Eh bien, puisque la force courtoise des paroles émouvantes ne peut vous amener à des dispositions plus tendres, je vous ferai la cour comme un soldat, à la force du poignet, et je vous aimerai contre la nature de l'amour, par la violence.

Silvia. — O ciel!

Protée. — Je te forcerai de céder à mon désir.

Valentin, *s'avançant*. — Gredin, cesse cet attouchement brutal et malappris, ami de faux aloi!

Protée. — Valentin!

Valentin. — Ami de l'espèce ordinaire, c'est-à-dire sans foi et sans affection (car c'est là ce qu'est aujourd'hui un ami), être perfide! tu as trahi mes espérances; rien, si je ne l'avais vu de mes yeux, n'aurait pu me le persuader. Maintenant je n'ose plus dire que j'ai un ami vivant, tu me démentirais. Et à qui voudrait-on se fier lorsqu'un homme rend sa main droite parjure envers son cœur? Protée, je suis désolé de ne plus pouvoir me fier à toi et d'être contraint désormais, à cause de toi, de rester étranger au monde. La blessure intime est la plus profonde. O temps maudit! penser qu'entre tous vos ennemis, un ami peut être le pire!

Protée. — Ma honte et mon crime me confondent! Pardonne-moi, Valentin; si un sincère chagrin est la rançon suffisante d'une offense, je te l'offre maintenant; je souffre aussi fortement que j'ai péché.

Valentin. — Bien, je suis payé alors, et une fois encore je t'accepte pour honnête. Celui qui n'est pas apaisé par le repentir, n'est digne ni du ciel ni de la terre, qui s'en tiennent pour satisfaits, car l'Éternel laisse fléchir sa colère devant la pénitence. Pour te montrer combien mon amitié est vraie et exempte de rancune, je te donne tout ce qui m'appartenait dans Silvia.

Julia. — O malheureuse que je suis!

(*Elle s'évanouit.*)

Protée. — Regardez donc l'enfant.

Valentin. — Eh bien, enfant! eh bien, petit farceur! qu'est-ce donc que cela? Qu'y a-t-il? levez les yeux, parlez.

Julia. — O mon bon Monsieur, mon maître m'avait chargé de remettre un anneau à Madame Silvia, ce que, par négligence, je n'ai jamais fait.

Protée. — Où est cet anneau, enfant?

Julia. — Le voici; c'est celui-là. (*Elle lui remet un anneau.*)

Protée. — Que veut dire cela? Voyons! Mais c'est l'anneau que j'avais donné à Julia.

Julia. — Oh! je vous demande pardon, Monsieur, je me suis trompé; voici l'anneau que vous aviez envoyé à Silvia. (*Elle lui montre un autre anneau.*)

Protée. — Mais comment cet anneau est-il en ta possession? A mon départ je l'avais donné à Julia.

Julia. — Et Julia elle-même me l'a donné, et c'est Julia elle-même qui l'a porté ici.

Protée. — Comment! Julia!

Julia. — Contemple celle qui servit de but à tous les traits de tes serments, ces serments, elle les reçut dans son cœur où ils s'enfoncèrent profondément; combien de fois par tes parjures ne les en as-tu pas déracinés? O Protée, que cet habit te fasse rougir! Sois honteux qu'il m'ait fallu revêtir un accoutrement aussi immodeste, si pourtant il peut y avoir de la honte dans un déguisement qu'inspire l'amour. Aux yeux de la pudeur la tache est moindre aux femmes de changer de vêtements, qu'aux hommes de changer d'affections.

Protée. — Qu'aux hommes de changer d'affections, c'est vrai. O ciel! si l'homme était seulement constant, il serait parfait. Cette unique erreur le remplit de fautes, lui fait parcourir tous les péchés. L'inconstance perd avant même d'avoir gagné. Qu'y a-t-il dans le visage de Silvia que je ne puisse découvrir plus gracieux dans le visage de Julia avec l'œil de la constance?

Valentin. — Allons, allons, donnez-moi chacun une main! Accordez-moi la joie que cette heureuse étreinte soit mon ouvrage. Il serait dommage que deux tels amis fussent plus longtemps ennemis.

Protée. — Soyez témoin, ô ciel, que mon vœu est pour jamais exaucé.

Julia. — Et le mien aussi.

ACTE V, SCÈNE IV.

Entrent LES BANDITS *avec* LE DUC *et* THURIO.

Les bandits. — Une capture ! une capture ! une capture !

Valentin. — Arrêtez ! arrêtez, vous dis-je ! c'est monseigneur le duc. Votre Grâce est la bienvenue auprès d'un homme en disgrâce, Valentin le proscrit.

Le duc. — Messire Valentin !

Thurio. — Voici Silvia là-bas ! Silvia est à moi.

Valentin. — Arrière, Thurio ! ou tu es un homme mort. Tiens-toi à distance de ma colère ; n'appelle pas Silvia tienne ; si cela t'arrive encore, Milan ne te reverra plus. La voici là ! Essaye de prendre possession d'elle rien que par un attouchement.... Je te défie d'oser seulement effleurer mon amour de ton souffle.

Thurio. — Messire Valentin, je ne me soucie pas d'elle, moi ; je tiens pour fou celui qui met sa vie en danger pour une fille qui ne l'aime pas. Je ne la réclame point, et par conséquent elle est à toi.

Le duc. — Tu n'en es que plus dégénéré et plus vil, après tout le mal que tu t'es donné pour elle, de l'abandonner à si bon marché. Par l'honneur de mes ancêtres, Valentin, j'applaudis à ton courage et je te juge digne de l'amour d'une impératrice. Sache donc qu'ici j'oublie tous mes anciens griefs, que j'efface tout ressentiment et que je te rappelle à ma cour. Fais valoir les titres de ton mérite sans rival à une nouvelle condition, et moi je souscris ainsi à ta demande : Messire Valentin, tu es un gentilhomme, et de bonne race ; prends ta Silvia, car tu l'as méritée.

Valentin. — Je remercie Votre Grâce ; ce don me rend heureux. Je vous supplie maintenant, au nom de votre fille, de m'accorder la faveur que je vais vous demander.

Le duc. — Je te l'accorde en ton propre nom, quelle qu'elle soit.

Valentin. — Ces proscrits, avec lesquels j'ai fait compagnie, sont des hommes doués de nobles qualités. Pardonnez-leur les offenses qu'ils ont ici commises et rappelez-les de l'exil. Ils sont maintenant corrigés, soumis, pleins de bons sentiments et capables d'être utilement employés, mon digne seigneur.

Le duc. — Tu m'as vaincu; je leur pardonne comme à toi; dispose d'eux selon les mérites que tu leur connais. Allons, partons d'ici; nous allons terminer toutes nos querelles par des divertissements, des réjouissances et de rares solennités.

Valentin. — Et pendant la route, je prendrai la hardiesse de faire sourire Votre Grâce par notre conversation. Que pensez-vous de ce page, Monseigneur?

Le duc. — Je pense que c'est un garçon qui a de la grâce; il rougit.

Valentin. — Une grâce supérieure à celle d'un garçon, je vous le garantis, Monseigneur.

Le duc. — Que voulez-vous dire par là?

Valentin. — S'il vous plaît, à mesure que nous ferons route, je vous émerveillerai du récit de ce qui est arrivé. Venez, Protée; votre seule pénitence sera d'entendre révéler l'histoire de vos amours; cela fait, le jour de mon mariage sera aussi le jour du vôtre. Une même fête, une même maison, un même mutuel bonheur!

(*Ils sortent.*)

COMMENTAIRE.

ACTE I.

1. *Beadsman.* Mot à mot homme de prières, celui qui récite des prières pour un autre; expression qui, comme tant d'autres que nous rencontrerons dans Shakespeare, se rapporte aux habitudes et aux croyances d'un ordre de civilisation depuis longtemps aboli en Angleterre, mais dont le souvenir était encore vivant à l'époque du poëte : la civilisation catholique.

2. Valentin joue sur le mot *circumstance*, jugement, qu'il prend dans le sens d'état d'esprit, d'état mental, tandis que Protée a pris le même mot dans le sens de faculté de juger.

3. Nous avons cherché vainement à rendre autrement que par ce calembour par à peu près l'équivoque que Speed tire de la ressemblance de prononciation des deux mots : *ship*, vaisseau, et *sheep*, mouton. La phrase textuelle est celle-ci : il y a vingt contre un à parier qu'il est à bord du vaisseau, et moi je me suis conduit comme un mouton en le perdant. Cette équivoque est le point de départ de la cascade de plaisanteries assez médiocres qui suit.

4. Protée emploie non le mot général bête, mais le mot précis de mouton, *sheep*; nous avons cru devoir rejeter ce mot à la ligne suivante, afin de donner un sens à l'interrogation de Speed : Vous concluez donc que mon maître est un berger et moi un mouton ?

5. C'est-à-dire que son maître doit être propriétaire des cornes du mouton, puisqu'il l'est du mouton.

6. Le texte porte : moi mouton perdu, *lost mutton*. Speed continue sa plaisanterie de tout à l'heure en la compliquant. Il se compare lui, mouton égaré à la recherche de son maître, à la maîtresse de Protée, qu'il appelle brebis en dentelles ou en corset, *laced mutton*, mot qui, en anglais, correspond exactement à ce que nous appelons en France métaphoriquement une brebis perdue; mais il est probable aussi que par cette équivoque il se compare lui, pauvre hère, à la belle dame qui ne lui a rien donné pour sa peine. M. Dyce a fait remarquer qu'il est

douteux que Speed ait osé manquer de respect à Protée, au point de comparer sa maîtresse à une prostituée, et pense que par cette expression de *laced mutton*, il aura voulu désigner une femme richement habillée. Nous n'oserions être aussi affirmatif, car cette expression n'est pas la seule qui, dans cette conversation, montre que Speed se gêne peu avec Protée, qu'il a l'air de mépriser légèrement, et qui d'ailleurs n'est pas son maître. En outre, il n'est pas fâché sans doute de décocher une grossièreté contre une personne dont l'avarice l'a mécontenté, et enfin, ainsi que nous le verrons plus tard, ce n'est pas à la maîtresse de Protée qu'il a remis la lettre, mais à sa femme de chambre.

Sur cette expression de *laced mutton*, Malone a la note suivante : « *Laced mutton* était, à l'époque de notre auteur, une expression si habituelle pour désigner une prostituée, qu'une des rues dans Clerkenwell s'appelait *Mutton lane*. » A cette note le commentateur ajoute dans son *Appendice* en citant un fragment de Bracton, *de Legibus* : « Cette appellation semble remonter jusqu'au temps du roi Henri III. »

7. Nous avons essayé de rendre de notre mieux par des équivalents. qui présentent un sens suivi, cette série de plaisanteries qui n'ont aucune signification traduites exactement. Pour mettre le lecteur en état d'en juger, nous lui donnons la traduction littérale de cette partie du dialogue :

PROTÉE. Le pâturage est trop petit pour une telle abondance de moutons.

SPEED. Si le terrain est trop chargé, vous feriez mieux de l'attacher.

PROTÉE. Vrai, en cela tu te trompes, c'est toi qu'il vaudrait mieux parquer.

SPEED. Vraiment, Monsieur, moins d'une livre (équivoque roulant sur les significations des mots *pound*, livre, et *to pound*, parquer), sera une récompense suffisante pour avoir porté votre lettre.

PROTÉE. Vous vous trompez; je veux dire un parc, une bergerie.

SPEED. D'une livre à une épingle (équivoque sur les mots *pinfold*, bergerie, et *pin*, épingle) ! tournez-la et retournez-la, ce sera une récompense trois fois trop petite pour avoir porté votre lettre.

Tout cela, on le voit, est d'un goût et d'un intérêt assez médiocres.

8. Speed, par la prononciation qu'il fait subir au mot *ay*, oui, qui autrefois s'écrivait souvent comme le mot *I*, moi, amène la série d'équivoques qui suivent ; équivoques qui roulent encore sur le double sens du mot *nod* : signe de tête et nigaud.

9. Voici la traduction littérale de ce passage :

SPEED. Bien, je m'aperçois que je suis obligé de porter avec vous ?

PROTÉE. Quoi ? Monsieur ; qu'est-ce qu'il vous faut porter avec moi ?

SPEED. Parbleu, Monsieur, votre lettre, très-évidemment, puisque je n'ai rien que le mot *bête* pour ma peine.

Speed joue ici sur le double sens du mot *letter*, lettre, épître, et lettre alphabétique : il est bien obligé de porter la lettre, puisqu'il n'a pour récompense que le mot *bête*, et que ce mot est naturellement composé de lettres.

COMMENTAIRE.

10. Le lecteur ne devra pas confondre l'Églamour ici nommé avec le personnage qui figure aux actes suivants.

11. Quelques éditeurs proposent de dire : *on a lovely gentleman*, sur un aimable gentilhomme, au lieu de : *on lovely gentlemen*, sur d'aimables gentilshommes.

12. *Why, he, of all the rest, has never mov'd' me. Move*, au lieu de signifier émouvoir, faire impression, n'aurait-il pas ici le sens de mettre en mouvement, presser d'instances, solliciter ? La suite du dialogue semblerait le faire croire.

13. Il y a là une plaisanterie qui roule sur l'exacte ressemblance des deux mots : *lie*, être couché à terre, et *lie*, mentir. Laissez-le à terre, dit Julia, *let it lie;* Madame, il ne mentira pas ; *it will not lie*, répond Lucetta.

14. *Light of love*, chant populaire très-célèbre au temps de Shakespeare et souvent mentionné par lui et ses contemporains. Les paroles ont été perdues, mais l'air, croyons-nous, est encore connu.

15. Nous nous sommes dispensés de relever toutes les équivoques roulant sur les termes du langage musical ; elles présentent un sens fort clair et n'ont pas besoin d'explications ; il n'en est pas ainsi de cette dernière, qui se rapporte à un divertissement populaire nommé *the prison base* ou *prison bars*, et qui correspond, croyons-nous, au jeu de barres de nos écoliers. Lucetta veut donc dire : je faisais la partie de barres pour Protée, c'est-à-dire, j'essayais de vous conquérir à son affection, de prendre barres sur votre cœur.

16. Ces mots laissent supposer que Julia a entendu les dernières paroles de Lucetta, et qu'elle y répond ; sans cela cette expression : *Angered with the same*, n'a aucun sens. Cependant les paroles de Lucetta ont été dites en *a parte* et de manière à ne pouvoir être entendues de sa maîtresse. Un des modernes éditeurs a cru devoir rapporter ces mots à Lucetta, qui exprimerait ainsi l'envie de recevoir une lettre pareille à celle qui excite le courroux de Julia et le désir de ressentir une telle irritation.

17. Jeu de mots sur *take up*, relever. Il se trouve que notre expression populaire : relever quelqu'un, pour dire le remettre à sa place, correspond exactement à l'expression anglaise.

18. Une piété de *bout du mois*. Encore une expression qui se rapporte à un ordre d'habitudes et de mœurs antérieur, en Angleterre, à la réformation. Les messes de bout du mois étaient des messes célébrées en l'honneur des morts chéris, c'était quelque chose comme nos messes pour les âmes du purgatoire, et l'on mesurait plaisamment l'affection que le défunt laissait après lui au nombre des messes de bout du mois qu'on faisait dire en l'honneur de sa mémoire.

19. C'est un duc de Milan et non un empereur d'Allemagne que nous voyons figurer dans cette pièce comme maître et protecteur de Valentin. Mais Shakespeare se sera rappelé que Milan était la capitale des empereurs d'Allemagne lorsqu'ils faisaient séjour en Italie. De là cette mention de l'empereur et de sa cour.

ACTE II.

1. Speed joue sur la ressemblance de prononciation qui existe entre les mots *on*, sur, et *one*, un, une. J'ai mis mes gants, dit Valentin; *my gloves are on*, et Speed répond : Alors sûrement, celui-ci est à vous, car celui-là est seul; *for this is but one*.

2. *Speak puling like a beggar at Hallowmas*. Les mendiants avaient autrefois coutume dans plusieurs provinces de l'Angleterre d'aller le jour de Toussaint de porte en porte réclamer l'aumône d'un certain gâteau qu'on appelait le gâteau des âmes, *soul cake*, en chantant d'une voix nasillarde ou chevrotante des complaintes dont quelques refrains nous ont été conservés. Cet usage existait encore il y a quelques années en France même, dans plusieurs de nos provinces du centre ; seulement c'était à la Noël ou au jour des Rois, et non à la Toussaint, que les mendiants allaient chanter leurs complaintes de porte en porte.

3. Speed équivoque sur les différentes significations du mot *without*, sans, au dehors de, etc.

4. Speed joue sur le mot *favour*, qui signifie également faveur et traits du visage. Voici la traduction littérale de ce passage :

SPEED. — N'est-elle pas très-*disgracieuse de visage*, Monsieur (*hard favoured*)?

VALENTIN. — Non, mon garçon, elle est au contraire moins belle encore que *gracieuse* (*as well favoured*).

SPEED. — Je ne sais que trop cela, Monsieur.

VALENTIN. — Qu'est-ce que tu sais ?

SPEED. — Qu'elle n'est pas aussi belle que favorisée de vous (*well favoured*).

5. *All this I speak in print, for in print I found it*. *In print* signifiait autrefois en même temps, *imprimé* et *exactement*, *à la lettre*. Speed prend le mot dans les deux sens à la fois.

6. *For truth hath better deeds than words to grace it*. Ce vers peut être compris non dans deux sens différents, mais dans deux nuances différentes du même sens. Il peut signifier que la vérité de l'amour se prouve mieux par les actes que par les paroles ; ou bien, ce qui est la nuance que nous adoptons, qu'elle a pour se manifester des actions d'essence supérieure aux paroles. Ces paroles seraient ainsi non pas placées en opposition avec les actes, mais considérées comme des manières d'actions elles-mêmes, comme des actions de nature subalterne.

7. *Oh! that she could speak now! like a wood woman! Wood*, dans le vieux langage anglais, signifiait fou, détraqué, et était synonyme de *crazy*. Cependant nous nous sommes demandé si les commentateurs n'avaient pas quelque peu perdu leurs peines en cherchant si loin l'étymologie de ce mot, et s'il était bien nécessaire de changer le sens ordinaire du mot *wood*, bois. Pourquoi Lance ne voudrait-il pas dire que l'excès de la douleur a rendu sa mère pareille à une femme de bois? Dans l'é-

COMMENTAIRE. 189

dition primitive, le premier membre de cette phrase de Lance est quelque peu différent du texte que nous adoptons. *O that shoe could speak now; shoe*, soulier, est ainsi substitué à *she*, elle, et ce membre de phrase n'est séparé du second que par une simple virgule, ce qui en change quelque peu le sens. Lance dirait alors : « O ! ce soulier pourrait ou devrait parler comme une femme folle de douleur. » Enfin, dans l'édition primitive in-folio, le *wood woman* est changé en *would woman*, ce qui ne présente aucun sens et a obligé les commentateurs à transformer en *wood* ce *would* embarrassant. Pourquoi cependant ce verbe auxiliaire, signe du conditionnel, n'aurait-il pas été tout simplement laissé hors de sa véritable place par l'incurie bien connue des premiers éditeurs ? Pourquoi ne pourrait-on pas lire : *like a woman would*, ce qui changerait encore une fois le sens de la phrase, qui signifierait alors tout simplement : O si ce soulier pouvait parler comme parlerait une femme !

8. Équivoque sur la prononciation des mots *tail*, queue, et *tale*, histoire. Dans l'impuissance de trouver en français une plaisanterie analogue, nous avons substitué deux mots français ayant une terminaison semblable à ces deux mots de prononciation identique. Voici ce passage littéralement traduit :

PANTHINO. — Comment pourrais-je perdre ma langue ?
LANCE. — Dans ton histoire (*tale*).
PANTHINO. — Dans ta queue (*tail*).

9. *I leave you to confer of home affairs.* Quelle est exactement la nuance du mot *home* dans ce vers ? Doit-il être pris dans le sens d'intime, de particulier ? C'est le sens que lui donnent la plupart des traducteurs. Mais il nous semble plus naturel de lui conserver sa signification ordinaire de demeure, de foyer, laquelle, d'ailleurs, renferme en elle la première, car deux concitoyens qui se rencontrent à l'étranger et qui se donnent des nouvelles du pays natal, se donnent nécessairement des nouvelles de leurs propres affaires.

10. *Yet let her be a principality.* *Principality* est pris ici dans un sens mystique : c'est le nom d'un ordre d'esprits célestes. Si elle n'est pas divine, accorde-moi du moins qu'elle est céleste, tel est le sens des paroles de Valentin.

11. *'Tis but her picture.* Ce portrait d'elle-même, c'est-à-dire sa beauté extérieure, qui est non sa personne même, mais l'image de cette personne.

12. *Till certain canon be paid*, avant que certain coup de feu soit tiré. Il est remarquable que cette expression de Lance correspond exactement à la locution parisienne par laquelle nous l'avons rendue.

13. *Marry after they closed in earnest, they parted very fairly in jest.* Lance compare les étreintes des amoureux aux étreintes des lutteurs. Protée et Julia se sont d'abord pris à bras le corps pour tout de bon, *in earnest*, avec l'ardeur de deux combattants qui se disputent la victoire ; mais, au contraire des lutteurs, ils se sont séparés ravis mutuellement de cette étreinte.

14. Voici la traduction mot à mot de ce passage

Speed. — Oui ; mais comment sont situées leurs affaires ? (*How stands the matter?*)

Lance. — Parbleu, lorsqu'elles sont en bonne position pour lui, elles sont en bonne position pour elle. (*It stands well.*)

Speed. — Quel âne tu es! Je ne te comprends pas. (*I understand not.*)

Lance. — Quel imbécile tu es de ne pas le pouvoir! mon bâton me comprend.

Speed. — Ce que tu dis.

Lance. — Oui ; et ce que je fais aussi. Je n'ai qu'à m'appuyer, et mon bâton me comprend.

Speed. — Il se tient sous toi, c'est vrai. (*It stands under thee.*)

Lance. — Eh bien, se tenir dessous et comprendre (*stand under* et *under stand*, n'est-ce pas la même chose.

15. *To go to the ale with a christian*. Nous avons traduit par un équivalent qui en conserve à peu près le sens la plaisanterie de Lance ; mais ce que nous n'avons pu traduire, c'est l'allusion qu'elle fait à une vieille coutume anglaise qui se rapporte à la civilisation catholique antérieure à la réforme. Pour subvenir à la réparation des églises dans les campagnes, le clergé avait établi certaines ventes de bières que l'on nommait selon les lieux ou les époques de l'année *lamb ale, church ale, bride ale, whitsun ale*, bière du mouton, bière de l'église, bière de la Pentecôte, etc. Cette bière, fabriquée aux frais du clergé, était vendue au peuple dans le cimetière, et aux gens de condition supérieure dans l'église même. Outre ces ventes, les paroissiens en avaient institué d'autres pour leur propre plaisir, dont ils supportaient les frais.

16. Allusion à une mode de l'époque, qui consistait à transformer en pelote une partie très-apparente du haut-de-chausses.

ACTE III.

1. Le duc compare l'ambition de Valentin qui, simple gentilhomme, convoite la fille du prince, à celle de Phaéthon, qui se vantait d'être le fils d'Apollon, quoiqu'il ne fût que le fils du mortel Mérops.

2. *No Valentine indeed for sacred Silvia*. Valentin joue sur le mot *no*, non, que vient de prononcer Protée, et qui signifie en même temps *pas, aucun*. Non, Valentin, dit Protée ; *aucun Valentin en effet*, répond ce dernier. Il est possible qu'il joue encore sur son nom de Valentin, qui est le nom de la fête des amoureux, et des billets qu'ils s'écrivent ce jour-là. — *Sacred*, consacré, sacré, a, croyons-nous, dans cette phrase, le sens d'*interdit*, de *défendu*, et ce sens s'accorde parfaitement avec la situation de proscrit de Valentin.

3. Lance, dont les plaisanteries consistent à mal parler, transforme le mot *banished*, en celui de *vanished*, évanoui, disparu.

4. Le texte porte : S'il n'est qu'un seul coquin ; *if he be but one knave*.

COMMENTAIRE.

Nous avons adopté la très-judicieuse correction de Warburton, qui a substitué le mot *kind*, espèce, manière, au mot *knave*, coquin.

5. *Cat-log*. Lance estropie le mot catalogue.

6. Lance joue sur le mot *mastership*, seigneurie, qui peut se décomposer en deux mots, *master*, maître, et *ship*, vaisseau ; *le vaisseau de mon maître*, dit-il, *il est en mer*.

7. *Blackest news*. Lance joue sur le mot *black* qui, dans un sens matériel, signifie *noir*, et dans un sens moral, *sombre, sinistre*.

8. Saint Nicolas était, comme on sait, le patron des écoliers. Cette phrase contient en outre une plaisanterie intraduisible sur le nom de *Speed*, qui signifie diligence, rapidité, succès, réussite. *And saint Nicholas be thy speed*.

9. *A sweet mouth*, une bouche suave et en même temps ce qu'on entend par une fine bouche, gastronomiquement parlant.

ACTE IV.

1. *Robin Hood's fat friar*. Ce frère Tuck, que la légende a donné pour compagnon et chapelain à Robin Hood, dans la forêt de Sherwood, bien connu de tous les lecteurs de l'*Ivanhoë* de Walter Scott et de l'histoire d'Augustin Thierry.

2. *From the company of awful men*. *Awful* a ici le sens de légal, soumis aux lois, reconnu par la loi, officiellement établi. *The company of awful men* signifie la société légale, reconnue. Néanmoins, cette épithète d'*awful* peut parfaitement signifier honorable, digne, vertueux ; c'est pourquoi nous avons traduit cette expression par celle d'*homme comme il faut*, qui réunit quelques-unes des nuances des deux sens.

3. L'édition in-folio porte *to our crews*, dans nos bandes ; mais nous adoptons l'avis de ceux qui lisent *our cave*, notre caverne, mot qui est beaucoup plus en rapport avec la mention de trésors du vers suivant.

4. *Crept before us* ; mot à mot, rampé avant nous. Ce mot, jeté en passant, exprime à merveille le caractère déloyal de Protée.

5. *Allicholy*. L'hôtelier estropie le mot *melancholy*, mélancolie.

6. Il y a dans l'original une espèce de calembour impossible à rendre en français, qui roule sur la ressemblance de prononciation de l'interjection *marry*, parbleu, et de l'adjectif *merry*, joyeux. *Marry because I cannot be merry*.

7. *He plays false father*. Julia répond à l'hôtelier dans le même langage qu'il emploie pour lui parler. L'hôtelier, avec la familiarité populaire, l'appelle *mon joli garçon*, Julia lui répond en l'appelant *papa* ou *petit père*.

8. *Out of all nick*. *Nick*, coche, baguette de bois sur laquelle on faisait des comptes avec des entailles.

LA
COMÉDIE DES MÉPRISES

IMPRIMÉE POUR LA PREMIÈRE FOIS DANS L'ÉDITION DE 1623. — DATE PROBABLE DE LA REPRÉSENTATION : ENTRE LES ANNÉES 1589-1594.

PERSONNAGES DU DRAME.

SOLINUS, duc d'Éphèse.
ÆGÉON, marchand de *Syracuse*.
ANTIPHOLUS d'*Éphèse*, } frères jumeaux, fils d'Ægéon
ANTIPHOLUS de *Syracuse*, } et d'Emilia.
DROMIO d'*Éphèse*, } frères jumeaux, serviteurs des deux
DROMIO de *Syracuse*, } Antipholus.
BALTHAZAR, marchand.
ANGELO, orfévre.
Premier marchand, ami d'ANTIPHOLUS de *Syracuse*.
Second marchand, créancier d'ANGELO.
PINCH, maître d'école et sorcier.
EMILIA, femme d'ÆGÉON, abbesse à *Éphèse*.
ADRIANA, femme d'ANTIPHOLUS d'*Éphèse*.
LUCIANA, sa sœur.
LUCE, servante d'ADRIANA.
Une courtisane.
Un Geôlier, des officiers et autres comparses.

Scène. — Éphèse.

AVERTISSEMENT.

Comme *la Tempête* et les *Deux Gentilshommes de Vérone*, *la Comédie des Méprises* fut imprimée pour la première fois dans l'édition *in-folio* de 1623. Sa fortune semble avoir été assez obscure, car le seul renseignement qu'on découvre sur elle parmi les contemporains du poëte, est la mention qu'en fait un vieil écrivain, Meres, dans un écrit qui porte la date de 1598. Cependant cette indication, toute sommaire qu'elle est, a son importance et son utilité, puisqu'elle évite au critique la peine de chercher la date inconnue de la représentation de cette pièce dans d'autres années que les années immédiatement antérieures à 1598.

Pour écrire cette pièce, Shakespeare s'est inspiré de la comédie de Plaute, si souvent imitée, intitulée *les Ménechmes*. Mais si l'on accepte ce que raconte la tradition de l'ignorance de Shakespeare relativement aux langues grecque et latine, comment a-t-il eu connaissance de la comédie de Plaute? Steevens suppose qu'il a pu se servir de la traduction anglaise des *Ménechmes* de W. Warner, imprimée en 1595. Si Shakespeare a composé sa pièce d'après la traduction de Warner, il faut nécessairement lui assigner pour date 1596 ou 1597, puisque l'indication de Meres nous interdit de dépasser l'année 1598. Malheureusement pour la supposition de Steevens, certains documents font mention d'une pièce intitulée *la Comédie des Méprises* à la date de 1594.

Selon Chalmers, cette date serait 1591, selon Malone, 1593. Ces deux dates sont également admissibles, car la même raison qui plaide pour l'une plaide également pour l'autre. En effet, cette raison, c'est la mention qui est faite dans cette pièce des guerres civiles de France, et de la lutte du parti ligueur contre l'héritier légitime de la couronne, Henri IV. Il faut donc se borner à accepter la date générale que nous fournit cette allusion à nos guerres civiles, et placer, sans chercher à préciser davantage, la date de *la Comédie des Méprises* entre 1589 et 1593.

Shakespeare connaissait donc la comédie de Plaute avant de connaître la traduction de Warner. Comment la connaissait-il? Par une autre traduction? Par une pièce du théâtre de son temps? Toutes ces hypothèses sont possibles; mais nous croyons que les commentateurs s'épargneraient beaucoup de difficultés s'ils voulaient enfin renoncer au Shakespeare ignorant de la tradition. Un examen, même médiocrement attentif de ses œuvres, révèle que la lecture de cet ignorant était prodigieuse. Nous savons, à un vers près, ce que les autres grands poëtes de son siècle, un Arioste, un Tasse, un Spenser, un Ben Jonson, ont emprunté aux auteurs de l'antiquité, mais personne ne s'est encore avisé de rechercher dans Shakespeare les passages qu'il doit aux poëtes latins. Eh bien, ces emprunts sont en si grand nombre, que quiconque entreprendra de les relever restera convaincu qu'il est impossible que Shakespeare n'ait pas eu de la langue latine une connaissance assez étendue.

La Comédie des Méprises n'est pas généralement regardée comme une des bonnes productions du poëte. Pourquoi cela? Il est inutile de le demander. C'est là une de ces opinions pédantesques et superficielles, où la cécité du jugement le dispute à la légèreté de l'esprit, qui s'établissent sans qu'on sache comment et que se transmettent sans les examiner des générations de lecteurs à l'infini. Ne lisions-nous pas récemment, quelque part, que cette pièce était inférieure à la comédie de Plaute? Que Shakespeare fût battu par Plaute sur le terrain spécial de la Comédie, il n'y aurait là rien d'étonnant; mais, dans ce sujet il l'emporte vraiment sur tous les points, en gaieté, en esprit, en variété de caractères, en intérêt dramatique. A la vérité, la comédie de Shakespeare n'a pas la simplicité du plan de celle de Plaute; mais cette simplicité paraît proche parente de l'indigence si on la compare à la fertilité d'invention dont le poëte anglais a fait preuve. Quelle inépuisable variété de surprises! quelles bouffonnes complications! quelle verve! quelle bonne humeur! Non-seulement dans cette comédie Shakespeare n'a pas été inférieur à Plaute, mais il n'a pas été, chose plus difficile, inférieur à lui-même : Shakespeare. Eh! sans doute, cette pièce n'a ni la portée philosophique, ni le charme poétique de ses autres œuvres : elle n'est qu'amusante, mais elle est amusante au plus haut point; c'est un chef-d'œuvre de gaieté. Et encore craignons-nous que notre opinion, toute favorable qu'elle est, ne le soit pas encore assez. Les deux personnages d'Adriana la passionnée et la jalouse, et de sa charmante sœur Luciana, ne suffiraient-ils pas en effet pour prouver qu'en écrivant cette comédie bouffonne, Shakespeare n'avait abdiqué ni sa faculté de rêverie, ni son génie de grand observateur de la nature humaine?

LA COMÉDIE DES MÉPRISES.

ACTE I.

SCÈNE PREMIÈRE.

Une salle dans le palais du duc.

Entrent le DUC, ÆGEON, UN GEÔLIER, DES OFFICIERS ET AUTRES PERSONNES DE LA SUITE DU DUC.

ÆGÉON. — Achève d'assurer ma perte, Solinus, et par une sentence de mort mets un terme à mes malheurs et à tout au monde pour moi.

LE DUC. — Marchand de Syracuse, ne plaide pas davantage pour ta vie : je ne saurais arbitrairement enfreindre nos lois. L'inimitié et la division récemment sorties de l'implacable outrage de votre duc envers d'honnêtes marchands, nos compatriotes, qui, faute d'assez d'écus pour racheter leurs vies, ont scellé de leur sang ses rigoureux statuts, défendent qu'aucun rayon de pitié adoucisse la menaçante sévérité de nos regards. Depuis ces mortelles guerres intestines entre tes séditieux compatriotes et nous, il a été décrété dans des conseils solennels, et par les Syracusains et par nous-mêmes, qu'aucun trafic entre nos deux villes ennemies ne serait toléré,

Bien plus, il a été établi que si un Éphésien de naissance était vu dans les marchés et les foires de Syracuse, et réciproquement que si un Syracusain de naissance débarquait dans la baie d'Éphèse, celui-là mourrait et ses biens confisqués seraient mis à la disposition du duc, à moins qu'il ne pût compter la somme de mille marcs pour s'acquitter de la pénalité et racheter sa vie. Tes ressources évaluées au plus haut ne peuvent monter même à cent marcs; donc, de par la loi, tu es condamné à mourir.

Ægéon. — Toutefois, ce qui me console, c'est que par l'exécution de votre sentence, mes malheurs finiront en même temps que le soleil de ce jour.

Le duc. — Allons, Syracusain, dis-nous en gros pour quelles causes tu es parti de ton pays natal et venu à Éphèse?

Ægéon. — Une tâche plus pesante que celle de raconter mes inénarrables malheurs ne pouvait m'être imposée : cependant, afin que le monde puisse être témoin que ma fin fut amenée par les sentiments de la nature, et non par un désir d'outrage envers les lois[1], je raconterai de mon histoire tout ce que ma douleur me permettra d'en dire. Je suis né à Syracuse, et je m'y mariai à une femme qui sans moi eût été heureuse, et qui eût été heureuse aussi par moi, si la destinée ne nous avait été cruelle. Avec elle je vécus en joie, et j'accrus notre fortune par des voyages fructueux et fréquents à Épidamne jusqu'au jour où la mort de mon agent d'affaires et un pressant besoin de veiller à des marchandises éparpillées de tous côtés m'arrachèrent aux tendres embrassements de mon épouse. Six mois à peine après mon départ, elle-même, fléchissant sous le poids de l'aimable châtiment que portent les femmes, prenait toutes ses dispositions pour me rejoindre et arrivait saine et sauve à l'endroit où j'étais. Elle y devint peu de temps après l'heureuse mère de deux beaux garçons, et, — circonstance singulière, — si semblables l'un à l'autre, qu'on ne pouvait les distinguer que par leurs noms[2]. A la même heure, dans la même auberge, une femme de condition pauvre se délivrait d'un semblable fardeau :

deux jumeaux mâles, de tout point semblables. Comme
les parents étaient indigents à l'excès, j'achetai ces jumeaux
et les élevai pour devenir les serviteurs de mes fils. Ma
femme, qui n'était pas médiocrement fière de deux tels
enfants, me pressait journellement d'instances pour retourner dans notre pays; j'y cédai à contre-cœur. Hélas!
nous ne fûmes que trop tôt embarqués. Nous avions déjà
laissé Épidamne une lieue derrière nous, et l'abîme toujours
soumis aux vents ne nous avait encore donné aucun signe
sinistre du péril qui nous menaçait, mais nous ne gar-
dâmes pas plus longtemps espoir, car le peu de lumière,
qu'alors le ciel assombri nous accorda, ne nous servit
qu'à faire pénétrer dans nos âmes effrayées l'épouvantable
assurance d'une mort immédiate[3]. Cette mort, quant à moi
je l'aurais joyeusement embrassée, mais les larmes con-
tinuelles de ma femme pleurant d'avance le malheur qu'elle
voyait venir, et les cris navrants des deux jolis enfants
pleurant par imitation, dans l'ignorance de ce qu'ils devaient craindre, me forcèrent de chercher, et pour eux et
pour moi, des moyens de délai contre la mort. Ces
moyens se résumaient en un seul: celui que voici. Les
matelots avaient cherché leur salut dans notre bateau et
nous avaient abandonné le navire qui était alors prêt à
sombrer. Ma femme qui avait plus de sollicitude pour
son dernier-né, l'avait attaché, et avec lui un des deux
autres jumeaux, à un de ces petits mâts de réserve dont
les marins se pourvoient pour les cas de tempête, tandis
que de mon côté j'avais pris les mêmes précautions pour
notre autre enfant. Ces mesures prises envers les enfants,
ma femme et moi, les yeux fixés sur les objets de notre
souci constant, nous nous attachâmes alors à chacune
des extrémités du mât et nous nous laissâmes flotter avec
résignation au gré du courant, qui, dans notre opinion,
nous poussait vers Corinthe. A la fin, le soleil, se décou-
vrant de nouveau à la terre, dissipa les vapeurs qui nous
avaient mis en péril; sous la bienfaisante influence de
sa lumière désirée, les mers redevinrent calmes et nous
découvrîmes dans le lointain deux vaisseaux qui se diri-

geaient vers nous en toute vitesse, celui-ci de Corinthe, celui-là d'Épidaure ; mais avant qu'ils nous eussent rejoints.... ah! permettez-moi de n'en pas dire davantage et devinez la fin de mon récit par son commencement.

Le duc. — Continue, continue, vieillard ; ne coupe pas court ainsi à ton histoire, car nous pouvons te plaindre, si nous ne pouvons te faire grâce.

Ægéon. — Ah ! si les dieux avaient agi comme vous le faites, je n'aurais pas eu tout à l'heure le juste droit de les nommer impitoyables envers nous. Les vaisseaux étaient encore séparés de nous, chacun d'environ cinq lieues, lorsque nous rencontrâmes un énorme rocher contre lequel notre navire secourable alla donner si violemment, qu'il fut radicalement coupé en deux par le milieu, en sorte que dans l'injuste divorce auquel elle nous forçait, la fortune nous laissait également, à ma femme et à moi, et de quoi nous réjouir et de quoi nous désoler. La partie du vaisseau qui la portait — pauvre chérie ! — chargée à ce qu'il semblait d'un moindre poids, sinon d'une moindre douleur, fut poussée par les vents avec plus de vitesse, et à notre vue, les trois êtres qu'elle contenait furent recueillis par des pêcheurs de Corinthe ; au moins nous crûmes tels leurs sauveurs. Enfin un autre vaisseau nous rejoignit ; les gens de l'équipage sachant quels étaient ceux que le sort leur donnait à sauver, accueillirent leurs hôtes naufragés avec un empressement plein de cordiale bonté, et ils auraient ravi leur proie aux pêcheurs, si leur navire n'avait pas été mauvais voilier, circonstance qui les décida à diriger leur course vers leur pays. Vous savez maintenant comment je me suis trouvé séparé de mon bonheur, et par quel mauvais destin ma vie fut prolongée pour vous faire le triste récit de mes propres infortunes.

Le duc. — Au nom de ceux que tu pleures, fais-moi la faveur de m'informer complétement de ce qui vous est arrivé, à eux et à toi, à partir de cette époque ?

Ægéon. — Le cadet de mes garçons, mais l'aîné de ma sollicitude, lorsqu'il eut atteint dix-huit ans, montra un désir impatient de retrouver son frère, et me demanda avec instances de permettre à son serviteur, dont le sort était pareil au sien, et qui, comme lui, privé de son frère, en portait le nom, de l'accompagner dans sa recherche; moi, cédant à un espoir passionné de revoir celui dont j'étais séparé, je consentis par amour à hasarder la perte de celui que j'aimais. J'ai passé cinq étés à parcourir les extrémités les plus reculées de la Grèce, je me suis avancé jusque par delà les frontières de l'Asie, et, revenant dans ma patrie en suivant les côtes, j'ai débarqué à Éphèse, non dans l'espoir de les découvrir, mais pour m'épargner le reproche d'avoir laissé sans recherche cette ville ou toute autre localité où vivent des hommes. Ici doit se terminer l'histoire de ma vie, et cette mort qui est la bienvenue me trouverait heureux, si, pour fruit de tous mes voyages, j'avais acquis la certitude qu'ils vivent.

Le duc. — Malheureux Ægéon que la destinée a marqué pour supporter jusqu'à ses dernières extrémités la plus cruelle fortune! Crois-moi, si cela n'était pas contraire à nos lois, aux droits de ma couronne, à mes serments, à ma dignité, toutes choses que les princes ne peuvent annuler, quand même ils le voudraient, mon âme plaiderait pour toi. Cependant, quoique tu sois adjugé à la mort et que la sentence rendue ne puisse être rapportée qu'au grand désavantage de notre honneur, je veux te favoriser autant qu'il m'est permis. En conséquence, marchand, je t'accorde l'étendue entière de cette journée pour trouver l'espoir de ton salut dans les secours de la bienfaisance[4]; mets à l'épreuve tous les amis que tu as dans Éphèse, mendie ou emprunte la somme nécessaire à ta rançon, et vis; sinon tu es condamné à mourir. — Geôlier, prends-le sous ta garde.

Le geôlier. — Oui, Monseigneur.

Ægéon. — Sans espérance et sans appui, Ægéon ne se retire que pour différer un dénoûment qui sera la mort.

(*Ils sortent.*)

SCÈNE II.

Une place publique.

Entrent ANTIPHOLUS DE SYRACUSE, DROMIO DE SYRACUSE *et* LE PREMIER MARCHAND.

LE PREMIER MARCHAND. — Ayez donc bien soin de dire que vous êtes d'Épidamne, si vous ne voulez pas que vos marchandises soient confisquées d'ici à peu de temps. Aujourd'hui même un marchand de Syracuse a été arrêté pour être descendu ici, et comme il n'a pas pu racheter sa vie conformément aux statuts de notre ville, il doit mourir avant que le soleil fatigué se couche à l'occident. Voici l'argent que j'avais à vous en dépôt.

ANTIPHOLUS DE SYRACUSE. — Va, Dromio, porte cet argent à l'hôtel du *Centaure*, où nous logeons, et n'en bouge pas jusqu'à ce que je revienne. Dans une heure il sera temps de dîner; d'ici là je m'en vais observer les coutumes de la ville, passer l'inspection des boutiques, contempler les monuments, puis je m'en retournerai dormir à notre auberge, car je suis las et moulu de ce long voyage. — Sauve-toi bien vite.

DROMIO DE SYRACUSE. — Plus d'un de vous prendrait au mot, et se sauverait en effet, en ayant si bien le moyen.

(*Il sort.*)

ANTIPHOLUS DE SYRACUSE. — C'est un esclave de confiance, Monsieur, qui bien souvent lorsque je suis assombri par le souci et la mélancolie, dissipe mes humeurs noires par ses joyeuses plaisanteries. Voyons, voulez-vous faire un tour avec moi dans la ville, puis venir à mon auberge et partager mon dîner?

LE PREMIER MARCHAND. — Je vous prie de m'excuser; je suis invité chez certains marchands dont j'espère des profits considérables. Si vous le voulez, vers cinq heures, je vous retrouverai sur le marché, et alors je vous tiendrai compagnie jusqu'à l'heure du coucher. Pour le moment, mes affaires m'obligent à vous quitter.

Antipholus de Syracuse. — Adieu donc, jusqu'à tantôt; moi, je vais aller m'égarer en flânant d'ici, delà, afin de voir la ville.

Le premier marchand. — Monsieur, je vous remets aux soins de votre heureuse fortune.

(Il sort.)

Antipholus de Syracuse. — Celui qui me remet aux soins de mon heureuse fortune, me remet aux soins d'une chose qui n'existe pas pour moi. Je suis dans le monde comme une goutte d'eau qui, tombant dans l'Océan pour y rencontrer une autre goutte, se perd elle-même, chercheuse inaperçue, pour trouver sa compagne[5]. C'est ainsi que pour trouver une mère et un frère, je me perds moi-même en les cherchant, malheureux que je suis. Ah! voici mon authentique extrait de naissance[6].

Entre DROMIO D'ÉPHÈSE.

Eh bien! par quel hasard es-tu sitôt de retour?

Dromio d'Éphèse. — Comment, sitôt de retour! dites plutôt que je vous rencontre trop tard. Le chapon brûle, le cochon de lait tombe de la broche, l'horloge a sonné midi et ma maîtresse a sonné une heure sur ma joue. Elle n'est de si chaude humeur que parce que le dîner refroidit : le dîner refroidit parce que vous ne revenez pas à la maison; vous ne revenez pas à la maison parce que vous n'avez pas faim; vous n'avez pas faim parce que vous avez rompu votre jeûne; mais nous qui savons ce que c'est que de jeûner et de prier, nous faisons aujourd'hui pénitence pour votre retard [7].

Antipholus de Syracuse. — Respirez un peu, Monsieur, et dites-moi, je vous prie, où vous avez laissé l'argent que je vous ai donné?

Dromio d'Éphèse. — Ah! oui, les douze sous que vous m'avez remis mercredi dernier pour payer au sellier la croupière de ma maîtresse; le sellier les a reçus, Monsieur; je ne les ai pas gardés.

Antipholus de Syracuse. — Je ne suis pas tout à l'heure en humeur de gaieté; ne fais pas le plaisant, et réponds-moi : où est l'argent? Comment, sachant que nous sommes étrangers ici, as-tu pu confier une aussi grosse somme à une autre surveillance que la tienne?

Dromio d'Éphèse. — Je vous en prie, Monsieur, vous plaisanterez quand vous serez à table. Ma maîtresse m'avait recommandé de vous chercher avec un train de coche; si je reviens sans vous, c'est pour le coup que je lui servirai de coche[8], car elle comptera les minutes de votre retard sur ma caboche. Il me semble que votre panse devrait, comme la mienne, vous servir d'horloge et vous ramener au logis sans le secours d'un messager.

Antipholus de Syracuse. — Voyons, Dromio, voyons, ces plaisanteries sont hors de saison; réserve-les pour une heure plus gaie. Où est l'or que je t'ai donné à garder?

Dromio d'Éphèse. — A moi, Monsieur! mais vous ne m'avez pas donné d'or!

Antipholus de Syracuse. — Voyons, monsieur le coquin, finissons ces folies et dites-moi comment vous avez exécuté mes recommandations?

Dromio d'Éphèse. — La seule recommandation que j'aie reçue, Monsieur, c'est d'aller vous chercher sur la place du Marché et de vous ramener à votre maison, au *Phœnix*, pour dîner; ma maîtresse et sa sœur vous attendent.

Antipholus de Syracuse. — A la fin, tâche de me dire si tu as placé mon argent en lieu sûr et en quel lieu, ou bien, aussi vrai que je suis un chrétien, je vais te casser cette trop joyeuse caboche qui s'amuse à faire des farces alors que je n'y ai pas le moindre goût. Où sont les mille marcs que je t'ai remis?

Dromio d'Éphèse. — J'ai bien quelques marques de vous sur la tête, et quelques autres marques de ma maîtresse sur les épaules, mais toutes vos marques réunies à vous deux n'en font pas mille. Si je rendais ces marques à Votre Honneur, peut-être qu'elle ne le supporterait pas patiemment.

Antipholus de Syracuse. — Les marques de ta maîtresse ? quelle maîtresse as-tu donc, esclave ?

Dromio d'Éphèse. — La femme de Votre Honneur, ma maîtresse du Phœnix, celle qui jeûne en vous attendant et qui vous prie de vous dépêcher de venir dîner.

Antipholus de Syracuse. — Comment, tu viens me narguer ainsi à la face lorsque je te l'ai défendu ! Tenez, attrapez cela, Monsieur le drôle.

(Il le bat.)

Dromio d'Éphèse. — Qu'est-ce qui vous prend, Monsieur? Au nom du ciel, retenez un peu vos mains ! Si vous ne voulez pas les retenir, moi je vais prendre mes jambes à mon cou. *(Il sort.)*

Antipholus de Syracuse. — Sur ma vie, d'une façon ou d'une autre, le coquin se sera laissé filouter de tout mon argent. On dit que la ville abonde en fripons de tout genre : adroits escamoteurs qui trompent l'œil, sorciers aux œuvres ténébreuses qui bouleversent l'esprit, sorcières meurtrières des âmes qui déforment le corps, escrocs déguisés, charlatans blagueurs, et autres adeptes sans lois de la fraude [9]. S'il en est ainsi, je ne puis trop vite me dépêcher de partir. Je vais aller au Centaure chercher cet esclave ; je crains fort que mon argent ne soit pas en sûreté. *(Il sort.)*

ACTE II.

SCÈNE PREMIÈRE.

Une place publique devant la maison d'Antipholus d'Éphèse.

Entrent ADRIANA *et* LUCIANA.

ADRIANA. — Ni mon mari, ni l'esclave que j'avais envoyé en si grande hâte chercher son maître, ne reviennent. Pour sûr, Luciana, il est maintenant deux heures.

LUCIANA. — Peut-être quelque marchand l'a-t-il invité, et alors en quittant le marché il sera allé dîner quelque part. Dînons nous-mêmes, ma bonne sœur, et ne nous en tourmentons pas davantage. Les hommes sont maîtres de leur liberté, et il n'y a que le temps qui soit leur maître. Lorsqu'ils voient arriver le temps, alors ils viennent ou ils s'en vont. Par conséquent, prenez patience, ma sœur.

ADRIANA. — Et pourquoi leur liberté serait-elle plus grande que la nôtre ?

LUCIANA. — Parce que leurs affaires sont toujours hors du logis.

ADRIANA. — Mais voyez, lorsque par hasard je lui en fais autant, il le prend mal.

LUCIANA. — C'est qu'il est, sachez-le bien, la bride de votre volonté.

ADRIANA. — Il n'y a que les ânes qui se laissent brider ainsi.

LUCIANA. — Une liberté qui ne veut pas obéir est toujours flagellée par le malheur[1]. Il n'est aucune des choses qui sont placées sous l'œil du firmament, sur la terre, dans la mer, au ciel, qui n'ait des bornes. Chez les bêtes, les poissons et les oiseaux ailés, les mâles sont les maîtres et exercent l'autorité. Les hommes, de race plus divine, maîtres de toutes ces créatures, souverains du vaste monde et des sauvages mers humides, doués de facultés intellectuelles et d'âmes supérieures à celles des poissons et des oiseaux, sont aussi les maîtres et les souverains de leurs femelles ; faites donc que votre volonté s'accorde avec la sienne.

Adriana. — C'est à cause de cette servitude que vous ne vous mariez pas ?

Luciana. — Non, ce n'est pas pour cela, mais pour les ennuis du lit nuptial.

Adriana. — Mais si vous étiez mariée, il vous faudrait vous résigner quelque peu à être commandée.

Luciana. — Avant d'apprendre à aimer, je m'exercerai à l'obéissance.

Adriana. — Mais que feriez-vous si votre mari s'en allait fourrager ailleurs ?

Luciana. — Je prendrais patience jusqu'à ce qu'il revînt à moi.

Adriana. — Lorsque la patience n'est pas mise à l'épreuve, il n'est pas étonnant qu'on reste calme : ils peuvent être facilement d'humeur douce ceux qui n'ont pas de raison d'être autrement. Nous recommandons le calme à une âme malheureuse, brisée par l'adversité, lorsque nous l'entendons gémir ; mais si nous étions accablés sous le même fardeau de douleurs, nous nous plaindrions nous-mêmes tout autant, si ce n'est davantage. Toi qui n'as pas d'époux au cœur tiède pour te faire du chagrin, tu voudrais me consoler en me recommandant une patience qui n'est d'aucun secours ; mais s'il t'arrive un jour d'être négligée comme moi, cette patience idiote que tu me recommandes t'aura bientôt lassée.

Luciana. — Bien ; je me marierai un jour, ne fût-ce que pour essayer. Voici votre serviteur qui revient ; votre mari ne doit pas être loin.

Entre DROMIO D'ÉPHÈSE.

ADRIANA. — Eh bien, ton retardataire de maître, l'as-tu sous la main[2]?

DROMIO D'ÉPHÈSE. — C'est lui qui m'a sous ses deux mains, et de ce fait mes deux oreilles peuvent rendre témoignage.

ADRIANA. — Voyons, lui as-tu parlé? t'a-t-il dit ce qu'il comptait faire?

DROMIO D'ÉPHÈSE. — Oui, oui, il l'a *conté* à mon oreille; le diable soit de sa main, c'est à peine si elle m'a permis de l'entendre.

LUCIANA. — A-t-il donc parlé d'une manière si ambiguë que tu n'as pu saisir le sens de ses pensées?

DROMIO D'ÉPHÈSE. — Oh! il tapait si nettement que je n'ai que trop bien saisi ses coups, et cependant d'une manière si peu claire pour moi que j'ai eu peine à en comprendre le sens[3].

ADRIANA. — Mais, dis-moi, je t'en prie, revient-il? il semble qu'il ait grand souci vraiment de plaire à sa femme.

DROMIO D'ÉPHÈSE. — Vrai, maîtresse, mon maître est fou à porter des cornes.

ADRIANA. — Fou à porter des cornes, qu'est-ce à dire, drôle?

DROMIO D'ÉPHÈSE. — Je ne veux pas dire qu'il soit fou comme un cocu, mais qu'il est entièrement fou. Lorsque je l'ai invité à venir dîner, il m'a interrogé sur je ne sais quels mille marcs d'or. « Il est temps de venir dîner, lui ai-je dit. — Mon or, a-t-il dit. — Votre dîner brûle, ai-je dit. — Mon or, a-t-il dit. — Voulez-vous venir à la maison? ai-je dit. — Mon or, a-t-il dit. Où sont les mille marcs que je t'ai donnés, drôle? — Le cochon de lait est brûlé, ai-je dit. — Mon or, a-t-il dit. — Ma maîtresse, Monsieur..., ai-je dit. — Va-t'en au diable avec ta maîtresse; je ne connais pas ta maîtresse. Laisse-moi tranquille avec ta maîtresse. »

LUCIANA. — Qui a dit cela?

DROMIO D'ÉPHÈSE. — Qui l'a dit? Mon maître. « Je ne

connais, m'a-t-il répondu, ni maison, ni femme, ni maitresse. » Si bien que, grâce à lui, je rapporte sur mes épaules le message dont ma langue seule était chargée ; car pour conclusion, il m'a battu.

ADRIANA. — Retourne vers lui, esclave, et ramène-le au logis.

DROMIO D'ÉPHÈSE. — Retourne vers lui et reviens encore battu au logis ! Au nom du ciel, envoyez quelque autre messager.

ADRIANA. — File, esclave, ou ma main va te planter une croix au travers du visage[4].

DROMIO D'ÉPHÈSE. — Et lui bénira cette croix avec d'autres gifles, si bien qu'entre vous deux vous me ferez une tête toute sanctifiée.

ADRIANA. — Hors d'ici, manant bavard ! ramène ton maître au logis.

DROMIO D'ÉPHÈSE. — Voilà qui s'appelle parler rondement ! Vous parais-je donc si rond[5] pour que vous me preniez pour une balle faite pour être poussée du pied ? vous me poussez d'ici, et lui me repoussera ici ; si je dois continuer longtemps ce service, vous ferez bien de me recouvrir de cuir. *(Il sort.)*

LUCIANA. — Fi ! quel visage méchant vous fait votre impatience !

ADRIANA. — Quoi ! il ira passer son temps à faire le gracieux auprès de ses mignonnes, tandis que je resterai au logis affamée d'un regard d'affection ! Si le cours ordinaire de l'âge[6] a ravi à mes pauvres joues les séductions de la beauté, c'est lui qui en a profité et qui les a détruites. Ma conversation est-elle ennuyeuse ? mon esprit stérile ? c'est lui qui en est encore coupable, car la sécheresse du cœur fait plus pour émousser la vivacité et le piquant des paroles que la dureté du marbre. Si ce sont leurs gais vêtements qui amorcent son affection, la faute n'en est pas davantage à moi, car il est maître de mon entretien. Quelles ruines sont en moi qui ne soient pas de son fait ? il est l'auteur de toutes mes décrépitudes. Ma beauté détruite, un regard de ses yeux la ranimerait bien vite; mais, cerf trop emporté, il brise sa palissade et va paître l'herbe tendre, loin de sa demeure; moi, pauvre être, je ne suis que son herbe séchée[7].

LUCIANA. — Jalousie qui se bat elle-même! Fi donc! débarrassez-vous d'un tel sentiment.

ADRIANA. — Les imbéciles qui ne sentent pas peuvent tolérer de semblables outrages. Je sais que ses yeux portent ailleurs leurs hommages; si cela n'était pas, qu'est-ce qui l'empêcherait d'être ici maintenant? Ma sœur, vous savez qu'il m'avait promis une chaîne; plût à Dieu que ce fût cela seul qu'il me refusât[8]! il serait alors l'hôte fidèle de son lit légitime. Je vois que le bijou le mieux émaillé peut perdre sa beauté, et quoique l'or résiste longtemps au toucher des uns et des autres, cependant à la fin ces attouchements répétés finissent par l'user; de même il n'est pas d'homme dont la bonne renommée ne finisse par se ternir au contact de la fausseté et de la corruption. Puisque ma beauté ne peut plus plaire à ses yeux, je veux user dans les larmes ce qui m'en reste et mourir en pleurant.

LUCIANA. — Que de serviteurs la folle jalousie trouve parmi les insensés qu'égare la passion!

(*Elles sortent.*)

SCÈNE II.

La même place publique.

Entre ANTIPHOLUS DE SYRACUSE.

ANTIPHOLUS DE SYRACUSE. — L'or que j'avais remis à Dromio est en sûreté au *Centaure*, et le fidèle esclave est sorti pour tâcher de me trouver. Par le calcul du temps et le rapport de mon hôte, il serait impossible que j'eusse parlé à Dromio depuis le moment où je l'ai fait partir du marché. — Mais le voici qui vient.

Entre DROMIO DE SYRACUSE.

Eh bien! Monsieur, avez vous un peu rabattu de votre

belle humeur? Venez plaisanter encore avec moi, si vous aimez les coups. Ah! vous ne connaissez pas le Centaure! ah! vous n'avez pas reçu d'or! ah! votre maîtresse m'a envoyé chercher pour dîner! ah! ma demeure est au *Phœnix!* Est-ce que tu étais devenu fou, pour me faire des réponses aussi folles?

Dromio de Syracuse. — Quelles réponses, Monsieur? quand donc vous ai-je dit rien de pareil?

Antipholus de Syracuse. — A l'instant même, ici même, il n'y a pas une demi-heure.

Dromio de Syracuse. — Je ne vous ai pas vu depuis que vous m'avez envoyé au *Centaure*, avec l'or que vous m'aviez donné.

Antipholus de Syracuse. — Coquin, tu as nié avoir reçu cet or, et tu m'as parlé d'une maîtresse et d'un dîner, sottises pour lesquelles, j'espère, tu as senti la vivacité de mon déplaisir.

Dromio de Syracuse. — Je suis heureux de vous voir dans cette veine de gaieté. Que signifie cette plaisanterie? je vous en prie, maître, dites-le-moi.

Antipholus de Syracuse. — Ah çà, est-ce que tu t'avises de venir me railler et me mystifier sous le nez? crois-tu que je vais plaisanter? tiens, attrape cela, et encore cela.

(Il le bat.)

Dromio de Syracuse. — Arrêtez, Monsieur, au nom du ciel! maintenant votre plaisanterie est fort sérieuse. A quel propos me l'administrez-vous ainsi?

Antipholus de Syracuse. — Parce que je vous prends quelquefois pour mon bouffon et que je jase familièrement avec vous, votre insolence se permet d'abuser de mon amitié pour vous et de prendre mes heures de préoccupation sérieuse pour le champ de ses ébats[2]. Que les moucherons étourdis s'amusent tant que le soleil brille; mais qu'ils se fourrent dans les fentes dès qu'il cache ses rayons. Quand vous voudrez plaisanter avec moi, étudiez d'abord mon visage, et mettez votre conduite d'accord avec ma physionomie, ou sinon je vous ferai pénétrer la méthode que je vous recommande, à coups de poing, dans la boîte de votre cerveau.

Dromio de Syracuse. — Vous dites une boîte, Monsieur? Si vous voulez bien cesser de me battre, j'aime mieux que ce soit une tête; mais si vous devez continuer à me donner des coups, il faudra qu'en effet je me procure une boîte pour ma tête, et que je l'y emballe, ou bien je serai forcé de chercher mon esprit dans mes épaules. Dites-moi, je vous prie, Monsieur, pourquoi vous me battez?

Antipholus de Syracuse. — Est-ce que tu ne le sais pas?

Dromio de Syracuse. — Je ne sais rien, Monsieur, si ce n'est que je suis battu.

Antipholus de Syracuse. — T'en dirai-je le pourquoi?

Dromio de Syracuse. — Oui, Monsieur, et aussi le parce que, car on dit que chaque pourquoi a un parce que.

Antipholus de Syracuse. — Le pourquoi, pour t'être raillé de moi, et le parce que, pour avoir recommencé une seconde fois.

Dromio de Syracuse. — Vit-on jamais un homme battu plus hors de saison, quand le pourquoi et le parce que sont sans rime ni raison? Bien, Monsieur, je vous remercie.

Antipholus de Syracuse. — Vous me remerciez, Monsieur, et de quoi?

Dromio de Syracuse. — Parbleu, Monsieur, de ce quelque chose que vous m'avez donné pour rien.

Antipholus de Syracuse. — Je vous ferai réparation une autre fois, en vous donnant rien pour quelque chose. Mais, dites-moi, Monsieur, est-il l'heure de dîner?

Dromio de Syracuse. — Non, Monsieur; je crois que le rôti manque de ce que j'ai.

Antipholus de Syracuse. — Fort bien, Monsieur; et de quoi manque-t-il?

Dromio de Syracuse. — D'arrosement[10].

Antipholus de Syracuse. — Bien, Monsieur, alors il sera sec.

DROMIO DE SYRACUSE. — Si cela est, Monsieur, je vous en prie, n'en mangez pas.

ANTIPHOLUS DE SYRACUSE. — Votre raison ?

DROMIO DE SYRACUSE. — De peur qu'il ne vous rende colérique et ne me vaille un autre arrosage de coups [11].

ANTIPHOLUS DE SYRACUSE. — Bien, Monsieur; apprenez à plaisanter en temps opportun : il y a un temps pour toutes choses.

DROMIO DE SYRACUSE. — J'aurais osé nier cela, avant que vous fussiez si fort en colère.

ANTIPHOLUS DE SYRACUSE. — Par quel raisonnement, Monsieur ?

DROMIO DE SYRACUSE. — Parbleu, Monsieur, par un raisonnement aussi net que la caboche chauve du père Temps lui-même.

ANTIPHOLUS DE SYRACUSE. — Voyons un peu.

DROMIO DE SYRACUSE. — Il n'est plus temps pour un homme de recouvrer ses cheveux lorsqu'il est devenu chauve par nature.

ANTIPHOLUS DE SYRACUSE. — Ne peut-il pas les recouvrer par *redevance* et *reprise* [12] ?

DROMIO DE SYRACUSE. — Oui, en payant une redevance pour une perruque et en reprenant les cheveux tombés de la tête d'un autre homme.

ANTIPHOLUS DE SYRACUSE. — Pourquoi le Temps est-il à ce point chiche de cheveux, puisque c'est une si abondante excroissance ?

DROMIO DE SYRACUSE. — Parce que c'est un bienfait qu'il accorde aux bêtes, et que ce qu'il enlève aux hommes en cheveux il le leur rend en esprit.

ANTIPHOLUS DE SYRACUSE. — Cependant il est bien des hommes qui ont plus de cheveux que d'esprit.

DROMIO DE SYRACUSE. — Il n'est aucun de ceux-là qui n'ait l'esprit de perdre ses cheveux.

ANTIPHOLUS DE SYRACUSE. — Comment donc, tu avais conclu précédemment que les hommes chevelus sont des hommes de caractère simple, sans esprit.

DROMIO DE SYRACUSE. — Plus l'homme est simple, plus

il perd vite ses cheveux, et il les perd avec une sorte de satisfaction [13].

Antipholus de Syracuse. —Pour quelle raison?

Dromio de Syracuse. — Pour deux raisons, et solides encore.

Antipholus de Syracuse. — Non, non, ne dis pas solides, je t'en prie.

Dromio de Syracuse. — Pour deux raisons sûres, alors.

Antipholus de Syracuse. — Non, non, ne dis pas sûres davantage, à propos d'une chose qui échappe [14].

Dromio de Syracuse. — Certaines, alors.

Antipholus de Syracuse. — Nomme-les.

Dromio de Syracuse. — La première, parce qu'il épargne l'argent qu'il emploierait à se faire coiffer ; la seconde, parce qu'il n'a plus à craindre que ses cheveux tombent à dîner dans son potage.

Antipholus de Syracuse. — Vous avez voulu prouver pendant *tout ce temps*, n'est-ce pas, qu'il n'y *a pas temps* pour toutes choses?

Dromio de Syracuse. — Parbleu oui, Monsieur, et je l'ai prouvé par cet exemple, qu'il n'était plus temps de recouvrer des cheveux perdus naturellement.

Antipholus de Syracuse. — Mais vous n'avez pas prouvé aussi solidement pourquoi il n'était plus temps pour les recouvrer.

Dromio de Syracuse. — Je corrige ainsi mon argument ; le temps lui-même est chauve, et par conséquent, jusqu'à la fin du monde, il aura une escorte de chauves.

Antipholus de Syracuse. — Je savais bien que nous arriverions à une conclusion chauve. Mais doucement ! Qui donc nous fait signe de là-bas?

Entrent ADRIANA *et* LUCIANA.

Adriana. — Oui, oui, Antipholus, prends ta mine étonnée et fronce le sourcil ; tes doux regards sont pour d'autres maîtresses ; je ne suis plus Adriana, je ne suis plus ta femme. Un temps fut jadis, où sans y être pressé, tu me jurais qu'il n'y avait pas de mots qui sonnassent musicalement à ton oreille s'ils n'étaient pas prononcés par ma voix, qu'il n'y avait pas d'objets qui plussent à tes yeux s'ils n'avaient été vus par mes yeux, qu'il n'y avait pas de toucher qui fût agréable à ta main si ce n'était moi que tu touchais, qu'il n'y avait pas de mets qui fût savoureux à ta bouche si ce n'était moi qui te l'offrais. Comment se fait-il, mon époux, oh! comment se fait-il que tu sois arrivé à te séparer de toi-même? Je dis que tu te sépares de toi-même, puisque tu es séparé de moi, de moi qui te suis incorporée et si indivisiblement unie que je suis mieux que la meilleure partie de ta chère personne. Ah! ne t'arrache pas ainsi de moi, car sache, mon amour, que tu pourrais aussi aisément laisser tomber une goutte d'eau dans le gouffre mugissant et puis l'en retirer pure de mélange, ni diminuée, ni grossie, que t'arracher de moi sans m'emporter aussi. Certes tu serais touché jusqu'au plus vif de ton cœur, si tu apprenais que je t'ai été infidèle et que ce corps, qui t'est consacré, a été souillé par une passion licencieuse! Ne cracherais-tu pas alors sur moi, ne me repousserais-tu pas du pied, ne me jetterais-tu pas à la face ton nom d'époux, ne déchirerais-tu pas la peau souillée de mon front de prostituée[15], n'arracherais-tu pas de ma main parjure l'anneau nuptial et ne le briserais-tu pas avec un serment solennel de divorce? Je sais que tu le peux; eh bien! vois à le faire maintenant. Je suis marquée d'une tache adultère, la boue de la luxure est mêlée à mon sang, car si nous ne faisons qu'un seul à nous deux, et que toi tu sois parjure, il se trouve que j'absorbe nécessairement le poison de ta chair et que je suis prostituée par la contagion que tu m'apportes. Garde donc loyalement l'alliance de fidélité que tu dois à ton lit légitime, afin que je vive sans tache et toi sans déshonneur.

ANTIPHOLUS DE SYRACUSE. — Est-ce contre moi que vous récriminez, belle dame? je ne vous connais pas. Je suis à Éphèse depuis deux heures seulement, aussi étranger à votre ville qu'à vos discours, et j'ai beau retourner chacune de vos paroles avec tout mon esprit, je ne me trouve pas assez d'esprit pour en comprendre une seule.

LUCIANA. — Fi donc, mon frère, quel changement en vous! depuis quand avez-vous pris l'habitude de traiter ainsi ma sœur? elle vous a envoyé chercher pour dîner par Dromio.

ANTIPHOLUS DE SYRACUSE. — Par Dromio?

DROMIO DE SYRACUSE. — Par moi?

ADRIANA. — Par toi, et tu m'as fait ce rapport qu'il t'avait souffleté et qu'au milieu des coups qu'il te donnait il avait renié ma maison pour la sienne et moi pour sa femme.

ANTIPHOLUS DE SYRACUSE. — Avez-vous conversé avec cette dame, Monsieur? Quel pacte avez-vous fait ensemble, et quel but a-t-il?

DROMIO DE SYRACUSE. — Moi, Monsieur! c'est la première fois que je la vois.

ANTIPHOLUS DE SYRACUSE. — Tu mens, drôle, car ce qu'elle vient de dire, tu me l'as dit en propres termes sur le marché.

DROMIO DE SYRACUSE. — Je ne lui ai jamais parlé de ma vie.

ANTIPHOLUS DE SYRACUSE. — Comment alors peut-elle nous nommer ainsi par nos vrais noms, à moins que ce ne soit par divination?

ADRIANA. — Comme cela sied mal à votre gravité de dissimuler grossièrement d'accord avec votre esclave et de l'encourager ainsi à émoustiller ma mauvaise humeur! que ce soit assez de l'outrage que vous me faites par votre abandon, sans aggraver cet outrage par le mépris. Viens, je veux m'enlacer à ton bras. Tu es un ormeau, mon époux, et moi une vigne dont la faiblesse, mariée à ton tronc plus robuste, se nourrit de ta force. Si quelque objet te possède en dehors de moi, ce n'est que vil rebut, lierre usurpateur, bruyère, mousse stérile, qui, faute d'émondage, infectent ta séve par leur intrusion et vivent de ta ruine.

ANTIPHOLUS DE SYRACUSE, *à part*. — C'est à moi qu'elle

parle, je suis le thème de ses discours ! Ah çà, mais, l'aurais-je épousée en rêve ? ou bien est-ce que je sommeille maintenant et que je me figure entendre tout cela ? Quelle erreur trompe nos oreilles et nos yeux ? Jusqu'à ce que je sache à quoi m'en tenir sur cette certaine incertitude [16], je vais accepter l'erreur qui s'offre à moi.

Luciana. — Dromio, va commander aux domestiques de mettre le couvert.

Dromio de Syracuse, *à part*. — Oh ! mon chapelet ! Je me signe comme un pécheur que je suis. C'est ici la terre des fées ! Oh ! maléfice des maléfices ! nous causons avec des esprits, des stryges et des lutins [17]. Si nous ne leur obéissons pas, il arrivera qu'ils aspireront notre souffle et nous couvriront de noirs et de bleus.

Luciana. — Pourquoi bavardes-tu avec toi-même et ne me réponds-tu pas ? Dromio, frelon, escargot, limaçon, sot que tu es !

Dromio de Syracuse. — Je suis transformé, maître ; n'est-il pas vrai ?

Antipholus de Syracuse. — Je pense que tu es transformé d'esprit, et moi aussi.

Dromio de Syracuse. — Non, maître, transformé et d'esprit et de corps.

Antipholus de Syracuse. — Tu as ta forme habituelle.

Dromio de Syracuse. — Non, je suis un singe.

Luciana. — Si tu es changé en quelque chose, c'est en âne.

Dromio de Syracuse. — C'est vrai, car elle me monte et j'ai appétit de foin. C'est exact, je suis un âne, car sans cela comment se pourrait-il que je ne la connusse pas aussi bien qu'elle me connaît ?

Adriana. — Marchons, marchons ; je ne veux plus être assez folle pour me frotter les yeux et pleurer pendant que le maître et le valet rient de mes chagrins par mépris. Venez dîner, Monsieur. — Dromio, garde la porte. — Mari, je dînerai aujourd'hui en haut avec vous, et je vous ferai confesser, pour vous en absoudre, vos mille fredaines. — Faquin, si quelqu'un vient demander votre maître, répondez qu'il dîne en ville et ne laissez entrer personne. — Venez, ma sœur. — Dromio, fais bien ton office de portier.

ANTIPHOLUS DE SYRACUSE. — Suis-je sur terre, au ciel ou en enfer? Est-ce que je dors, ou est-ce que je veille? suis-je fou, ou dans mon bon sens? Suis-je connu de ces femmes ou me suis-je inconnu à moi-même? Je vais dire comme elles et continuer ainsi à marcher dans le brouillard quoi qu'il en puisse advenir.

DROMIO DE SYRACUSE. — Maître, ferai-je sentinelle à la porte?

ANTIPHOLUS DE SYRACUSE. — Oui, et ne laisse entrer personne, sinon je te casse la tête.

LUCIANA. — Allons, allons, Antipholus, nous dînons trop tard. (*Ils sortent.*)

ACTE III.

SCÈNE PREMIÈRE.

La place publique devant la maison d'Antipholus d'Éphèse.

Entrent ANTIPHOLUS D'ÉPHÈSE, DROMIO D'ÉPHÈSE, ANGELO *et* BALTHAZAR.

ANTIPHOLUS D'ÉPHÈSE. — Mon bon signor Angelo[1], vous voudrez bien nous excuser tous; ma femme est de mauvaise humeur lorsque je ne suis pas exact à l'heure: dites que je me suis attardé avec vous à votre boutique pour voir façonner son collier et que vous le lui apporterez demain à la maison. Mais voici un drôle qui vient me

ACTE III, SCÈNE I.

soutenir à la face qu'il m'a rencontré sur le marché, et que je l'ai battu, et que je lui ai redemandé mille marcs d'or et que j'ai renié ma maison et ma femme. Eh bien ! ivrogne, eh bien ! où prétendais-tu en arriver avec tout cela ?

DROMIO D'ÉPHÈSE. — Dites ce que vous voudrez, Monsieur, mais je sais ce que je sais. Vous m'avez battu sur le marché, j'ai votre main pour en témoigner. Si ma peau était du parchemin et si vos coups étaient de l'encre, votre propre écriture vous dirait ce que je pense.

ANTIPHOLUS D'ÉPHÈSE. — Je pense que tu es un âne.

DROMIO D'ÉPHÈSE. — Parbleu ! il y paraît aux injures que je subis et aux coups que j'endure : je devrais répondre par mes ruades à vos coups de pieds, et si cela arrivait, vous vous reculeriez de mes sabots et prendriez garde à un âne.

ANTIPHOLUS D'ÉPHÈSE. — Vous êtes triste, signor Balthazar. Plaise à Dieu que notre dîner réponde à ma bonne volonté et au plaisir que j'ai à vous recevoir dans ma maison.

BALTHAZAR. — Vos bons morceaux me laissent indifférent, Monsieur, mais votre accueil m'est précieux.

ANTIPHOLUS D'ÉPHÈSE. — Oh ! signor Balthazar, soit comme chair, soit comme poisson, une table pleine de bon accueil remplace médiocrement un bon plat.

BALTHAZAR. — La bonne chère est chose commune, Monsieur ; on la trouve chez le premier croquant venu.

ANTIPHOLUS D'ÉPHÈSE. — Et le bon accueil est plus commun encore, car il ne se compose de rien que de mots.

BALTHAZAR. — Petite chère et grand bon accueil font un joyeux festin.

ANTIPHOLUS D'ÉPHÈSE. — Oui, pour un convive avare et un hôte plus ladre encore ; mais quoique mes buffets soient maigres, veuillez leur faire honneur. Vous pourrez faire de meilleurs dîners, mais aucun qui soit offert d'aussi bon cœur. Mais doucement, ma porte est fermée. — Va dire de nous laisser entrer.

Dromio d'Éphèse. — Madeleine ! Brigitte ! Marianne ! Cécile ! Gillette ! Jenny !

Dromio de Syracuse, *de l'intérieur.* — Pitre ! cheval de brasseur ! chapon ! faquin ! idiot ! paillasse ! éloigne-toi de la porte ou assieds-toi sur les marches. Veux-tu donc évoquer des filles que tu en appelles une telle quantité lorsqu'une seule est déjà plus que suffisante ? Retire-toi de cette porte.

Dromio d'Éphèse. — Quelle espèce de fou fait l'office de portier chez nous ? Mon maître attend dans la rue.

Dromio de Syracuse, *de l'intérieur.* — Fais-le retourner d'où il vient, de peur qu'il ne prenne froid aux pieds.

Antipholus d'Éphèse. — Qui parle là dedans ? Holà ! ouvrez la porte.

Dromio de Syracuse, *de l'intérieur.* — Fort bien, Monsieur, je vous dirai quand je vous ouvrirai lorsque vous m'aurez dit pourquoi je dois vous ouvrir.

Antipholus d'Éphèse. — Pourquoi ? pour dîner ; je n'ai pas dîné d'aujourd'hui.

Dromio de Syracuse, *de l'intérieur.* — Et vous ne dînerez pas d'aujourd'hui. Repassez quand vous aurez le temps.

Antipholus d'Éphèse. — Qui es-tu, toi qui me tiens fermées les portes de ma maison ?

Dromio de Syracuse, *de l'intérieur.* — Le portier de la maison pour le quart d'heure, Monsieur ; et mon nom est Dromio.

Dromio d'Éphèse. — Oh ! scélérat ! tu m'as volé à la fois mon office et mon nom. L'un ne m'a jamais donné crédit et l'autre m'a valu beaucoup de blâme. Si tu avais été tantôt Dromio à ma place, tu aurais échangé volontiers ta figure contre un nom ou ton nom contre un âne.

Luce, *de l'intérieur.* — Qu'est-ce que tout ce vacarme ? Dromio, quelles sont ces personnes à la porte ?

Dromio d'Éphèse. — Faites entrer mon maître, Luce.

Luce, *de l'intérieur.* — Ma foi non ; il vient trop tard ; dites cela à votre maître.

Dromio d'Éphèse. — Ah! Seigneur! j'ai envie de rire. Savez-vous le proverbe : *Introduirai-je mon bâton?*

Luce, *de l'intérieur.* — Et vous, connaissez-vous cet autre : *Quand sera-ce, s'il vous plaît, pouvez-vous le dire²?*

Dromio de Syracuse, *de l'intérieur.* — Puisque ton nom est Luce, eh bien! Luce, tu lui as joliment répondu.

Antipholus d'Éphèse. — Vous entendez, mignonne; vous allez nous laisser entrer, j'espère.

Luce, *de l'intérieur.* — Je croyais vous avoir répondu.

Dromio de Syracuse, *de l'intérieur.* — Et vous avez répondu, non.

Dromio d'Éphèse. — Du renfort! voilà qui est bien frappé, coup pour coup.

Antipholus d'Éphèse. — Voyons, drôlesse, laisse-nous entrer.

Luce, *de l'intérieur.* — Pouvez-vous nous dire pourquoi faire?

Dromio d'Éphèse. — Maître, frappez dur à la porte.

Luce, *de l'intérieur.* — Il peut frapper jusqu'à ce que la porte en soit malade.

Antipholus d'Éphèse. — Vous pleurerez, mignonne, si je jette la porte à bas.

Luce, *de l'intérieur.* — Comment laisse-t-on faire tant de bruit quand il y a dans la ville une paire de carcans?

Adriana, *de l'intérieur.* — Qui est-ce qui fait donc tout ce tapage à la porte?

Dromio de Syracuse, *de l'intérieur.* — Sur ma foi, votre ville est troublée par de bien mauvais garnements.

Antipholus d'Éphèse. — Êtes-vous là, femme? vous auriez bien fait de venir plus tôt.

Adriana, *de l'intérieur.* — Votre femme, monsieur le coquin! Retirez-vous de cette porte.

Dromio d'Éphèse. — Si vous êtes venu malade, maître, voilà un coquin qui ne s'en retournera pas bien portant.

Angelo. — Il n'y a ici ni bonne chère ni bon accueil, Monsieur ; cependant nous voudrions bien l'un ou l'autre.

Balthazar. — Après avoir bien débattu pour savoir ce qui valait le mieux de ces deux choses, nous serons obligés de partir sans en avoir aucune.

Dromio d'Éphèse. — Vos convives sont là à la porte, maître, priez-les d'entrer.

Antipholus de Syracuse. — Il faut qu'il y ait quelque chose dans l'air pour que nous ne puissions entrer.

Dromio d'Éphèse. — C'est ce que vous diriez, maître, si vos vêtements étaient de mince étoffe[3]. Votre dîner est chaud là dedans et vous êtes ici à geler de froid. Ce serait à rendre un homme fou comme un cerf, d'être ainsi fait et refait.

Antipholus d'Éphèse. — Va me chercher un engin quelconque ; je vais enfoncer la porte.

Dromio de Syracuse, *de l'intérieur*. — Brisez quoi que ce soit ici, et moi je vais briser votre caboche de coquin.

Dromio d'Éphèse. — Un homme peut briser une parole avec vous, Monsieur ; les paroles ne sont que du vent ; oui, et vous la briser en face, de la sorte il n'aura pas besoin de la briser par derrière.

Dromio de Syracuse, *de l'intérieur*. — Il paraît que tu as besoin de briser quelque chose ; décampe d'ici, rustre !

Dromio d'Éphèse. — Décampe d'ici ! ah ! voilà qui est trop fort ! voyons, je t'en prie, laisse-moi entrer.

Dromio de Syracuse, *de l'intérieur*. — Oui, quand les poules n'auront plus de plumes et les poissons plus de nageoires.

Antipholus d'Éphèse. — Nous allons enfoncer la porte ; va-t'en me chercher un oiseau[4].

Dromio d'Éphèse. — Un oiseau sans plumes, maître ; est-ce bien ce que vous voulez dire ? Vous lui donnez un oiseau sans plumes pour un poisson sans nageoires : si un oiseau peut nous aider à entrer, coquin, nous plumerons un oiseau ensemble.

Antipholus d'Éphèse. — Va, dépêche-toi, trouve-moi un oiseau en fer.

BALTHAZAR. — Prenez patience, Monsieur, ne faites pas cela; vous allez déclarer la guerre à votre propre réputation et introduire dans le cercle du soupçon l'honneur inviolé de votre femme. Vous m'accorderez bien que, dans le cas présent [5], votre longue expérience de sa sagesse, sa vertu réservée, son âge et sa pudeur vous engagent à soupçonner en sa faveur quelque cause qui vous est inconnue. N'en doutez pas, Monsieur, elle vous expliquera parfaitement pourquoi vous trouvez maintenant vos portes fermées. Croyez-m'en donc et allons-nous-en tranquillement dîner tous ensemble à l'hôtel du *Tigre*[6]; puis, dans la soirée, vous reviendrez seul, pour connaître les motifs de cette étrange exclusion. Si vous prétendez entrer de vive force maintenant, en plein soleil, au milieu du brouhaha de la journée, votre conduite provoquera d'imbéciles commentaires, et les suppositions du vulgaire attroupé, contre votre réputation encore sans tache, entreront chez vous par ignoble escalade et camperont sur votre tombeau même quand vous serez mort, car la médisance se perpétue par hérédité et loge éternellement là où elle a élu une fois domicile.

ANTIPHOLUS D'ÉPHÈSE. — Vous m'avez convaincu, je vais battre tranquillement en retraite et être gai en dépit de mes dispositions. Je connais une fille d'une conversation charmante, spirituelle et jolie, fantasque et cependant douce; nous irons dîner chez elle. Cette personne dont je vous parle, ma femme m'a souvent fait des reproches à son sujet, mais immérités, je vous assure; nous irons dîner chez elle. Retournez chez vous prendre la chaîne, qui est certainement achevée à cette heure, et rapportez-la au *Porc-Épic,* je vous prie; car c'est là que nous nous rendons. Cette chaîne, ne serait-ce que pour faire enrager ma femme, je veux la donner à mon hôtesse. Dépêchez-vous, mon cher Monsieur. Puisque mes propres portes refusent de s'ouvrir devant moi, je vais frapper à d'autres et je verrai bien si elles sont aussi dédaigneuses.

ANGELO. — J'irai vous retrouver à cette maison d'ici à une heure.

ANTIPHOLUS D'ÉPHÈSE. — C'est cela. Cette plaisanterie va quelque peu m'induire en dépense.

(*Ils sortent.*)

SCÈNE II.

La place publique devant la maison d'Antipholus d'Éphèse.

Entrent LUCIANA *et* ANTIPHOLUS DE SYRACUSE.

LUCIANA. — Se peut-il, Antipholus, que vous ayez tout à fait oublié les devoirs d'un mari? les jeunes pousses de votre amour se corrompront-elles donc dans le printemps même de l'amour? l'édifice de l'amour doit-il s'effondrer pendant sa construction même? Si vous avez épousé ma sœur pour sa fortune, traitez-la au moins avec plus de tendresse en considération de cette fortune; ou bien si vous aimez ailleurs, faites-le secrètement; mettez à votre amour déloyal un masque de mystère, de crainte que ma sœur ne le lise dans vos yeux. Ne laissez pas votre langue se faire la dénonciatrice de votre propre honte; ayez recours aux doux regards et aux courtoises paroles; rendez la déloyauté décente; donnez au vice le costume du messager de la vertu; conservez un extérieur noble quoique votre cœur soit souillé; enseignez au péché la tenue de la sainteté; soyez faux en secret. Quel besoin a-t-elle d'être informée de vos vrais sentiments? Quel voleur est assez simple pour se vanter de ses propres méfaits? C'est un double tort d'être infidèle à votre lit nuptial et de laisser lire à votre femme votre infidélité dans vos regards à table. La honte habile peut se faire une renommée bâtarde; mais les actes mauvais sont doublés par les mauvaises paroles. Hélas! pauvres femmes, laissez-nous croire au moins que vous aimez, à nous qui sommes faites de crédulité; si d'autres ont le bras, montrez-nous au moins la manche; nous tournons dans le cercle de vos mouvements et vous pouvez nous faire mouvoir à votre guise. Voyons, mon bon frère, rentrez à la maison, consolez ma sœur, rendez-la joyeuse, appelez-la votre femme ; c'est un manége méritoire que d'être un peu fourbe lorsque les douces paroles de la flatterie peuvent conjurer la discorde.

Antipholus de Syracuse. — Douce maîtresse (quel est votre nom, je ne le sais pas, et je ne sais pas davantage comment vous avez pu connaitre le mien), votre intelligence et votre grâce ne font de vous rien moins que la merveille de notre terre, un être plus que terrestre, divin ! Apprenez-moi, chère créature, comment je dois penser et parler ; ouvrez à mon intelligence, grossièrement terrestre, étouffée sous l'erreur, faible, superficielle, débile, le sens enveloppé de vos paroles décevantes. Pourquoi travaillez-vous contre la pure sincérité de mon âme, pour la faire errer dans des espaces inconnus ? Êtes-vous une divinité ? voulez-vous me créer de nouveau ? transformez-moi alors et je céderai à votre pouvoir. Mais si je suis encore *moi*, je sais bien alors que votre éplorée de sœur n'est pas ma femme et que je ne dois à son lit aucun hommage ; c'est bien plus, bien plus vers vous que mon penchant m'incline. Oh ! ne m'entraîne pas avec tes chants, douce sirène, me noyer dans les flots de larmes de ta sœur. Chante pour toi-même, sirène, et je raffolerai de toi ; élève au-dessus des vagues d'argent tes cheveux d'or, et je te prendrai pour lit, et je me coucherai sur toi, et enivré par cette illusion brillante[7], je penserai que celui-là gagne à la mort qui a de tels moyens de mourir. Que l'amour, s'il est léger, se noie si cette sirène enfonce sous l'eau[8] !

Luciana. — Quoi donc, êtes-vous fou, que vous déraisonnez ainsi?

Antipholus de Syracuse. — Non pas fou, mais affolé[9] ; comment? je ne le sais pas.

Luciana. — C'est une erreur qui vient de vos yeux.

Antipholus de Syracuse. — Pour m'être trouvé trop près de vous, beau soleil, et avoir trop regardé vos rayons.

Luciana. — Regardez du côté où vous avez devoir de le faire ; cela éclaircira votre vue.

Antipholus de Syracuse. — Autant vaudrait fermer les yeux, mon doux amour, que de regarder la nuit.

Luciana. — Pourquoi m'appelez-vous votre amour? appelez ainsi ma sœur.

Antipholus de Syracuse. — La sœur de ta sœur.

Luciana. — C'est ma sœur.

Antipholus de Syracuse. — Non, c'est toi-même, toi la meilleure partie de moi-même, l'œil lumineux de mon œil, le cher cœur de mon cœur, ma vie, ma fortune, le but de mon doux espoir, mon seul paradis sur terre et mon ambition au paradis.

Luciana. — C'est ma sœur qui est ou qui devrait être tout cela.

Antipholus de Syracuse. — Appelle-toi toi-même ta sœur, chérie, car c'est toi que j'espère; c'est toi que j'aimerai, avec toi que je passerai ma vie; tu n'as pas encore d'époux, et moi pas encore de femme : donne-moi ta main.

Luciana. — Oh! doucement, Monsieur, tenez-vous tranquille; je vais aller chercher ma sœur pour lui demander son consentement. (*Elle sort.*)

Entre en courant DROMIO DE SYRACUSE.

Antipholus de Syracuse. — Qu'y a-t-il donc, Dromio, où cours-tu si vite?

Dromio de Syracuse. — Me connaissez-vous, Monsieur? suis-je Dromio? suis-je un homme à votre service? suis-je moi-même?

Antipholus de Syracuse. — Tu es Dromio, tu es un homme à mon service, tu es toi-même.

Dromio de Syracuse. — Je suis un âne, je suis l'homme d'une femme, et de plus je suis moi-même.

Antipholus de Syracuse. — Comment es-tu l'homme d'une femme, et comment en outre es-tu toi-même?

Dromio de Syracuse. — Parbleu, Monsieur, outre que je suis moi, j'appartiens encore à une femme, à une femme qui me réclame, qui me poursuit, qui veut m'avoir.

Antipholus de Syracuse. — Quel droit fait-elle valoir sur toi?

Dromio de Syracuse. — Parbleu, Monsieur, les droits que vous feriez valoir sur votre cheval ; elle me réclame comme bête, non pas parce qu'elle voudrait m'avoir si j'étais bête, mais parce qu'elle, étant une créature toute bestiale, elle s'arroge des droits sur moi.

Antipholus de Syracuse. — Qui est-elle ?

Dromio de Syracuse. — Une créature très-respectable, vraiment ; une de celles dont un homme ne peut parler sans commencer par dire : *sauf votre respect*. C'est un maigre bonheur pour moi que cette union, et cependant c'est un mariage merveilleusement gras.

Antipholus de Syracuse. — Qu'entends-tu par là, un mariage gras ?

Dromio de Syracuse. — Parbleu, Monsieur, c'est la fille de cuisine, et elle n'est que graisse. Je ne sais quel usage je puis en faire ; si ce n'est de l'allumer comme lampe et de m'enfuir à sa propre lueur. Je suis sûr que sa défroque et le suif y adhérant pourraient brûler pendant tout un hiver de Laponie [10]; si elle vit jusqu'au jour du jugement, elle brûlera une semaine plus longtemps que le monde entier.

Antipholus de Syracuse. — Quel est son teint?

Dromio de Syracuse. — Noir comme mon soulier, mais sa figure n'est pas aussi proprement tenue, car elle sue tellement qu'un homme aurait de sa sueur jusque pardessus les souliers.

Antipholus de Syracuse. — C'est un défaut que l'eau peut réparer.

Dromio de Syracuse. — Non, Monsieur, c'est dans la peau ; tout le déluge de Noé n'y ferait rien.

Antipholus de Syracuse. — Quel est son nom ?

Dromio de Syracuse. — Nell[11], Monsieur, mais son nom et trois quarts, c'est-à-dire une aune et trois quarts ne suffiraient pas pour la mesurer d'une hanche à l'autre.

Antipholus de Syracuse. — Elle est donc d'une bonne largeur?

Dromio de Syracuse. — Pas plus longue de la tête aux pieds qu'elle n'est large d'une hanche à l'autre ; elle est sphérique comme un globe ; je pourrais y découvrir les différents pays du monde.

Antipholus de Syracuse. — Dans quelle partie de son corps se trouve l'Irlande ?

Dromio de Syracuse. — Parbleu, Monsieur, dans ses fesses ; je l'ai découverte à ses marais.

Antipholus de Syracuse. — Où est l'Écosse ?

Dromio de Syracuse. — Je l'ai reconnue à sa sécheresse ; dans la paume de sa main.

Antipholus de Syracuse. — Où est la France ?

Dromio de Syracuse. — Sur son front ; armée et bouleversée et faisant la guerre à la couronne de sa chevelure [12].

Antipholus de Syracuse. — Où est l'Angleterre ?

Dromio de Syracuse. — J'ai cherché les falaises crayeuses, mais je n'ai pu découvrir en elle aucune blancheur ; cependant, je suppose qu'elle est placée dans son menton, d'après le flux salé qui coulait entre la France et lui.

Antipholus de Syracuse. — Où est l'Espagne ?

Dromio de Syracuse. — Ma foi, je ne l'ai pas vue, mais j'ai senti sa chaleur dans son haleine.

Antipholus de Syracuse. — Où sont l'Amérique, les Indes ?

Dromio de Syracuse. — Sur son nez, Monsieur, tout embelli de saphirs, d'escarboucles, de rubis qui inclinent leurs riches aspects vers la chaude haleine de l'Espagne, d'où partent des *armadas* entières de caraques pour se charger aux trésors de son nez.

Antipholus de Syracuse. — Où sont la Belgique, les Pays-Bas ?

Dromio de Syracuse. — Oh ! Monsieur, je n'ai pas regardé si bas. Pour conclure, cette Maritorne ou cette sorcière a élevé des prétentions sur moi, m'a appelé Dromio, m'a juré que je lui étais fiancé, m'a dit toutes les marques particulières que j'ai sur moi ; la marque de mon épaule, le signe que j'ai au cou, la grosse verrue que j'ai au bras gauche, si bien que, plein de stupeur, je me suis sauvé d'elle comme d'une sorcière, et je crois en vérité que si mon sein n'avait pas été fait de foi religieuse et mon cœur d'acier, elle m'aurait transformé en roquet et m'aurait fait tourner la broche.

Antipholus de Syracuse. — Va, pars immédiatement et rends-toi sur le port ; pour peu que le vent souffle du rivage, je ne passerai pas la nuit dans cette ville. Si quelque barque est près de partir, viens me trouver sur le marché, où je vais me promener jusqu'à ton retour. Puisque tout le monde nous connaît, sans que nous connaissions personne, il est temps, je crois, de faire nos malles, d'emballer et de partir.

Dromio de Syracuse. — Comme un homme fuit devant un ours pour sauver sa vie, ainsi moi je fuis devant celle qui voudrait être ma femme. (*Il sort.*)

Antipholus de Syracuse. — Il n'habite ici que des sorcières, et par conséquent il est grandement temps de m'en aller. Celle qui me réclame pour son mari, mon âme l'exècre pour femme ; quant à sa sœur, dont la grâce est si douce et si souveraine, dont l'aspect et le parler sont si enchanteurs, elle m'a presque rendu traître envers moi ; mais de crainte de me rendre coupable envers ma propre personne, je vais fermer mes oreilles à ses chants de sirène.

Entre ANGELO, *avec la chaîne.*

Angelo. — Monsieur Antipholus.

Antipholus de Syracuse. — Oui, c'est mon nom.

Angelo. — Je le sais parfaitement, Monsieur. Voici la chaîne ; je pensais pouvoir vous la porter au *Porc-Épic*, mais elle n'était pas finie et c'est là la cause de mon retard.

Antipholus de Syracuse. — Que voulez-vous que je fasse de cette chaîne ?

Angelo. — Ce qu'il vous plaira, Monsieur, je l'ai faite pour vous.

Antipholus de Syracuse. — Faite pour moi, Monsieur ! je ne l'ai pas demandée.

Angelo. — Non pas une fois, ni deux, mais au moins vingt. Allez-vous-en chez vous, et rendez votre femme heureuse par ce cadeau ; et bientôt, à l'heure du souper, j'irai vous rendre visite et toucher mon argent.

Antipholus de Syracuse. — Je vous en prie, Monsieur, prenez l'argent dès maintenant, de crainte que vous ne revoyiez jamais ni la chaîne ni l'argent.

Angelo. — Vous aimez à plaisanter, Monsieur. Au revoir. *(Il sort.)*

Antipholus de Syracuse. — Que dois-je penser de cela ? je ne le sais pas trop ; mais ce que je sais, c'est qu'il n'est personne d'assez insensé pour refuser une aussi belle chaîne lorsqu'elle lui est offerte. Je vois que dans cette ville, il n'est pas nécessaire de vivre d'expédients, puisqu'on vous présente dans les rues d'aussi riches cadeaux. Je vais aller au marché, attendre le retour de Dromio ; si quelque vaisseau met à la voile, je m'embarque immédiatement. *(Il sort.)*

ACTE IV.

SCÈNE PREMIÈRE.

Une place publique.

Entrent un marchand, ANGELO *et* un officier de justice.

Le marchand. — Vous savez que cette somme m'est due depuis la Pentecôte, et que depuis cette époque je ne

ACTE IV, SCÈNE I.

vous ai pas beaucoup pressé. Je ne vous presserais pas davantage maintenant si je n'étais obligé d'aller en Perse, et s'il ne me fallait des écus pour mon voyage. Par conséquent acquittez-vous immédiatement, ou je vous remets au pouvoir de cet officier de justice.

Angelo. — La somme exacte que je vous dois, j'ai justement le droit de la réclamer d'Antipholus. A l'instant même où je vous ai rencontré, il venait de recevoir de moi une chaîne; à cinq heures, je dois en toucher le prix. Vous plairait-il de m'accompagner jusqu'à sa demeure? là je m'acquitterai de mon engagement et je vous présenterai tous mes remercîments.

L'officier de justice. — Vous pouvez vous épargner cette fatigue; le voici qui vient.

Entrent ANTIPHOLUS D'ÉPHÈSE *et* DROMIO D'ÉPHÈSE.

Antipholus d'Éphèse. — Pendant que je vais chez l'orfévre, va-t'en m'acheter un bout de corde: je veux la faire étrenner aux épaules de ma femme et de ses complices, pour m'avoir fermé la porte. Mais, doucement, j'aperçois l'orfévre. Va-t'en m'acheter une corde et porte-la-moi à la maison.

Dromio d'Éphèse. — Je vais acheter un fameux revenu de coups pour l'avenir: je vais acheter une corde[1].

(*Il sort.*)

Antipholus d'Éphèse. — Celui qui se fie à vous est bien servi! J'avais annoncé et votre personne et la chaîne, mais je n'ai vu ni chaîne, ni orfévre. Peut-être avez-vous pensé que nos amours dureraient trop longtemps, si nous étions *enchaînés* ensemble, et, par conséquent, vous n'êtes pas venu.

Angelo. — Avec la permission de votre joyeuse humeur, voici la note de votre chaîne, poids exact jusqu'à un carat, titre de l'or, façon, le tout montant à trois ducats de plus que je ne dois à monsieur ici présent; je vous prie de le payer immédiatement, car il doit s'embarquer et ne diffère son voyage que pour cela.

Antipholus d'Éphèse. — Je n'ai pas la somme présentement sur moi, et en outre j'ai quelques affaires en ville. Mon bon Monsieur, emmenez cet étranger chez moi, prenez avec vous la chaîne et dites à ma femme de vous la solder contre réception. Peut-être serai-je chez moi aussitôt que vous.

Angelo. — Alors vous lui porterez la chaîne vous-même?

Antipholus d'Éphèse. — Non, portez-la avec vous, de peur que je n'arrive pas assez à temps.

Angelo. — Bien, Monsieur; cela sera fait. Avez-vous la chaîne sur vous?

Antipholus d'Éphèse. — Mais si je ne l'ai pas, Monsieur, j'espère que vous l'avez; sans cela vous pourriez vous en retourner sans votre argent.

Angelo. — Voyons, je vous en prie, Monsieur, donnez-moi la chaîne; le vent et la marée attendent Monsieur; et j'ai à me reprocher de l'avoir retenu ici trop longtemps.

Antipholus d'Éphèse. — Mon bon Monsieur, vous usez de ce faux-fuyant pour vous excuser de m'avoir manqué de parole en ne venant pas au *Porc-Épic*; ce serait à moi de vous gronder pour ne pas avoir apporté la chaîne, mais, comme une mégère, vous commencez à crier le premier.

Le marchand. — L'heure s'avance; je vous en prie, Monsieur, dépêchons.

Angelo. — Vous entendez comme il me presse; la chaîne!

Antipholus d'Éphèse. — Donnez-la à ma femme et empochez votre argent.

Angelo. — Voyons, voyons, vous savez bien que je vous l'ai donnée il y a un instant. Ou bien envoyez la chaîne, ou bien remettez-moi quelque preuve constatant que vous l'avez reçue.

Antipholus d'Éphèse. — Fi! voilà que vous poussez la plaisanterie beaucoup trop loin. Voyons, où est la chaîne? laissez-la-moi voir, je vous prie.

Le marchand. — Mes affaires ne me permettent pas d'attendre si longtemps. Mon bon Monsieur, dites-moi si vous voulez, ou non, me payer; sinon, je le remets aux mains de cet officier.

Antipholus d'Éphèse. — Moi, vous payer ! Qu'est-ce que j'ai à vous payer ?

Angelo. — L'argent que vous me devez pour la chaîne.

Antipholus d'Éphèse. — Je ne vous dois rien jusqu'à ce que j'aie reçu la chaîne.

Angelo. — Vous savez bien que je vous l'ai donnée il n'y a pas une demi-heure.

Antipholus d'Éphèse. — Vous ne m'avez rien donné; vous me faites injure par une telle affirmation.

Angelo. — Vous m'en faites une bien plus grande, Monsieur, par votre négation; considérez le tort que vous faites à mon crédit.

Le marchand. — C'est bien. Officier, arrêtez-le à ma requête.

L'officier. — Je vous arrête, et je vous somme au nom du duc de m'obéir.

Angelo. — Voilà qui porte atteinte à ma réputation. Ou bien consentez à payer cette somme pour moi, Monsieur, ou bien je vous fais arrêter par cet officier.

Antipholus d'Éphèse. — Consentir à payer ce que je n'ai jamais reçu ! Fais-moi arrêter, si tu l'oses, imbécile drôle.

Angelo. — Voici la note de ta dette. Arrêtez-le, officier. Je n'épargnerais pas mon propre frère dans un cas pareil, s'il se moquait de moi aussi ouvertement.

L'officier. — Je vous arrête, Monsieur. Vous entendez la requête.

Antipholus d'Éphèse. — Je t'obéis, jusqu'à ce que j'aie fourni caution. Mais, toi, drôle, tu payeras cette plaisanterie de tout l'or de ton magasin.

Angelo. — Monsieur, Monsieur, j'obtiendrai justice à Éphèse, et à votre honte notoire, je n'en doute pas.

Entre DROMIO DE SYRACUSE.

Dromio de Syracuse. — Maître, il y a une barque

d'Épidamne qui n'attend plus que l'arrivée de son patron, après quoi, elle lève l'ancre. J'ai transporté à bord nos bagages, Monsieur, et j'ai acheté l'huile, le baume et l'eau-de-vie. Le vaisseau est tout appareillé ; un vent de bon augure souffle gaiement du rivage; on n'attend plus pour partir que l'arrivée du patron et la vôtre, maître.

Antipholus d'Éphèse. — Allons! un fou, maintenant! Espèce de sot mouton[2], quel vaisseau d'Épidamne m'attend, s'il te plaît?

Dromio de Syracuse. — Le vaisseau où vous m'avez envoyé retenir notre passage.

Antipholus d'Éphèse. — Ivrogne d'esclave, je t'ai envoyé chercher une corde et je t'ai dit pourquoi et à quelle fin.

Dromio de Syracuse. — Vous m'avez tout aussi bien envoyé à la fin de la corde[3]. Vous m'avez envoyé à la baie, Monsieur, pour m'informer d'une barque en partance.

Antipholus d'Éphèse. — Je débattrai cette question plus à loisir et j'apprendrai à tes oreilles à m'écouter avec plus d'attention. Drôle, va-t'en tout droit trouver Adriana, donne-lui cette clef et dis-lui que dans le pupitre, qui est recouvert d'un tapis de Turquie, il y a une bourse de ducats; qu'elle me l'envoie; apprends-lui que j'ai été arrêté dans la rue, et que cette bourse fournira ma caution. Allons, file, esclave. Marchons, officier; allons à la prison jusqu'à ce qu'il revienne.

(*Sortent le marchand, Angelo, l'officier et Antipholus d'Éphèse.*)

Dromio de Syracuse. — Adriana! c'est bien chez elle que nous avons dîné; c'est bien là que Dowsabel[4] m'a réclamé pour son mari, mais j'espère qu'elle est trop grosse pour que mes bras puissent jamais en prendre possession. Il faut que je me rende à cette maison, bien que contre mon gré, car les serviteurs doivent exécuter les ordres de leurs maîtres. (*Il sort.*)

SCÈNE II.

Une chambre dans la maison d'Antipholus d'Éphèse.

Entrent ADRIANA *et* LUCIANA.

ADRIANA. — Ah! Luciana, t'a-t-il à ce point sollicitée? as-tu pu sérieusement lire dans son œil s'il parlait ou non de bonne foi? était-il rouge ou pâle? avait-il l'air triste ou joyeux? Quelles observations as-tu pu faire à ce moment-là sur les météores de son cœur, pendant qu'ils luttaient sur son visage?

LUCIANA. — D'abord il a nié que vous eussiez sur lui aucun droit.

ADRIANA. — Il a voulu dire qu'il ne m'en reconnaissait aucun, ce qui est pour moi un surcroît de chagrin.

LUCIANA. — Puis il a juré qu'il était ici un étranger.

ADRIANA. — Et il a juré la vérité, quoiqu'en la jurant il se soit parjuré.

LUCIANA. — Puis j'ai plaidé en votre faveur.

ADRIANA. — Et qu'a-t-il dit?

LUCIANA. — Que l'amour que je sollicitais pour vous, il le sollicitait de moi.

ADRIANA. — Et par quelles flatteries a-t-il sollicité ton amour?

LUCIANA. — Par des paroles qui dans une cour faite avec des motifs honnêtes pourraient émouvoir. D'abord il a loué ma beauté, puis ma conversation.

ADRIANA. — Et lui as-tu répondu avec courtoisie, par hasard?

LUCIANA. — Prenez patience, je vous en conjure.

ADRIANA. — Je ne puis, ni ne veux me tenir tranquille. Ma langue se donnera à tout le moins satisfaction, puisque mon cœur ne peut pas en trouver. Il est mal bâti, contrefait, vieux, parcheminé, laid de visage, plus laid de corps, informe dans toute sa personne, vicieux, impoli, sot, indélicat, désagréable; affreux au physique, pire au moral.

Luciana. — Qui donc alors pourrait être jaloux d'un pareil être? on ne se lamente pas sur un mal perdu lorsqu'il s'en va.

Adriana. — Oh! mais je pense mieux de lui que je n'en parle, et cependant je voudrais que les yeux des autres le vissent pire qu'il n'est. Le vanneau crie loin de son nid pour qu'on ne le découvre pas. Mon cœur prie pour lui, quoique ma langue le maudisse.

Entre DROMIO DE SYRACUSE.

Dromio de Syracuse. — Allons, vite, le pupitre, la bourse, faites vite, ma douce dame.

Luciana. — Comment es-tu donc si essoufflé?

Dromio de Syracuse. — A force de courir.

Adriana. — Où est ton maître, Dromio? est-il en bonne condition?

Dromio de Syracuse. — Il est dans les limbes du Tartare, pis que dans l'enfer. Il est en la possession d'un diable au vêtement éternel[5], d'un diable dont le cœur féroce est recouvert d'acier, d'un démon, d'un mauvais génie, impitoyable et brutal, d'un loup, ou, pour dire pis, d'un compère en habit de buffle, d'un de ces amis de derrière vos talons, d'un de ces gens qui vous frappent sur l'épaule, qui sont les maîtres des passages, des allées, des quais et des ruelles, d'un de ces limiers qui perdent la piste, et cependant happent toujours leur gibier[6], d'un de ces êtres, enfin, qui, avant le jour du jugement, mènent les pauvres âmes en enfer[7].

Adriana. — Comment, mon ami, qu'est-ce donc que c'est que cette affaire?

Dromio de Syracuse. — Je ne sais pas ce que c'est que cette affaire, mais, en tout cas, il est arrêté.

Adriana. — Quoi! il est arrêté? Dis-moi à la requête de qui.

Dromio de Syracuse. — Je ne sais pas à la requête de qui il est si bien arrêté; tout ce que je puis dire, c'est que celui qui l'a arrêté porte un habit de buffle. Voulez-vous, maîtresse, lui envoyer les moyens de se délivrer, l'argent qui est dans le pupitre?

ADRIANA. — Va le chercher, ma sœur. (*Luciana sort.*) Voilà qui m'étonne bien, qu'il se soit endetté sans que je le sache. Mais, dis-moi, est-ce pour un billet qu'il a été arrêté?

DROMIO DE SYRACUSE. — Un billet, non, mais pour quelque chose de beaucoup plus solide. Une chaîne! une chaîne! ne l'entendez-vous pas sonner?

ADRIANA. — Quoi, la chaîne?

DROMIO DE SYRACUSE. — Non, non, la cloche. Il serait temps que je fusse parti; il était deux heures avant que je l'eusse quitté, et maintenant l'horloge sonne une heure.

ADRIANA. — Les heures vont à reculons! je n'ai jamais entendu dire rien de pareil.

DROMIO DE SYRACUSE. — Ah! oui, lorsqu'il arrive à une heure de rencontrer un sergent de police, elle lui tourne le dos de frayeur.

ADRIANA. — Comme si le temps avait des dettes! Vraiment tu déraisonnes à cœur joie.

DROMIO DE SYRACUSE. — Le temps est un vrai banqueroutier, et il doit plus qu'il ne peut payer à échéance. Bien mieux, c'est aussi un voleur; n'avez-vous jamais entendu les gens dire: le temps vient à la dérobée, soit de jour, soit de nuit. Si le temps est un débiteur et un voleur, et qu'il rencontre un sergent, n'aura-t-il pas raison de reculer d'une heure dans un jour?

Rentre LUCIANA.

ADRIANA. — Va, Dromio; voici l'argent, porte-le directement et ramène ton maître tout de suite à la maison. Venez, ma sœur, je suis complétement abattue par les conjectures de mon imagination; mon imagination, mon soutien et mon tourment. (*Elles sortent.*)

SCÈNE III.

Une place publique.

Entre ANTIPHOLUS DE SYRACUSE.

Antipholus de Syracuse. — Je ne rencontre pas un homme qui ne me salue, comme si j'étais son ami de longue date, et il n'est personne qui ne m'appelle par mon nom. Quelques-uns m'offrent de l'argent, d'autres m'invitent, d'autres me remercient de services rendus, d'autres me présentent des marchandises à acheter. Il n'y a qu'un instant, un tailleur m'a fait entrer dans sa boutique, m'a montré des étoffes de soie qu'il avait achetées pour moi, et m'a pris mesure immédiatement. Pour sûr, ce ne sont là que des illusions sans réalité, et tous les sorciers de Laponie habitent ici[8].

Entre DROMIO DE SYRACUSE.

Dromio de Syracuse. — Maître, voici l'or que vous m'avez envoyé chercher. Mais, quoi! est-ce que vous avez envoyé le portrait du vieil Adam se faire habiller de neuf[9]?

Antipholus de Syracuse. — Qu'est-ce que c'est que cet or et de quel Adam veux-tu parler?

Dromio de Syracuse. — Non pas de cet Adam qui gardait le paradis terrestre, mais de cet Adam qui garde la prison, de celui qui se promène dans la peau du veau qui fut tué pour le retour de l'Enfant prodigue, de celui qui est venu derrière vous, Monsieur, comme un mauvais ange, et vous a sommé de laisser là votre liberté.

Antipholus de Syracuse. — Je ne te comprends pas.

Dromio de Syracuse. — Non? c'est pourtant une chose bien simple; l'Adam qui est venu comme une basse de viole dans un étui de cuir; l'homme qui, lorsqu'il voit des messieurs trop fatigués, leur touche gentiment l'épaule et les prie de ne pas aller davantage; l'homme qui prend pitié des gens ruinés et leur donne des billets de long logement ; l'homme qui se tient pour certain d'accomplir plus d'exploits avec sa masse qu'avec une pique mauresque [10].

ANTIPHOLUS DE SYRACUSE. — Quoi ! veux-tu parler d'un officier de justice ?

DROMIO DE SYRACUSE. — Eh ! oui, Monsieur, le sergent d'engagement [11]; celui qui force tout homme qui rompt son engagement à en rendre compte; celui qui croit qu'un homme va toujours se mettre au lit et qui lui dit : Dieu vous donne un bon repos [12].

ANTIPHOLUS DE SYRACUSE. — Bien, Monsieur, et vous, donnez un temps de repos à vos drôleries. Y a-t-il un vaisseau qui mette ce soir à la voile ? pouvons-nous partir ?

DROMIO DE SYRACUSE. — Eh, Monsieur, il y a une heure je suis venu vous dire que la barque *Expédition* partait ce soir; mais alors vous étiez empêché par le sergent, qui vous forçait d'attendre le bateau *Délai*. Voici les *anges* [13] que vous m'avez envoyé chercher pour recouvrer votre liberté.

ANTIPHOLUS DE SYRACUSE. — Ce garçon est halluciné, et je le suis moi aussi ; nous errons ici sur un terrain d'illusions. Puisse quelque pouvoir divin nous délivrer !

Entre UNE COURTISANE.

LA COURTISANE. — Je vous rencontre fort à propos, fort à propos, monsieur Antipholus. Je vois, Monsieur, que vous avez enfin trouvé l'orfévre. Est-ce là la chaîne que vous m'aviez promise aujourd'hui ?

ANTIPHOLUS DE SYRACUSE. — Arrière, Satan, je te l'ordonne, ne me tente pas !

DROMIO DE SYRACUSE. — Maître, est-ce là madame Satan ?

ANTIPHOLUS DE SYRACUSE. — C'est le démon.

DROMIO DE SYRACUSE. — C'est bien pis, car c'est la dame du démon ; elle vient ici dans le costume d'une fille *à éclat*, et de là vient que les filles disent *Dieu me damne*, ce qui équivaut à dire : *Dieu fasse de moi une fille à éclat.* Il est écrit que ces créatures apparaissent sous la forme d'anges de lumière ; la lumière est un effet du feu, et le feu doit brûler ; *ergo*, les filles légères doivent brûler. N'approchez pas d'elle [14].

La courtisane. — Vous et votre domestique vous êtes merveilleusement gais, Monsieur ; voulez-vous venir avec moi ? nous réparerons notre mauvais dîner.

Dromio de Syracuse. — Maître, si vous allez avec elle, attendez-vous à du potage, et, par conséquent, procurez-vous une longue cuiller [15].

Antipholus de Syracuse. — Pourquoi cela, Dromio ?

Dromio de Syracuse. — Parbleu, il doit avoir une longue cuiller celui qui veut manger avec le diable.

Antipholus de Syracuse. — Arrière, démon ! pourquoi me parles-tu de souper ? tu es, comme vous êtes toutes ici, une sorcière. Je te conjure de me laisser et de t'en aller.

La courtisane. — Donnez-moi ma bague, que vous m'avez prise à dîner ; ou bien, en échange de mon diamant, la chaîne que vous m'aviez promise ; après quoi, Monsieur, je m'en irai sans vous importuner davantage.

Dromio de Syracuse. — Il y a des diables qui ne vous demandent qu'une simple rognure de vos ongles, un jonc, un cheveu, une goutte de sang, une épingle, une noix, un noyau de cerise ; mais celui-là est plus rapace, il lui faut une chaîne. Maître, soyez prudent ; si vous la lui donnez, le diable secouera sa chaîne et nous effrayera avec son bruit.

La courtisane. — Je vous en prie, Monsieur, mon anneau ou bien la chaîne ; j'espère que vous n'avez pas eu l'intention de me filouter.

Antipholus de Syracuse. — Arrière, sorcière ! viens, Dromio, et partons.

Dromio de Syracuse. — *Fuyez l'orgueil,* dit le paon [16] ; vous connaissez le proverbe, Madame ?

(*Sortent Antipholus de Syracuse et Dromio de Syracuse.*)

La courtisane. — Maintenant il est hors de doute

qu'Antipholus est fou, sans cela il ne se conduirait pas ainsi. Il m'a pris une bague qui vaut quarante ducats et il m'a promis en retour une chaîne, et maintenant il ne veut me donner ni l'une ni l'autre. La raison qui me fait croire qu'il est fou, outre ce présent exemple de colère, est un certain conte absurde sur les portes de sa maison qu'on aurait refusé de lui ouvrir, qu'il nous a raconté à dîner. Peut-être aussi que sa femme, qui connaît ses accès de folie, lui fait fermer la porte à dessein. Ce que j'ai à faire, c'est de m'en aller chez lui et de dire à sa femme que, dans sa folie, il s'est précipité chez moi et m'a enlevé de force ma bague. Cette méthode me semble la meilleure; car quarante ducats sont une somme trop importante pour la perdre. (*Elle sort.*)

SCÈNE IV.

La même place publique.

Entrent ANTIPHOLUS D'ÉPHÈSE *et* UN OFFICIER DE JUSTICE.

ANTIPHOLUS D'ÉPHÈSE. — Ne crains rien, mon ami, je ne m'échapperai pas et je te remettrai avant de te quitter un cautionnement égal à la somme pour laquelle je suis arrêté. Ma femme est aujourd'hui d'une humeur lunatique et ne croira pas aisément le messager. Que j'aie pu être arrêté dans Éphèse, voilà, je t'assure, une nouvelle qui sonnera étrangement à ses oreilles. Ah! voici mon domestique; je pense qu'il apporte l'argent.

Entre DROMIO D'ÉPHÈSE *avec un bout de corde.*

Eh bien, Monsieur, me rapportez-vous ce que je vous ai envoyé chercher?

DROMIO D'ÉPHÈSE. — Voilà, je vous le garantis, de quoi les payer tous.

ANTIPHOLUS D'ÉPHÈSE. — Mais où est l'argent?

Dromio d'Éphèse. — Mais, Monsieur, j'ai donné l'argent en échange de la corde.

Antipholus d'Éphèse. — Cinq cents ducats pour une corde, coquin?

Dromio d'Éphèse. — Je vous en servirai cinq cents à ce prix-là, Monsieur.

Antipholus d'Éphèse. — Dans quel but t'ai-je envoyé à la maison ?

Dromio d'Éphèse. — Dans le but de me procurer un bout de corde, Monsieur, et me voilà de retour avec ce bout.

Antipholus d'Éphèse. — Et je vais te fêter la bienvenue avec ce bout-là. (*Il le bat.*)

L'officier. — Mon bon Monsieur, soyez patient.

Dromio d'Éphèse. — C'est plutôt à moi qu'il faut recommander la patience; car c'est moi qui suis malheureux.

L'officier. — Retiens ta langue maintenant, l'ami.

Dromio d'Éphèse. — Persuadez-le plutôt de retenir ses mains.

Antipholus d'Éphèse. — Fils de catin! Manant insensé!

Dromio d'Éphèse. — Je voudrais n'avoir plus de sens, en effet, Monsieur; alors je ne sentirais plus vos coups.

Antipholus d'Éphèse. — Tu n'es sensible qu'aux coups; juste comme un âne.

Dromio d'Éphèse. — Je suis un âne, en effet; vous pouvez le prouver par mes oreilles allongées par vous-même. Je l'ai servi depuis ma naissance jusqu'à ce moment, et ses mains ne m'ont jamais rien donné que des coups en récompense de mes services. Lorsque j'ai froid, il me réchauffe avec des coups; lorsque j'ai chaud, il me rafraîchit avec des coups; si je dors, ce sont des coups qui me réveillent; si je m'assieds, ce sont des coups qui me font lever; lorsque je sors de la maison, ce sont des coups qui m'en chassent; lorsque je rentre, ce sont des coups qui me souhaitent la bienvenue. Je porte ses coups sur mes épaules comme un mendiant porte sa marmaille; et je crois bien que lorsqu'il m'aura estropié, il me faudra aller mendier, poussé à coups de pied de porte en porte.

Entrent ADRIANA, LUCIANA, LA COURTISANE *et* LE MAÎTRE D'ÉCOLE SORCIER PINCH.

ANTIPHOLUS D'ÉPHÈSE. — Allons, marchons, je vois ma femme qui vient là-bas.

DROMIO D'ÉPHÈSE. — Maîtresse, *respice finem*[17], prenez garde au *bout* de tout cela; ou plutôt, pour prophétiser comme le perroquet : prenez garde au bout de la corde.

ANTIPHOLUS D'ÉPHÈSE. — Est-ce que tu vas encore parler ?   (*Il le bat.*)

LA COURTISANE. — Eh bien, qu'en dites-vous maintenant ? Votre mari n'est-il pas fou ?

ADRIANA. — Sa brutalité ne me laisse pas un doute. Bon docteur Pinch, vous êtes un exorciste, rétablissez-le dans son bon sens et je vous donnerai tout ce que vous me demanderez.

LUCIANA. — Hélas ! comme ses regards sont enflammés et méchants !

LA COURTISANE. — Voyez comme il tremble dans son accès !

PINCH. — Donnez-moi votre main et laissez-moi tâter votre pouls.

ANTIPHOLUS D'ÉPHÈSE. — Voici ma main, et je la fais sentir ainsi à votre oreille. (*Il le soufflette.*)

PINCH. — Je te somme, Satan, qui as pris logement dans cet homme, de faire céder ta possession devant la force de mes saintes prières, et de retourner sur-le-champ dans ton séjour de ténèbres ; je t'en adjure par tous les saints du ciel.

ANTIPHOLUS D'ÉPHÈSE. — Paix, sorcier radoteur, je ne suis pas fou.

ADRIANA. — Ah ! plût au ciel que tu ne le fusses pas, pauvre âme en délire !

ANTIPHOLUS D'ÉPHÈSE. — Et vous, mignonne, est-ce que ce sont là vos affidés ? Est-ce que ce compère à la face de safran était à se goberger et à festiner aujourd'hui chez moi, tandis que les portes se fermaient effrontément devant moi et qu'on me refusait l'entrée de ma maison?

Adriana. — Oh! mari, vous savez bien que vous avez dîné à la maison, où vous auriez mieux fait de rester que de venir vous exposer à ces commérages et à cet esclandre à ciel ouvert.

Antipholus d'Éphèse. — Moi, j'ai dîné à la maison! Et toi, coquin, qu'en dis-tu?

Dromio d'Éphèse. — Monsieur, pour dire la vérité, vous n'avez pas dîné à la maison.

Antipholus d'Éphèse. — Est-ce que je n'ai pas trouvé mes portes fermées? Est-ce qu'on ne m'a pas laissé dehors?

Dromio d'Éphèse. — Pour cela, oui; vos portes étaient fermées et on vous a laissé dehors.

Antipholus d'Éphèse. — Et ne m'a-t-elle pas elle-même insulté alors?

Dromio d'Éphèse. — Sans fable, elle vous a elle-même insulté alors.

Antipholus d'Éphèse. — Est-ce que sa fille de cuisine ne nous a pas raillés, insultés, vilipendés?

Dromio d'Éphèse. — Certes, c'est la vérité; la vestale de la cuisine vous a vilipendé.

Antipholus d'Éphèse. — Et ne suis-je pas parti tout en rage?

Dromio d'Éphèse. — Oui, en vérité, et mes os peuvent en rendre témoignage, car ils ont depuis lors senti toute la vigueur de votre rage.

Adriana. — Est-il bon pour l'apaiser de céder à ses contradictions?

Pinch. — Il n'y a pas de mal à cela; le camarade a découvert en quoi consiste sa manie, et en lui cédant il fait du bien à sa folie.

Antipholus d'Éphèse. — Tu as suborné l'orfévre pour me faire arrêter.

Adriana. — Hélas! je vous ai envoyé de l'argent pour vous délivrer, par Dromio, ici présent, qui était venu en toute hâte le chercher.

Dromio d'Éphèse. — De l'argent que vous avez envoyé

par moi! De bons sentiments et de la bonne volonté, c'est possible; mais à coup sûr, maître, pas un rouge liard.

Antipholus d'Éphèse. — N'es-tu pas allé lui demander une bourse de ducats?

Adriana. — Oui, il est venu, et je la lui ai remise.

Luciana. — Je suis témoin qu'elle la lui a remise.

Dromio d'Éphèse. — Dieu et le marchand de cordes me sont témoins qu'on ne m'a rien envoyé chercher qu'un bout de corde.

Pinch. — Madame, le maître et le domestique sont tous deux possédés; je le reconnais à leur aspect pâle et cadavéreux; il faut les attacher et les mettre dans quelque chambre noire.

Antipholus d'Éphèse. — Dis-moi pourquoi tu m'as refusé la porte aujourd'hui, et pourquoi tu me refuses le sac d'or?

Adriana. — Je ne vous ai pas refusé la porte, mon cher mari.

Dromio d'Éphèse. — Et moi, mon cher maître, je n'ai pas reçu d'or; mais je confesse qu'on vous a refusé la porte.

Adriana. — Coquin de fourbe, tu as allégué deux faussetés sur les deux faits.

Antipholus d'Éphèse. — Coquine de catin, toi, tu n'allègues que faussetés en toutes choses. Tu t'es liguée avec une troupe de canailles pour faire de moi le jouet rebutant et abject de tes mépris; mais, avec mes ongles, je vais t'arracher ces yeux qui voudraient se divertir à me voir ainsi honteusement berner.

(*Ici entrent trois ou quatre personnes qui offrent de le lier.* ANTIPHOLUS *résiste.*)

Adriana. — Oh! liez-le, liez-le, ne le laissez pas m'approcher.

Pinch. — Du renfort! du renfort! le démon qui est en lui est vigoureux.

Luciana. — Hélas! pauvre homme! comme il est pâle et hâve!

Antipholus d'Éphèse. — Quoi donc! allez-vous m'assassiner? Mais toi, geôlier, toi, je suis ton prisonnier; est-ce que tu vas permettre qu'ils m'enlèvent?

L'officier. — Messieurs, laissez-le tranquille; il est mon prisonnier, et je ne vous le livrerai pas.

Pinch. — Allons, attachez aussi cet homme, car il est frénétique aussi.

Adriana. — Que prétends-tu faire, sergent mal appris? Est-ce que tu prends plaisir à voir un infortuné se faire à lui-même outrage et préjudice?

L'officier. — Il est mon prisonnier; si je le laisse aller, on exigera de moi le montant de la dette.

Adriana. — Je la payerai avant de te congédier; conduis-moi immédiatement devant son créancier, et lorsque je connaîtrai l'origine de la dette, je l'acquitterai. Mon bon monsieur le docteur, veillez à ce qu'on le transporte sain et sauf à la maison. O le plus triste des jours!

Antipholus d'Éphèse. — O la plus triste des catins!

Dromio d'Éphèse. — Maître, me voilà engagé de liens pour vous [18].

Antipholus d'Éphèse. — Va-t'en au diable, coquin, pourquoi veux-tu me rendre fou?

Dromio d'Éphèse. — Aimez-vous mieux être lié pour rien? Soyez fou à votre aise, mon bon maître. Appelez le diable!

Luciana. — Dieu les assiste, les pauvres âmes! Comme ils extravaguent!

Adriana. — Emportez-le d'ici. Ma sœur, venez avec moi.

(*Sortent Pinch et les assistants avec Antipholus d'Éphèse et Dromio d'Éphèse.*)

Dis-moi? à la requête de qui a-t-il été arrêté?

L'officier. — D'un certain Angelo, un orfévre. Le connaissez-vous?

Adriana. — Je le connais. Quelle somme doit-il?

L'officier. — Deux cents ducats.

Adriana. — Et quelle est l'origine de la dette?

L'officier. — Une chaîne qu'il a remise à votre mari.

ADRIANA. — Il avait en effet commandé une chaîne pour moi, mais il ne l'avait pas reçue.

LA COURTISANE. — Cependant lorsque votre mari, après être venu chez moi tout en rage, est parti en m'emportant une bague, cette bague qu'il avait tout à l'heure à son doigt, je l'ai rencontré un instant après avec une chaîne.

ADRIANA. — Cela peut être, mais je ne l'ai jamais vue. Allons, geôlier, emmenez-moi auprès de l'orfévre. Je brûle de connaître la complète vérité.

Entrent ANTIPHOLUS DE SYRACUSE, *la rapière tirée, et* DROMIO DE SYRACUSE.

LUCIANA. — Dieu nous protége! les voilà qui se sont sauvés.

ADRIANA. — Et qui viennent avec des épées nues; appelons du secours pour les faire lier de nouveau.

L'OFFICIER. — Fuyons; ils nous tueront.

(*Sortent l'officier, Luciana et Adriana.*)

ANTIPHOLUS DE SYRACUSE. — Je vois que ces sorcières ont peur des épées nues.

DROMIO DE SYRACUSE. — Celle qui voulait être votre femme se sauve maintenant devant vous.

ANTIPHOLUS DE SYRACUSE. — Allons au Centaure et retirons-en nos bagages. Je brûle de nous voir en sûreté à bord.

DROMIO DE SYRACUSE. — Ma foi, restons ici cette nuit; assurément ils ne nous feront aucun mal. Vous voyez qu'ils nous parlent poliment, qu'ils nous donnent de l'or; il me semble que c'est une si aimable nation, que n'était la montagne de chair en délire qui me réclame pour son mari, je pourrais aisément prendre sur moi de demeurer ici et de devenir sorcier.

ANTIPHOLUS DE SYRACUSE. — Je ne passerais pas ici la nuit pour toute la ville. Par conséquent, partons pour faire embarquer nos bagages.

(*Ils sortent.*)

ACTE V.

SCÈNE UNIQUE.

Devant une abbaye.

Entrent LE MARCHAND *et* ANGELO.

ANGELO. — Je suis vraiment peiné, Monsieur, de vous avoir créé des empêchements; mais je proteste que je lui ai remis la chaîne, quoiqu'il le nie très-déshonnêtement.

LE MARCHAND. — De quelle estime cet homme jouit-il dans la ville?

ANGELO. — Il a une réputation excellente, Monsieur, un grand crédit; il est très-aimé et ne le cède à personne en rien dans la ville. Sur sa parole, j'engagerais ma fortune, à n'importe quel moment.

LE MARCHAND. — Parlez doucement, je crois l'apercevoir là-bas qui vient.

Entrent ANTIPHOLUS DE SYRACUSE *et* DROMIO DE SYRACUSE.

ANGELO. — C'est lui-même, et il a encore cette même chaîne qu'il a juré d'une manière monstrueuse n'avoir jamais reçue. Approchez-vous de moi, mon bon Monsieur, je vais lui parler. — Signor Antipholus, je suis fort étonné que vous ayez voulu me causer, au détriment même de votre réputation, qui a été éclaboussée quelque peu par ce scandale, la honte et le préjudice de me nier, avec des serments réitérés et circonstanciés, cette chaîne que vous portez maintenant d'une manière si ouverte. Outre l'accusation, la honte et l'arrestation dont j'ai été victime, vous avez porté tort à mon honnête ami, qui, s'il n'eût pas été retardé par notre querelle, se fût embarqué et eût levé l'ancre aujourd'hui. Vous aviez reçu de moi cette chaîne, pouvez-vous le nier?

ANTIPHOLUS DE SYRACUSE. — Oui, je l'ai reçue, je ne l'ai jamais nié.

LE MARCHAND. — Pardon, vous l'avez nié, Monsieur, et avec serment encore.

ANTIPHOLUS DE SYRACUSE. — Qui donc a entendu cette négation et ce serment?

LE MARCHAND. — Ces miennes oreilles l'ont entendu, tu le sais bien. Fi! misérable. C'est pitié qu'il te soit permis de vivre là où habitent d'honnêtes gens!

ANTIPHOLUS DE SYRACUSE. — Tu es un scélérat pour m'accuser ainsi; je vais te donner la preuve de mon honneur et de mon honnêteté à tes dépens, sur l'heure même, si tu oses me rendre raison.

LE MARCHAND. — Je l'ose et je te défie comme un coquin que tu es. (*Ils dégainent.*)

Entrent ADRIANA, LUCIANA, LA COURTISANE *et d'autres personnes.*

ADRIANA. — Arrêtez! ne lui faites pas de mal, au nom du ciel! il est fou. Que quelques-uns de vous s'emparent de lui; retirez-lui son épée; liez aussi Dromio et amenez-les à ma maison.

DROMIO DE SYRACUSE. — Sauvons-nous, maître, sauvons-nous; au nom du ciel, cherchons quelque maison.... celle-là est un couvent, je pense.... entrons-y vite ou nous sommes perdus.

(*Antipholus de Syracuse et Dromio de Syracuse se sauvent dans le couvent.*)

Entre LA DAME ABBESSE.

L'ABBESSE. — Soyez calmes, bonnes gens; pourquoi êtes-vous rassemblés en ce lieu?

ADRIANA. — Pour tirer d'ici mon pauvre mari, qui est fou; laissez-nous entrer, afin que nous puissions l'attacher solidement et l'amener à son logis pour l'y traiter.

ANGELO. — Je savais bien qu'il n'était pas parfaitement dans son bon sens.

LE MARCHAND. — Je suis fâché maintenant d'avoir dégainé contre lui.

L'ABBESSE. — Depuis combien de temps cet homme est-il fou?

ADRIANA. — Toute cette semaine il avait été affaissé, triste, acariâtre et très-différent de ce qu'il était; mais jusqu'à cette après-midi sa maladie ne s'était pas encore déclarée avec une aussi complète frénésie.

L'ABBESSE. — N'a-t-il pas perdu des sommes importantes dans quelque naufrage? N'a-t-il pas enterré quelque ami? Un amour illégitime n'a-t-il pas égaré ses yeux? C'est un péché bien fréquent chez les jeunes hommes qui accordent à leurs yeux la pleine liberté du regard. Auquel de ces chagrins a-t-il été soumis?

ADRIANA. — A aucun de ceux-là, à moins que ce ne soit au dernier, c'est-à-dire à un certain amour qui l'attirait souvent hors du logis.

L'ABBESSE. — Vous auriez dû le réprimander pour cette faute.

ADRIANA. — C'est bien ce que j'ai fait.

L'ABBESSE. — Oui, mais pas assez sévèrement.

ADRIANA. — Je l'ai fait aussi sévèrement que ma pudeur me le permettait.

L'ABBESSE. — En particulier, peut-être.

ADRIANA. — Et en public aussi.

L'ABBESSE. — Oui, mais pas assez.

ADRIANA. — C'était le thème de toutes nos conversations; au lit il ne pouvait dormir, tant je l'en importunais; à table il ne pouvait manger, tant je l'en importunais;

étions-nous seuls, c'était le sujet de mes discours; étions-nous en compagnie, je lui en faisais souvent reproche par mes regards; perpétuellement je lui disais que c'était un acte vil et mauvais.

L'ABBESSE. — Et voilà comment cet homme est devenu fou. Les criailleries venimeuses d'une femme jalouse empoisonnent plus mortellement que la dent d'un chien enragé. Tu avoues que son sommeil était empêché par tes reproches, et de là vient que sa tête délire. Tu dis que ses repas avaient tes récriminations pour assaisonnement; les dîners troublés font les mauvaises digestions, et voilà où s'est allumé le feu de sa fièvre frénétique, car qu'est-ce qu'une fièvre, sinon un accès de folie? Tu dis que ses récréations étaient troublées par tes querelles. Or que produisent des récréations contrariées, sinon une mélancolie lourde et fantasque, proche parente du sombre et inconsolable désespoir, et à sa suite toute une nombreuse et infecte troupe de pâles maladies ennemies de l'existence? Être troublé dans ses repas, dans ses récréations, dans son sommeil conservateur de la vie, rendrait fou tout être quel qu'il soit, homme ou bête. La conséquence de tout cela, c'est que tes accès de jalousie ont privé ton mari de l'usage de son bon sens.

LUCIANA. — Elle ne l'a jamais réprimandé qu'avec douceur, alors même qu'il se montrait dans sa conduite brutal, grossier et emporté. — Pourquoi supportez-vous ces réprimandes sans répondre?

ADRIANA. — Elle m'a livrée aux reproches de ma conscience. — Bonnes gens, entrez et emparez-vous de lui.

L'ABBESSE. — Non : qu'aucune personne n'entre dans mon couvent.

ADRIANA. — Alors, que vos serviteurs fassent sortir mon mari.

L'ABBESSE. — Pas davantage; il a choisi ce couvent pour lieu d'asile, et il y jouira du privilége de rester libre de vos mains, jusqu'à ce que je l'aie ramené à la raison ou que j'aie perdu mes peines en l'essayant.

ADRIANA. — Je soignerai mon mari, je serai sa garde-malade; je veillerai sur son infirmité, car c'est là ma fonction naturelle, et je ne veux laisser à personne le droit de la remplir à ma place¹; par conséquent, laissez-moi le ramener au logis avec moi.

L'abbesse. — Armez-vous de patience, car je ne le laisserai pas partir avant d'avoir employé tous les moyens en mon pouvoir : sirops salubres, drogues médicinales, pieuses prières, pour le rendre à l'état d'homme raisonnable. C'est là une des branches et des parties de mes vœux, un des devoirs de charité de l'ordre auquel j'appartiens; en conséquence, partez et laissez-le avec moi.

Adriana. — Je ne partirai pas et je ne laisserai pas mon mari ici. Il sied mal à votre sainteté de séparer le mari de la femme.

L'abbesse. — Tiens-toi tranquille et va-t'en; tu ne l'auras pas. (*L'abbesse sort.*)

Luciana. — Plaignez-vous au duc de cette indignité.

Adriana. — Venez, marchons; je me prosternerai à ses pieds, et je ne me relèverai pas avant que mes larmes et mes prières aient arraché à Sa Grâce le consentement de venir ici en personne et d'enlever de force mon mari à l'abbesse.

Le marchand. — Je crois que le cadran solaire doit marquer maintenant bien près de cinq heures; par conséquent je suis sûr que le duc en personne va passer par ici pour se rendre à la sombre allée, lieu de mort et de tristes exécutions qui s'étend par derrière les fossés de l'abbaye.

Angelo. — Pour quelle cause?

Le marchand. — Pour voir décapiter publiquement un respectable marchand de Syracuse, coupable d'avoir débarqué, par une erreur malheureuse, dans cette baie, contre les lois et statuts de la ville.

Angelo. — Voyez, les voici qui viennent; nous allons assister à sa mort.

Luciana. — Jetez-vous aux genoux du duc avant qu'il ait passé l'abbaye.

Entrent LE DUC *avec sa suite;* ÆGEON, *tête nue;*
LE BOURREAU *et d'autres officiers de justice.*

LE DUC. — Une fois encore, nous le proclamons publiquement, si quelque ami veut payer pour lui la somme requise, il ne mourra pas, tant nous lui portons intérêt.

ADRIANA. — Justice, très-noble duc, justice contre l'abbesse!

LE DUC. — C'est une dame vertueuse et respectable; il ne se peut pas qu'elle t'ait fait tort.

ADRIANA. — N'en déplaise à Votre Grâce, Antipholus, mon mari, que sur vos lettres pressantes j'ai fait maître de moi et de mes biens, a été saisi, en ce malheureux jour présent, d'un violent accès de folie. Il s'est mis à courir la ville, comme un forcené, avec son esclave, qui est aussi fou que lui, faisant injure aux citoyens, entrant de force dans leurs maisons et en emportant bagues, joyaux, tout ce dont sa lubie avait fantaisie. Une fois déjà je l'avais fait lier et conduire à ma maison, tandis que je prenais des mesures pour réparer les torts qu'ici et là sa frénésie avait commis. Cependant, par je ne sais quel vigoureux effort, il a pu s'échapper des mains de ceux qui le gardaient, et nous les avons rencontrés, lui et son insensé de serviteur, enflammés de colère et l'épée nue à la main; ils nous ont couru sus comme des furieux et nous ont mis en fuite. Enfin, après avoir obtenu du renfort, nous sommes revenus pour les faire lier de nouveau, et alors ils se sont enfuis dans cette abbaye, où nous les avons poursuivis. Mais l'abbesse nous a fait fermer les portes et ne veut pas permettre que nous le délogions d'ici, et elle ne veut pas davantage le faire sortir pour que nous puissions le ramener au logis. C'est pourquoi, gracieux duc, nous vous supplions d'ordonner qu'on nous l'amène et qu'on l'emporte d'ici pour le soigner.

LE DUC. — Il y a longtemps, ton mari m'a servi dans mes guerres, et je t'avais engagé ma parole de prince, lorsque tu le pris pour maître de ton lit, que je lui accorderais toutes les faveurs et toutes les bontés que je pourrais. — Que quelques-uns d'entre vous aillent frapper à la porte de l'abbaye, et disent à l'abbesse de venir me parler. Je vais arranger cette affaire avant de continuer ma route.

Entre UN DOMESTIQUE.

LE DOMESTIQUE. — Maîtresse, maîtresse, sauvez-vous et mettez-vous à l'abri; mon maître et son valet ont tous deux rompu leurs liens; ils ont rossé les servantes à la ronde; ils ont lié le docteur dont ils ont flambé la barbe avec des tisons enflammés, et pendant que le poil brûlait, ils jetaient sur lui pour l'éteindre de grands seaux pleins d'eau croupie. Mon maître lui prêche la patience, et pendant ce temps son valet le tond avec ses ciseaux comme on fait aux fous[2]. Pour sûr, si on n'envoie pas immédiatement au secours, à eux deux ils tueront l'exorciseur.

ADRIANA. — Silence, imbécile! ton maître et son valet sont ici, et c'est un mensonge que tu nous contes là.

LE DOMESTIQUE. — Maîtresse, sur ma vie je vous dis la vérité. J'ai couru à en perdre le souffle dès que j'ai vu ce qui se passait. Mon maître crie après vous et jure que s'il vous attrape, il vous roussira le visage et vous défigurera.

(*Cris à l'intérieur du théâtre.*)

Écoutez! écoutez! je l'entends, maîtresse! fuyez! sauvez-vous!

LE DUC. — Venez, tenez-vous près de moi, ne craignez rien. Protégez-la de vos hallebardes.

ADRIANA. — Ah! ciel! c'est mon mari. Vous êtes témoin qu'il nous arrive comme s'il jouissait du privilége d'être invisible. Il n'y a qu'un instant nous l'avons vu entrer dans l'abbaye, et maintenant le voilà ici contre tout bon sens humain.

Entrent ANTIPHOLUS D'ÉPHÈSE *et* DROMIO D'ÉPHÈSE.

ANTIPHOLUS D'ÉPHÈSE. — Justice, très-gracieux duc! oh! fais-moi justice! Au nom du service que je t'ai rendu autrefois, lorsque je te couvris de mon corps à la guerre, et que, pour sauver ta vie, je reçus des blessures profondes; au nom du sang que je perdis alors pour toi, fais-moi justice aujourd'hui.

Ægéon. — A moins que les terreurs de la mort ne me fassent radoter, je vois ici mon fils Antipholus et Dromio.

Antipholus d'Éphèse. — Justice, mon doux prince, contre la femme ici présente que tu m'as donnée pour épouse, et qui m'a outragé et déshonoré au delà de toutes les bornes et mesures de l'outrage! L'injure qu'elle m'a faite effrontément aujourd'hui dépasse toute imagination.

Le duc. — Explique comment, et tu me trouveras juste.

Antipholus d'Éphèse. — Aujourd'hui, puissant duc, elle m'a fermé ma porte pendant qu'elle festinait dans ma maison avec des canailles.

Le duc. — C'est une grave injure. — Dis-moi, femme, t'es-tu conduite ainsi?

Adriana. — Non, mon bon seigneur; moi, ma sœur et lui, nous avons dîné aujourd'hui ensemble; périsse mon âme si l'accusation dont il la charge n'est pas fausse!

Luciana. — Puissé-je ne plus voir la lumière pendant le jour, ni connaître le sommeil pendant la nuit, si elle ne dit pas à Votre Altesse la simple vérité!

Angelo. — O femme parjure! toutes deux mentent. Sur ce point particulier, le fou les a justement accusées.

Antipholus d'Éphèse. — Mon suzerain, je sais parfaitement ce que je dis. Je n'ai la tête ni troublée par le vin, ni montée par les excitations d'une colère furieuse, quoique les outrages que j'ai subis fussent suffisants pour rendre fou un homme plus sage que moi. Cette femme m'a fermé aujourd'hui ma porte à l'heure du dîner : l'orfévre que voici, s'il n'était pas ligué avec elle, pourrait en témoigner, car il était alors avec moi, et il m'a quitté pour aller chercher une chaîne, en me promettant de la porter au *Porc-Épic*, où Balthazar et moi nous dinions ensemble. Notre dîner achevé, comme il ne revenait pas, je sortis pour le chercher; je le rencontrai dans la rue, ainsi que monsieur qui était avec lui. Là ce parjure d'orfévre m'a juré avec une effronterie sans pareille, qu'aujourd'hui j'avais reçu la chaîne, chaîne — Dieu le sait! — que je n'ai jamais vue. Pour ce motif, il m'a fait arrêter par un officier de justice; j'ai obéi à la loi, et j'ai envoyé mon esclave chercher à ma maison une certaine somme de ducats. Il est revenu sans m'en rapporter un seul; alors j'ai poliment prié l'officier de venir en personne avec moi à ma maison. En chemin, nous avons rencontré ma femme, sa sœur et toute une populace de vils complices; avec elles, elles amenaient un certain Pinch, un drôle maigre, à la mine de meurt-de-faim, un vrai modèle d'anatomie, un charlatan, un jongleur, dont les habits montrent la corde, un diseur de bonne aventure, un misérable nécessiteux, aux yeux creux et aux regards rusés, un cadavre vivant. Ce dangereux goujat s'est alors avisé de se donner les airs d'un exorciseur, et, me regardant dans les yeux, me tâtant le pouls et me dévisageant pour ainsi dire avec son fantôme de visage, il s'est écrié que j'étais possédé. Alors tous ensemble ils sont tombés sur moi, m'ont lié et transporté dans ma maison, où ils nous ont déposé, mon valet et moi, tous deux garrottés, dans un caveau humide et noir. Nous y sommes restés jusqu'à ce que j'aie pu regagner ma liberté en coupant mes liens avec mes dents, et alors immédiatement j'ai couru jusqu'ici à la rencontre de Votre Grâce, que je supplie de me donner ample satisfaction pour ces affronts énormes et ces indignités sans nom.

Angelo. — Monseigneur, en vérité, je puis lui rendre témoignage sur ce point, qu'il n'a pas dîné chez lui et que ses portes lui ont été refusées.

Le duc. — Mais a-t-il, oui ou non, reçu de toi une chaîne?

Angelo. — Il l'a reçue, Monseigneur, et lorsqu'il s'est enfui dans ce couvent, toutes les personnes ici présentes ont pu lui voir la chaîne autour du cou.

Le marchand. — En outre, je puis jurer que mes oreilles vous ont entendu confesser que vous aviez reçu la chaîne, après l'avoir nié d'abord sur le marché; alors j'ai tiré l'épée contre vous, et vous vous êtes réfugié dans cette abbaye, d'où vous êtes sorti, je pense, par miracle.

Antipholus d'Éphèse. — Je ne suis jamais entré dans cette abbaye; vous n'avez jamais tiré l'épée contre moi, et je n'ai jamais vu la chaîne, le ciel en soit loué! Les accusations dont vous me chargez sont fausses.

Le duc. — Morbleu! quelle affaire compliquée que celle-là! je crois vraiment que vous avez tous bu à la coupe de Circé. Si vous l'aviez vu entrer dans le couvent, il y serait encore; s'il était fou, il ne s'expliquerait pas aussi tranquillement. — Vous dites qu'il a dîné chez lui; l'orfèvre ici présent nie votre dire. (*A Dromio.*) Et vous, maraud, que dites-vous?

Dromio d'Éphèse. — Monsieur, il a dîné au *Porc-Épic* avec la femme que voici.

La courtisane. — C'est vrai, et il m'a enlevé cette bague de mon doigt.

Antipholus d'Éphèse. — C'est vrai, Monseigneur, cette bague me vient d'elle.

Le duc. — L'as-tu vu entrer dans l'abbaye?

La courtisane. — Aussi sûr, Monseigneur, que je vois Votre Grâce.

Le duc. — Vraiment, cela est étrange. Allez, faites-moi venir l'abbesse. Je crois que vous êtes tous d'accord ou complétement fous.

(*Sort un homme de la suite du duc.*)

Ægéon. — Très-puissant duc, permettez-moi de dire un mot. Je vois un ami qui peut-être sauvera ma vie et payera la somme nécessaire pour me délivrer.

Le duc. — Exprime librement ce que tu as à dire, Syracusain.

Ægéon. — Votre nom, Monsieur, n'est-il pas Antipholus, et n'est-ce pas là Dromio, l'esclave qui vous est attaché[3]?

Dromio d'Éphèse. — Il n'y a pas encore une heure, j'étais en effet son esclave attaché, Monsieur; mais, je l'en remercie, il a coupé mes liens en deux avec ses dents, et maintenant je suis Dromio, et son valet délié.

Ægéon. — Je suis sûr que tous deux vous vous souvenez de moi.

Dromio d'Éphèse. — C'est-à-dire que nous nous souvenons de nous-mêmes par vous, car il n'y a qu'un instant, nous étions attachés comme vous l'êtes. Vous n'êtes pas le patient de Pinch, n'est-ce pas, Monsieur?

Ægéon. — Pourquoi me regardez-vous d'un air si étonné? Vous me connaissez fort bien tous deux.

Antipholus d'Éphèse. — C'est la première fois de ma vie que je vous vois.

Ægéon. — Oh! le chagrin m'a bien changé depuis la dernière fois que vous m'avez vu, et les heures soucieuses ont, avec la main destructive du temps, écrit sur mon visage d'étranges altérations. Mais dis-moi, cependant, ne reconnais-tu pas ma voix?

Antipholus d'Éphèse. — En aucune façon.

Ægéon. — Ni toi, Dromio?

Dromio d'Éphèse. — Non, Monsieur, je vous assure; ni moi non plus.

Ægéon. — Je suis sûr que tu la reconnais.

Dromio d'Éphèse. — Vous en êtes sûr, c'est possible, mais moi je suis sûr du contraire, et quelque chose qu'un homme nie, vous êtes maintenant tenu à le croire[4].

Ægéon. — Ne pas reconnaître ma voix! O violence extrême du temps! as-tu donc tellement altéré et brisé ma pauvre voix dans le court espace de sept années que mon unique fils ne puisse plus reconnaître le faible instrument de mes lamentables chagrins! Quoique la neige de l'hiver qui consume la séve, tombant flocon par flocon, ait maintenant recouvert mon visage ridé et que tous les conduits de mon sang soient gelés, il reste cependant encore quelque mémoire dans cette nuit de ma vie; ces lampes de mes yeux qui s'éteignent conservent encore quelques derniers jets de lumière; mes oreilles dures et sourdes conservent encore quelque peu le sens de l'ouïe, et tous ces vieux témoins me disent (il est impossible que je me trompe) : tu es mon fils, mon Antipholus.

Antipholus d'Éphèse. — Je n'ai jamais vu mon père de ma vie.

Ægéon. — Mais, enfant, tu sais bien qu'il y a sept ans nous nous sommes séparés à Syracuse; mais peut-être, mon fils, rougis-tu de me reconnaître dans ma misère?

Antipholus d'Éphèse. — Le duc et tous ceux qui me connaissent dans la ville savent qu'il n'en est pas ainsi que vous le dites; je n'ai jamais vu Syracuse de ma vie.

Le duc. — Je t'assure, Syracusain, que depuis vingt ans je sers de patron à Antipholus et qu'il n'est jamais allé pendant tout ce temps-là à Syracuse. Je vois que l'âge et le danger te font radoter.

Entre l'abbesse *avec* ANTIPHOLUS DE SYRACUSE *et* DROMIO DE SYRACUSE.

L'abbesse. — Très-puissant duc, jetez les yeux sur un homme très-outragé.

(*Tout le monde s'approche pour les voir.*)

Adriana. — Ou mes yeux me trompent ou je vois deux maris.

Le duc. — Un de ces deux hommes est le génie de l'autre. Lequel des deux est l'homme naturel? lequel est l'esprit? Qui déchiffrera l'origine de leur ressemblance?

Dromio de Syracuse. — Mais, Monsieur, je suis Dromio; commandez à celui-là de s'en aller.

Dromio d'Éphèse. — C'est moi, Monsieur, qui suis Dromio; permettez-moi de rester.

Antipholus de Syracuse. — N'es-tu pas Ægéon? ou bien es-tu son fantôme?

Dromio de Syracuse. — Oh! mon vieux maître! qui donc ici l'a chargé de ces chaînes?

L'abbesse. — Je le délivrerai de ses chaînes, quel que soit celui qui l'en a chargé, et je gagnerai un époux à sa délivrance. Parle, vieil Ægéon, si tu es l'homme qui eut autrefois une femme nommée Émilia, laquelle en une seule couche te rendit père de deux beaux garçons! oh! parle, si tu es le même Ægéon? et parle à la même Émilia.

Ægéon. — Si je ne rêve pas, tu es Émilia! Si tu es

elle, dis-moi où est ce fils qui flottait avec toi sur le fatal radeau ?

L'ABBESSE. — Lui, moi et l'un des Dromios, nous fûmes tous recueillis par des gens d'Épidamne. Mais ensuite, de barbares pêcheurs de Corinthe nous séparèrent de force, emmenèrent avec eux mon fils et Dromio, et me laissèrent avec les gens d'Épidamne. Qu'advint-il d'eux, alors, je ne puis le dire; quant à moi, j'embrassai la condition où vous me voyez.

LE DUC. — Mais voici que son histoire de ce matin commence à se trouver vraie. Ces deux Antipholus, tous deux si semblables; ces deux Dromios, de personne identique; ce qu'elle raconte de son naufrage, tout prouve que ce sont les parents de ces enfants que le hasard a fait se rencontrer. Antipholus, à l'origine tu venais de Corinthe ?

ANTIPHOLUS DE SYRACUSE. — Non, Seigneur, pas moi; je viens de Syracuse.

LE DUC. — Séparez-vous et tenez-vous à part; je ne puis reconnaître celui auquel je parle.

ANTIPHOLUS D'ÉPHÈSE. — Mon très-gracieux seigneur, c'est moi qui suis venu de Corinthe.

DROMIO D'ÉPHÈSE. — Et moi avec lui.

ANTIPHOLUS D'ÉPHÈSE. — Emmené dans cette ville par ce très-fameux guerrier, le duc Ménaphon, votre oncle illustre.

ADRIANA. — Lequel des deux a aujourd'hui dîné avec moi?

ANTIPHOLUS DE SYRACUSE. — Moi, charmante madame.

ADRIANA. — Et n'êtes-vous pas mon mari?

ANTIPHOLUS D'ÉPHÈSE. — Ah non! je suis obligé de vous contredire en cela.

ANTIPHOLUS DE SYRACUSE. — Et j'en fais autant; cependant elle m'a donné ce nom, et cette belle dame, sa sœur qui est ici, m'a donné celui de frère. (*A Luciana.*) Ce que je vous ai dit alors, j'espère que j'aurai le loisir de le réaliser, si tout ce que je vois et entends n'est pas un rêve.

ANGELO. — Voici la chaîne, Monsieur, que vous avez reçue de moi.

ANTIPHOLUS DE SYRACUSE. — Oui, Monsieur, je ne le nie pas.

ANTIPHOLUS D'ÉPHÈSE. — Et vous, Monsieur, pour cette chaîne vous m'avez fait arrêter.

ANGELO. — Oui, Monsieur, je ne le nie pas.

ADRIANA. — Je vous ai envoyé par Dromio de l'argent pour fournir à votre cautionnement, mais je présume qu'il ne vous l'a pas remis.

DROMIO D'ÉPHÈSE. — Non, on ne m'a rien remis à porter, à moi.

ANTIPHOLUS DE SYRACUSE. — Cette bourse de ducats, je l'ai reçue de votre part, et c'est Dromio mon esclave qui me l'a remise. Je vois à présent que nous avons rencontré le valet l'un de l'autre; j'ai été pris pour lui et lui pour moi, et voilà l'origine de ces étranges méprises.

ANTIPHOLUS D'ÉPHÈSE. — J'engage ces ducats pour la rançon de mon père ici présent.

LE DUC. — Cela n'est pas nécessaire, ton père aura la vie sauve.

LA COURTISANE. — Monsieur, je vous réclame mon diamant que vous me gardez.

ANTIPHOLUS D'ÉPHÈSE. — Tenez, prenez-le, et mille remercîments pour votre bonne chère.

L'ABBESSE. — Illustre duc, veuillez nous accorder la faveur de prendre la peine d'entrer avec nous dans cette abbaye, pour nous entendre expliquer dans tous leurs détails nos diverses fortunes; et vous tous qui êtes assemblés sur cette place et qui, pour vous être trouvés mêlés à cette erreur d'un jour, avez souffert quelque préjudice, venez nous tenir compagnie et nous vous ferons ample satisfaction. Pendant vingt-cinq ans, mes fils, j'ai souffert pour vous les douleurs de la maternité[5], et ce n'est que de cette heure que je suis délivrée de mon pesant fardeau. Monseigneur le duc, vous mon mari, vous mes enfants, et vous qui êtes les actes authentiques de leur naissance, entrez avec moi; nous allons nous donner une fête de causerie[6], pour célébrer une nativité[7] survenue après de si longues douleurs.

Le duc. — Je prendrai de tout mon cœur ma part de cette fête de causerie.

(*Sortent le duc, l'abbesse, Ægéon, la courtisane, le marchand, Angelo et les gens de la suite.*)

Dromio de Syracuse. — Maître, irai-je retirer vos bagages du vaisseau ?

Antipholus d'Éphèse. — Quels bagages m'appartenant as-tu donc embarqués, Dromio ?

Dromio de Syracuse. — Vos effets, Monsieur, qui étaient chez notre hôte, au *Centaure*.

Antipholus de Syracuse. — C'est à moi qu'il s'adresse. — Je suis ton maître, Dromio. Allons, viens avec nous ; nous verrons à nous occuper de cela un peu plus tard. Embrasse ton frère que voici et réjouis-toi avec lui.

(*Sortent Antipholus de Syracuse, Antipholus d'Éphèse, Adriana et Luciana.*)

Dromio de Syracuse. — Il y a une grasse amie à la maison de votre maître qui aujourd'hui m'a *emmarmitonné*[8] à l'heure du dîner ; elle sera ma sœur maintenant, et non ma femme.

Dromio d'Éphèse. — Il me semble que vous êtes mon miroir et non mon frère ; je vois par vous que je suis un très-joli garçon. Voulez-vous que nous entrions les voir causer ?

Dromio de Syracuse. — Ce n'est pas à moi à passer le premier, Monsieur ; vous êtes mon aîné.

Dromio d'Éphèse. — C'est une question : comment la déciderons-nous ?

Dromio de Syracuse. — Nous tirerons à la courte paille pour savoir quel est l'aîné ; jusqu'à ce que ce soit fait, passez le premier.

Dromio d'Éphèse. — Non, entrons plutôt comme ça, de front. Nous sommes venus au monde comme deux frères, marchons maintenant la main dans la main, et non l'un devant l'autre. (*Ils sortent.*)

COMMENTAIRE.

ACTE I.

1. *That my end was wrought by nature, not by vile offence.* Quelques difficultés se sont élevées sur le sens exact à donner à ces expressions de *nature* et d'*offence*. Warburton croit que par l'opposition de ces deux mots Égéon entend attribuer ses malheurs non à la vengeance des dieux qui punissaient par des malheurs inattendus les crimes secrets, mais aux conséquences ordinaires des lois de la nature qui amènent indifféremment pour tout homme les bonnes et les mauvaises chances. N'est-il pas plus probable qu'Égéon entend par *nature* les sentiments paternels qui lui ont fait quitter sa patrie pour retrouver ses fils, et par *offence* la violation aux lois sociales établies, qui le condamnent pour avoir abordé à Éphèse?

2. Cependant dans la pièce les deux frères portent le même nom et ne sont distingués que par le nom de la ville où ils résident.

3. *Doubtful warrant of immediate death. Doubtful* ici est pris, croyons-nous, non dans le sens de douteux, mais dans celui de terrible. *Doubts* est souvent employé par les contemporains de Shakespeare dans le sens de *craintes*.

4. *To seek thy help by beneficial help.* La répétition du mot *help* dans le même vers a fait naître quelques doutes chez les commentateurs, qui ont cherché à lui substituer d'autres expressions moins claires et moins heureuses; mais cette opposition est du genre de celles qui plaisent à Shakespeare, et le sens qu'elle présente est parfaitement acceptable.

5. *Unseen, inquisitive, confounds himself.* C'est ainsi que ce vers est ponctué dans toutes les éditions. M. Staunton propose de supprimer la première virgule et de ponctuer ainsi : *Unseen inquisitive! Inquisitive* prend de la sorte une valeur de substantif, et on ne saurait nier que le sens qui résulte de ce changement de ponctuation ne soit supérieur à celui auquel il faut s'en tenir si la première ponctuation est adoptée.

6. *Here comes the almanack of my true date.* Antipholus appelle

Dromio l'almanach de sa naissance, parce qu'ils sont nés le même jour et à la même heure.

7. *Defaut* est pris ici, non dans le sens de faute, mais dans celui de retard. Peut-être même y a-t-il une légère équivoque qui porte précisément sur les différentes acceptions de ce mot.

8. Dromio joue sur le mot *post*, qui signifie à la fois poste et ces morceaux de bois nommés *coches*, sur lesquels les boulangers, taverniers et autres faisaient avec des entailles le compte des objets fournis à leurs clients.

9. Le texte porte *liberties of sin*, les libertés ou les licences du péché. Plusieurs éditeurs proposent de substituer *libertines*, libertins, qui s'accorderait mieux grammaticalement avec les vers précédents.

ACTE II.

1. *Lashed with woe*. Ces mots peuvent s'entendre et se traduire de deux manières qui sont également acceptables. *Lashed* veut dire puni et flagellé, mais aussi uni, accouplé. Si l'on adopte ce dernier sens, la phrase de Luciana signifiera qu'une liberté excessive est toujours unie au malheur.

2. *Is your tardy master now at hand*. *At hand* ici signifie tout proche; mais nous avons conservé le mot à mot afin de donner un sens à la plaisanterie de Dromio.

3. Dromio joue sur le mot *understand*, comprendre, qui se décompose en deux mots, *stand*, se tenir, et *under*, sous. Nous avons vu, dans *les Deux gentilshommes de Vérone*, Lance se livrer déjà à une plaisanterie analogue. Dromio dit qu'il a fort bien compté les coups de son maître, mais que c'est à peine s'il a pu cependant les soutenir, tant il frappait solidement.

4. *Or I will break thy pate across*; mot à mot, ou je vais te couper la figure en travers. Dromio ne veut entendre que la dernière syllabe du mot *across*, laquelle signifie croix, afin d'y trouver le prétexte d'une plaisanterie.

5. *Am I so round with you?* Le mot *round* est pris dans un double sens : dans le sens de parler rondement, et en même temps dans le sens de sphérique, rond comme une boule.

6. *Hath homely age*. Cette expression peut impliquer un autre sens et signifier le vieillissement, le défraîchissement qui est amené par les habitudes sédentaires du mariage; mais ce n'est là qu'un sens hypothétique, et il est plus probable que *homely* signifie ici : commun, ordinaire.

7. *I am but his stale*. *Stale*, vieux, suranné. Je ne suis que son foin et sa paille, son pain rassis, dirions-nous encore en français. Les commentateurs ont donné à ce mot une autre signification : celle de prétexte, de masque, qui est tout à fait impossible, car l'image ne se continuerait pas, et la fin de la phrase ne correspondrait pas à son commencement.

COMMENTAIRE.

8. *Would that alone, alone he would detain.* Phrase tout à fait inintelligible et dont aucun commentateur n'a pu fixer le sens exact.

9. *And make common of my serious hours. Common* signifie terrain en friche, champ communal, terre publique. Antipholus, par ce mot, veut faire ressortir encore davantage l'impertinence qu'il attribue à Dromio, puisque l'esclave s'aviserait de choisir pour terrain de ses ébats, précisément ces heures sérieuses qui sont par excellence la propriété de l'âme, les terrains *réservés* de l'individu.

10. *Basting.* Plaisanterie sur les divers sens de ce mot, qui signifie arroser, assaisonner, battre, rosser.

11. C'était une croyance commune à cette époque, que la viande sèche donnait une inclination à la colère.

12. *By fine and recovery,* par amende et recouvrement. Nous ne sommes pas assez versés dans les lois anglaises pour fixer la mesure exacte de ces deux termes de droit; nous croyons cependant que *fine* doit s'entendre, non dans le sens d'amende, mais dans le sens de droit de redevance, la redevance d'une chose aliénée, et *recovery* dans le sens de droit de reprise sur une chose perdue ou abandonnée, mais dont la possession n'est pas prescrite.

13. *In a kind of jollity*, mot à mot, dans une sorte de jovialité. Cette expression n'a pas laissé que d'embarrasser quelques commentateurs, notamment M. Staunton, un des derniers éditeurs de Shakespeare, qui propose de lire *policy*, politique, habileté. Mais la difficulté qu'il découvre n'existe pas selon nous, et le mot *jollity* répond parfaitement à la pensée de Dromio. L'homme qui perd ses cheveux est heureux de les perdre, au dire de Dromio, puisqu'il en retire deux avantages : ne plus avoir l'ennui de se faire friser et la crainte de laisser tomber des cheveux dans son potage.

14. *In a thing falsing*, dans une chose fausse. Antipholus appelle les cheveux une chose fausse, parce qu'ils nous trompent en tombant. Quelques commentateurs, notamment Heath, proposent de lire *falling*, tombant.

15. Ces paroles sembleraient indiquer que la peine de la marque au front s'appliquait à certains cas d'adultères ou d'outrages aux mœurs.

16. *Sure uncertaincy.* Antipholus veut marquer par cette expression l'étrange caractère des événements qui lui arrivent, dont il ne sait que penser, et dont il est obligé malgré sa raison d'accepter l'évidence.

17. *We talk with goblins, owls and elvish sprites. Owls* signifie, à proprement parler, *hiboux;* aussi quelques commentateurs ont-ils cru à une erreur d'impression et proposé de lire *ouphes*, lutins. Mais c'est une tradition très-ancienne que les hiboux étaient des esprits malfaisants, et suçaient comme les vampires le sang des enfants. Le nom de cette classe d'êtres surnaturels, les *stryges*, n'est que la traduction du mot latin *strix*, hibou. En outre, Shakespeare, d'accord en cela avec la tradition, attribue à certains animaux, et spécialement aux animaux nocturnes, une origine et une influence diaboliques. Nous avons déjà vu dans *la Tempête* les *hérissons* transformés en farfadets. De même dans *le Songe d'une*

nuit d'été les escarbots, les serpents, les hiboux, etc., sont désignés comme des esprits malfaisants.

ACTE III.

1. *Signior Angelo.* Une chose remarquable, c'est la variété des appellations et des titres qui se rencontrent dans les comédies de Shakespeare selon la condition des personnages et le sujet de chacune d'elles. Ici il n'y a en scène que des bourgeois, et les mots *sir*, monsieur, *master*, maître, ou *signior*, sont les seuls employés.

2. Le sens de ces expressions proverbiales populaires est perdu, et aucun commentateur n'a pu leur en donner un qui fût satisfaisant. La locution citée par Luce s'explique assez bien d'elle-même; elle indique une improbabilité dans l'exécution des désirs de celui auquel on l'adresse. Quant à la locution de Dromio, elle laisse vaguement soupçonner un sens obscène.

3. *You would say so, master, if your garments were thin.* Antipholus parle métaphoriquement de quelque chose qui est sous le vent. Dromio prend le mot vent à la lettre, et lui répond qu'il sentirait le vent, si ses vêtements étaient plus légers.

4. *A crow*, une corneille, une grue, un levier.

5. Il y a là une expression dont il est assez difficile de déterminer le sens exact : *Once this.* Les commentateurs, Gifford en tête, veulent que cette expression corresponde à cette autre, *for the nonce*, et signifie, pour le moment, pour le quart d'heure, dans ce cas particulier.

6. Par une fantaisie particulière, Shakespeare s'est amusé pendant toute cette pièce à transformer Éphèse en une ville du moyen âge avec ses enseignes, ses maisons portant chacune un nom, ses auberges aux appellations bizarres. Peut-être a-t-il cru pouvoir se permettre cette fantaisie parce que les personnages de son drame étant tous des marchands et des trafiquants, il a fait d'Éphèse une ville de commerce, où devaient abonder par conséquent les auberges et les enseignes.

7. *And in that glorious supposition.* Il est bien difficile de fixer le sens exact de ce mot *supposition*, qui signifie généralement hypothèse, supposition. Warburton lui donne le nom de chose découverte, évidente, établie. Ici la chose découverte consisterait dans ce fait que Luciana est une sirène. Tout cela est très-obscur.

8. *Let love, being light, be drowned if she sinks.* Ligne à peu près incompréhensible. Nous avons adopté le sens qui nous a paru le plus probable. Un commentateur, Heath, pense que *she*, elle, la sirène, est une erreur d'impression, et qu'il faut lire *he*, lui, il, c'est-à-dire l'amour; mais cette correction ne rend pas le texte plus clair.

9. *Not mad but mated*, pointe sur la confusion dans laquelle ces événements incompréhensibles ont jeté son esprit, et en même temps sur l'amour qu'il ressent pour Luciana.

10. *A Lapland winter*, portait le texte primitif. Je ne sais pourquoi les modernes éditions portent toutes *a Poland winter*, un hiver de Pologne. Il est clair que Dromio veut parler d'un hiver exceptionnellement long, et où les nuits ont une durée exceptionnelle ; un hiver du pôle enfin.

11. Jeu de mots absolument intraduisible sur le nom de *Nell*, diminutif d'Hélène, et le mot *ell*, aune, mesure.

12. Peut-être une allusion aux symptômes extérieurs du mal que l'on appelait au seizième siècle le mal français, mais plus probablement une allusion aux guerres civiles de la France, et aux luttes soit des huguenots contre Henri III, soit des ligueurs contre Henri IV, héritier légitime de la couronne.

ACTE IV.

1. *I buy a thousand pound a year I buy a rope.* Mot à mot, j'achète mille livres sterling de rente ! j'achète une corde. Phrase entièrement incompréhensible, à moins que Dromio ne veuille dire qu'il s'achète avec une corde le capital d'un bon revenu de coups. Aucun commentateur n'a pu donner une explication de ce rapprochement, qui se rapportait sans doute à quelque particularité aujourd'hui oubliée, et que tous les contemporains de Shakespeare connaissaient.

2. *Peevish sheep.* Il y a ici un jeu de mots roulant sur la ressemblance de prononciation entre les mots *ship*, vaisseau, et *sheep*, mouton. Nous avons déjà rencontré ce calembour dans *les Deux gentilshommes de Vérone*.

3. Jeu de mots roulant sur les diverses nuances du mot *end*, fin, bout, extrémité.

4. *Dowsabel*. Dromio semble oublier qu'il a nommé déjà sa persécutrice du nom de Nell. Peut-être ce mot de Dowsabell n'est-il qu'un sobriquet à la façon populaire, tiré du verbe *to dowse*, frapper au visage, comme qui dirait *madame Tapedur*.

5. *Everlasting garment.* Vêtement éternel, parce qu'étant en peau de buffle il était dit inusable.

6. *A hound that run counter and yet draws dry foot. Run counter* signifie aller contre la piste, perdre la piste par une altération de l'odorat ; *draw dry foot* signifie suivre la piste par la trace du pied. Dromio établit cette opposition pour se donner le plaisir d'un calembour, *Counter* étant le nom d'une prison de Londres.

7. Allusion au nom que portait certaine catégorie de cachots.

8. La Laponie avait la réputation d'être une terre peuplée de sorcières et de magiciens.

9. Le portrait du père Adam, c'est-à-dire le sergent. Dromio l'appelle ainsi parce que son costume de peau rappelle celui de notre premier père, et demande à son maître s'il l'a envoyé se faire habiller de neuf, parce qu'il est surpris de le voir en liberté, et qu'il cherche à s'expliquer par quel moyen il s'en est débarrassé.

10. La masse et la pique moresque étaient deux armes en usage au seizième siècle. La masse ici mentionnée n'est que l'attribut bien connu des officiers de justice.

11. *Sergent of band.* Dromio joue ici sur le mot *band*, qui signifie lien légal, engagement en bande, compagnie.

12. *God give you good rest.* Ces mots renferment une espèce de calembour : Dieu vous laisse un bon temps à l'ombre, vous donne un bon temps d'arrêt.

13. Calembour sur le mot *anges*, nom d'une ancienne monnaie. Les anges sont des ministres débonnaires, ainsi sont pour Antipholus les écus à l'ange que lui apporte Dromio.

14. Série de calembours à peu près intraduisibles qui roulent sur les deux mots *dam* et *light*. *Dam*, qui signifie dame, était aussi un juron correspondant à Dieu. *Light*, qui signifie léger, signifie également lumière.

15. Proverbe écossais que nous avons déjà rencontré dans *la Tempête*.

16. *Fuis l'orgueil*, dit le paon. Dromio veut dire à la courtisane qu'il ne faut pas reprocher à autrui nos propres défauts. Elle a parlé de friponnerie ; il n'y a que les fripons qui en accusent les autres.

17. *Respice finem.* Warburton croit qu'il y a là une allusion à un pamphlet de Buchanan contre Leddington, qui se terminait par les mots *respice finem, respice funem*; prends garde à la fin, prends garde à la corde. Dromio appelle le perroquet *le prophète* par allusion à la coutume qu'avait le peuple d'enseigner aux perroquets à répéter des injures et des paroles de mauvais augure, d'où était venue la coutume de répéter invariablement aux gens de mauvais caractère qui s'offensaient des injures de l'oiseau : « Prenez garde, Monsieur, mon perroquet prophétise. »

18. Pinch est qualifié de maître d'école ; il est en même temps sorcier, et nous le voyons traiter de docteur et se conduire comme un médecin de Molière. Ce n'est pas par inadvertance et étourderie que Shakespeare en a fait un personnage aux vocations si nombreuses. L'ancienne société du moyen âge était pleine de ces personnages, qui cumulaient comme Pinch les emplois de maître d'école, de médecin et de sorcier.

19. Dromio plaisante comme son Ménechme sur le mot *band*, engagement légal, lien.

ACTE V.

1. *And will have no attorney but myself*, et je ne veux avoir d'autre procureur que moi-même ; c'est-à-dire, je ne veux donner à personne procuration de remplir ce devoir à ma place.

2. *Nicks him like a fool.* C'était une coutume très-ancienne de raser entièrement la tête et le visage des fous, et par suite la plus grave injure qu'on pût faire à un homme était de le priver de ses cheveux et de sa barbe.

3. *Bondman*, l'esclave; nous avons ajouté à ce mot la seconde signification qu'on peut lui donner, homme lié, chargé de chaînes, afin de conserver un sens à la plaisanterie de Dromio.

4. *Bound to believe him*, lié pour le croire, calembour qui fait allusion aux chaînes dont Dromio est chargé.

5. *Have I but gone in travail. Travail*, peine excessive, douleurs de l'enfantement. Pour exprimer la profondeur du chagrin qu'elle a ressenti pendant vingt-cinq ans de l'absence de ses fils, Émilia le compare à un long enchantement.

6. *Go to a gossip's feast and go with me*. Warburton proposait de lire *and gaude with me*, et réjouissez-vous avec moi; mais on a fait justement observer que *gaude* n'avait jamais été un mot anglais.

7. *Such nativity*. Quelques éditions portent *festivity;* mais le mot *nativity* semble le vrai, car il se rapporte mieux à ces douleurs de maternité dont Émilia parle plus haut.

8. *Kitchened*, du substantif *kitchen*, cuisine. Shakespeare a forgé le verbe *to kitchen*, encuisiner, emmarmitonner.

LE

SONGE D'UNE NUIT D'ÉTÉ.

IMPRIMÉ DEUX FOIS EN 1600.
DATE PROBABLE DE LA REPRÉSENTATION : 1594.

PERSONNAGES.

THÉSÉE, duc d'Athènes.
ÉGÉE, père d'HERMIA.
LYSANDRE, \
DÉMÉTRIUS, } amoureux d'HERMIA.
PHILOSTRATE, ordonnateur des fêtes de THÉSÉE.
QUINCE, charpentier [1].
SNUG, menuisier.
BOTTOM, tisserand.
FLUTE, raccommodeur de soufflets.
SNOUT, chaudronnier.
STARVELING, tailleur.
HIPPOLYTE, reine des amazones, fiancée à THÉSÉE.
HERMIA, fille d'ÉGÉE, amoureuse de LYSANDRE.
HÉLÉNA, amoureuse de DÉMÉTRIUS.
OBÉRON, roi des génies.
TITANIA, reine des fées.
PUCK, ou ROBIN BON ENFANT.
Fleur des pois [2], \
Toile d'araignée, \
Phalène, } génies.
Graine de moutarde, /
Pyrame, \
Thisbé, \
Le mur, } personnages de l'intermède représenté
Le clair de lune, / par les grossiers artisans d'Athènes.
Le Lion, /

AVERTISSEMENT.

Nous avons conservé le titre adopté par tous les traducteurs, quoique le titre vrai de la comédie de Shakespeare ait le mérite d'être plus précis tout en étant aussi poétique : *Un rêve d'une nuit de la Saint-Jean.* Il y a en effet une analogie poétique véritable entre le caractère général de ce rêve et le caractère habituel de la nuit de la Saint-Jean, la nuit la plus courte de l'année. Le songe de Shakespeare est bien un songe à rêver durant une nuit chaude, lumineuse, brillante d'étoiles dont la durée rapide est renfermée entre un crépuscule prolongé et une aurore précoce. Cherchez bien, vous ne trouverez pas de date mieux appropriée à son caractère que cette nuit de la Saint-Jean, si rapide qu'elle passe elle-même comme un rêve et que la durée d'un rêve peut suffire à la remplir. Qui oserait placer ce songe dans quelqu'une de ces nuits du printemps encore grelottantes des derniers froids de l'hiver ou de ces longues nuits de l'automne déjà refroidies des ardeurs de l'été? Il faut en outre se rappeler que la Saint-Jean est de temps immémorial un jour de réjouissances populaires, et que cette nuit déjà si courte était encore abrégée par les feux de joie de la soirée. C'est une nuit de fête pour la nature, c'est une nuit de fête pour la jeunesse et l'amour, c'est une nuit de fête pour le calendrier chrétien, et enfin c'était une nuit merveilleuse pour le calendrier des magiciens, car c'était durant ses heures rapides que les bons et les mauvais anges se livraient un combat acharné pour la possession de cette précieuse graine de fougère qui rend invisible.

Le Songe d'une nuit d'été a été deux fois imprimé du vivant de Shakespeare, en deux éditions in-4° publiées toutes deux la même année (1600) par les libraires Roberts et Fisher. Quant à la date de la représentation, Malone se fondant sur la description admirable que fait Titania du bouleversement des saisons et des maux que ce bouleversement entraîne à sa suite, l'a ingénieusement rapportée à l'année 1594. Les années qui avaient précédé avaient été en effet marquées par toutes sortes de fléaux résultant d'un désordre persistant de température, et l'Angleterre en avait cruellement souffert. Un autre passage avait encore confirmé Malone dans cette supposition; le titre du divertissement que Philostrate propose à Thésée : *Les neuf Muses pleurant sur la mort de la science récemment décédée dans la misère,* lui avait paru faire une allusion soit au poëme de Spenser, publié sous ce titre analogue : *Les pleurs des Muses sur le mépris et la négligence dont souffre la science,* soit à la mort du même Spenser, et l'historien Warton avait à sa suite adopté cette opinion. Ce passage peut bien en effet faire allusion au poëme de Spenser, puisque ce poëme a été imprimé en 1592 ; mais si la date du *Songe d'une nuit d'été* est 1594, il ne pourrait faire qu'une allusion prophétique à la mort du grand poëte, puisque cette mort est de 1599. Un critique contemporain, M. Knight, a pensé avec plus de raison que ce passage faisait allusion à la mort lamentable du charmant et infortuné Robert Greene, arrivée en 1592.

La date conjecturée par Malone est évidemment la vraie, car elle s'appuie sur une preuve morale plus décisive, pour qui sait lire, que toutes les preuves de détail qu'on peut ramasser péniblement dans le texte de Shakespeare. A cette date de 1594 ou 1595, Shakespeare avait trente ans. Or, qui ne voit que cette adorable pièce se rapporte en effet à l'été de la jeunesse du grand poëte? L'homme qui l'a écrite est évidemment arrivé à cet âge heureux où les fatigues de la vie ont enseigné au sang la modération sans lui rien faire perdre de sa chaleur, où les passions déjà éprouvées ont enseigné à l'âme la sagesse sans lui rien enlever de sa capacité d'aimer. Un homme de trente ans, sait; et il aime, quoiqu'il sache; l'expérience en lui révélant le jeu des passions ne l'en a pas désabusé et n'a fait que le rendre plus habile à les comprendre et à les goûter. Il connaît les erreurs de l'amour et il les appelle de leur vrai nom, illusions et mensonges, mais il chérit ces illusions et ces mensonges, et il s'enivre de leur poésie. Ainsi de Shakespeare dans *le Songe d'une nuit d'été*. Le caractère de cette pièce étant donné, il ne peut donc l'avoir écrite à une autre époque de sa vie; s'il l'eût écrite plus jeune, elle eût révélé plus de candeur, de confiance et d'aimable ignorance; s'il l'eût écrite plus tard, elle eût révélé plus de désenchantement, de douce mélancolie, ou de morose sagesse.

Le titre même de la pièce : *le Songe d'une nuit de la Saint-Jean*, corrobore cette opinion. Ce titre a quelque peu embarrassé les commentateurs, qui n'ont su comment le concilier avec les événements de la pièce et la saison de l'année où se passent ces événements. Pourquoi en effet Shakespeare intitule-t-il ce rêve *le Songe d'une nuit de la Saint-Jean*, puisqu'à plusieurs reprises il indique que les événements de sa pièce se passent au commencement du mois de mai. C'est que cette date de la *Saint-Jean* ne se rapporte pas au rêve, mais au rêveur, et que ce rêve raconte non des événements actuels, mais des événements passés, non des événements de l'été de la vie, mais des événements de son printemps. Il semble que par ce titre significatif Shakespeare ait voulu nous dire : moi, aujourd'hui parvenu à cet âge de trente ans qui est la Saint-Jean de la vie, je suis comme un homme réveillé d'un songe compliqué, bizarre et charmant, et voici quelles étaient les formes et les couleurs de ce songe qui s'est passé au mois des fleurs et de la douce verdure, c'est-à-dire à l'époque de cette première jeunesse qui est le printemps de notre existence.

Comme *la Tempête*, *le Songe d'une nuit d'été* est donc une œuvre purement subjective, dont Shakespeare a pris les éléments dans son expérience personnelle. C'est en vain qu'on a essayé de retrouver ces éléments dans le conte de *Palamon et Arcite* du vieux Chaucer ou toute autre œuvre poétique et romanesque antérieure. Cette pièce porte à la vérité les traces de nombreuses lectures, et ce ne serait pas seulement à Chaucer, mais à l'auteur du vieux roman d'*Huon de Bordeaux*, à Plutarque, à l'Arioste, à Boïardo que Shakespeare serait redevable des aventures et des caractères de son chef-d'œuvre. Pour ne prendre qu'un seul exemple, quel lecteur lettré ne s'aperçoit que cette fleur dont le suc magique guérit ou aveugle les yeux des amants, n'est qu'une métamorphose de cette fontaine des Ardennes qui, douée du même pouvoir, joue un si grand rôle dans les poëmes de Boïardo et d'Arioste? Mais Shakespeare, dans cette pièce, a traité ses souvenirs de lecture comme il a traité les passions humaines; il en a fait une aimable macédoine qui, dans sa poétique confusion, s'accorde à merveille avec le rêve auquel il les a associés.

A quel rang de l'œuvre de Shakespeare faut-il placer *le Songe d'une nuit d'été?* Lorsqu'il faut classer les chefs-d'œuvre du poëte, et ses chefs-d'œuvre sont nombreux, la conscience du critique éprouve un véritable embarras, car il s'aperçoit que chacune de ces pièces exprimant dans toute sa plénitude quelqu'un des grands sentiments du cœur ou quelqu'une des facultés qui font le génie poétique, sa classification ne peut guère reposer que sur des préférences purement individuelles et partant arbitraires, ou sur l'importance relative que l'on peut attribuer aux sujets des pièces. Si l'on ne considère que l'importance du sujet, *le Songe d'une nuit d'été* ne devra prendre rang qu'après les dix ou douze grands drames de Shakespeare ; mais si l'on tient compte de la perfection qui a été atteinte par le poëte dans l'expression des sentiments qu'il a voulu peindre, cette délicieuse fantaisie pourra marcher de pair avec ses plus grandes œuvres. D'autres œuvres ont la force, l'émotion ou l'éclat, mais *le Songe d'une nuit d'été* a la grâce et le charme. Le choix est facile entre une œuvre qui est absolument forte, et une œuvre qui est incomplétement gracieuse ; mais comment oser se prononcer si ces deux qualités diverses, mais non inégales par elles-mêmes, se trouvent exprimées *absolument*, dans toute la plénitude de leur essence ? Or c'est là le cas pour *le Songe d'une nuit d'été*. La grâce y est aussi parfaite que l'énergie est complète dans *Macbeth*, la passion dans *Othello*, la puissance pathétique dans *le Roi Lear* ou *Hamlet*. Pour déterminer le véritable rang du *Songe d'une nuit d'été*, il s'agirait donc de décider, non pas si cette pièce est inférieure à *Macbeth* ou à *Othello*, mais si la grâce elle-même est inférieure à l'énergie ou à la passion. Tranche qui voudra une pareille question : nous ne voulons être ni assez présomptueux ni assez pédant pour décider que la qualité qui a de tout temps ravi plus que toute autre les cœurs des hommes ne mérite que le deuxième ou le troisième rang dans leur estime.

LE SONGE D'UNE NUIT D'ÉTÉ.

ACTE I.

SCÈNE PREMIÈRE.

Athènes. — Un appartement dans le palais de Thésée.

Entrent THÉSÉE, HIPPOLYTE, PHILOSTRATE,
et LES GENS DE LA SUITE.

Thésée. — Maintenant, belle Hippolyte, notre heure nuptiale s'avance au pas de course; quatre heureux jours vont introduire une lune nouvelle, mais que cette vieille lune me semble lente à décroître! Elle fait attendre mes désirs, comme une belle-mère ou une douairière qui laisse longtemps à sec de son revenu les poches d'un jeune homme[3].

Hippolyte. — Quatre jours se seront bientôt dissous en nuits; quatre nuits auront bien vite fondu le temps en vapeurs de rêves[4]; et alors la lune, pareille à un arc d'argent nouvellement tendu dans le ciel, contemplera la nuit de nos fêtes nuptiales.

Thésée. — Va, Philostrate, va remuer la jeunesse athénienne et mets-la en humeur de se divertir; réveille l'âme agile et pétulante de la gaieté, et renvoie la mélancolie aux funérailles; cette pâle compagne ne convient pas à notre fête. (*Philostrate sort.*) Hippolyte, c'est mon épée qui m'a fait ton fiancé, et c'est par la violence que j'ai conquis ton amour; mais c'est sur une tout autre musique que je veux t'épouser, avec des pompes, des triomphes et des réjouissances.

Entrent ÉGÉE, HERMIA, LYSANDRE *et* DÉMÉTRIUS.

ÉGÉE. — Le bonheur soit avec Thésée, notre illustre duc!

THÉSÉE. — Merci, mon bon Égée. Quelles nouvelles m'apportes-tu?

ÉGÉE. — Mécontent à l'excès, je viens porter plainte contre mon enfant, ma fille Hermia. — Approche, Démétrius. — Mon noble seigneur, cet homme a mon consentement pour l'épouser. — Approche, toi, Lysandre. — Et cet homme-ci, mon gracieux duc, a ensorcelé le cœur de mon enfant. Oui, Lysandre, toi, toi-même, tu as adressé des poésies à mon enfant et tu as échangé avec elle des présents d'amour; au clair de lune, sous sa fenêtre, tu es venu chanter d'une voix trompeuse des vers exprimant un amour trompeur; comme un voleur, tu as su prendre l'empreinte de son imagination et t'en emparer [5], par des bracelets faits de tes cheveux, des anneaux, des bibelots, des compliments ingénieux, des babioles, des petits riens, des bouquets, des friandises, toutes choses qui sont des messagères d'un extrême ascendant sur la jeunesse facile à séduire. Tu as adroitement escamoté le cœur de ma fille, et tu as changé l'obéissance qu'elle me doit en opiniâtre indocilité. En conséquence, mon gracieux duc, si elle ne veut pas ici même, devant Votre Seigneurie, consentir à épouser Démétrius, je réclame l'ancien privilège d'Athènes qui me permet de disposer d'elle puisqu'elle m'appartient, ce que je ferai en la livrant ou bien à ce gentilhomme ou bien à la mort, en vertu de notre loi qui est formelle dans ce cas [6].

THÉSÉE. — Que répondez-vous, Hermia? Prenez-y garde, belle fille. Pour vous, votre père devrait être comme un Dieu, comme celui qui a créé vos charmes, et à l'égard de qui vous n'êtes — oui vraiment — qu'une figure imprimée par lui dans la cire et dont il a le pouvoir de conserver ou d'effacer la forme. Démétrius est un digne gentilhomme.

HERMIA. — Lysandre aussi.

THÉSÉE. — A le considérer en lui-même, oui; mais dans cette occasion-ci, comme il n'obtient pas la voix de votre père, c'est l'autre qui doit être tenu pour le plus digne.

HERMIA. — Je voudrais que mon père pût voir seulement par mes yeux.

THÉSÉE. — Vos yeux devraient plutôt regarder avec son jugement.

HERMIA. — Je supplie Votre Grâce de me pardonner. Je ne sais quel pouvoir me rend assez audacieuse pour déclarer mes pensées en telle présence, ni jusqu'à quel point en le faisant je sors des bornes de la réserve, mais je supplie Votre Grâce de me faire savoir ce qui peut m'arriver de plus fâcheux en cette occasion, si je refuse d'épouser Démétrius.

THÉSÉE. — De subir la mort ou de renoncer pour jamais à la société des hommes. Ainsi, belle Hermia, interrogez bien vos inclinations, rendez-vous bien sûre de votre jeunesse, consultez bien votre sang, afin de savoir si dans le cas où vous n'accepteriez pas le choix de votre père, vous seriez capable de porter l'habit d'une religieuse, et pour toujours enveloppée dans le crépuscule du cloître, de vivre toute votre vie, nonne stérile, chantant des hymnes sans chaleur à la froide et inféconde lune. Trois fois bénies celles qui sont assez maîtresses de leur sang pour accomplir ce pèlerinage virginal, mais plus heureuse selon la terre est la rose distillée que la rose qui, se desséchant sur son épine virginale, croît, vit et meurt dans une béatitude solitaire.

HERMIA. — Et ainsi croîtrai-je, ainsi vivrai-je, ainsi mourrai-je, Monseigneur, avant de céder aucun droit sur ma virginité à cet homme dont le joug est si odieux à mon âme qu'elle ne peut consentir à en accepter la domination.

THÉSÉE. — Prenez le temps de réfléchir, et le jour de la prochaine nouvelle lune (jour qui doit sceller entre mon amour et moi le serment éternel de notre union) préparez-vous ou bien à mourir pour votre désobéissance à la volonté de votre père, ou bien comme il le désire à épouser Démétrius, ou bien enfin à faire vœu pour toujours sur l'autel de Diane d'austérité et de célibat.

DÉMÉTRIUS. — Fléchissez, douce Hermia, et toi, Lysandre, cède à mes droits certains tes titres imaginaires.

LYSANDRE. — Vous avez l'amour de son père, Démétrius; laissez-moi celui d'Hermia : épousez Égée.

ÉGÉE. — Moqueur de Lysandre! c'est vrai il a mon amour, et mon amour le fera maître de tout ce qui m'appartient; Hermia est à moi, et tous mes droits sur elle, je les confère à Démétrius.

LYSANDRE. — Monseigneur, je suis d'aussi bonne naissance que lui, aussi riche que lui, mon amour est plus grand que le sien; en toutes choses mes avantages sont égaux, s'ils ne sont même supérieurs à ceux de Démétrius, et ce qui est au-dessus de tous ces vains titres d'orgueil, je suis aimé de la belle Hermia. Pourquoi donc, alors, ne poursuivrais-je pas mon droit? Démétrius, je le lui déclarerai en face, a fait la cour à Hélène, la fille de Nédar, et, a conquis son âme; et elle, la douce dame, elle raffole, raffole jusqu'à la dévotion, raffole jusqu'à l'idolâtrie de cet homme inconstant et dépravé.

THÉSÉE. — Je dois confesser que j'en ai entendu parler et que j'avais pensé à en entretenir Démétrius; mais mon esprit, surchargé de mes affaires personnelles, a perdu de vue cette intention. Mais, venez, Démétrius, et vous aussi Égée; j'ai quelques instructions particulières à vous donner à tous deux. Quant à vous, belle Hermia, tâchez de vous armer de courage pour mettre vos caprices d'accord avec la volonté de votre père; sinon, sachez que la loi d'Athènes, que je n'essayerai d'adoucir en aucune façon, vous destine à la mort ou à un vœu de célibat perpétuel. — Venez, mon Hippolyte; qu'y a-t-il, mon amour? — Allons, Démétrius, et vous, Égée, venez avec moi. Je veux vous employer dans quelques affaires relatives à notre mariage et conférer avec vous de quelque chose qui vous touche de très-près.

Égée. — Vous accompagner sera pour nous et un devoir et un plaisir.

(*Sortent Thésée, Hippolyte, Démétrius, Égée et la suite.*)

Lysandre. — Qu'y a-t-il donc, mon amour? Pourquoi vos joues sont-elles si pâles? comment se fait-il que leurs roses se soient si vite fanées?

Hermia. — Peut-être faute de la pluie que pourrait facilement leur fournir la tempête de mes yeux.

Lysandre. — Hélas! d'après tout ce que j'ai lu, tout ce que j'ai entendu d'histoires vraies ou fabuleuses, jamais le cours du véritable amour ne coula paisible, mais tantôt il trouvait un obstacle dans une différence du sang....

Hermia. — O contrariété! ce qui est haut soumis à l'esclavage de ce qui est bas!

Lysandre. — Tantôt il était mal greffé sur un tronc trop ancien....

Hermia. — O guignon! ce qui est trop vieux engagé à ce qui est jeune!

Lysandre. — Ou bien encore il dépendait du choix des parents....

Hermia. — O enfer! choisir son amour par les yeux d'un autre!

Lysandre. — Ou bien si la sympathie avait présidé au choix, la guerre, la mort ou la maladie venaient mettre le siége devant cet amour et en faisaient quelque chose de fugitif comme un son, de passager comme une ombre, de court comme un rêve, de rapide comme l'éclair qui, dans la nuit noire, découvre par un jet soudain de lumière[7] la terre et le ciel, et que la gueule des ténèbres a dévoré avant qu'on ait eu le temps de dire : Regardez; si promptes à disparaître sont toutes les choses brillantes.

Hermia. — Si donc les vrais amants ont toujours été contrariés, il faut croire que c'est un arrêt de la destinée; par conséquent prenons notre épreuve en patience, puisque c'est une traverse habituelle aussi inséparable de l'amour que les pensées, les rêves, les soupirs, les vœux et les larmes, pauvre compagnie de l'imagination passionnée.

LYSANDRE. — Sagement pensé! Eh bien! écoute-moi, Hermia. J'ai une tante veuve, une douairière très-riche, et qui n'a pas d'enfants. Sa maison est à sept lieues d'Athènes et elle me traite comme son fils unique. Là, charmante Hermia, je pourrai t'épouser sans que la dure loi d'Athènes puisse nous y poursuivre. Donc, si tu m'aimes, évade-toi de la maison de ton père, demain soir; je t'attendrai dans le bois, à une lieue de la ville, à cette place même où je t'ai rencontrée avec Hélène une fois que vous alliez faire vos dévotions à une aurore de Mai [8].

HERMIA. — Mon bon Lysandre! je te le jure par l'arc le plus puissant de Cupidon, par la meilleure de ses flèches à la tête dorée, par la simplicité des colombes de Vénus, par tout ce qui enlace les âmes et fait prospérer les amours; par ce feu qui brûla la reine de Carthage lorsqu'elle vit le perfide Troyen s'enfuir à toutes voiles; par tous les serments que les hommes ont violés en plus grand nombre que n'en ont jamais prononcé les femmes; demain j'irai sûrement te rejoindre à la place que tu m'as indiquée.

LYSANDRE. — Tiens ta promesse, mon amour. Regarde, voici Hélène.

Entre HÉLÈNE.

HERMIA. — Dieu accompagne la belle Hélène! Où allez-vous?

HÉLÈNE. — M'appelez-vous belle? Oh! reprenez ce mot de belle. Démétrius aime votre beauté à vous, ô heureuse belle. Vos yeux sont des étoiles polaires, et la douce musique de votre langue est plus mélodieuse que le chant de l'alouette à l'oreille du berger, lorsque les blés sont verts, lorsque les bourgeons de l'aubépine apparaissent. La maladie est contagieuse; oh! que n'en est-il ainsi de la beauté ! avant de partir, belle Hermia, j'aurais attrapé la vôtre. Mon oreille saisirait votre voix, mes yeux s'empareraient de vos yeux, ma langue s'approprierait la douce mélodie de votre langue. Si le monde était à moi, je le donnerais tout entier, Démétrius excepté, pour être transformée en votre personne. Oh ! enseignez-moi comment vos yeux s'y prennent pour regarder et par quel art vous gouvernez les mouvements du cœur de Démétrius.

Hermia. — Je le regarde en fronçant le sourcil, et cependant il m'aime toujours.

Hélène. — Oh ! si vos regards courroucés pouvaient enseigner leur science à mes sourires !

Hermia. — Je lui donne des malédictions, et cependant il me donne de l'amour.

Hélène. — Oh ! si mes prières pouvaient éveiller une pareille affection !

Hermia. — Plus je le hais, plus il me poursuit.

Hélène. — Plus je l'aime, plus il me hait.

Hermia. — Sa folie, Hélène, n'est en rien ma faute.

Hélène. — En rien, ce n'est que la faute de votre beauté. Oh ! que je voudrais que cette faute fût mienne !

Hermia. — Prenez courage, il ne verra plus mon visage; Lysandre et moi nous allons fuir ces lieux. Avant que je connusse Lysandre, Athènes me semblait un paradis. Oh ! quels charmes possède donc mon amour pour avoir ainsi changé un paradis en enfer ?

Lysandre. — Hélène, nous allons vous découvrir nos projets. Demain, à la nuit, lorsque Phœbé contemplera sa face argentée dans le miroir des eaux et ornera de perles liquides les tapis du gazon, à cette heure qui cache toujours les évasions des amants, nous avons résolu de nous enfuir secrètement par les portes d'Athènes.

Hermia. — Et dans ce bois, où si souvent nous avions coutume, vous et moi, de nous coucher sur un lit de tendres primevères, en vidant nos cœurs de leurs doux secrets, nous nous retrouverons, mon Lysandre et moi; de là nous détournerons nos yeux d'Athènes pour aller chercher de nouveaux amis et des sociétés nouvelles. Adieu, douce compagne de mes jeux ; prie pour nous et puisse un heureux destin t'accorder ton Démétrius ! Tiens parole, Lysandre; maintenant il nous faut affamer nos yeux de la nourriture des amants jusqu'à demain, à la pleine nuit.

LYSANDRE. — Je tiendrai parole, mon Hermia. (*Hermia sort.*) Adieu, Hélène ! puisse Démétrius raffoler de vous comme vous raffolez de lui ! (*Il sort.*)

HÉLÈNE. — Qu'il y a donc des personnes plus heureuses que d'autres ! Dans Athènes, je suis réputée aussi belle qu'Hermia ; mais à quoi cela me sert-il? Démétrius ne pense pas ainsi; il ne veut pas savoir ce que tout le monde sait excepté lui, et de même qu'il erre en raffolant des yeux d'Hermia, j'erre moi-même en admirant ses qualités. Les choses viles et basses, sans valeur aucune, l'Amour peut les transformer et leur conférer la beauté et la dignité. L'Amour ne voit pas avec les yeux, mais avec l'esprit, et c'est pourquoi l'ailé Cupidon est peint aveugle. Cet esprit de l'Amour n'a aucun tact de jugement; des ailes et pas d'yeux, c'est bien l'image d'une précipitation étourdie. Aussi est-il si souvent trompé dans ses choix, qu'on dit que l'Amour est un enfant. De même que les enfants taquins se mentent dans leurs jeux, ainsi l'enfant-Amour se parjure en tous lieux. Avant que Démétrius eût contemplé les yeux d'Hermia, les serments qu'il n'appartenait qu'à moi seule tombaient comme grêle; mais dès que cette grêle a eu senti la chaleur d'Hermia, elle s'est dissoute et ses serments ont fondu en pluie. Je vais aller l'informer de la fuite de la belle Hermia, et alors il ira demain à la nuit la poursuivre dans le bois. S'il m'accorde des remercîments pour cette révélation, ce sera les acheter bien cher[9], mais au moins par ce moyen j'enrichirai mes souffrances en jouissant de sa vue pendant ce voyage au bois et pendant le retour. (*Elle sort.*)

SCÈNE II.

Athènes. — Une chambre dans la demeure de Quince.

Entrent QUINCE, SNUG, BOTTOM, FLUTE, SNOUT *et* STARVELING.

Quince. — Toute notre troupe est-elle ici?

Bottom. — Vous feriez mieux de les appeler tous, les uns après les autres, dans l'ordre du papier.

Quince. — Voici la liste des noms de tous ceux qu'on a jugés capables, dans tout Athènes, de jouer dans l'intermède que nous devons représenter devant le duc et la duchesse, le soir du jour de leurs noces.

Bottom. — D'abord, bon Pierre Quince, dites-nous le sujet de la pièce, puis lisez les noms des acteurs, et arrivons ainsi à notre affaire.

Quince. — Pardi, notre pièce, *c'est la très-lamentable comédie et la mort très-cruelle de Pyrame et de Thisbé*[16].

Bottom. — Un bien bon ouvrage, je vous en réponds, et tout à fait gai. Maintenant, bon Pierre Quince, appelez les acteurs dans l'ordre de la liste. Messieurs, mettez-vous en rang.

Quince. — Répondez à mesure que je vous appellerai. — Nick Bottom, le tisserand!

Bottom. — Présent. Dites-moi le rôle qui m'appartient, et puis continuez.

Quince. — Vous, Nick Bottom, vous êtes désigné pour le rôle de Pyrame.

Bottom. — Qu'est-ce que c'est que Pyrame? un amoureux ou un tyran?

Quince. — Un amoureux qui se tue très-bravement par amour.

Bottom. — Il faudra quelques larmes pour bien représenter ce rôle. Si je le joue, l'auditoire n'a qu'à surveiller ses yeux; je ferai tomber des averses, je serai pathétique comme il faut. Passons aux autres.... Cependant avant tout mon goût est pour les tyrans; je pourrais jouer Hercule d'une rare façon, ou encore un rôle de pourfendeur de chats [11], de manière à tout casser.

> Les rochers fulminants
> Et leurs chocs frémissants,
> Les verrous briseront
> Des portes des prisons,
> Et le char du Matin
> Brillant dans le lointain
> Imposera perte ou gain
> A l'insensé Destin.

Voilà qui était sublime. — Maintenant nommez les autres acteurs. — Cela, c'est l'humeur d'Hercule, l'humeur d'un tyran; un amant est plus plaintif.

QUINCE. — François Flûte, le raccommodeur de soufflets!

FLÛTE. — Voilà, Pierre Quince.

QUINCE. — Vous vous chargerez du rôle de Thisbé.

FLÛTE. — Qu'est-ce que Thisbé? Un chevalier errant?

QUINCE. — C'est la dame que Pyrame doit aimer.

FLÛTE. — Non, sur ma foi, ne me faites pas jouer un rôle de femme; j'ai la barbe qui me vient.

QUINCE. — C'est égal, vous jouerez sous un masque et vous vous ferez une aussi petite voix que vous voudrez.

BOTTOM. — Si je peux cacher mon visage, laissez-moi jouer aussi le rôle de Thisbé; je me ferai une voix monstrueusement petite. « Thisne, Thisne! — Ah! Pyrame, mon cher amour! ta Thisbé chérie, ta dame chérie! »

QUINCE. — Non, non; il vous faudra jouer Pyrame; et vous, Flûte, Thisbé.

BOTTOM. — Bien, continuez.

QUINCE. — Robin Starveling, le tailleur!

STARVELING. — Voilà, Pierre Quince.

QUINCE. — Robin Starveling, il vous faudra jouer la mère de Thisbé. — Tom Snout, le chaudronnier!

SNOUT. — Voilà, Pierre Quince.

QUINCE. — Vous, vous ferez le père de Pyrame; moi-même le père de Thisbé; vous, Snug, vous jouerez le rôle du lion, et j'espère maintenant que voilà une pièce bien montée.

Snug. — Avez-vous le rôle du lion en manuscrit? Si vous l'avez, donnez-le-moi, je vous prie, car j'ai besoin d'étudier longtemps.

Quince. — Vous pouvez le jouer sans étude, car il ne s'agit que de rugir..

Bottom. — Laissez-moi jouer aussi le lion : je rugirai de telle sorte que ce sera pour tout le monde un vrai plaisir de m'entendre; je rugirai, de façon à faire dire au duc : « Laissez-le rugir encore, laissez-le rugir encore. »

Quince. — Vous le joueriez d'une manière trop terrible; vous effrayeriez tellement la duchesse et les dames qu'elles en crieraient, et cela suffirait pour nous faire tous pendre.

Tous ensemble. — Cela suffirait pour nous faire pendre tous, autant que nous sommes de fils de nos mères.

Bottom. — Je vous accorde, amis, que si vous effrayiez les dames au point de leur faire perdre l'esprit, elles ne se feraient aucun scrupule de vous faire pendre; mais je manœuvrerai ma voix de telle sorte que je rugirai aussi doucement qu'une colombe amoureuse; je rugirai comme si c'était un rossignol.

Quince. — Vous ne pouvez pas jouer d'autre rôle que Pyrame; car Pyrame est un joli garçon, un homme comme il faut, comme on aime à en voir un jour d'été, un très-agréable cavalier et tout à fait gentilhomme; vous voyez bien qu'il vous faut de toute nécessité jouer le rôle de Pyrame.

Bottom. — Bien, je m'en chargerai. Avec quelle barbe vaudra-t-il mieux le jouer?

Quince. — Celle que vous voudrez, parbleu.

Bottom. — Je puis vous jouer le rôle avec une barbe couleur paille, ou avec une barbe orange foncée, ou avec une barbe rouge pourpre, ou avec une barbe couleur de crâne français, parfaitement jaune [12].

Quince. — Quelques-uns de vos crânes français n'ont pas de poils du tout, vous jouerez donc votre rôle sans barbe. — Maintenant, messieurs, vous avez vos rôles; il me reste à vous recommander, à vous supplier instamment, à vous conjurer de les avoir appris par cœur demain soir, et de venir me retrouver dans le bois attenant au palais, à un mille de la ville, au clair de lune. C'est là que nous répéterons, car si nous nous réunissons dans la ville, nous serons harcelés de curieux et nos plans seront éventés. En attendant je vais dresser une liste des objets qui sont nécessaires à la représentation de notre pièce. Je vous en prie, ne me manquez pas.

Bottom. — Nous y serons; nous pourrons y répéter tout à fait à notre *aisance* et sans crainte aucune. Messieurs, de l'application; soyez parfaits. Adieu.

Quince. — Nous nous réunirons au chêne du Duc.

Bottom. — Cela suffit; si nous n'y sommes pas, brisez nos arcs[13]. *(Ils sortent.)*

ACTE II.

SCÈNE PREMIÈRE.

Un bois près d'Athènes.

Entrent de côtés différents du bois, PUCK *et* UNE FÉE.

Puck. — Eh bien, esprit! où errez-vous ainsi?
La Fée.
Par-dessus la colline, par-dessus la vallée,
A travers les buissons, à travers les broussailles,

Par-dessus les parcs, par-dessus les palissades,
A travers l'eau, à travers le feu,
Je glisse errante en tous lieux
Plus rapide que la sphère de la lune.
Je suis au service de la reine des fées
Pour mouiller de rosée sur le gazon les cercles laissés
    par ses danses;
Les grandes primevères sont ses pensionnaires [1];
Sur leurs robes d'or vous voyez des taches,
Ce sont les rubis, cadeaux des fées;
Dans ces mouchetures, vivent leurs parfums.
Il me faut chercher ici quelques gouttes de rosée
Et suspendre une perle à l'oreille de chaque primevère.
Adieu, esprit rustique [2], je dois partir.
Notre reine et tous ses Elfes [3] vont venir ici tout à l'heure.

Puck. — Le roi tient ici ses fêtes cette nuit; prends garde que la reine ne vienne trop près de ses yeux, car Obéron est en proie à une colère sans mesure. Elle a pour page un aimable enfant volé à un roi indien, le plus doux petit mignon qu'elle ait jamais possédé [4], et le jaloux Obéron voudrait faire de l'enfant un cavalier de sa suite pour courir avec lui dans les forêts sauvages; mais elle retient de force le petit bien-aimé, le couronne de fleurs et fait de lui toutes ses joies. Aussi maintenant ils ne peuvent plus se rencontrer dans un bosquet ou sur une pelouse, au bord d'une claire fontaine, ou sous la lumière clignotante des étoiles, sans se quereller avec un tel tapage, que de frayeur tous leurs Elfes courent se blottir pour s'y cacher dans les coupes des glands.

La Fée. — Ou je me trompe tout à fait sur votre figure et votre manière d'être, ou vous êtes cet esprit rusé et polisson qu'on appelle Robin bon enfant [5]. N'êtes-vous pas cet esprit qui s'amuse à effrayer les filles des villages; celui qui écrème le lait, qui quelquefois met tout sens dessus dessous dans le moulin et empêche le beurre de venir dans la baratte de la ménagère essoufflée, et d'autres fois se plaît à dépouiller la bière en fermentation de sa force capiteuse; celui qui égare les voyageurs nocturnes en riant de leurs mésaventures? Ceux qui vous appellent Hobgoblin et gentil Puck, vous faites leur ouvrage et vous leur portez bonheur : n'êtes-vous pas cet esprit?

Puck. — Tu as trouvé juste : c'est moi qui suis ce joyeux vagabond nocturne. J'amuse Obéron et je le fais sourire, lorsque je trompe quelque cheval gras, bien nourri de fèves, en imitant le hennissement d'une pouliche en folie. Parfois je me blottis dans la coupe d'une commère sous la forme d'une pomme cuite; puis, lorsqu'elle veut boire, je fais *paf* contre ses lèvres et je répands la bière sur sa gorge parcheminée. La plus respectable aïeule, pendant qu'elle raconte la plus sombre de ses histoires, me prend souvent pour un escabeau à trois pieds; mais crac, je me retire de dessous son derrière, et la voilà qui dégringole, en criant *au tailleur*, et s'étale en toussant à pleine gorge; alors tous les assistants en chœur se tiennent les côtes et se mettent à rire, et à rire encore davantage, et à éternuer, et à jurer qu'ils n'ont jamais passé un si bon quart d'heure. Mais place, fée! Voici Obéron.

La Fée. — Et voici ma maîtresse. Que n'est-il parti!

Entrent OBÉRON *d'un côté et* TITANIA *de l'autre, chacun avec sa suite* [6].

Obéron. — Fâcheuse rencontre au clair de lune, orgueilleuse Titania!

Titania. — Qu'y a-t-il, jaloux Obéron? Fées, échappons-nous d'ici; j'ai juré de renoncer à son lit et à sa société.

Obéron. — Arrête, capricieuse téméraire. Ne suis-je pas ton seigneur?

Titania. — S'il en est ainsi, que je sois ta dame alors! mais je sais à quelle époque tu t'es échappé de la terre des fées pour t'en aller sous la forme de Corin, t'asseoir tout le long du jour en jouant sur des chalumeaux de paille et en faisant des vers d'amour à l'amoureuse Phillida. Pourquoi es-tu venu ici, du fin fond des rivages escarpés de l'Inde, si ce n'est parce que la grosse Amazone, ta maîtresse en brodequins, ton amante guerrière, doit se marier au duc Thésée ? et tu es venu pour apporter à leur lit la joie et la prospérité.

Obéron. — Fi, Titania ! comment oses-tu essayer de reprendre ma conduite à propos d'Hippolyte, lorsque tu sais que je connais ton amour pour Thésée? N'est-ce pas toi qui l'as guidé, à travers la nuit aux clartés douteuses, loin de Périgénie qu'il avait enlevée ? N'est-ce pas toi qui lui as fait rompre sa foi avec la belle Églé, avec Ariane et Antiope[7] ?

Titania. — Ce sont là des inventions de la jalousie. Depuis le commencement de cette mi-été, nous n'avons pas pu une seule fois nous réunir sur une colline, dans une vallée, dans une forêt, dans une prairie, au bord d'une source coulant sur un lit de cailloux ou d'un ruisseau bordé de joncs, sur une plage marine baignée des vagues, pour y danser nos rondes légères, au sifflet du vent, sans que tu sois venu troubler nos jeux par tes querelles. Aussi les vents lassés d'être pour nous des ménétriers inutiles ont, comme pour se venger, pompé dans la mer des brouillards contagieux qui, retombant sur la terre, ont à ce point rendu orgueilleuses les plus chétives rivières qu'elles en ont débordé de leurs rives. Le bœuf a donc porté en vain son joug, le laboureur perdu ses sueurs, et le blé vert s'est pourri avant que sa jeune tige eût pris la barbe[8]. Le parc aux brebis reste vide au milieu du pacage submergé, et les corbeaux s'engraissent de la chair des bêtes mortes de l'épizootie ; la place où l'on jouait aux mérelles[9] est entièrement recouverte de boue, et les délicates allées tracées dans le gazon luxuriant, depuis qu'on ne les foule pas, ne sont plus reconnaissables. Les mortels humains réclament leur hiver[10]; il n'y a plus de nuit qui soit réjouie par des hymnes ou des chants de Noël ; aussi la lune, souveraine des flots, pâle de colère, noie-t-elle si bien toute l'atmosphère que les maladies rhumatismales abondent et que nous voyons les saisons se confondre par ce désordre de température ; les gelées à la tête blanche tombent dans le jeune sein de la rose vermeille, et comme par moquerie, un odorant chapelet de douces fleurs de l'été fait un collier au cou du vieil hiver et une couronne à son crâne glacé. Le printemps, l'été, l'opulent automne et le hargneux hiver échangent entre eux les costumes qui leur sont propres, et leurs produits sont tellement bouleversés que le monde étonné ne sait plus quelle saison règne ou ne règne pas. Le germe même de ces maux vient de nos débats, de nos dissensions; c'est nous qui en sommes les auteurs et la cause première.

Obéron. — Portez-y remède, alors; cela ne tient qu'à vous. Pourquoi Titania veut-elle contrarier son Obéron? je ne te demande qu'un petit enfant volé pour en faire mon page d'honneur.

Titania. — Mettez votre cœur en paix : le pays des fées tout entier ne me payerait pas cet enfant. Sa mère était une fidèle de mon ordre. Que de fois elle a babillé à mes côtés, pendant la nuit, au sein de l'atmosphère chargée d'odeurs de l'Inde! Que de fois elle s'est assise avec moi sur les jaunes sables de Neptune pour regarder les navires marchands embarqués sur les flots! Comme nous nous amusions à voir les voiles devenir enceintes et prendre un gros ventre aux caresses du vent! Avec quelle gentille et onduleuse démarche, poussant en avant son ventre, alors riche de mon jeune écuyer, elle se plaisait à imiter leur balancement, voguant à terre pour aller me chercher des bagatelles, et puis revenant à moi comme d'un voyage, riche de marchandises. Mais comme elle était mortelle, elle mourut de cet enfant; pour l'amour d'elle, je l'élève, et, pour l'amour d'elle, je refuse de m'en séparer.

Obéron. — Combien de temps avez-vous l'intention de rester dans ce bois ?

Titania. — Peut-être jusqu'après le mariage de Thésée. Si vous voulez paisiblement prendre part à nos rondes et voir nos fêtes du clair de lune, venez avec nous; sinon évitez-moi, et de mon côté j'aurai soin de ne pas approcher des places que vous fréquenterez.

Obéron. — Donne-moi cet enfant et j'irai avec toi.

Titania. — Pas pour tout ton royaume des génies. Partons, fées ; nous allons nous fâcher pour tout de bon, si je reste plus longtemps.

(*Titania sort avec sa suite.*)

Obéron. — Bien, va ton chemin : tu ne sortiras pas de ce bosquet, que je ne t'aie fait payer cette insulte. — Mon gentil Puck, viens ici. Tu te rappelles bien ce jour où, assis sur un promontoire, j'écoutais une sirène, montée sur un dauphin[11], exhalant des sons si doux et si harmonieux, que la mer revêche devint courtoise en entendant ses accords, et que certaines étoiles s'élancèrent follement hors de leurs sphères pour écouter la musique de cette fille de la mer.

Puck. — Je me le rappelle.

Obéron. — Ce jour-là même je vis (mais tu ne pus le voir) Cupidon tout armé volant entre la terre et la froide lune. Il visa une belle Vestale assise sur un trône d'occident[12] et détacha sa flèche d'amour de son arc, avec un effort énergique, comme s'il eût voulu percer à la fois cent mille cœurs ; mais je pus voir la flèche enflammée du jeune Cupidon s'éteindre dans les chastes rayons de la lune humide, et l'impériale prêtresse passa, plongée dans ses méditations virginales, l'imagination libre de pensées d'amour. Cependant je remarquai où le trait de Cupidon retomba ; ce fut sur une petite fleur d'occident, auparavant blanche comme le lait, mais maintenant pourpre, grâce à la blessure de l'amour ; c'est la fleur que les jeunes filles appellent : *vague d'amour*[13]. Va me chercher cette fleur ; je te l'ai montrée une fois. Son suc égoutté sur des paupières fermées par le sommeil a le pouvoir de faire raffoler tout homme ou toute femme de la première créature vivante aperçue au réveil. Va me chercher cette herbe et sois de retour avant que le Léviathan ait eu le temps de nager une lieue.

Puck. — Je mettrai une ceinture autour de la terre en quarante minutes. (*Il sort.*)

Obéron. — Une fois que j'aurai ce suc, j'épierai Titania pendant qu'elle dormira et je le ferai tomber sur ses yeux ; alors la première créature venue que ses regards apercevront au réveil, que ce soit un lion, un ours, un loup ou un taureau, la guenon la plus tracassière, ou le singe le plus remuant, elle le poursuivra avec toute l'énergie de l'amour, et avant que j'efface ce charme de ses yeux, ce que je puis faire avec une autre plante, je me ferai donner son page. — Mais qui vient ici? je suis invisible[14] et je vais écouter leur entretien.

Entrent DÉMÉTRIUS *et* HÉLÈNE *le suivant.*

DÉMÉTRIUS. — Je ne t'aime pas; par conséquent cesse de me poursuivre. Où sont Lysandre et la belle Hermia? Je veux tuer l'un : l'autre m'a tué. Tu m'as dit qu'ils s'étaient sauvés dans ce bois; m'y voilà dans le bois, et stupide comme une de ses souches[15] parce que je ne puis pas y rencontrer mon Hermia. Va-t'en, hors d'ici, ne me suis plus.

HÉLÈNE. — Vous m'attirez après vous, dur cœur de diamant, et cependant ce n'est pas du fer que vous attirez, car mon cœur est fidèle comme l'acier; abandonnez votre pouvoir d'attirer, et je perdrai tout pouvoir pour vous suivre.

DÉMÉTRIUS. — Est-ce que je cherche à vous séduire? Est-ce que j'ai pour vous des paroles courtoises? et n'est-ce pas au contraire avec une entière franchise que je vous dis : je ne vous aime pas et je ne peux pas vous aimer?

HÉLÈNE. — Et je ne vous en aime que davantage même pour cela. Je suis votre épagneul, Démétrius; plus vous me battrez, plus je me frotterai contre vous pour vous caresser. Traitez-moi au moins comme votre épagneul; méprisez-moi, frappez-moi, négligez-moi, perdez-moi, pourvu que vous m'accordiez seulement la permission de vous suivre tout indigne que je suis. Quelle place plus basse puis-je mendier dans votre amour, que d'être traitée comme vous traitez votre chien? et cependant cette place est pour moi d'un prix inestimable.

DÉMÉTRIUS. — Ne mets pas trop à l'épreuve la haine de mon âme, car je suis malade lorsque je te regarde.

Hélène. — Et moi je suis malade lorsque je ne vous vois pas.

Démétrius. Vous faites courir un trop grand risque à votre pudeur, en quittant ainsi la ville, en vous remettant aux mains d'un homme qui ne vous aime pas et en confiant à l'occasion favorable de la nuit et aux mauvais conseils d'un lieu solitaire le riche trésor de votre virginité.

Hélène. — Votre vertu est ma garantie contre de telles craintes. Il ne fait pas nuit lorsque je regarde votre visage, aussi ne puis-je croire que je suis au milieu de la nuit; et ce ne sont pas non plus les nombreuses compagnies qui manquent à ce bois, car vous comprenez à mes yeux l'univers entier en vous. Comment donc pourrait-on dire que je suis seule, lorsque le monde est là pour me contempler?

Démétrius. — Je vais m'enfuir et me cacher dans les fougères en te laissant à la merci des bêtes sauvages.

Hélène. — La bête la plus sauvage n'a pas un cœur pareil au vôtre. Fuyez quand il vous plaira; l'histoire sera retournée; ce sera Apollon qui fuit et Daphné qui tient la chasse, la colombe qui poursuit l'oiseau de proie, la tendre biche qui se hâte, et double sa vélocité naturelle pour atteindre le tigre. O inutile vélocité, lorsque c'est la timidité qui poursuit et la bravoure qui fuit!

Démétrius. — Je ne m'arrêterai pas à écouter tes récriminations : laisse-moi partir, ou si tu t'obstines à me suivre, sache bien d'avance que je t'outragerai dans ce bois.

Hélène. — Eh! vous m'outragez déjà au temple, à la ville, à la campagne, partout. Fi, Démétrius! vos injustices jettent un opprobre sur mon sexe; nous ne pouvons pas monter à l'assaut de l'amour comme les hommes le peuvent; nous sommes faites pour être courtisées et non pour courtiser. Je te suivrai et je ferai un ciel de mon enfer en mourant de cette main qui m'est si chère.

(*Sortent Démétrius et Hélène.*)

Obéron. — Adieu, nymphe, bon espoir! Avant que cet

homme sorte de ce bosquet, c'est lui qui cherchera ton amour et toi qui le fuiras.

Rentre PUCK.

Obéron. — M'apportes-tu la fleur? sois le bienvenu, esprit vagabond.

Puck. — Oui, la voilà.

Obéron. — Je t'en prie, donne-la-moi. Je connais un coin du bois où le thym sauvage exhale ses senteurs, où croissent les grandes primevères et les violettes à la tête penchée, et que recouvrent presque comme d'un dais les chèvrefeuilles à l'odeur délicieuse, les suaves roses musquées et les églantines; la couleuvre s'y dépouille de sa peau émaillée, juste assez large pour habiller une fée, et Titania s'y repose dans le sommeil, à certaines heures de la nuit, bercée sur ses fleurs par les danses et les délices. Avec le jus de cette plante, je frotterai ses yeux et je la remplirai de détestables fantaisies. Prends-en aussi un peu, et cherche dans ce bosquet; il s'y trouve une aimable dame athénienne amoureuse d'un jeune homme dédaigneux. Mouille les yeux de celui-ci, mais fais attention que la dame soit le premier objet qu'il aperçoive. Tu reconnaîtras le jeune homme à ses vêtements athéniens. Exécute la chose avec assez de soin pour qu'il devienne plus amoureux d'elle qu'elle de lui; et puis sois exact à venir me retrouver avant le premier chant du coq.

Puck. — Soyez sans crainte, Monseigneur; votre serviteur exécutera vos ordres. (*Ils sortent.*)

SCÈNE II.

Une autre partie du bois.

Entre TITANIA *avec sa suite.*

Titania. — Allons, maintenant une ronde[16] et une chanson de fée, puis vous sortirez pendant un tiers de minute;

les unes iront tuer les vers dans les boutons des roses musquées, les autres faire la guerre aux chauves-souris et leur enlever le cuir de leurs ailes pour faire les habits de mes petits Elfes, d'autres encore chasser le hibou criard qui, toute la nuit, insulte et gourmande nos délicats Esprits. Chantez maintenant pour m'endormir; puis allez remplir vos fonctions et laissez-moi reposer

CHANT.

LA PREMIÈRE FÉE CHANTE.

Serpents tachetés à la double langue,
Hérissons épineux, ne vous faites pas voir;
Lézards et orvets, ne soyez pas méchants,
N'approchez pas de notre reine des fées.

LE CHOEUR DES FÉES.

Philomèle, fais entrer ta mélodie
Dans notre doux chant de berceuse.
Lulla, lulla, lullaby : lulla, lulla, lullaby.
Que jamais malheur, maléfice, ni charme
Ne s'approche de notre aimable reine;
Ainsi, bonne nuit, avec le lullaby.

SECONDE FÉE.

Araignées filandières, ne venez pas ici;
Arrière, faucheux aux longues pattes, arrière!
Noirs escarbots, n'approchez pas;
Chenilles et limaçons, n'offensez pas.

LE CHOEUR.

Philomèle, fais entrer ta mélodie
Dans notre doux chant de berceuse.
Lulla, lulla, lullaby : lulla, lulla, lullaby.
Que jamais malheur, maléfice, ni charme
Ne s'approche de notre aimable reine;
Ainsi, bonne nuit, avec le lullaby.

LA PREMIÈRE FÉE.

Partez, sauvez-vous; maintenant tout va bien.
Qu'une de nous reste à distance, en sentinelle.

(*Les fées sortent. Titania s'endort.*)

Entre OBÉRON, *qui exprime le suc de la fleur sur les yeux de Titania.*

L'être que tu verras en t'éveillant
Prends-le pour objet de ton sincère amour;
Aime-le et languis pour lui,
Que ce soit once, chat ou bien ours,
Léopard ou sanglier au poil hérissé
Qui apparaisse à tes yeux
Lorsque tu t'éveilleras, qu'il soit ton chéri.
Éveille-toi lorsque quelque vile créature sera proche de toi. *(Il sort.)*

Entrent LYSANDRE *et* HERMIA.

LYSANDRE. — Ma belle amie, vous n'en pouvez plus de fatigue à force d'errer dans ce bois, et pour vous dire la vérité, j'ai perdu notre chemin. Si vous le jugez bon, Hermia, nous nous reposerons et nous attendrons que le jour vienne nous prêter son aide.

HERMIA. — Je le veux bien, Lysandre; choisissez-vous un lit, car pour moi je vais reposer ma tête sur ce banc de gazon.

LYSANDRE. — La même touffe de gazon nous servira d'oreiller à tous deux. Un même cœur, un même lit, deux poitrines et une seule foi.

HERMIA. — Nenni, mon bon Lysandre. Pour l'amour de moi, mon chéri, éloignez-vous encore un peu plus; ne vous couchez pas si près.

LYSANDRE. — Oh! ma douce amie, prenez mes paroles dans un sens innocent; dans les conversations entre amants c'est par l'amour qu'ils doivent interpréter leurs paroles. Je veux dire que mon cœur est si étroitement uni au vôtre que cette union ne nous laisse qu'un seul cœur. Je veux dire que nos deux poitrines sont enchaînées par un même serment, en sorte que nous avons deux poitrines et une seule foi. Ne me refusez donc pas d'établir à vos côtés ma chambre à coucher; car en m'éten-

ACTE II, SCÈNE II.

dant ainsi près de vous, je laisse debout ma sincérité [17].

HERMIA. — Vraiment, Lysandre équivoque très-gentiment. Honte à ses manières et à sa fierté, si Hermia a voulu dire que Lysandre mentait! Mais, charmant ami, par amour et par courtoisie, couchez-vous plus loin. En bonne décence humaine, il est admis qu'une telle séparation convient entre un vertueux jeune homme et une vierge; éloignez-vous donc quelque peu et bonne nuit, mon doux ami. Puisse ton amour ne s'altérer jamais jusqu'à ce que ta douce vie finisse!

LYSANDRE. — A cette belle prière je réponds *amen*, *amen*, et que ma vie finisse au moment où ma fidélité finira! Voici mon lit; que le sommeil t'accorde tout son repos.

HERMIA. — Et qu'il prenne la moitié de ce souhait pour en fermer les yeux de celui qui me l'adresse.

(*Ils s'endorment.*)

Entre PUCK.

A travers toute la forêt j'ai erré,
Mais je n'ai pas vu le moindre Athénien,
Sur les yeux de qui je pusse essayer
La force que possède cette fleur pour inspirer l'amour.
Nuit et silence! — Qui donc est ici?
Il porte les vêtements d'Athènes;
C'est cet homme qui, m'a dit mon maître,
Méprise la jeune fille athénienne.
Et voici la jeune fille, sommeillant profondément,
Sur la terre humide et fangeuse.
Gentille âme! elle n'a pas osé se coucher
Près de cet indigent d'amour, de ce bourreau de courtoisie.
   (*Il presse la fleur sur les paupières de Lysandre.*)
Rustre, je verse sur tes yeux
Tout le pouvoir que ce charme possède.
Lorsque tu t'éveilleras, que l'amour défende
Au sommeil d'occuper sa place dans tes yeux.

Ainsi, réveille-toi, lorsque je serai parti,
Car je dois maintenant retourner vers Obéron.

(Il sort.)

Entrent DÉMÉTRIUS *et* HÉLÈNE, *courant.*

Hélène. — Arrête, quand bien même tu devrais me tuer, mon doux Démétrius.

Démétrius. — Arrière! je te l'ordonne; cesse de m'obséder ainsi.

Hélène. — Oh! vas-tu donc me laisser dans les ténèbres? ne fais pas cela.

Démétrius. — Arrête, ou il y va de ta vie. Je veux m'en aller seul. *(Il sort.)*

Hélène. — Oh! cette poursuite passionnée m'a mise hors d'haleine. Plus je l'implore et moins j'obtiens. Heureuse est Hermia, en quelque endroit qu'elle se trouve, car elle a des yeux adorables et qui séduisent. Comment ses yeux sont-ils devenus si brillants? Ce n'est point par les larmes salées; car s'il en était ainsi, mes yeux sont plus souvent baignés que les siens. Non, non, je suis aussi laide qu'une ourse, car les bêtes qui me rencontrent s'enfuient de frayeur; aussi n'est-ce pas une merveille, si Démétrius fuit ma présence comme celle d'un monstre. Quel miroir coupable et menteur m'a fait comparer mes yeux aux célestes sphères des yeux d'Hermia? — Mais qui donc est ici? Lysandre! Étendu à terre! Est-il mort, ou dort-il? je ne vois pas de sang, pas de blessure. Lysandre, si vous êtes vivant, éveillez-vous, mon cher seigneur.

Lysandre, *s'éveillant.* — Ah! je passerais à travers le feu pour l'amour de ta douce personne, lumineuse Hélène! la nature montre ici son art, en me faisant voir ton cœur à travers ta poitrine. Où est Démétrius? Oh! quel nom mieux fait que ce vil nom pour périr sous mon épée?

Hélène. — Ne parlez pas ainsi, Lysandre; ne parlez pas ainsi. Qu'est-ce que cela fait qu'il aime votre Hermia? qu'est-ce que cela fait, seigneur? Hermia ne vous en aime pas moins toujours; ainsi soyez heureux.

ACTE II, SCÈNE II.

LYSANDRE. — Heureux avec Hermia! non, je regrette maintenant les minutes ennuyeuses que j'ai dépensées avec elle. Ce n'est pas Hermia mais Hélène que j'aime. Qui donc ne voudrait pas échanger un corbeau contre une colombe? La volonté de l'homme est gouvernée par sa raison, et la raison me dit que vous êtes la vierge la plus digne. Les choses en croissance ne sont pas mûres avant leur saison, et c'est ainsi que ma jeunesse, jusqu'à présent, n'était pas mûre pour la raison; mais maintenant que je touche au point culminant de l'excellence humaine, le jugement devient le général de ma volonté et me conduit vers vos yeux, où je lis des histoires d'amour écrites dans le plus riche livre d'amour.

HÉLÈNE. — Étais-je donc née pour une moquerie si cruelle? Quand donc ai-je mérité de votre part un si cruel mépris? N'est-ce pas assez, n'est-ce pas assez, jeune homme, de n'avoir jamais, jamais pu mériter un doux regard des yeux de Démétrius, sans que vous insultiez encore à mon insuffisance? En vérité, oui en vérité, vous m'outragez, en me faisant ainsi la cour par dérision. Mais portez-vous bien. Je suis forcée d'avouer que je vous croyais un gentilhomme plus réellement noble. Oh! faut-il qu'une femme repoussée par un homme soit encore insultée par un autre!   (*Elle sort.*)

LYSANDRE. — Elle ne voit pas Hermia. — Hermia, sommeille ici, et puisses-tu ne jamais plus approcher de Lysandre! car ainsi que l'excès des plus douces choses finit par inspirer à l'estomac le plus profond dégoût et que les hérésies qu'on abjure sont le plus haïes de ceux qu'elles ont trompées, ainsi toi, mon excès et mon hérésie, sois haïe de tous, mais avant tous, de moi. Et vous, puissances de mon être, appliquez tout votre amour et toutes vos forces à honorer Hélène et à faire de moi son chevalier.   (*Il sort.*)

HERMIA, *s'éveillant.* — Au secours, Lysandre! au secours! Fais ton possible pour arracher ce serpent qui rampe sur mon sein! Ah! miséricorde! quel rêve j'ai fait là! Lysandre, regardez comme je tremble de crainte!

Il me semblait qu'un serpent me mangeait le cœur et que vous restiez tranquillement assis, souriant durant son cruel repas. — Lysandre! eh quoi, il s'est éloigné? — Lysandre! seigneur! — Comment, il ne peut m'entendre? il est parti? pas un son, pas un mot? — Hélas! où êtes-vous? répondez, si vous m'entendez! Parlez, au nom de tout ce que vous aimez! je m'évanouis presque de frayeur. Vous ne répondez pas? alors je vois bien que vous vous êtes éloigné. Je veux vous trouver à l'instant, vous ou bien la mort. *(Elle sort.)*

ACTE III.

SCÈNE PREMIÈRE.

Le bois. — Titania est couchée endormie.

Entrent QUINCE, SNUG, BOTTOM, FLUTE, SNOUT *et* STARVELING.

Bottom. — Sommes-nous tous réunis?

Quincé. — Au complet, au complet, et voici une place qui convient à merveille à notre répétition. Ce petit carré de gazon sera notre théâtre, ce fourré d'aubépine notre chambre pour nos costumes, et nous allons répéter le drame en action, juste comme nous le jouerons devant le duc.

Bottom. — Pierre Quince?

Quince. — Qu'y a-t-il, tracassier de Bottom?

Bottom. — Il y a dans cette comédie de *Pyrame et Thisbé* des choses qui ne plairont jamais. D'abord Pyrame doit tirer son épée pour se tuer, ce que les dames ne peuvent souffrir. Que répondez-vous à cela?

Snout. — Par Notre-Dame! c'est terriblement à craindre.

Starveling. — Je crois que nous pourrons laisser là la tuerie lorsque la pièce sera jouée.

Bottom. — Pas du tout; j'ai trouvé un moyen pour tout concilier. Écrivez-moi un prologue, et que votre prologue semble dire que nous ne nous ferons pas de mal avec nos épées et que Pyrame ne s'est pas tué réellement; pour mieux les rassurer encore, dites-leur que moi, Pyrame, je ne suis pas Pyrame, mais Bottom le tisserand. Cela leur enlèvera toute crainte.

Quince. — Bien, nous aurons un prologue ainsi conçu, et il sera écrit en vers de six et de huit pieds.

Bottom. — Non, non, ajoutez deux pieds de plus; qu'il soit écrit en vers de huit et de huit.

Snout. — Est-ce que les dames n'auront pas peur du lion?

Starveling. — Je le crains bien, je vous assure.

Bottom. — Messieurs, il vous faut prendre la peine de mûrement réfléchir. Dieu nous protége! amener un lion parmi des dames est une chose à redouter, car il n'y a pas d'oiseau sauvage plus terrible que le lion vivant; et nous ferons bien d'y regarder à deux fois [1].

Snout. — Eh bien! mais il faut qu'un autre prologue dise que ce n'est pas un lion.

Bottom. — Voilà, il faudra que vous disiez son nom, et qu'on voie la moitié de son visage au travers du mufle du lion, et lui-même parlera au travers, en disant ceci ou quelque chose de *prochain* : « Mesdames, ou belles dames, je vous conseille, ou je vous supplie, ou je vous conjure de n'avoir pas peur et de ne pas trembler : ma vie répond de la vôtre. Si vous veniez à croire que je suis un lion véritable, ma vie serait fort en danger; mais je ne suis rien de pareil; je suis un homme comme les autres hommes. » Et alors qu'il vienne déclarer son nom et leur dire nettement : « Je suis Snug, le menuisier [2]. »

Quince. — Bien, cela sera ainsi; mais il y a deux

choses très-difficiles. La première, c'est d'amener le clair de lune dans une chambre : car vous le savez, Pyrame et Thisbé se rencontrent au clair de lune.

Snug. — Y aura-t-il clair de lune la nuit où nous jouerons notre comédie?

Bottom. — Un calendrier! un calendrier! regardez dans l'almanach; cherchez le clair de lune, cherchez le clair de lune!

Quince. — Oui, la lune brillera cette nuit-là.

Bottom. — Eh bien! alors vous pourriez laisser ouvert un des châssis de la grande fenêtre de la salle où nous jouerons, et la lune luira par le châssis.

Quince. — Oui, ou bien encore quelqu'un peut entrer avec un buisson d'épines et une lanterne et dire qu'il vient pour *défigurer* ou pour représenter la personne du clair de lune[3]. Il y a encore autre chose; il nous faut un mur dans la grande chambre; car Pyrame et Thisbé, dit l'histoire, se parlaient à travers la fente d'un mur.

Snug. — Vous ne pourrez jamais introduire un mur dans la salle. Qu'en dites-vous, Bottom?

Bottom. — Un homme ou un autre pourra représenter un mur; qu'il ait seulement sur lui un peu de plâtre, ou de terre glaise, ou de crépi pour signifier muraille, et puis qu'il tienne ses doigts écartés comme cela, et à travers cette fente Pyrame et Thisbé chuchoteront.

Quince. — Si cela peut se faire, alors tout va bien. Venez, asseyons-nous autant que nous sommes de fils de nos mères, et répétons nos rôles. Pyrame, c'est vous qui commencez. Lorsque vous aurez fini votre discours vous entrerez dans ce fourré, et ainsi de suite, chacun à son tour selon le moment de sa réplique.

Entre PUCK, *au fond du théâtre.*

Puck. — Qu'est-ce que c'est que ces rustiques imbéciles qui sont là à faire leurs embarras si près du berceau où dort la reine des fées? Quoi! une comédie en répétition! je veux en être auditeur, et peut-être acteur aussi, si je vois une raison de l'être.

ACTE III, SCÈNE I.

Quince. — Parlez, Pyrame. Thisbé, avancez.

Pyrame. — Thisbé, les fleurs exhalent des *odieuses* douces.

Quince. — Odeurs! odeurs!

PYRAME.

Exhalent des odeurs douces.
Ainsi fait ta respiration, ma chère, très-chère Thisbé.
Mais, chut! j'entends une voix, reste ici un tout petit moment,
Et dans quelques instants je viendrai apparaître à tes yeux.
(*Il sort.*)

Puck, *à part.* — Le plus étrange Pyrame assurément qui ait jamais joué sur cette terre. (*Il sort.*)

Thisbé. — Dois-je parler, maintenant?

Quince. — Et oui, parbleu! vous devez parler; car, vous comprenez, il n'est sorti que pour *voir* un bruit qu'il a entendu, et il va rentrer.

THISBÉ.

Très-brillant Pyrame, au teint blanc comme le lis,
Aux couleurs semblables à la rose rouge sur la triomphante ronce,
Très-vif jeune homme et aussi très-aimable *juif*
Aussi fidèle que le plus fidèle coursier qui jamais ne se fatiguerait,
J'irai te rejoindre, Pyrame, à la tombe de Nini.

Quince. — La tombe de Ninus, bonhomme! mais vous ne devez pas dire cela encore; c'est ce que vous répondrez à Pyrame; vous récitez votre rôle entier à la fois, répliques et tout. Pyrame, entrez; votre réplique est passée; elle commence à : « qui jamais ne se fatiguerait. »

Thisbé. — Aussi fidèle que le plus fidèle coursier qui jamais ne se fatiguerait.

Rentrent PUCK *et* BOTTOM, *avec une tête d'âne.*

Pyrame. — Si je l'étais, belle Thisbé, je ne serais qu'à toi [1].

Quince. — Oh! monstrueux! oh! étrange! nous sommes

ensorcelés. Récitons nos prières, messieurs! fuyons, messieurs! Au secours!

(*Sortent Quince, Snug, Flûte, Snout et Starveling.*)

Puck. — Je vais vous suivre, je vais vous donner une chasse à travers les marécages, à travers les buissons, à travers les fourrés, à travers les ronces; quelquefois je serai un cheval, quelquefois un limier, un cochon, un ours stupide, quelquefois une flamme, et je hennirai, j'aboierai, je grognerai, je rugirai, je brûlerai tour à tour, comme le cheval, le limier, le cochon, l'ours et la flamme.

(*Il sort.*)

Bottom. — Pourquoi s'enfuient-ils? C'est une farce qu'ils me jouent pour me faire peur.

Rentre SNOUT.

Snout. — Oh! Bottom! comme tu es changé! Qu'est-ce que je vois sur tes épaules?

Bottom. — Qu'est-ce que vous voyez? Une tête d'âne qui vous appartient? est-ce là ce que vous voyez?

(*Snout sort.*)

Rentre QUINCE.

Quince. — Dieu te bénisse, Bottom! Dieu te bénisse! tu es transformé. (*Il sort.*)

Bottom. — Je vois ce que veut leur malice; c'est de faire de moi un âne, pour m'effrayer s'il leur est possible. Mais qu'ils fassent tout ce qu'ils pourront, moi je ne bougerai pas de cette place; et je me promènerai de long en large, et je chanterai pour qu'ils entendent bien que je n'ai pas peur. (*Il chante.*)

> Le merle si noir de couleur
> Avec son bec orange foncé,
> La grive avec sa note si juste,
> Le roitelet aux petites plumes[5].

Titania, *s'éveillant*. — Quel ange m'éveille sur mon lit de fleurs?

bottom, *chantant*.

> Le pinson, le moineau et l'alouette,
> Le coucou gris avec son plain-chant

Dont plus d'un écoute la note
Sans oser lui répondre non....

car en vérité qui voudrait perdre son esprit à disputer avec un si fol oiseau? Qui voudrait donner le démenti à un oiseau, quand bien même il crierait *coucou* à n'en plus finir?

Titania. — Je t'en prie, charmant mortel, chante encore; mon oreille est éprise de la mélodie de ta voix autant que mon œil est captivé par la beauté de ta forme; et la force de ta remarquable distinction me contraint irrésistiblement, dès mon premier regard, à te dire, à te jurer que je t'aime.

Bottom. — Il me semble, maîtresse, que vous auriez peu de raisons pour cela, et cependant, pour dire la vérité, la raison et l'amour font rarement compagnie au jour d'aujourd'hui; c'est grand dommage que d'honnêtes voisins n'essayent pas d'en faire une paire d'amis. Certes, je puis plaisanter à l'occasion, comme vous voyez.

Titania. — Tu es aussi sage que tu es beau.

Bottom. — Non, ni sage non plus; mais si j'avais assez d'esprit pour sortir de ce bois, j'en aurais assez pour ce que je veux faire présentement.

Titania. — Ne désire pas sortir de ce bois ; tu resteras ici, que tu le veuilles ou non. Je suis un esprit d'un ordre peu commun, l'été dure éternellement dans mes États et je t'aime. Ainsi, viens avec moi; je te donnerai des fées pour te servir; elles iront te chercher des diamants au fond du gouffre marin, elles chanteront pendant que tu dormiras sur les fleurs écrasées; et je te purgerai si bien de ta matérialité mortelle que tu seras tout semblable à un esprit de l'air. Fleur des Pois, Toile d'Araignée! Phalène! Graine de Moutarde!

Fleur des Pois. — Me voici.

Toile d'Araignée. — Me voici.

Phalène. — Me voici.

Graine de Moutarde. — Me voici.

Tous quatre ensemble. — Où faut-il aller?

Titania. — Soyez aimables et polis pour ce gentilhomme; sautillez à ses côtés dans ses promenades et gambadez devant ses yeux; nourrissez-le d'abricots et de groseilles, de raisins pourprés, de figues vertes et de mûres; dérobez aux bourdons leur sac à miel, et pour flambeaux de nuit, coupez leurs cuisses chargées de cire que vous allumerez aux flammes des yeux du ver luisant, afin d'éclairer mon bien-aimé à son coucher et à son lever; arrachez les ailes peintes des papillons pour écarter de ses yeux endormis les rayons de la lune; saluez-le, Elfes, et faites-lui vos courtoisies.

Fleur des Pois. — Salut, mortel!

Toile d'Araignée. — Salut!

Phalène. — Salut!

Graine de Moutarde. — Salut!

Bottom. — Je rends grâce de tout cœur à Vos Seigneuries. Plairait-il à Votre Seigneurie de me dire son nom?

Toile d'Araignée. — Toile d'Araignée.

Bottom. — Je désire faire plus amplement connaissance avec vous, mon bon monsieur Toile d'Araignée; si je me coupe le doigt, j'aurai la hardiesse de m'adresser à vous. Votre nom, honnête gentilhomme?

Fleur des Pois. — Fleur des Pois.

Bottom. — Présentez tous mes respects, je vous prie, à madame Gousse votre mère et à monsieur Cosse votre père. Mon bon monsieur Fleur des Pois, je désire également faire plus ample connaissance avec vous. Votre nom, je vous en prie, Monsieur?

Graine de Moutarde. — Graine de Moutarde.

Bottom. — Mon bon monsieur Graine de Moutarde, je connais parfaitement votre patience. Ce lâche géant *Roastbeef* a dévoré plus d'un gentilhomme de votre maison. Je vous assure que vos parents m'ont fait venir les larmes aux yeux plus d'une fois. Je désire continuer votre connaissance, mon bon monsieur Graine de Moutarde[6].

Titania. — Allons, faites-lui escorte, conduisez-le à mon berceau. Il me semble que la lune regarde avec des yeux humides, et lorsqu'elle pleure, toutes les petites fleurs pleurent aussi, se lamentant sur quelque chasteté violée. Enchaînez la langue de mon bien-aimé, conduisez-le en silence. (*Ils sortent.*)

SCÈNE II.

Une autre partie du bois.

Entre OBÉRON.

Obéron. — Je suis curieux de savoir si Titania s'est éveillée et quel est ce premier objet dont elle doit raffoler jusqu'à l'excès, qui s'est offert à ses yeux. — Voici mon messager.

Entre PUCK.

Obéron. — Eh bien, fou d'esprit, quel est le divertissement à l'ordre de nuit dans ce bosquet enchanté?

Puck. — Ma maîtresse est amoureuse d'un monstre. Tout près de son berceau clos et réservé, où elle se livrait quelques instants au sommeil, une bande de paillasses, grossiers artisans qui travaillent pour leur pain dans les échoppes d'Athènes, s'étaient réunis pour répéter une pièce destinée aux divertissements du jour de noces du grand Thésée. Le plus parfait imbécile de toutes ces stupides espèces, qui jouait dans leur comédie le rôle de Pyrame, ayant quitté le lieu de la scène et étant entré dans un fourré, j'ai profité de l'occasion qu'il m'offrait ainsi, pour lui fixer sur la tête un mufle d'âne[7]. Mais il fallait donner la réplique à sa Thisbé et mon cabotin revient en scène. Dès qu'ils l'ont aperçu, comme des oies sauvages qui ont vu l'oiseleur venir à elles en se courbant, ou comme des corneilles à tête rousse réunies en troupe, qui, à la détonation du fusil, saisies de panique s'enlèvent en croassant, se séparent les unes des autres et balayent le ciel de leur vol effaré, voilà que tous ses camarades se sont enfuis devant lui. A coups de pied je les renverse les uns sur les autres; ils crient au meurtre et appellent du secours d'Athènes. Leur pauvre bon sens ainsi égaré par la force de leur terreur, toutes les choses inanimées ont eu permission de leur nuire; les ronces et les épines s'accrochent à leurs vêtements, enlevant à leurs propriétaires qui les cèdent sans résistance, celles-ci leurs manches, celles-là leurs chapeaux. Je leur donnais la chasse en proie à ces épouvantes après avoir laissé derrière moi le doux Pyrame métamorphosé, lorsque le hasard a voulu que Titania s'éveillât à ce moment et devînt sur-le-champ amoureuse d'un âne.

Obéron. — Je n'aurais vraiment pu inventer aussi bien que ce qui est arrivé. Mais as-tu frotté, comme je te l'avais ordonné, les yeux de l'Athénien avec le suc d'amour?

Puck. — Cette affaire est aussi terminée. Je l'ai trouvé dormant et ayant à ses côtés la jeune femme athénienne, qu'à son réveil il verra nécessairement

Entrent DÉMÉTRIUS *et* HERMIA.

Obéron. — Chut et approchons-nous; voici l'Athénien en question.

Puck. — C'est bien la même femme, mais ce n'est pas le même homme.

Démétrius. — Oh! pourquoi repoussez-vous ainsi celui qui vous aime tant? Gardez ces paroles cruelles pour un cruel ennemi.

Hermia. — Je me borne maintenant à te rebuter, mais je te traiterai d'une pire façon, car tu m'as, je le crains, donné des motifs de te maudire. Si tu as tué Lysandre dans son sommeil, tu as déjà les pieds dans le sang, plonges-y jusqu'à la tête en me tuant aussi. Le soleil n'était pas aussi fidèle au jour que Lysandre m'était fidèle; est-ce que jamais il aurait abandonné Hermia endormie? Je croirais aussi volontiers que la terre peut être percée de part en part et que la lune glissant à travers son centre peut s'en aller aux antipodes chercher querelle à ce plein midi lumineux que son frère y fait briller à cette heure! Il est impossible que tu ne l'aies pas assassiné; un assassin doit avoir ton regard, ce même air sinistre, farouche que je te vois.

Démétrius. — Non, c'est l'air que doit avoir un homme assassiné, et c'est ce que je suis, puisque mon cœur est traversé d'outre en outre par votre implacable cruauté; et cependant, vos regards à vous l'homicide, sont aussi sereins, aussi brillants, que Vénus est là-bas sereine et brillante dans sa lumineuse sphère.

Hermia. — Qu'est-ce que tout cela peut avoir à faire avec mon Lysandre? Où est-il? Oh! mon bon Démétrius, donne-le-moi; veux-tu?

Démétrius. — J'aimerais mieux donner sa carcasse à mes lévriers.

Hermia. — Loin d'ici, mâtin! loin d'ici, chien! tu as à la fin poussé hors de ses bornes ma patience de jeune fille. L'as-tu donc assassiné? Si cela est, cesse d'être compté parmi les hommes! Oh! dis une fois au moins la vérité, dis la vérité, par égard pour moi! Tu n'aurais jamais osé le regarder en face pendant qu'il était éveillé; l'as-tu donc tué dans son sommeil? Oh! le courageux exploit! Est-ce qu'un ver, une vipère ne pouvaient pas en faire autant? Mais c'est une vipère qui a fait cette action, car jamais une vipère n'a piqué avec une langue plus double que la tienne, serpent!

Démétrius. — Vous dépensez votre colère mal à propos, et pour une offense imaginaire. Je n'ai point sur moi le sang de Lysandre, et il n'est pas mort autant que je sache.

Hermia. — Alors, dis-moi, je t'en prie, qu'il est en sécurité.

Démétrius. — Et si je pouvais vous répondre, que gagnerais-je à cela?

Hermia. — Le privilége de ne jamais me voir, et c'est sur cette parole que je quitte ta présence abhorrée. Ne me revois jamais, qu'il soit mort ou non!

(Elle sort.)

Démétrius. — Il est inutile de vouloir la suivre tant qu'elle est en proie à cette violente humeur; je m'en vais donc rester ici quelque peu de temps. Le poids du chagrin devient plus lourd de toute la charge de la dette que le sommeil en banqueroute ne lui rembourse pas ; peut-être voudra-t-il me payer quelque léger à-compte, si j'attends ici qu'il vienne me proposer des arrangements.

(*Il se couche à terre et s'endort.*)

Obéron. — Qu'as-tu fait ? tu t'es complétement trompé et tu as versé le suc d'amour sur les yeux de quelque amant fidèle. De ta méprise il résultera nécessairement la rupture d'un amour fidèle et non le changement d'un ingrat en amoureux sincère.

Puck. — Ainsi le destin règle tout à sa guise ; pour un homme qui garde sa foi, un million d'autres mentent à la leur, entassant serments sur serments.

Obéron. — Cours plus rapide que le vent, tout au travers de ce bois, et fais en sorte de découvrir Hélène d'Athènes. Sa pauvre âme est toute malade et son visage est tout pâle de la fatigue des soupirs d'amour qui coûtent cher à la fraîcheur de son sang[8]. Arrange-toi pour l'amener ici par la puissance de quelque illusion ; moi je vais charmer les yeux de celui-ci avant qu'elle n'arrive.

Puck. — Je pars, je pars ; regarde comme je vole, plus rapide que la flèche lancée par l'arc d'un Tartare.

(*Il sort.*)

Obéron, *exprimant le suc de la fleur sur les paupières de Démétrius :*

Suc de cette fleur pourprée
Blessée par l'arc de Cupidon,
Pénètre dans le globe de ses yeux !
Que son amante, lorsqu'il l'apercevra,
Brille à ses yeux avec autant de gloire
Que la Vénus du ciel. —
Si à ton réveil elle se trouve devant toi,
Implore d'elle ton remède.

Rentre PUCK.

Puck.

Chef de notre bande féerique,
Hélène est ici tout près,

ACTE III, SCÈNE II.

Et le jeune homme objet de ma méprise
La suit, réclamant le salaire d'un amant.
Nous payons-nous le spectacle de leur comédie d'amour?
Seigneur, quels fous que ces mortels!

OBÉRON.

Tiens-toi à l'écart; le tapage qu'ils font
Va forcer Démétrius à se réveiller.

PUCK.

Alors deux à la fois vont faire la cour à une seule;
Cela doit former évidemment un divertissement unique,
Et ces choses-là me plaisent d'autant plus
Qu'elles vont davantage de travers.

Rentrent LYSANDRE *et* HÉLÈNE.

LYSANDRE. — Pourquoi donc croyez-vous que je vous courtise par mépris? Le mépris et la dérision ne se manifestent jamais par des larmes; voyez, je pleure lorsque je vous jure mon amour; des serments qui naissent ainsi montrent par leur naissance même toute leur vérité. Comment pouvez-vous trouver la ressemblance du mépris dans des choses qui vous démontrent leur sincérité par les marques évidentes de la bonne foi?

HÉLÈNE. — Vous vous enfoncez de plus en plus dans votre malice. Oh! quel combat à la fois diabolique et saint, lorsque la vérité tue la vérité! Ces serments sont à Hermia, voulez-vous donc l'abandonner? Pesez un serment contre un serment et la balance donnera un résultat nul; les protestations d'amour que vous m'adressez et celles que vous lui avez adressées, mises dans deux plateaux pèseront un poids égal, les unes et les autres aussi légères que des fables.

LYSANDRE. — Je n'avais aucun jugement lorsque je lui jurai mon amour.

HÉLÈNE. — Et vous n'en avez pas davantage, à mon avis, maintenant que vous l'abandonnez.

LYSANDRE. — Démétrius l'aime et il ne vous aime pas.

DÉMÉTRIUS, *se réveillant.* — O Hélène! déesse! nymphe! perfection divine! A quel objet, mon amour, comparerai-je tes yeux? auprès d'eux le cristal est trouble. Oh! comme elles me paraissent mûres pour le baiser, ces friandes cerises de tes lèvres, et comme elles tentent ma bouche! Lorsque tu élèves ta main, la blanche neige glacée des sommets du Taurus que caressent les vents de l'Orient paraît noire comme le corbeau. Oh! laisse-moi baiser cette princesse de blancheur, ce sceau de béatitude!

Hélène. — O guignon! O enfer! je vois que vous êtes tous d'accord pour faire de moi votre jouet. Si vous étiez polis et si vous connaissiez la courtoisie, vous ne me feriez pas une aussi grande offense. Ne pouvez-vous vous contenter de me haïr l'un et l'autre, comme je sais que vous le faites, sans encore vous concerter pour vous moquer de moi? Si vous étiez réellement ce que vous paraissez être, c'est-à-dire des hommes, vous ne traiteriez pas ainsi une dame bien née! Quoi! m'adresser des vœux, des serments, louer emphatiquement mes attraits lorsque je suis sûre que vous me haïssez du fond de vos cœurs! Vous êtes tous deux rivaux pour aimer Hermia, et maintenant vous êtes tous deux rivaux pour vous moquer d'Hélène. C'est un bel exploit, une mâle entreprise que de tirer des larmes des yeux d'une pauvre fille par vos moqueries! Aucun homme réellement noble ne voudrait offenser ainsi une vierge et éprouver la patience d'une pauvre âme par une pareille torture, à cette seule fin de s'en amuser comme vous le faites.

Lysandre. — Vous êtes cruel, Démétrius; ne soyez pas ainsi; car vous aimez Hermia; cela, vous savez que je ne l'ignore pas. Eh bien! maintenant je vous cède de ma pleine volonté et du plus profond de mon cœur tous mes droits sur l'amour d'Hermia, et je vous demande en retour de me céder les vôtres sur Hélène que j'aime et que j'aimerai jusqu'à ma mort.

Hélène. — Jamais railleurs n'ont dépensé tant de menteuses paroles.

Démétrius. — Lysandre, garde ton Hermia; je n'en veux pas. Si je l'ai jamais aimée, tout cet amour s'est évanoui. Mon cœur n'a séjourné chez elle que comme un visiteur de passage, et maintenant il est revenu à son vrai logis, qui est Hélène, pour y demeurer à jamais.

Lysandre. — Hélène, cela n'est pas.

Démétrius. — Ne calomnie pas une sincérité que tu ignores, si tu ne veux pas payer le prix de ta calomnie à gros intérêts. Regarde, voici là-bas ton amour qui vient, voici ta bien-aimée!

Rentre HERMIA.

Hermia. — La nuit ténébreuse, qui prive l'œil de ses fonctions, augmente la vivacité de l'oreille, en sorte que pour l'affaiblissement qu'elle fait subir au sens de la vue, elle accorde au sens de l'ouïe une double compensation. Mon œil n'a pu te trouver, Lysandre, mais mon oreille, je l'en remercie, t'a découvert au son de ta voix. Mais pourquoi donc m'as-tu quittée si peu galamment?

Lysandre. — Pourquoi resterait-il, celui que l'amour presse de partir?

Hermia. — Quel amour pouvait presser Lysandre de quitter mon côté?

Lysandre. — L'amour qui défendait à Lysandre de rester est celui de la belle Hélène qui dore la nuit de plus de rayons que toutes les rondelles de flammes et tous les yeux de lumière du ciel. Pourquoi me cherches-tu? Est-ce que mes paroles ne te font pas comprendre que ce qui m'a fait te quitter ainsi est la haine que je te porte?

Hermia. — Vous ne parlez pas comme vous pensez, cela ne peut pas être.

Hélène. — Hélas! elle aussi fait partie du complot! Je vois maintenant qu'ils se sont ligués tous trois pour arranger cette mauvaise plaisanterie à mes dépens. Injurieuse Hermia! très-ingrate fille! conspirez-vous donc avec ces hommes? vous êtes-vous donc concertée avec eux pour me mystifier par cette détestable raillerie? Toutes les confidences que nous avons partagées, tous nos serments de sœurs, toutes les heures que nous avons passées ensemble et qui nous faisaient reprocher au temps aux pieds rapides de nous séparer si vite, tout cela est-il donc oublié ? Notre amitié du temps de l'école, notre enfantine innocence, les avez-vous oubliées? Que de fois, Hermia, semblables à deux déesses artistes, nous avons avec nos aiguilles créé ensemble une fleur, toutes deux travaillant sur le même patron, assises sur le même coussin, gazouillant toutes deux un même chant, avec un même ton de voix, comme si nos mains, nos flancs, nos voix, nos âmes formaient un même tout indissoluble. Ainsi nous avons grandi ensemble, pareilles à deux cerises séparées en apparence, mais unies dans leur séparation même; pareilles à deux fruits charmants formés sur la même tige; avec deux corps, mais avec un seul cœur. *Deux au premier*[9], comme les manteaux des armoiries qui n'appartiennent qu'à un seul et qui sont couronnés d'un seul cimier. Voulez-vous maintenant mettre en pièces notre ancienne amitié pour bafouer votre pauvre amie de concert avec ces hommes? Cela n'est pas d'une amie, cela n'est pas d'une jeune fille. Notre sexe tout entier aussi bien que moi pourrait vous reprocher une telle action, quoique je sois seule à sentir cette injure.

HERMIA. — Je suis confondue de vos paroles intempérantes; je ne vous méprise pas, c'est vous qui semblez me mépriser.

HÉLÈNE. — N'avez-vous pas engagé Lysandre à me suivre comme par moquerie et à vanter mon visage et mes yeux? Et votre autre amoureux, Démétrius, qui tout à l'heure me repoussait du pied, ne l'avez-vous pas aussi engagé à m'appeler déesse, nymphe, objet divin, rare, précieux, céleste? Pourquoi parle-t-il ainsi à celle qu'il hait? et pourquoi Lysandre nie-t-il votre amour, cette richesse de son âme, et vient-il m'offrir son affection, si ce n'est par vos propres excitations, de votre propre consentement? Qu'y faire, si je ne suis pas aussi favorisée que vous, aussi entourée d'amour, aussi fortunée, si je suis au contraire malheureuse à l'excès d'aimer sans être aimée? vous devriez me plaindre et non pas me mépriser pour cela.

HERMIA. — Je ne comprends pas ce que vous voulez dire.

HÉLÈNE. — Oui, oui, continuez; feignez des mines affligées, faites-moi des grimaces lorsque j'ai le dos tourné; clignez des yeux les uns aux autres, soutenez sans broncher votre aimable plaisanterie; cette comédie bien menée jusqu'au bout sera digne de trouver sa chronique. Si vous aviez ombre de sensibilité, de noblesse et de savoir-vivre, vous ne feriez pas de moi un tel objet de risée. Mais portez-vous bien; tout ceci est en partie ma faute; la mort ou l'absence la répareront bientôt.

LYSANDRE. — Arrêtez, charmante Hélène, écoutez mes excuses; belle Hélène, mon amour, ma vie, mon âme!

HÉLÈNE. — Oh! excellent!

HERMIA. — Mon ami, ne la raillez pas ainsi.

DÉMÉTRIUS. — Si Hermia ne peut vous fléchir, moi je puis vous contraindre.

LYSANDRE. — Tu ne peux pas plus me contraindre qu'elle me fléchir; tes menaces n'ont pas plus de force que ses faibles prières. Hélène, je t'aime; oui, sur ma vie, je t'aime; sur cette vie que je perdrais pour toi, je jure de prouver qu'il est un menteur à celui qui dira que je ne t'aime pas.

DÉMÉTRIUS. — Je dis, moi, que je t'aime plus qu'il ne peut t'aimer.

LYSANDRE. — Si telle est ta prétention, viens un peu à l'écart, et prouve qu'elle est fondée.

DÉMÉTRIUS. — Allons, vite, partons.

HERMIA. — Lysandre, où tout cela veut-il en venir?

LYSANDRE. — Arrière, Éthiopienne!

DÉMÉTRIUS. — Non, non, il ne viendra pas. Monsieur a l'air de s'emporter, il fait semblant de vouloir me suivre, mais il ne bouge pas. Vous êtes un homme dompté, allez!

LYSANDRE, *à Hermia*. — Lâche-moi, chatte! herbe tenace! vile créature! lâche-moi, ou je vais te secouer de moi comme un serpent.

HERMIA. — Pourquoi êtes-vous devenu si grossier? quel est ce changement, mon doux amour?

LYSANDRE. — Ton amour! à bas, Tartare hâlée! à bas, médecine exécrée! potion détestée, à bas!

HERMIA. — Est-ce que vous plaisantez?

HÉLÈNE. — Oui, en vérité, et ainsi faites-vous vous-même.

LYSANDRE. — Démétrius, je tiendrai la parole que je t'ai donnée.

DÉMÉTRIUS. — Je voudrais avoir votre signature, car je m'aperçois qu'un faible lien suffit pour vous retenir; je ne me fie pas à votre parole.

LYSANDRE. — Quoi! me faut-il donc la frapper, la battre, la laisser pour morte? Quoique je la haïsse, je ne veux pas lui faire de mal.

HERMIA. — Eh! quel plus grand mal pouvez-vous me faire que la haine? vous me haïssez! et pourquoi? Hélas! mon amour, que signifie cela? Ne suis-je plus Hermia? n'êtes-vous plus Lysandre? je suis aussi belle maintenant que je l'étais naguère. Cette nuit vous m'aimiez; cependant, cette nuit vous m'avez quittée. Ainsi donc vous m'avez quittée? oh! les dieux m'en préservent! quittée sérieusement? oserai-je le croire?

LYSANDRE. — Oui, sur ma vie, et je ne désire plus te voir jamais. Ainsi tu peux bannir tout espoir, toute incertitude et tout doute. Sois certaine que rien n'est plus vrai; ce n'est pas une plaisanterie que ma haine pour toi et mon amour pour Hélène.

HERMIA. — Pitié de moi! Ah, jongleuse! chancre de fleurs! voleuse d'amour! quoi, êtes-vous donc venue pendant la nuit et m'avez-vous volé le cœur de mon amant?

HÉLÈNE. — Adorable, sur ma foi! N'avez-vous donc aucune pudeur, aucune réserve virginale, aucun atome de décence? Comment! vous voulez donc forcer ma langue bien apprise à d'impatientes réponses! Fi! fi! l'hypocrite! Fi! la poupée!

HERMIA. — Poupée! ah! vraiment! je comprends enfin le sens de ces plaisanteries. Je vois qu'elle a fait comparer nos deux statures à Lysandre; elle a fait valoir sa haute taille, et sa personne, sa grande personne, son altitude l'aura emporté dans son esprit. Vous êtes-vous donc élevée si haut dans son estime parce que je suis si petite et si naine? Quelle est la mesure de ma petitesse, dis-moi, grande perche bariolée? Quelle est la mesure de ma petitesse? je ne suis pas encore si petite que mes ongles ne puissent atteindre à tes yeux.

Hélène. — Je vous en prie, quoique vous vous moquiez de moi, gentilshommes, ne lui permettez pas de me battre; je n'ai jamais été méchante, je n'ai jamais eu aucun talent pour l'injure; je suis une vraie fille pour la couardise; ne la laissez pas me battre. Peut-être vous pensez que parce qu'elle est un peu plus petite que moi, je puis lui tenir tête !

Hermia. — Plus petite ! elle le répète encore, vous l'entendez.

Hélène. — Bonne Hermia; ne soyez pas si mauvaise pour moi. Je vous ai toujours aimée, Hermia; j'ai toujours gardé vos secrets, je ne vous ai jamais fait de tort, si ce n'est que par amour pour Démétrius, je lui ai révélé votre fuite dans ce bois. Il vous a suivie, et moi par amour, je l'ai suivi; mais il m'a chassée avec une humeur méchante, et m'a menacée de me frapper, de me fouler aux pieds et même de me tuer; et maintenant si vous voulez me laisser partir tranquillement, je rapporterai ma folie à Athènes, et je ne vous suivrai pas davantage. Laissez-moi partir, vous voyez combien je suis simple et folle.

Hermia. — Eh bien, partez! qui donc vous retient?

Hélène. — Un cœur insensé que je laisse ici derrière moi.

Hermia. — Pour qui ce cœur? pour Lysandre?

Hélène. — Pour Démétrius.

Lysandre. — Sois sans crainte, Hélène, elle ne te fera pas de mal.

Démétrius. — Non, Monsieur, elle ne lui en fera pas, quoique vous preniez sa défense.

Hélène. — Oh ! lorsqu'elle est en colère, elle est maligne et rageuse; c'était une diablesse lorsqu'elle était à l'école; elle est violente quoique elle soit toute petite.

Hermia. — Petite, encore une fois ! elle ne trouve rien à dire qu'à m'appeler toujours naine et petite! est-ce que vous allez la laisser m'insulter ainsi? laissez-moi, que je l'attrape.

Lysandre. — Tirez-vous de là, naine, être minuscule fait de l'herbe renouée qui empêche de grandir[10], grain de verre, gland de chêne!

Démétrius. — Vous vous montrez beaucoup trop officieux pour celle qui méprise vos services. Laissez-la tranquille; ne parlez pas d'Hélène, ne prenez pas son parti, car si vous avez la prétention de manifester jamais pour elle la plus petite apparence d'amour, vous payerez votre audace.

Lysandre. — Maintenant qu'Hermia ne me retient plus, suis-moi, si tu l'oses, pour que nous décidions lequel de nous deux a les meilleurs droits sur Hélène.

Démétrius. — Te suivre! allons donc! je marcherai avec toi côte à côte et d'un même pas.

(*Démétrius et Lysandre sortent.*)

Hermia. — Toute cette querelle est votre œuvre, Madame; ne vous en allez donc pas si vite.

Hélène. — Je ne me fie pas à vous, moi. Je ne resterai pas plus longtemps dans votre maudite compagnie. Vous avez des mains plus promptes à griffer que les miennes, mais j'ai des jambes plus longues que les vôtres pour m'enfuir. (*Elle sort.*)

Hermia. — Je suis confondue et je ne sais que dire.
(*Elle sort.*)

Obéron. — Et tout cela est la faute de ta négligence! Tu commets toujours des erreurs, quand ce n'est pas volontairement que tu t'amuses à de semblables polissonneries.

Puck. — Croyez-moi, roi des ombres, c'est une méprise de ma part. Ne m'aviez-vous pas dit que je reconnaîtrais l'homme à ses vêtements athéniens? Je suis si peu blâmable dans l'exécution de vos ordres que c'est bien un Athénien dont j'ai mouillé les yeux; mais je suis peu contrit que les choses aient tourné de la sorte, car leur bisbille m'a paru fort amusante.

Obéron. — Tu vois que ces amoureux cherchent une

place pour se battre. Dépêche-toi, Robin, épaissis la nuit, recouvre immédiatement le ciel étoilé d'un brouillard lourd et humide aussi noir que l'Achéron, et conduis si bien de travers ces rivaux irrités qu'ils ne puissent marcher dans les sentiers l'un de l'autre. Donne quelquefois à ta voix le son de celle de Lysandre et fais bondir Démétrius par des injures acerbes ; d'autres fois raille à la façon de Démétrius, et fais-les courir ainsi sans qu'ils puissent se rencontrer, jusqu'à ce que le sommeil imitateur de la mort abatte sur leurs fronts ses pieds de plomb et ses ailes de chauve-souris ; exprime alors sur les paupières de Lysandre cette herbe dont la liqueur a la propriété bienfaisante de débarrasser de toute erreur le pouvoir de la vue et de rendre aux objets leur aspect accoutumé. Lorsque ensuite ils se réveilleront, toute cette dérision leur semblera un rêve et une vision stérile, et ces amants s'en retourneront à Athènes unis par une amitié qui ne cessera qu'à la mort. Pendant que je t'occupe à cette affaire, je m'en irai voir la reine et je réclamerai son enfant indien, puis je délivrerai ses yeux enchantés de la vue du monstre, et la paix sera partout rétablie.

Puck. — Mon féerique seigneur, cela doit être fait en toute hâte, car les rapides dragons de la nuit fendent les nuages à plein vol, et là-bas brille le messager de l'Aurore, à l'approche duquel les fantômes errant de ci et de là se rendent en troupe à leurs logis, dans les cimetières. Déjà tous les esprits damnés qui ont leurs sépultures dans les carrefours des chemins et dans le lit des eaux ont regagné leurs couches vermineuses, car de crainte que le jour n'éclaire leurs hontes, ils s'exilent volontairement de la lumière et doivent pour toujours rester associés avec la nuit au noir visage.

Obéron. — Mais nous sommes des esprits d'une autre sorte : il m'est souvent arrivé de chasser avec l'amant de l'Aurore, et je puis comme un forestier parcourir les bosquets, jusqu'à ce moment où les portes de l'Orient, toutes rouges de flammes, s'ouvrant sur Neptune avec de splendides et joyeux rayons, changent en or jaune ses vertes vagues salées. Néanmoins, dépêche-toi, pas de retard ; il nous faut terminer cette affaire avant qu'il soit jour. (*Il sort.*)

Puck.

Par monts et par vaux, par monts et par vaux
Je vais les mener par monts et par vaux ;
Je suis redouté à la campagne et à la ville :
Lutin, mène-les par monts et par vaux.

En voici un qui vient.

Rentre LYSANDRE.

Lysandre. — Où es-tu, orgueilleux Démétrius ? parle maintenant.

Puck. — Ici, drôle ; dégaine et en garde. Où es-tu ?

Lysandre. — Je vais te rejoindre immédiatement.

Puck. — Alors, suis-moi sur un terrain plus égal !
(*Lysandre sort en suivant la voix.*)

Rentre DÉMÉTRIUS.

Démétrius. — Lysandre, parle donc ! Fuyard ! lâche ! tu t'es donc enfui ? parle ! dans quel buisson es-tu fourré ? où caches-tu ta tête ?

Puck. — Lâche, est-ce que tu vas rester là à menacer aux étoiles et à informer les buissons que tu réclames un duel, sans venir jamais ? Viens donc, poltron ; viens donc, bambin : je vais te fouetter avec une verge ; il est déshonoré, celui qui tire une épée contre toi.

Démétrius. — Certes, je te rejoins ; es-tu là ?

Puck. — Suis ma voix ; ce n'est pas ici que nous essayerons notre courage. (*Ils sortent.*)

Rentre LYSANDRE.

Lysandre. — Il marche devant moi et me défie sans cesse ; et lorsque j'arrive à l'endroit où il m'a appelé, je le trouve parti. Le manant est beaucoup plus léger des talons que moi ; je l'ai suivi en toute hâte, mais il avait fui avec plus de hâte encore ; si bien que me voilà engagé maintenant dans un chemin ténébreux et malaisé. Je vais me reposer ici. (*Il se couche à terre.*) Viens, ô jour aimable, car si une fois tu peux me montrer ta grise lumière, je découvrirai Démétrius et je vengerai cette humiliation. (*Il s'endort.*)

Rentrent PUCK et DÉMÉTRIUS.

Puck. — Oh! oh! oh[11]! lâche, pourquoi ne viens-tu pas?

Démétrius. — Attends-moi, si tu l'oses; car je sais bien que tu fuis devant moi, changeant toujours de place, et que tu n'oses pas t'arrêter, ni me regarder en face. Où es-tu maintenant?

Puck. — Viens par ici; je suis là.

Démétrius. — Certainement tu veux te moquer de moi. Tu payeras cela cher si jamais je vois ta face à la lumière du jour. Pour le quart d'heure va ton chemin. La fatigue m'oblige à prendre la mesure de ma longueur sur cette couche froide. Au point du jour attends-toi à recevoir ma visite. (*Il se couche et s'endort.*)

Rentre HÉLÈNE.

Hélène. — O nuit accablante! ô longue et ennuyeuse nuit, abrége tes heures! apparaissez dans l'Orient, rayons secourables, afin que je puisse retourner à Athènes à la clarté du jour, et débarrasser ceux-ci de ma pauvre compagnie qu'ils détestent; et toi, sommeil, qui quelquefois fermes les yeux du chagrin, dérobe-moi pour quelques instants à ma propre compagnie.

(*Elle se couche et s'endort.*)

Puck.
Encore rien que trois? Vienne une quatrième;
Deux de chaque sexe feront bien quatre.
La voici qui vient, chagrine et triste :
Cupidon est un mauvais garnement
De rendre folles ainsi de pauvres femmes.

Rentre HERMIA.

Hermia. — Jamais je ne fus si lasse, jamais si malheureuse! Trempée de rosée, déchirée par les épines! Je ne puis aller plus avant, je ne puis me traîner plus loin ; mes jambes ne peuvent marcher du même pas que mes désirs. Je vais me reposer ici jusqu'au point du jour. Le ciel couvre Lysandre de son égide, s'ils ont l'intention de se battre ! (*Elle se couche et s'endort.*)

PUCK.

Sur la terre
Sommeillez profondément.
Sur tes yeux
Je vais appliquer,
Gentil amant, le remède.
(*Il exprime le suc de l'herbe sur les yeux de Lysandre.*)
Lorsque tu t'éveilleras
Tu ressentiras
Un vrai bonheur
A contempler
Les yeux de ta première dame;
Et la vérité du proverbe rustique bien connu,
Que chacun prendra sa chacune,
A votre réveil se montrera.
Jacquot aura Gillette,
Rien ne tournera mal ;
L'homme retrouvera sa jument, et tout sera pour le mieux. (*Il sort.*)

ACTE IV.

SCÈNE PREMIÈRE.

Le bois.

Entrent TITANIA *et* BOTTOM, *les esprits de la suite de* TITANIA, *et* OBÉRON, *invisible, en arrière.*

TITANIA. — Viens, assieds-toi sur ce lit de fleurs pendant que je caresserai tes charmantes joues, que je poserai des roses musquées dans le poil doux et lisse de ta tête, que je baiserai tes belles larges oreilles, ô ma joie suave !

BOTTOM. — Où est Fleur des Pois ?

FLEUR DES POIS. — Me voici.

BOTTOM. — Grattez ma tête, Fleur des Pois. Où est monsieur Toile d'Araignée ?

TOILE D'ARAIGNÉE. — Me voici.

BOTTOM. — Monsieur Toile d'Araignée, mon bon monsieur, prenez vos outils et allez me tuer un bourdon à cuisse rouge sur la pointe d'un chardon ; puis, mon bon monsieur, apportez-m'en le sac à miel. Ne vous échauffez pas trop à cette besogne, Monsieur, et mon bon monsieur, ayez soin que le sac à miel ne crève pas ; j'aurais du regret de vous voir submergé par un sac à miel, *signor*. Où est monsieur Graine de Moutarde ?

GRAINE DE MOUTARDE. — Me voici.

BOTTOM. — Donnez-moi votre menotte, monsieur Graine de Moutarde. Je vous en prie, mon bon monsieur, trêve à vos salutations.

Graine de Moutarde. — Quelle est votre volonté?

Bottom. — Rien, mon bon monsieur, si ce n'est d'aider le *cavallero* Toile d'Araignée à me gratter. Il faut que j'aille trouver le barbier, Monsieur, car il me semble que j'ai le visage merveilleusement poilu, et je suis un âne si sensible, que dès que mon poil me démange tant soit peu, il faut que je me gratte.

Titania. — Voulez-vous entendre un peu de musique, mon doux amour?

Bottom. — J'ai une oreille passablement bonne pour la musique; faisons venir les pincettes et les castagnettes d'os [1].

Titania. — Dis, mon doux amour, que désires-tu manger?

Bottom. — Ma foi, un picotin d'avoine. Je mâcherais volontiers de la bonne avoine sèche. Il me semble que j'aurais aussi une grande envie d'une botte de foin. Le bon foin, le foin frais, il n'y a rien de comparable à cela.

Titania. — J'ai une fée fureteuse qui découvrira les greniers de l'écureuil et qui t'apportera des noix vertes.

Bottom. — Je préférerais une poignée ou deux de pois secs. Mais, je vous en prie, que personne de votre monde ne vienne me troubler maintenant; je me sens une *exposition* au sommeil.

Titania. — Dors, pendant que je t'enlacerai dans mes bras. Fées, partez, et allez à vos fonctions. (*Les fées sortent.*) Ainsi le suave chèvre-feuille enlace le chèvre-feuille des bois; ainsi le lierre à la faiblesse féminine met ses anneaux aux doigts d'écorce de l'orme. Oh! comme je t'aime! oh! comme je suis folle de toi!

(*Ils s'endorment.*)

Entre PUCK.

Obéron, *s'avançant*. — Salut, mon bon Robin. Vois-tu ce gracieux spectacle? Sa folie commence maintenant à me faire pitié; car l'ayant, il y a quelques instants, rencontrée par derrière le bois qui cherchait de douces friandises pour ce détestable imbécile, je lui en ai fait honte et nous nous sommes querellés. Elle venait justement d'entourer ses tempes poilues d'une petite couronne de fleurs fraîches et odorantes, et ces mêmes gouttes de rosée qui naguère sur les bourgeons roulaient semblables à de rondes perles orientales, paraissaient maintenant dans ses yeux des jolies fleurettes comme des larmes qui pleuraient leur disgrâce. Lorsque je l'ai eu bien raillée à plaisir et qu'elle a eu imploré mon indulgence avec d'humbles paroles, je lui ai demandé son petit garçon enlevé qu'elle m'a immédiatement accordé, et une de ses fées a reçu l'ordre de le transporter à mon bosquet dans mon royaume magique. Maintenant que j'ai l'enfant, je vais guérir ses yeux de leur odieuse maladie; et toi, gentil Puck, enlève ce mufle de la tête de ce rustre Athénien, afin qu'il se réveille en même temps que les autres, et qu'ils puissent tous s'en retourner à Athènes et ne plus se rappeler les événements de cette nuit que comme les pénibles tourments d'un rêve. Mais je vais d'abord désenchanter la reine des fées.   (*Il touche ses yeux avec une herbe.*)

Sois comme tu avais coutume d'être;
Vois comme tu avais coutume de voir :
Telle est la force et le divin pouvoir
De la fleur de Diane sur la fleur de Cupidon[2].

Éveille-toi maintenant, ma Titania, ma douce reine.

TITANIA. — Mon Obéron! Oh! quel rêve j'ai fait! Il m'a semblé que j'étais amoureuse d'un âne.

OBÉRON. — Voici votre amour ici couché.

TITANIA. — Comment ces choses sont-elles arrivées? Oh! comme mes yeux exècrent maintenant son visage!

OBÉRON. — Un instant de silence. — Robin, enlève cette tête. — Titania, commande un peu de musique, et qu'un sommeil plus profond que le sommeil ordinaire appesantisse les sens de ces cinq mortels.

TITANIA. — Holà! de la musique, de celle qui enchante le sommeil.   (*Musique.*)

PUCK. — Lorsque tu t'éveilleras, regarde avec tes yeux ordinaires d'imbécile.

Obéron. — Jouez, musique. Venez, ma reine; donnons-nous les mains, et berçons la terre où ces dormeurs sont couchés. Vous et moi, nous avons maintenant renouvelé notre amitié, et demain, à minuit, nous entrerons solennellement dans le palais de Thésée pour y danser des danses triomphales et le bénir jusque dans sa postérité la plus reculée. En même temps que lui ces deux couples d'amants fidèles seront mariés, tous au sein d'une même allégresse.

Puck.
Roi des génies, attention et écoute :
J'entends l'alouette du matin.

Obéron.
Allons, ma reine, et dans un solennel silence
Courons après l'ombre de la nuit :
Nous pouvons faire le tour du monde
Plus rapides que la lune errante.

Titania.
Allons, Monseigneur, et pendant notre voyage
Dites-moi comment cette nuit il s'est fait
Que sommeillante j'aie été trouvée
Sur la terre, parmi ces mortels.
(*Ils sortent. On entend un bruit de cors.*)

Entrent THÉSÉE, HIPPOLYTE, ÉGÉE *et la suite.*

Thésée. — Allons, que quelqu'un de vous cherche le garde de la forêt, car nous avons accompli maintenant nos dévotions à Mai, et puisque nous avons à nous les premières heures du jour, je veux faire entendre à ma bien-aimée la musique de mes chiens de chasse; découplez-les dans la vallée qui est à l'ouest et laissez-les aller. Dépêchez, vous dis-je, et trouvez le garde de la forêt. (*Sort un homme de la suite.*) Nous allons, belle reine, monter sur le sommet de la montagne pour y entendre le tapage musical des jappements des chiens et des réponses de l'écho entremêlés ensemble.

Hippolyte. — Je me trouvais naguère en compagnie d'Hercule et de Cadmus un jour qu'ils chassaient l'ours dans un bois de Crète avec des limiers de Sparte[3]; je n'ai jamais entendu un aussi beau vacarme, car non-seulement les bosquets, mais les cieux, les fontaines, et toutes les régions environnantes semblaient un seul cri. Je n'ai jamais entendu un tapage aussi musical, un tonnerre aussi harmonieux.

Thésée. — Mes chiens sont de race spartiate, à larges babines, roux de couleur, avec des oreilles pendantes qui balayent la rosée du matin, bas sur jambes et pourvus de fanons comme les taureaux de Thessalie, lents à la poursuite, mais assortis de voix comme des cloches qui résonnent en accord. Une plus grande harmonie de cris ne donna jamais le signal de l'hallali, ni ne répondit jamais plus joyeusement à l'appel du cor en Crète, à Sparte, en Thessalie. Vous en jugerez quand vous les entendrez. Mais doucement! quelles sont ces nymphes?

Égée. — Monseigneur, c'est ma fille qui est ici endormie; cet homme-ci est Lysandre et celui-là Démétrius, et voici Hélène, l'Hélène du vieux Nédar. Je m'étonne de les trouver ici tous ensemble.

Thésée. — Évidemment ils se seront levés de bon matin pour observer les rites de Mai, et, connaissant nos intentions, ils seront venus ici pour prendre leur part de nos solennités. Mais, dites-moi, Égée, n'est-ce pas aujourd'hui qu'Hermia devait nous donner une réponse sur le parti qu'elle a préféré prendre?

Égée. — C'est aujourd'hui, Monseigneur.

Thésée. — Allons, commandez aux veneurs de les éveiller avec leurs cors.

(*Sort un homme de la suite. Bruits de cors et vacarme. Lysandre, Démétrius, Hélène et Hermia se réveillent en sursaut.*)

Thésée. — Bonjour, mes amis. La Saint-Valentin est passée; est-ce que les oiseaux de ce bois commencent seulement à s'accoupler?

Lysandre. — Pardonnez, Monseigneur. (*Il s'agenouille, ainsi que tous les autres, devant Thésée.*)

Thésée. — Je vous en prie, levez-vous tous. Je sais que vous êtes deux rivaux ennemis; par où est entrée dans notre monde cette aimable concorde qui permet à la haine d'être assez éloignée de la jalousie pour sommeiller à côté de la haine sans redouter son inimitié?

LYSANDRE. — Monseigneur, je vous répondrai confusément comme un homme à moitié endormi, à moitié éveillé; car je vous jure que je ne saurais vraiment vous dire encore comment j'y suis venu. Cependant je crois — je voudrais vous dire l'exacte vérité; oui, oui, maintenant que je recueille mes souvenirs, c'est bien cela — je crois que je suis venu ici avec Hermia. Notre intention était de fuir d'Athènes, afin que nous pussions, en évitant les périls de la loi athénienne....

ÉGÉE. — Assez, assez, Monseigneur; vous en avez assez entendu; je demande la loi, la loi; j'appelle la sévérité de la loi sur sa tête. Ils voulaient s'enfuir; ils voulaient nous duper, vous et moi, Démétrius; nous mettre en faillite, vous de votre femme, moi de mon consentement, de mon consentement qu'elle sera votre femme.

DÉMÉTRIUS. — Monseigneur, la belle Hélène m'avait informé de leur évasion, et de leur dessein de se rencontrer dans ce bois; je les y ai poursuivis par rage, et la belle Hélène m'y a poursuivi par passion. Mais, mon bon seigneur, je ne sais par quel pouvoir (mais certainement c'est l'œuvre d'un pouvoir inconnu) mon amour pour Hermia s'est fondu comme la neige et me semble comme le souvenir de quelqu'un de ces vains hochets dont je raffolais dans mon enfance; et maintenant, celle qui s'est emparée de toute la foi, de toute la vertu de mon cœur, l'objet qui fait l'unique plaisir de mes yeux, c'est Hélène. Je lui étais fiancé, Monseigneur, avant que j'eusse vu Hermia; comme un homme malade, j'abhorrais cette nourriture; maintenant que je suis en santé, je reprends mon goût naturel, je la désire, je l'aime, j'aspire à elle et je veux pour toujours lui être fidèle.

THÉSÉE. — Beaux amants, cette rencontre est heureuse. Nous continuerons tout à l'heure notre entretien sur cette aventure. Égée, je prévaudrai sur votre volonté, car dans le temple, en même temps que nous, ces deux couples seront éternellement unis. Comme la matinée est maintenant trop avancée, nous mettrons de côté notre projet de chasse. En route pour Athènes, tous! Trois contre trois! Nous célébrerons une fête solennelle. Venez, Hippolyte.

(*Sortent Thésée, Hippolyte, Égée et les gens de la suite.*)

DÉMÉTRIUS. — Tous ces événements me semblent imperceptibles et impossibles à distinguer, comme ces montagnes lointaines que la distance transforme en nuages.

HERMIA. — Il me semble que je vois les choses avec cette disposition de l'œil où tous les objets paraissent doubles.

HÉLÈNE. — Et moi aussi; car Démétrius m'appartient, me semble-t-il, comme nous appartient un diamant trouvé: il est à moi et n'est pas à moi [4].

DÉMÉTRIUS. — Êtes-vous sûrs que nous sommes éveillés? Il me semble que nous sommeillons encore, que nous rêvons. Ne pensez-vous pas que le duc était ici tout à l'heure et nous a commandé de le suivre?

HERMIA. — Oui, et mon père était avec lui.

HÉLÈNE. — Ainsi qu'Hippolyte.

LYSANDRE. — Et il nous a commandé de le suivre au temple.

DÉMÉTRIUS. — Eh bien alors nous sommes éveillés; suivons-le, et en chemin racontons-nous nos rêves.

(*Ils sortent.*)

BOTTOM, *s'éveillant.* — Lorsque mon tour de donner la réplique viendra, appelez-moi et je répondrai. Ma prochaine réplique est: « Très-beau Pyrame. » Eh! Pierre Quince! Flûte, le raccommodeur de soufflets! Snout, le chaudronnier! Starveling! Mort de ma vie, ils ont tous décampé et m'ont laissé endormi. J'ai eu une très-rare vision. J'ai fait un rêve, et tout l'esprit d'un homme ne suffirait pas pour dire quel rêve c'était; celui-là ne serait qu'un âne qui essayerait d'expliquer ce rêve. Il me semblait que j'étais.... il n'y a pas d'homme capable de dire quoi. Il me semblait que j'étais, et il me semblait que j'avais.... mais celui-là n'est qu'un arlequin qui essayerait de dire ce qu'il me semblait avoir. L'œil de l'homme n'a pas *entendu*, l'oreille de l'homme n'a pas *vu*, la main de l'homme n'est pas capable de *goûter*, ni sa langue de *concevoir*, ni son cœur de *rapporter* ce qu'était mon rêve. Je vais engager Pierre Quince à écrire une ballade sur ce rêve. Elle s'appellera *le Rêve de Bottom*, parce que ce rêve n'a aucun fondement, et je la chanterai devant le duc à la fin d'une comédie; peut-être, par aventure, pour rendre la chose plus gracieuse, la chanterai-je après la mort de mon personnage. (*Il sort.*)

SCÈNE II.

Athènes. — Une chambre dans la maison de Quince.

Entrent QUINCE, FLUTE, SNOUT *et* STARVELING.

Quince. — Avez-vous envoyé à la maison de Bottom? Est-il rentré chez lui?

Starveling. — On ne sait où il est. Certainement il aura été enlevé.

Flûte. — S'il ne vient pas, notre représentation est arrêtée; elle ne peut plus marcher, n'est-ce pas?

Quince. — Ce n'est pas possible; vous n'avez pas un autre homme dans tout Athènes pour jouer Pyrame à sa place.

Flûte. — Non; il est tout simplement le plus bel esprit de tous les artisans d'Athènes.

Quince. — Certes, et le plus bel homme aussi; un véritable amour pour sa douce voix.

Flûte. — Vous devriez dire un bijou; un amour, Dieu me bénisse, est une chose de rien du tout.

Entre SNUG.

Snug. — Messieurs, le duc revient du temple, et il y a deux ou trois dames et seigneurs en plus de mariés; si

ACTE IV, SCENE II.

nous avions pu faire marcher notre pièce, nous devenions tous des personnages.

FLÛTE. — O mon doux brave Bottom ! il a perdu ainsi une rente de six deniers par jour, sa vie durant ; une rente de six deniers ne pouvait lui échapper ; je veux être pendu, si le duc ne lui avait pas donné six deniers par jour pour jouer Pyrame ; il les aurait mérités. Six deniers par jour, pour le rôle de Pyrame, ou rien.

Entre BOTTOM.

BOTTOM. — Où sont-ils, ces bons garçons ? Où sont-ils, ces petits agneaux ?

QUINCE. — Bottom ! ô la brave journée ! ô l'heure fortunée !

BOTTOM. — Messieurs, j'ai à vous raconter des merveilles ; mais ne me demandez pas lesquelles : car si je vous les raconte, je ne suis pas un véritable Athénien. Je vous raconterai tout exactement, comme cela s'est passé.

QUINCE. — Raconte, mon doux Bottom.

BOTTOM. — Pas un mot de moi. Tout ce que je vous dirai, c'est que le duc a dîné. Habillez-vous promptement ; de bons nœuds à votre barbe[5], des rubans neufs à vos escarpins, et présentez-vous au palais immédiatement ; que chacun repasse son rôle, car, pour abréger, notre comédie est acceptée. En tout cas, que Thisbé ait du linge propre, et que celui qui joue le lion ne coupe pas ses ongles, car ils figureront les griffes du lion. Et, mes très-chers acteurs, ne mangez ni oignon ni ail, car il faut que nous ayons une haleine suave, et je ne doute pas que nous n'entendions les spectateurs dire : « C'est une suave comédie. » Assez parlé. En avant ! marchons ! en avant ! *(Ils sortent.)*

ACTE V.

SCÈNE PREMIÈRE.

Athènes. — Un appartement dans le palais de Thésée.

Entrent THÉSÉE, HIPPOLYTE, PHILOSTRATE, SEIGNEURS *et* SUIVANTS.

HIPPOLYTE. — Cela est bien étrange, mon Thésée, ce que racontent ces amants.

THÉSÉE. — Plus étrange que vrai. Je ne pourrai jamais croire à ces antiques fables, à ces fariboles féeriques. Les amants et les fous ont des cerveaux si fumants, des imaginations si hallucinées qu'ils aperçoivent dans les choses plus que la froide raison n'en peut comprendre. Le lunatique, l'amant et le poëte, sont entièrement composés d'imagination. L'un voit plus de diables que le vaste enfer n'en peut contenir, et celui-là est le fou; l'amant, tout aussi frénétique, voit la beauté d'Hélène sur le front d'une Égyptienne; l'œil du poëte échauffé d'une belle fièvre, roule ses regards de la terre au ciel et du ciel à la terre, et, comme l'imagination se figure des choses inconnues, la plume du poëte les métamorphose en réalités visibles et donne, à un rien fait d'air, un lieu d'habitation et un nom. Une forte imagination possède de telles ressources que si, par exemple, elle se figure une joie quelconque, elle conçoit immédiatement un messager de cette joie; ainsi encore lorsque dans la nuit notre imagination est saisie de quelque crainte, combien aisément un buisson peut être pris pour un ours!

HIPPOLYTE. — Mais toute l'histoire de cette nuit telle qu'ils nous l'ont racontée, et toutes ces dispositions de leurs âmes changées ensemble en même temps ont plus de corps que de simples illusions de l'imagination, et arrivent à une sorte de tout d'une grande cohésion; quoi qu'il en soit, ces aventures sont merveilleuses et admirables.

THÉSÉE. — Voici venir les amants, pleins de joie et d'allégresse.

Entrent LYSANDRE, DÉMÉTRIUS, HERMIA *et* HÉLÈNE.

THÉSÉE. — La joie soit avec vous, aimables amis! que la joie et le frais printemps d'amour accompagnent vos cœurs!

LYSANDRE. — Que le même bonheur vous accompagne plus que nous-mêmes, dans vos royales promenades, à votre table, à votre lit!

THÉSÉE. — Venez, maintenant; quelles mascarades, quelles danses aurons-nous pour tuer ce long siècle de trois heures qui doit séparer notre collation d'après souper du moment de notre coucher? Où est l'entrepreneur habituel de nos divertissements? quels amusements y a-t-il de prêts? N'y a-t-il aucune comédie pour apaiser l'impatience d'une heure de torture? appelez Philostrate.

PHILOSTRATE. — Me voici, puissant Thésée.

THÉSÉE. — Dites, quel passe-temps avez-vous pour ce soir? quel *masque?* quelle musique? comment tromperons-nous le temps traînard, sinon par quelque divertissement?

PHILOSTRATE, *lui donnant un papier.* — Voici une liste des divertissements qui sont préparés. Que Votre Altesse fasse choix de celui qu'elle voudra voir le premier.

THÉSÉE, *lisant.* — *La bataille des Centaures, pour être chantée sur la harpe par un eunuque athénien.* Je ne veux pas de cela. J'ai déjà raconté cela à mon amour, à la gloire de mon parent Hercule. — *L'émeute des Bacchantes ivres, déchirant dans leur rage le chantre de Thrace.* C'est un vieux sujet et il fut joué la dernière fois que je revins victorieux de Thèbes. — *Les neuf Muses pleurant sur la mort de la Science, décédée récemment dans la misère*[1]. C'est quelque satire, mordante et critique; cela ne s'accorde pas avec une cérémonie nuptiale. — *Une ennuyeuse et courte scène du jeune Pyrame et de son amante Thisbé; joyeuseté fort tragique.* Joyeuse et tragique! ennuyeuse et courte! C'est comme qui dirait de la glace brûlante ou de la neige tout aussi extraordinaire. Comment trouver l'accord de ce désaccord?

PHILOSTRATE. — C'est une comédie, Monseigneur, qui n'est longue que de dix mots, ce qui fait une comédie aussi courte que comédie au monde; mais tout en n'ayant que dix mots, elle est trop longue de ces dix mots, ce qui la rend ennuyeuse: car dans toute la pièce, il n'y a pas un mot qui soit à sa place, ni un personnage qui s'accorde avec son caractère. Elle est très-tragique, mon noble seigneur, car Pyrame s'y tue, action qui, je dois le confesser, a fait pleurer mes yeux lorsque j'ai assisté à la répétition; mais des larmes plus joyeuses, le plus violent accès de rire n'en a jamais fait verser.

THÉSÉE. — Quels sont ceux qui la jouent?

PHILOSTRATE. — Des artisans athéniens aux mains calleuses, qui n'ont jamais cultivé leur esprit jusqu'à présent, et qui ont fait suer leur mémoire inexercée pour pouvoir réciter cette pièce le jour de vos noces.

THÉSÉE. — Et nous l'entendrons.

PHILOSTRATE. — Non, mon noble seigneur; elle n'est pas digne de vous; je l'ai entendue tout entière, et ce n'est rien, rien au monde; à moins que vous ne trouviez plaisir à contempler leurs efforts singulièrement laborieux et leur zèle cruellement pénible pour vous rendre service.

THÉSÉE. — Je veux entendre cette pièce, car rien ne peut jamais être ridicule de ce qui nous est offert par la

simplicité du cœur et le respect loyal. Allez, faites-les entrer. — Prenez vos places, Mesdames.
(*Philostrate sort.*)

HIPPOLYTE. — Je n'aime pas à voir l'indigence d'esprit s'épuiser en efforts et le devoir succomber sous le fardeau de sa tâche.

THÉSÉE. — Mais, douce amie, nous ne verrons rien de pareil.

HIPPOLYTE. — Il dit qu'ils sont incapables de quoi que ce soit en cette matière.

THÉSÉE. — Nous n'en serons que plus gracieux de les remercier pour rien. Notre plaisir sera de comprendre bien ce qu'ils comprennent mal; l'effort infructueux d'une pauvre bonne volonté loyale, une noble bienveillance l'accepte pour l'intention et non pour le mérite. Partout où j'ai passé, de grands clercs se sont proposé de venir me complimenter avec des discours prémédités; mais alors je les ai vus frissonner et pâlir, ils s'interrompaient au milieu de leurs sentences, l'excès de la crainte étranglait leur voix exercée, et pour conclusion, ils s'en retournaient muets sans avoir pu me payer leurs souhaits de bienvenue. Croyez-moi cependant, douce amie, dans ce silence je trouvais une bienvenue, et la modestie de cette loyauté craintive parlait aussi fortement à mon cœur que la langue bruyante de l'éloquence effrontée et audacieuse. L'affection et la simplicité à la langue nouée, par cela même qu'elles sont plus silencieuses, parlent davantage à ma nature.

Rentre PHILOSTRATE.

PHILOSTRATE. — S'il plaît à Votre Grâce, le personnage du prologue est prêt.

THÉSÉE. — Qu'il approche.
(*Fanfare de trompettes.*)

Entre le personnage chargé du prologue.

LE PROLOGUE.

Si nous offensons, c'est avec bonne intention.

Que vous pensiez, que nous ne venons pas pour offenser,
Mais avec bonne intention. De vous montrer notre simple
 savoir-faire,
C'est là le véritable commencement de notre fin.
Considérez donc, que nous venons à contre-cœur.
Nous ne venons pas avec la pensée de vous contenter,
C'est notre véritable intention. Pour votre plaisir.
Nous ne sommes pas ici. Pour vous faire repentir,
Les acteurs sont là tout prêts; et par leur jeu
Vous apprendrez ce que vous devez apprendre[2].

Thésée. — Ce gaillard-là ne s'arrête pas à la ponctuation.

Lysandre. — Il a chevauché son prologue comme un étalon rétif; il ne connait pas les temps de halte. Une bonne leçon, Monseigneur : il ne suffit pas de parler, il faut parler avec justesse.

Hippolyte. — Il a joué sur son prologue comme un enfant sur un flageolet; il a fait sortir le son, mais il ne l'a pas dirigé en mesure.

Thésée. — Son discours était comme une chaîne dont les anneaux sont embrouillés; rien n'y manquait, mais tout était en désordre. Qu'est-ce qui vient ensuite?

Entrent PYRAME *et* THISBÉ, LE MUR, LE CLAIR DE LUNE *et* LE LION; *ils se présentent en personnages muets.*

LE PROLOGUE.

Seigneurs, vous vous étonnez peut-être de ce spectacle;
Continuez donc de vous étonner, jusqu'à ce que la vérité
 rende toutes choses claires.
Cet homme est Pyrame, si vous voulez le savoir;
Cette belle dame est Thisbé pour sûr.
Cet homme avec son plâtre et son mortier représente
Le mur; ce vil mur qui sépare les deux amants,
Et à travers les fentes du mur, ils sont contents, les pauvres âmes,
De chuchoter entre eux, ce qui ne doit étonner personne.

Cet homme, avec sa lanterne, son chien et son fagot
  d'épines,
Représente le clair de lune; car vous devez savoir
Qu'au clair de lune ces amants ne se font aucun scrupule
De se rencontrer près de la tombe de Ninus pour y faire
  l'amour.
Cette terrible bête, qui porte le nom très-haut de lion,
Est celle qui fit sauver, ou plutôt qui effraya
La confiante Thisbé, venue la première au rendez-vous de
  nuit;
Et comme elle s'enfuyait elle laissa tomber son manteau
Que ce vil lion tacha de sa bouche sanglante.
Ensuite vient Pyrame, gracieux et grand jeune homme;
Il trouve assassiné le manteau de sa fidèle Thisbé,
Et alors avec son épée, avec son épée sanguinaire et
  coupable
Il embroche bravement sa poitrine bouillante et sanglante.
Et Thisbé qui attendait à l'ombre d'un mûrier
Retire son poignard et meurt. Pour le reste
Le lion, le clair de lune, le mur et les deux amants
Vous le diront largement, pendant qu'ils resteront ici.
  (*Sortent le Prologue, Thisbé, le lion et le clair
  de lune.*)

Thésée. — Je me demande si le lion va parler.

Démétrius. — Rien d'étonnant à cela, Monseigneur;
un lion peut bien parler, lorsque tant d'ânes parlent.

LE MUR.

Dans ce même intermède il arrive
Que moi, Snout de nom, je représente un mur;
Et un mur comme je voudrais vous le faire comprendre,
Qui a dans son épaisseur un trou crevassé ou fente,
A travers lequel les amants, Pyrame et Thisbé,
Chuchotent souvent très-secrètement.
Ce plâtre, ce mortier et cette pierre montrent
Que je suis bien ce même mur; c'est la vérité;
Et c'est à travers cette fente, que du côté gauche et du
  côté droit
Les craintifs amants parlent entre eux.

Thésée. — Peut-on demander de mieux parler à un mortier de chaux et de bourre ?

Démétrius. — C'est la plus spirituelle cloison que j'aie encore entendue, Monseigneur [3].

Thésée. — Pyrame s'approche du mur : silence !

Entre PYRAME.

Pyrame.

Oh ! nuit au visage renfrogné ! nuit si noire de teint !
Oh ! nuit qui es toujours lorsque le jour n'est pas !
Oh ! nuit ! oh ! nuit ! hélas ! hélas ! hélas !
Je crains que ma Thisbé n'ait oublié sa promesse !
Et toi, ô mur ! ô doux ! ô aimable mur !
Qui sépares les terrains de son père et du mien,
Montre-moi ta fente, afin que mon œil regarde à travers.
(Le mur écarte ses doigts.)
Merci, mur courtois ; Jupiter te protége pour cette action.
Mais qu'est-ce que je vois ? ce n'est pas Thisbé que je vois.
O méprisable mur, à travers lequel je ne vois pas mon bonheur !
Maudites soient les pierres qui me trompent ainsi !

Thésée. — Il me semble que le mur étant sensible, devrait lui rendre ses malédictions.

Bottom. — Non, en vérité, seigneur, il n'en fera rien. « Qui me trompent ainsi » sont les mots qui amènent la réplique de Thisbé ; elle va entrer maintenant et je dois l'épier à travers le mur. Vous allez voir, cela va se passer exactement comme je vous ai dit. La voici qui vient.

Entre THISBÉ.

Thisbé.

O mur, que de fois tu m'as entendue me lamenter
Sur la séparation que tu mets entre mon beau Pyrame
    et moi !
Mes lèvres de cerise ont bien souvent baisé tes pierres,
Tes pierres unies ensemble par de la chaux et de la bourre.

Pyrame.

J'aperçois une voix ; je vais aller à la fente

ACTE V, SCENE I.

Pour voir si je *n'entends* pas la figure de ma Thisbé. Thisbé !

THISBÉ.

Mon amour ! c'est toi, je crois, mon amour.

PYRAME.

Crois ce que tu voudras, je suis ton gracieux amant
Et comme Lysandre toujours fidèle.

THISBÉ.

Et moi comme Hélène jusqu'à ce que les destins me tuent.

PYRAME.

Shafale ne fut jamais si fidèle à Procrus.

THISBÉ.

Autant Shafale fut fidèle à Procrus, autant je te suis fidèle.

PYRAME.

Oh ! baise-moi à travers la fente de ce vil mur.

THISBÉ.

Je baise la fente du mur, mais pas du tout vos lèvres.

PYRAME.

Veux-tu venir me rejoindre sur l'heure à la tombe de Ninus ?

THISBÉ.

Vienne la vie ! vienne la mort ! j'irai sans délai.

(*Sortent Pyrame et Thisbé.*)

LE MUR.

Ainsi, ai-je, mur, rempli mon rôle,
Et maintenant qu'il est terminé, le mur s'en va.

(*Il sort.*)

THÉSÉE. — La séparation entre les deux voisins est maintenant à bas.

DÉMÉTRIUS. — Il n'y a pas moyen d'éviter cela, Monseigneur, lorsque les murs ont si bonne volonté d'écouter sans prévenir[4].

HIPPOLYTE. — C'est la rapsodie la plus stupide que j'aie encore entendue.

THÉSÉE. — Les meilleures choses en ce genre ne sont que des ombres, et les plus mauvaises n'en valent pas moins, pour peu que l'imagination supplée à ce qui leur manque.

HIPPOLYTE. — Mais alors c'est votre imagination et non la leur qui fait l'œuvre.

THÉSÉE. — Si nous ne pensons pas plus mal de ces gens-là qu'ils ne pensent mal d'eux-mêmes, ils peuvent passer pour des hommes parfaits. Mais voici venir deux nobles bêtes : une lune et un lion.

Entrent LE LION *et* LE CLAIR DE LUNE.

LE LION.

Vous, Mesdames, vous dont les cœurs timides redoutent
La plus petite monstrueuse souris qui trottine sur le plancher,
Peut-être frémirez-vous et tremblerez-vous
Lorsque vous entendrez le féroce lion rugir avec la rage
   la plus sauvage.
Sachez donc que je suis un certain Snug menuisier, et
   pas du tout
Un lion cruel ni une femelle de lion;
Car si je venais ici comme un lion allant en guerre,
Ma vie ne serait pas en sûreté dans ce lieu.

THÉSÉE. — Une très-bonne bête et qui a de la conscience.

DÉMÉTRIUS. — La plus honnête conscience que j'aie jamais connue à une bête, Monseigneur.

LYSANDRE. — Ce lion est un véritable renard pour la valeur.

THÉSÉE. — C'est vrai, et une oie pour la discrétion.

DÉMÉTRIUS. — Non pas, Monseigneur, car le renard emporte l'oie et sa valeur ne peut l'emporter sur sa discrétion.

THÉSÉE. — Sa discrétion, j'en suis sûr, ne peut l'emporter sur sa valeur, car l'oie n'emporte pas le renard. Mais laissons cela à sa discrétion et écoutons parler la lune.

LA LUNE.

Cette lanterne représente la lune et ses cornes.

DÉMÉTRIUS. — Il aurait dû porter les cornes sur sa tête.

THÉSÉE. — Il n'est pas dans la phase du croissant, et ses cornes sont invisibles dans la circonférence de la pleine lune.

La Lune.

Cette lanterne représente la lune et ses cornes,
Et moi-même je suis l'homme qui paraît être dans la lune.

Thésée. — C'est là la plus grande erreur de toute la représentation ; l'homme devrait être dans la lanterne : sans cela comment peut-il figurer l'homme dans la lune ?

Démétrius. — Il n'ose pas s'y mettre à cause de la chandelle ; elle lui fait peur, car voyez, la voilà qui coule déjà avec emportement.

Hippolyte. — Je suis fatiguée de cette lune ; je voudrais qu'elle changeât.

Thésée. — Il paraît bien par sa discrète petite lumière qu'elle est sur son déclin ; mais cependant par courtoisie et en bonne conscience nous devons attendre qu'elle s'en aille.

Lysandre. — Continue, lune.

La Lune. — Tout ce que j'ai à vous dire, c'est de vous dire que cette lanterne est la lune ; moi l'homme dans la lune ; ce fagot d'épines, mon fagot d'épines, et ce chien mon chien.

Démétrius. — Mais toutes ces choses devraient être dans la lanterne, puisqu'elles sont dans la lune. Mais silence ! voici Thisbé.

Entre THISBÉ.

Thisbé.

C'est la tombe du vieux Ninus. Où est mon amour ?

Le Lion, *rugissant*. — Oh !!

(*Thisbé s'enfuit.*)

Démétrius. — Bien rugi, lion.

Thésée. — Bien couru, Thisbé.

Hippolyte. — Bien brillé, lune. Vraiment la lune brille avec une bonne grâce parfaite.

(*Le lion déchire le manteau de Thisbé et sort.*)

Thésée. — Bien déchiré, lion.

Démétrius. — Et alors vient Pyrame.

Lysandre. — Et ainsi le lion s'évanouit.

Entre PYRAME.

PYRAME.

Douce lune, je te remercie pour tes rayons solaires;
Je te remercie, lune, de briller avec tant d'éclat.
Car à la faveur de tes ondes gracieuses, dorées et brillantes,
J'espère goûter la vue de la très-fidèle Thisbé.
Mais arrêtez. Oh! malheur!
Mais remarquez! Pauvre chevalier,
Quel terrible objet de douleur est ici?
Voyez-vous clair, mes yeux?
Comment cela peut-il être?
O mignonne poulette! O chérie!
Quoi! ton beau manteau
De sang est taché?
Approchez-vous, cruelles furies!
O destins, venez, venez :
Coupez la corde et le fil;
Abattez, écrasez, terminez et massacrez!

THÉSÉE. — Il y en aurait vraiment assez de cette frénésie et de la mort d'une chère amie pour inspirer à un homme une tristesse profonde.

HIPPOLYTE. — Peste soit de mon cœur, si je n'ai pas pitié de cet homme!

PYRAME.

O nature! pourquoi as-tu créé les lions?
Puisqu'un vil lion a pu ici déflorer ma chérie,
Qui est, — non, non, — qui était la plus belle dame
Qui ait vécu, qui ait aimé, qui ait affectionné, dont les regards aient rayonné de joie!
Venez, larmes, et consumez-moi.
Hors du fourreau, épée, et blesse
La mamelle de Pyrame,
Oui, cette mamelle gauche
Où sautille le cœur. (*Il se poignarde.*)
Meurs ainsi, ainsi, ainsi, ainsi!
Maintenant je suis mort,

ACTE V, SCÈNE I.

Maintenant je me suis enfui,
Mon âme est dans le ciel !
Langue, perds ta lumière ;
Lune, prends ton vol. (*Le clair de lune sort.*)
Maintenant, décède, décède, décède, décède, décède.
(*Il meurt.*)

Démétrius. — Lui *céder le dé*, non ; il suffit de l'as, car il n'est qu'un.

Lysandre. — Moins qu'un as, mon ami ; car il est mort ; il n'est plus rien.

Thésée. — Avec le secours d'un chirurgien, il pourrait encore se rétablir et prouver qu'il est de race *as*ine.

Hippolyte. — Comment se fait-il que le clair de lune soit parti avant que Thisbé soit revenue et ait découvert son amant ?

Thésée. — Elle le trouvera à la clarté des étoiles. La voici qui vient ; sa douleur termine la pièce.

Rentre THISBÉ.

Hippolyte. — Il me semble qu'elle ne devrait pas avoir une bien longue douleur pour un pareil Pyrame ; j'espère qu'elle aura bien vite fini.

Démétrius. — Un fétu ferait pencher la balance où l'on pèserait les mérites d'un tel Pyrame contre une telle Thisbé, et suffirait pour décider s'il vaut mieux comme homme qu'elle comme femme.

Lysandre. — Elle l'a déjà découvert avec les yeux charmants que vous lui voyez.

Démétrius. — Et la voilà qui va gémir ; attention !
Thisbé.

Endormi, mon amour ?
Quoi, mort, ma colombe ?
O Pyrame, lève-toi.
Parle, parle. Tout à fait muet ?
Mort, mort ? Une tombe
Va recouvrir tes doux yeux ;
Ces lèvres de lis,
Ce nez de cerise,

Ces joues jaunes comme la primevère,
Tout cela n'est plus, n'est plus !
Amants, gémissez !
Ses yeux étaient verts comme des poireaux.
O vous, les trois sœurs,
Venez, venez à moi,
Avec vos mains pâles comme le lait ;
Plongez-les dans le sang,
Puisque vous avez coupé
Avec vos ciseaux son fil de soie.
Ma langue, plus un mot !
Viens, ma fidèle épée,
Viens, ma lame, pénètre mon sein.
(*Elle se poignarde.*)
Et maintenant, amis, adieu !
Ainsi finit Thisbé.
Adieu, adieu, adieu. (*Elle meurt.*)

Thésée. — Le clair de lune et le lion restent pour ensevelir les morts.

Démétrius. — Oui, et le mur aussi.

Bottom. — Non, je vous assure ; le mur qui séparait leurs pères est démoli. Vous plairait-il de *voir* l'épilogue ou d'*entendre* une danse bergamasque dansée par deux acteurs de notre compagnie ?

Thésée. — Pas d'épilogue, je vous prie ; car votre comédie n'a pas besoin d'excuse. Ne vous excusez pas, car il n'y a personne à blâmer lorsque tous les acteurs sont morts. Parbleu, si celui qui a écrit cette pièce avait joué Pyrame et s'était pendu avec la jarretière de Thisbé, cela aurait fait une belle tragédie ; mais c'est vraiment encore une belle tragédie telle qu'elle est, et remarquablement représentée. Mais voyons votre danse bergamasque, et laissez dormir votre épilogue. (*Danse.*) — La langue de fer de minuit a sonné douze heures. Au lit, amants, c'est presque l'heure des fées. Je crains que notre sommeil n'empiète sur la prochaine matinée autant que nous avons empiété cette nuit sur la durée ordinaire de la veille. Cette pièce grossière et stupide a bien trompé la marche lente de la soirée. Au lit, mes doux amis. Nous continuerons pendant une quinzaine cette solennité dans des fêtes nocturnes et des divertissements toujours nouveaux. (*Ils sortent.*)

SCÈNE II.

Entre PUCK.

PUCK.

Maintenant le lion affamé rugit
Et le loup hurle à la lune,
Tandis que le laboureur fatigué ronfle,
Tout rompu de sa pénible tâche.
Maintenant les flambeaux qui se meurent, jettent leur
  dernier éclat,
Tandis que le chat-huant, poussant sa plainte aiguë,
Fait penser à son linceul mortuaire
Le malheureux que sa douleur tient éveillé.
Maintenant, c'est l'heure de la nuit
Où les tombeaux, ouvrant leurs portes toutes larges,
Laissent échapper leurs fantômes
Pour qu'ils se montrent dans les chemins qui mènent à
  l'église ;
Et nous, esprits féeriques qui courons
Aux côtés du char de la triple Hécate,
Loin de la présence du soleil,
Et qui accompagnons les ténèbres comme un rêve,
Nous sommes maintenant en train de prendre nos ébats.
  Pas une souris
Ne troublera cette maison sacrée ;
Je suis envoyé en avant avec un balai
Pour chasser la poussière derrière la porte.

Entrent OBÉRON *et* TITANIA *avec leur escorte.*

OBÉRON.

Remplissez cette maison d'une douce lumière

Au moyen de ce feu assoupi et agonisant ;
Que chaque Elfe et chaque esprit féerique
Sautille sans faire plus de bruit que l'oiseau sur le buisson,
Et chantez après moi ce couplet
En dansant légèrement sur sa mélodie.

TITANIA.

D'abord répétez votre chant par cœur,
Unissant à chaque mot une note gazouillante ;
Puis, la main dans la main, avec une grâce féerique,
Nous le chanterons tous ensemble, et nous lénirons ces
    lieux. *(Chant et danse.)*

OBÉRON.

Maintenant que jusqu'à la pointe du jour
Chaque esprit se promène à travers cette maison,
Pour nous, nous irons près du plus noble lit nuptial,
Et il sera par nous béni [5],
Et la postérité qui en sortira
Sera pour toujours fortunée.
Ainsi ces trois couples ici réunis
S'aimeront toujours fidèlement.
Les erreurs de la main de la nature
Ne se verront pas dans leur postérité ;
Ni signes, ni becs-de-lièvre, ni cicatrices [6],
Ni aucune de ces marques monstrueuses
Qui attristent tant aux naissances
Ne se remarqueront sur leurs enfants.
Avec cette rosée des champs consacrée
Que chaque fée aille de son côté,
Et répande les bénédictions d'une douce paix
Sur chaque chambre de ce palais,
Dont le possesseur sera béni,
Et vivra toujours en sécurité.
Puis, partons légèrement,
Ne nous attardons pas
Et venez me rejoindre à la pointe du jour.
    (Sortent Obéron, Titania et leur suite.)

PUCK.

Si nous, ombres que nous sommes, nous vous avons déplu,

ACTE V, SCÈNE II.

Supposez seulement, — et ainsi tout sera réparé, —
Que vous n'avez fait que dormir ici
Pendant que ces visions apparaissaient.
Messieurs, soyez indulgents
Pour ce thème faible et futile,
Qui ne représente rien qu'un rêve;
Si vous nous pardonnez, nous nous corrigerons.
Aussi vrai que je suis un honnête Puck,
Si nous avons ce bonheur immérité
D'échapper aujourd'hui à la langue des serpents,
Nous vous ferons réparation avant qu'il soit longtemps
Ou bien appelez Puck un menteur.
Là-dessus, bonne nuit à vous tous.
Donnez-moi vos mains, si nous sommes amis,
Et Robin vous sera reconnaissant.

(Il sort.)

COMMENTAIRE.

ACTE I.

1. Les noms des artisans du *Songe d'une nuit d'été* ont une signification précise que nous aurions pu rendre facilement par des équivalents français : *Quince, Le Coing; Snug, Le joint; Snout, Muffle; Starveling, Meurt-de-faim*. Nous ne l'avons pas fait pour trois raisons : la première, c'est qu'au contraire de ce qui arrive d'habitude pour les noms composés, ceux-ci ont une physionomie de noms propres véritables qui dispense de les traduire; la seconde, c'est que les noms composés sont assez nombreux dans Shakespeare, et que s'il nous fallait appliquer le système de la traduction à tous les noms ayant ce caractère, nous leur enlèverions leur physionomie anglaise pour leur donner le plus souvent une physionomie de convention : dans l'anglais, ils baptisent des hommes vivants; avec les équivalents français, ils couraient trop souvent risque de baptiser des personnifications abstraites; la troisième raison enfin, c'est que si nous avions adopté ce système de la traduction, il aurait fallu l'appliquer à tous ces noms, et que celui de *Bottom* est intraduisible.

2. Au contraire, nous avons traduit les noms des Esprits, parce qu'ils baptisent bien réellement des êtres de raison, et qu'ils ont une physionomie de noms composés qui ne permet aucune illusion. *Quince* ou *Snug* peuvent être des noms propres, mais *Pease-Blossom, Cobweb, Mustard Seed* apparaissent comme des noms composés, même à celui qui n'a aucune connaissance de la langue anglaise.

3. *Long withering out a young man's revenue*. Warburton proposait de lire : *long wintering out*, longtemps hivernant, retardant le revenu d'un jeune homme; correction fort arbitraire et parfaitement inutile, car elle est moins claire que le texte et donne exactement le même sens.

4. *Four nights will quickly dream away the time*. Nous avons cherché de notre mieux à rendre ce vers admirable. Traduit littéralement, il signifie : quatre nuits auront rapidement rêvé le temps derrière elles. Le sommeil et le rêve sont les offices de la nuit, comme l'activité est l'office du jour; il n'appartient donc pas à la nuit de faire passer le temps

de la même manière que le jour; le jour peut tuer, dévorer le temps, la nuit peut seulement le dissiper en vapeurs de rêves.

5. *And stolen the impression of her fantasy.* Mot à mot : et volé l'empreinte de son imagination, comme on prend l'empreinte d'une clef sur de la cire. Ce vers enferme un double fait dans une même expression : il veut dire que Lysandre a mis l'empreinte de son âme sur l'imagination d'Hermia, et qu'il a ensuite emporté cette empreinte avec lui, qu'il a prsi possession de l'âme d'Hermia.

6. Par une loi de Solon, les parents avaient droit de vie et de mort sur leurs enfants.

7. *That in a spleen unfolds both heaven and earth.* Il est assez curieux de trouver le mot qui exprime la maladie bien connue de l'hypocondrie, employé par Shakespeare pour exprimer la soudaineté de l'éclair. Ce mot se rencontre plusieurs fois chez lui dans le sens d'accès subit, de paroxysme inattendu. Il rend d'ailleurs une image fort juste : la soudaineté et la violence rapide de l'éclair pouvant être justement comparées à ces mouvements spontanés d'humeur noire ou de gaieté fébrile qui caractérisent l'hypocondrie et révèlent une âme qui n'est plus maîtresse d'elle-même.

8. Les principales cérémonies par lesquelles les jeunes gens des deux sexes avaient l'habitude d'honorer le commencement de mai étaient le *Maying*, qui appartenait spécialement au premier jour, et la cueillette de la rosée de mai, qu'on pouvait faire, à ce qu'il paraît, à n'importe quel jour du mois. « Le premier jour de mai, dit Bourne, communément appelé *May-day*, les jeunes gens des deux sexes ont coutume de se lever un peu après minuit et de se rendre à quelque bois voisin, au son de la musique et au bruit des cornes, où ils brisent des branches d'arbres qu'ils ornent de bouquets et de couronnes de fleurs. Lorsque cela est fini, ils s'en reviennent avec leur butin à peu près à l'heure du lever du soleil et transforment leurs portes et leurs fenêtres en arcs de triomphe avec leurs dépouilles fleuries. L'après-midi de ce jour est principalement consacrée à danser autour d'un grand mât appelé *May-pole*, qui est planté dans un endroit bien choisi du village, et qui reste là, comme s'il était consacré à la déesse des fleurs, sans que personne lui fasse outrage, durant tout le cours de l'année. » (Note de l'édition Staunton.)

9. *If I have thanks, it is a dear expense.* Quelques commentateurs croient que ces mots *it is a dear expense* s'appliquent à Démétrius dans la pensée d'Hermia, et qu'ils signifient : cela lui coûtera beaucoup de me donner des remerciments ; mais Hélène ne veut-elle pas plutôt dire que c'est à elle que ces remerciments coûteront cher, puisque pour les obtenir il lui aura fallu trahir le secret d'une amie.

10. Parodie de quelque titre ridicule de comédie contemporaine.

11. *Or a part to tear a cat in, to make all split.* Ce rôle de pourfendeur de chats était un rôle populaire à cette époque ; c'était une variété du matamore, du *miles gloriosus*.

12. Allusion à la couronne de Vénus, *corona Veneris*, conséquence du mal qui, au seizième siècle, était appelé en Angleterre le mal français.

13. *Hold, or cut our bow strings.* C'était la forme de promesse habituelle parmi les archers lorsqu'ils se donnaient un rendez-vous.

ACTE II.

1. *The cowslips tall her pensioners be.* Allusion à une compagnie de suivants d'Élisabeth, choisis parmi la *gentry*, et qui étaient tous grands et bien faits.

2. *Farewell, lob of spirits.* Lob signifie lourdaud, rustaud, et il n'est pas possible que la fée adresse cette injure au gentil Puck, qui n'est rien moins que lourd et épais d'esprit. Les commentateurs donnent d'ordinaire à ce mot la même signification qu'à celui de *clown*, bouffon. *Le bouffon des esprits*, cette qualification conviendrait en effet assez bien à Puck ; mais il est plus probable qu'il faut donner à ce mot le sens de rustique, de campagnard. Puck est en effet non un génie de haute race, mais un petit villageois, un madré petit paysan de lutin.

3. Elfes, nom anglais des fées et en général des esprits gracieux.

4. *So sweet a changeling. Changeling*, mot intraduisible qui appartient au dictionnaire de la sorcellerie et de la superstition populaire. On croyait que le diable s'amusait à faire des échanges d'enfants, et on nommait Changeling (*le petit échangé*) l'enfant substitué à celui qui était dérobé. Ici, c'est à l'enfant dérobé même que cette dénomination s'applique.

5. *Robin Bon-Enfant* était un des esprits les plus populaires de l'ancienne mythologie créée par la superstition, et pour se procurer ses services les commères avaient l'habitude de lui servir dans un coin de leur cuisine du lait et du pain. Selon quelques chroniqueurs, il était, malgré sa nature malicieuse, de noble origine, rien moins que le fils d'Obéron. M. Collin a édité, il y a déjà un certain nombre d'années, un ancien recueil de ses prouesses intitulé : *les Folles fredaines et les joyeuses plaisanteries de Robin Bon Enfant*. Sur ce personnage, Johnson donne la note suivante : « Puck, ou Hobgoblin, dans la mythologie féerique, est un fidèle serviteur d'Obéron, qui l'emploie à découvrir et à surveiller les fredaines de la reine Mab. Mab a une intrigue avec Pigwiggen et Obéron envoie Puck pour les surprendre, mais une des nymphes de Mab le combat par un charme. »

6. Ces noms d'Obéron et de Titania, auxquels Shakespeare a donné l'immortalité, étaient populaires en Angleterre bien avant son époque, et se rapportent aux plus lointaines origines du monde de la féerie. En effet, Obéron, le roi nain des génies du roman d'*Huon de Bordeaux*, traduit en anglais par lord Berners, probablement vers 1559, a été reconnu pour ce même roi des nains, Elberich, qui, dans le vieux poëme germanique de l'*Heldenbuch* (Livre des Héros), rend à Otnit les mêmes services qu'Obéron rend à Huon de Bordeaux. Selon Grimm, Obéron n'est qu'Elberich

altéré par les nécessités de la langue française. Elberic ou Alberich, par suite du changement habituel de *l'* en *u* dans la langue française, est devenu *Auberich*, et la terminaison *ich* n'étant pas une terminaison française, a été remplacée par la syllabe *on*. C'est ainsi qu'Elberich est devenu Auberon ou Obéron. Quant à Titania, c'était un vieux nom de Diane que l'antiquité classique avait transmis au moyen âge. C'était une croyance générale, à cette époque, que les fées n'étaient autres que les nymphes suivantes de Diane, et le roi Jacques, dans sa *Démonologie*, affirme positivement que Diane est le nom d'un esprit élémentaire, et que sa cour vagabonde s'appelle le royaume de Féerie. (Note de l'édition Staunton.)

7. Pour tous les noms de nymphes et de princesses aimées de Thésée, voir Plutarque, *Vie de Thésée*.

8. Cette description admirable du bouleversement de l'ordre des saisons a fait penser à Malone que la composition du *Songe d'une nuit d'été* devait se rapporter aux années 1593-1594, pendant lesquelles l'Angleterre souffrit d'intempéries semblables à celles dont Titania fait le tableau. M. Staunton, dans l'avertissement placé en tête du *Songe d'une nuit d'été*, cite, d'après les *Annales* de Strype, quelques passages d'un certain docteur King, qui, dans des discours sur Jonas prononcés à York en 1594, fait la description de l'état du temps presque dans les mêmes termes que Shakespeare. « Souvenez-vous, dit-il à ses auditeurs, que le printemps de cette année a été tout à fait mauvais par suite de l'abondance des pluies, que notre mois de juillet a été un vrai mois de février, notre mois de juin un vrai mois d'avril, en sorte qu'il faut absolument croire que l'air est corrompu. » Et plus loin, parlant de la disette des trois années précédentes : « Si nous comparons ce qui est avec ce qui était, nous pouvons dire que le cours de la nature est bouleversé. L'ordre des saisons est complétement interverti, nos étés ne sont plus des étés, nos moissons ne sont plus des moissons, nos temps de semences ne sont plus des temps de semences. » (Staunton, *Avertissement au Songe d'une nuit d'été*.)

9. *The nine men's morris*. Le jeu de la mérelle, espèce de jeu d'échecs rustique. Ce jeu se joue sur un échiquier compliqué composé de trois carrés tracés sur la terre, ou sur une table, lesquels carrés rentrent les uns dans les autres et sont unis entre eux par des lignes transversales qui se rejoignent au milieu des carrés. Chacun des points d'intersection, appelés maisons ou stations, est occupé par un pion représenté par une pierre ou un morceau de brique quelconque ; nous-mêmes, nous l'avons vu jouer dans nos districts rustiques du centre, avec des raves ou des châtaignes pour pions. Ces pions sont au nombre de dix-huit, neuf pour chaque joueur. Une des manœuvres les plus importantes de ce jeu consiste à placer trois pions sur la même ligne ; toutes les fois qu'on y réussit on enlève un pion à son adversaire, et la partie est gagnée lorsque l'un des deux joueurs s'est emparé de tous les points d'intersection formés par les lignes croisées.

10. *The human mortals want their winter here*. Ce vers présente une certaine obscurité. On ne comprend pas bien, en effet, comment les hu-

mains, que Titania représente affligés de tous les fléaux de la température, peuvent encore avoir besoin des rigueurs de l'hiver. Aussi Warburton n'avait-il pas hésité à substituer au mot *here*, ici, le vieux mot *heried*, célébré, et il faut avouer que cette correction rattache fort heureusement le sens de ce vers au sens de celui qui suit, et où il est question des hymnes et des réjouissances nocturnes de l'hiver. En acceptant la correction de Warburton, ce vers signifierait donc : « Les mortels humains éprouvent le besoin des fêtes accoutumées de leur hiver. » Cependant nous pensons avec les modernes éditeurs que c'est dans l'interprétation du mot *want*, manquer, que se trouve la solution de cette difficulté. L'hiver fait défaut aux mortels, parce qu'il leur faudrait le tonique de ses gelées pour les débarrasser de l'humidité et des fléaux engendrés par ce désordre des saisons.

11. *And heard a mermaid on a dolphin's back.* Comme ce vers se trouve très-rapproché du passage où Shakespeare, selon la tradition établie, représente la reine Élisabeth sous les traits de la belle vestale assise sur un trône d'Occident, l'imagination ardente de Warburton a cru y voir une allusion à la séduisante rivale d'Élisabeth. Marie n'avait-elle pas tous les traits que les poëtes attribuent aux sirènes ? La sirène est assise sur le dos d'un dauphin ; Marie n'avait-elle pas été dauphine de France, etc. Ces suppositions ingénieuses ne soutiennent guère l'examen. *Le Songe d'une nuit d'été* est de 1594 environ ; comment supposer que Shakespeare a fait allusion à des faits aussi lointains que celui du mariage de Marie avec le dauphin François. Warburton oublie en outre que pour que son interprétation fût de tout point exacte, il faudrait que le dauphin ne fût jamais devenu roi. Cependant tout est possible avec les poëtes, et il faut avouer que si Shakespeare n'a pas voulu faire allusion à la reine d'Écosse, ce poétique portrait de la sirène trouverait place le plus naturellement du monde dans les pages de l'écrivain qui parlerait d'elle, de l'historien qui décrirait son caractère. Ces quelques vers résument si bien sa destinée charmante et fatale, qu'ils accourront toujours sans efforts pour faire cortège à sa mémoire lorsqu'il s'agira d'elle, comme certains passages de l'*Énéide* se présentent d'eux-mêmes à la pensée lorsqu'il est question de la Révolution française et du sort de la maison royale de France. En un mot, ces quelques vers seraient bien l'épigraphe naturelle d'une histoire de Marie Stuart. D'autres commentateurs veulent que cette description se rapporte au souvenir des fêtes que Leicester donna en 1575 à Élisabeth, en son château de Kenilworth, où une sirène et un dauphin figurèrent en effet et chantèrent en l'honneur de la reine une chanson composée par Leicester lui-même. Cette dernière supposition n'a rien que de très-admissible.

12. La tradition veut que ce passage soit un compliment payé par le poëte à la reine Élisabeth, qui aimait, comme on sait, à être nommée la reine Vierge : *the Virgin Queen*. Une note de Steevens, qui se rapporte à ce passage, révèle un fait assez curieux : « Dans un divertissement joué devant la reine Élisabeth, et écrit par un certain Churchyard, la Chasteté prive Cupidon de son arc. Voici les paroles de l'auteur : « Comme « la reine avait choisi la meilleure vie, la Chasteté lui donna l'arc de Cu-

« pidon pour apprendre à tirer sur qui il lui plairait; car puisque per-
« sonne ne pouvait blesser le cœur de Son Altesse, il était légitime, dit-
« elle (la Chasteté), qu'elle (la Reine) fît des flèches et de l'arc de
« Cupidon ce qu'elle voudrait. » (STEEVENS.)

13. La fleur dont il est ici question est la pensée.

14. Il va sans dire que la complaisante imagination des spectateurs de Shakespeare, qui voyait par les seuls yeux de l'esprit les décors variés de ses pièces, n'avait aucune peine à admettre l'invisibilité des acteurs fort matériels qui représentaient les génies. De même qu'un simple écriteau suffisait pour faire apparaître un palais ou une forêt, une robe suffisait pour procurer le privilège de l'invisibilité. Dès que l'acteur avait revêtu cette robe, qui est mentionnée dans l'inventaire des objets nécessaires au théâtre du *journal* d'Henslowe, il disparaissait aux yeux des spectateurs.

15. *And wood within this wood.* Calembour qui repose sur une signification déjà ancienne au temps de Shakespeare du mot *wood*. *Wood* n'était pas seulement un substantif désignant un bois, une pièce de bois, mais un adjectif signifiant fou, détraqué. Traduites mot à mot, les paroles de Démétrius sont celles-ci : Ici je suis et fou dans ce bois.

16. *Come, now a roundel.* Le mot *roundel* signifie un chant aussi bien qu'une danse. C'est la ronde populaire que l'on danse en chantant un refrain.

17. *For lying so, Hermia, I do not lie.* Lysandre joue sur la double signification du mot *lie*, s'étendre, se coucher, et mentir. Ce vers, traduit mot à mot, signifie donc : car en me couchant ainsi, je ne mens pas, Hermia.

ACTE III.

1. Malone a découvert une assez singulière coïncidence entre ces paroles de Bottom et un incident qui se passa à peu près à l'époque où fut écrit *le Songe d'une nuit d'été*, pendant les fêtes données en Écosse pour le baptême du prince Henri, fils aîné de Jacques Ier : « Pendant que le roi et la reine étaient à dîner, dit un contemporain, on vit venir un chariot triomphal, contenant divers personnages allégoriques, traîné par un Maure. Ce chariot devait être traîné par un lion, mais comme on craignait que la présence de cette bête n'effrayât ceux qui seraient trop près, ou que la vue des torches allumées ne le rendît furieux, on jugea convenable de le remplacer par le Maure. »

2. Dans une collection manuscrite d'anecdotes, rédigée par le neveu de ce sir Roger l'Estrange, que ses opinions royalistes et son journal tory rendirent si célèbre sous Jacques II, Malone a découvert le fait suivant, qui se rapporte trait pour trait aux paroles de Bottom : « Il y eut un spectacle sur l'eau représenté devant la reine Élisabeth, où Harry Goldin-

gham fut chargé de faire le personnage d'Arion sur le dos du dauphin; mais trouvant que sa voix était rauque et désagréable, lorsqu'il en fut à jouer son personnage, il dépouilla son costume et se mit à jurer qu'il n'était pas Arion, mais l'honnête Harry Goldingham, laquelle brusque révélation amusa beaucoup plus la reine que s'il eût joué réellement son personnage. » MALONE, *Observations supplémentaires*.

3. Ainsi que nous l'avons déjà vu par les paroles de Caliban dans *la Tempête*, c'était une croyance populaire que les taches de la lune représentaient un homme avec un chien et un fagot.

4. Dans les éditions primitives, ce vers était ainsi ponctué : *If I were fair, Thisby, I were only thine*: Si j'étais beau, Thisbé, je ne serais qu'à toi ; mais la poésie de Bottom et consorts étant déjà assez stupide pour qu'on n'ait pas besoin de lui attribuer plus d'absurdités qu'elle n'en contient, Malone a très-judicieusement proposé de déplacer la première virgule et de ponctuer ainsi : *If I were, fair Thisby, I were only thine*; Si je l'étais (un aussi vrai cheval), belle Thisbé, je ne serais qu'à toi.

5. Dans un vieux livre intitulé *l'Arbre des devises d'amour*, Steevens a trouvé quelques vers qui sont presque identiques à la chanson de Bottom.

6. Malone a rapproché curieusement ces paroles de Bottom d'un passage d'une comédie de Lily, intitulée *les Métamorphoses de la Pucelle*. Voici ce passage :

Mopso. — S'il vous plaît, Monsieur, comment vous nommez-vous?

1ᵉʳ GÉNIE. — Mon nom est *Penny* (un sou anglais).

Mopso. — Je suis désolé de ne pouvoir vous empocher.

FRISCO. — Et vous, s'il vous plaît, Monsieur, quel nom dois-je vous donner?

2ᵐᵉ GÉNIE. — Mon nom est Cri-cri.

FRISCO. — Je voudrais être une cheminée pour vous recevoir.

7. La métamorphose dont Bottom fut victime était un des jeux ordinaires de la sorcellerie. Dans le petit livre populaire intitulé *l'Histoire de la vie damnable et de la mort méritée du docteur Jean Faust*, le célèbre sorcier s'amuse un soir à donner des têtes d'ânes à tous ses convives et à les faire danser sous cette métamorphose. Albert le Grand, *De secretis*, donne la recette de ce sortilége : « *Si vis quod caput hominis assimiletur capiti asini, sume de segemine aselli, et unge hominem in capite et sic apparebit.* » Une autre recette est donnée par Reginald Scott, *Révélations sur la sorcellerie* : « Coupez la tête d'un cheval ou d'un âne, avant qu'ils soient morts, ou autrement le charme serait moins efficace; faites un vase de terre assez grand pour la contenir, et remplissez-le de l'huile et de la graisse de l'animal. Fermez hermétiquement et enduisez le couvercle de terre glaise ; laissez bouillir sur un feu doux pendant trois jours entiers, afin que la chair soit absolument dissoute en huile et qu'on voie les os à nu ; réduisez les crins en poudre et mêlez-les à cette huile ; puis oignez de ce mélange les têtes des assistants et ils paraîtront avoir des têtes de chevaux ou d'ânes. (Note de l'édition STAUNTON.)

8. C'était autrefois une opinion populaire assez bien fondée que chaque soupir coûtait une goutte de sang.

9   *Two of the first, like coats in Heraldry,*
     Due but to one, and crowned with a crest.

Cette comparaison d'Hélène se rapporte à une règle du blason, selon laquelle les doubles armoiries d'un couple noble étaient réunies en un seul écusson partagé par une simple barre et couronné d'un seul cimier, celui de l'époux.

10. Selon la croyance populaire, l'herbe nommée *la renouée* empêchait de grandir.

11. *Ho! ho! ho!* Ce cri de Puck était le cri attribué à Robin Bon-Enfant toutes les fois qu'il avait fait quelques-uns de ses tours; de là l'expression populaire : rire comme Robin Bon-Enfant, pour désigner un rire sardonique. (Édition STAUNTON.)

ACTE IV.

1. Il paraît qu'on avait coutume, sur le théâtre de Shakespeare, d'exaucer ce vœu baroque de Bottom, car dans l'édition in-folio de 1623 on trouve cette indication pour la scène : *Ici musique de pincettes; musique rustique.*

2. La fleur de Diane est *l'agnus castus*, la fleur de Cupidon est la pensée, ainsi que nous l'avons déjà vu.

3. Les chiens de Sparte et de Crète étaient célèbres dans l'antiquité.

4.   *And I have found Demetrius like a jewell*
      Mine own, and not mine own.

Le sens de ce vers semble bien clair, et cependant il n'a pas laissé que d'embarrasser les commentateurs. Warburton proposait de lire *gemell*, jumeau, au lieu de *jewell*, joyau. Il appuyait son ingénieuse correction sur les paroles précédentes d'Hermia, qui déclare que tous les objets lui apparaissent doubles. M. Staunton, sans adopter cette correction, la déclare cependant préférable à toutes celles qui ont été proposées. C'est bien possible, si l'on éprouve le besoin d'une correction quelconque dans ces deux vers; mais la question est de savoir s'il en est besoin d'une. Si toutes les obscurités de Shakespeare étaient pareilles à celles-là, le grand poëte aurait aisément pu se passer de commentateurs. N'est-il pas évident qu'Hélène, qui tout à l'heure désespérait de conquérir jamais l'amour de Démétrius, est tellement étonnée de la déclaration qu'elle vient d'entendre, qu'elle n'en peut croire l'évidence. Démétrius est bien à elle, et cependant il lui semble qu'il n'est pas à elle, pareil à un diamant trouvé qui est à celui qui le trouve sans être cependant à lui, puisqu'il est à une personne inconnue qui l'a perdu.

5. Il est probable que Bottom fait allusion à cette espèce de mode antique qui consistait à diviser la barbe en petites tresses liées et frisées séparément.

ACTE V.

1. Warton et Malone ont cru voir dans ce titre élégiaque une allusion à la mort de Spenser et à son poëme intitulé *les Pleurs des Muses sur la négligence et le mépris dont souffre la Science*. Le titre du divertissement proposé par Philostrate peut en effet faire allusion au poëme de Spenser, car ce poëme fut publié en 1592, mais il ne peut en aucune façon faire allusion à la mort de ce poëte, dont la date (1599) est postérieure de plusieurs années à la date probable du *Songe d'une nuit d'été*. Un critique contemporain, M. Knight, veut, avec plus de probabilité, que cette allusion se rapporte à la mort malheureuse de Robert Greene (1592), poëte aussi charmant que coupable, qui expia par une fin malheureuse des mœurs plus que légères.

2. Nous avons religieusement conservé la singulière ponctuation du bon Pierre Quince (car selon l'édition in-folio, c'est lui qui récite le prologue), dans la crainte de détacher une seule absurdité de cet incroyable édifice d'incohérences et de non sens.

3. *It is the wittiest partition that ever I heard discourse, mylord.* L'annotateur d'une des dernières éditions de Shakespeare pense que Démétrius joue sur le mot *partition* qui, outre son sens ordinaire de cloison, séparation, en aurait un autre tout accidentel, aujourd'hui suranné, provenant des querelles théologiques du seizième siècle. Selon lui, *partition* serait souvent employé par les controvertistes de cette époque dans un sens qui n'est pas éloigné de celui d'hérétique, et, pour rendre le mot anglais lui-même, de *séparatiste*, d'homme qui par ses opinions rompt le faisceau de l'unité de doctrine. S'il en est ainsi, Démétrius dirait donc : Voilà le plus spirituel séparatiste que j'aie jamais entendu. Ne serait-il pas encore possible qu'il prît le mot *partition* dans le sens de division de discours?

4. *No remedy, Mylord, when walls are so wilful to hear without warning.* Nous serions portés à croire, avec Warburton, qu'il y a une erreur dans ce passage, et que Shakespeare a écrit le verbe *to rear*, élever, au lieu de *to hear*, écouter. Cette phrase, très-profondément obscure, devient parfaitement claire dès qu'on adopte la correction de Warburton. Elle signifierait donc en ce cas : « il n'y a pas moyen que les murs ne tombent pas soudainement lorsqu'ils sont si soudainement élevés. » Cependant, quoique le sens qui résulte de cette correction soit préférable à celui qui ressort du texte consacré, nous n'avons osé prendre sur nous de l'adopter.

5. La cérémonie de la bénédiction du lit nuptial était observée, nous dit Douce, à tous les mariages, et nous lui sommes redevables de la formule suivante, qu'il a copiée dans le *Manuel* à l'usage de Salisbury : « Nocte vero sequente, cum sponsus et sponsa ad lectum pervenerint, accedat sacerdos et benedicat thalamum, dicens : Benedic, Domine, tha-

lamum istum et omnes habitantes in eo : et in tua pace consistant et in tua voluntate permaneant : ut in amore tuo vivant, et senescant, et multiplicentur in longitudinæ dierum. Per Dominum.—Item benedictio super lectum. Benedic, Domine, hoc cubiculum, respice, qui non dormis neque dormitas. Qui custodis Israël, custodi famulos tuos in hoc lecto quiescentes ab omnibus fantasmaticis dæmonum illusionibus : custodi eos vigilantes, ut in preceptis tuis meditentur dormientes, et te per soporem sentiant : ut hic et ubique defensionis tuæ muniantur auxilio. Per Dominum. — Deinde fiat benedictio super eos in lecto tantum cum oremus. Benedicat Deus corpora vestra et animas vestras : et det super vos benedictionem sicut benedixit Abraham, Isaac et Jacob. Amen. His peractis accedat aqua eos benedicta, et sic discedat et dimittat eos in pace. » Note de l'édition STAUNTON.

6. *Hare lip*, le bec de lièvre. Steevens nous apprend que cette défectuosité était beaucoup redoutée des femmes enceintes, et qu'elles avaient recours, pour en préserver leurs enfants, à divers sortiléges inoffensifs : par exemple, elles faisaient une fente à l'extrémité de leur cotillon ou de leur chemise, et une fois cette précaution prise, elles se tenaient pour assurées que l'enfant était à l'abri de cette difformité.

LE MARCHAND DE VENISE.

IMPRIMÉ POUR LA PREMIÈRE FOIS EN 1600. — DATE PROBABLE DE LA PREMIÈRE REPRÉSENTATION, 1594.

PERSONNAGES DU DRAME.

LE DUC DE VENISE.
LE PRINCE D'ARAGON } Prétendants à la main
LE PRINCE DE MAROC } de PORTIA.
ANTONIO, le marchand de Venise.
BASSANIO, ami d'ANTONIO.
SOLANIO
SALARINO } Amis d'ANTONIO et de BASSANIO.
GRATIANO
LORENZO, amoureux de JESSICA.
SHYLOCK, Juif.
TUBAL, Juif, ami de SHYLOCK.
LANCELOT GOBBO, bouffon, domestique de SHYLOCK.
Le vieux GOBBO, père de LANCELOT.
LEONARDO, valet de BASSANIO.
BALTHAZAR } Valets de PORTIA.
STEPHANO
PORTIA, riche héritière.
NÉRISSA, suivante de PORTIA.
JESSICA, fille de SHYLOCK.
MAGNIFICOS de Venise, OFFICIERS DE JUSTICE, SERVITEURS ET AUTRES GENS DE LA SUITE.

SCÈNE. — En partie à Venise, en partie à Belmont, résidence de Portia, sur le continent.

AVERTISSEMENT.

Il existe deux éditions in-4° du *Marchand de Venise*, antérieurement à la grande édition de 1623, toutes deux portant la date de 1600. Quant à l'époque exacte de la représentation, il est assez difficile de la déterminer. A la vérité, on trouve cette pièce inscrite sur le registre de la librairie à la date de juillet 1598, et elle se trouve placée en dernière ligne dans la liste des pièces de Shakespeare donnée par Francis Meres en cette même année. Mais faut-il attacher beaucoup d'importance à ce détail et croire que si elle est inscrite la dernière sur la liste de Meres, c'est qu'elle était la plus récente des pièces produites par Shakespeare jusqu'à cette époque? Malone n'a pas hésité à identifier une pièce intitulée *la Comédie vénitienne*, dont le *Journal* d'Henslowe fait mention à la date de 1594, avec *le Marchand de Venise*, et sa supposition s'est trouvée en partie confirmée par les découvertes ultérieures qui ont prouvé qu'à cette époque la troupe de comédiens à laquelle Shakespeare appartenait vivait en bonne intelligence et jouait de concert avec la troupe dirigée par Henslowe.

Les sources où Shakespeare a puisé pour composer son admirable comédie sont extrêmement nombreuses. De toutes ces sources, la première et la plus importante est la tradition. La superstition religieuse, l'horreur qu'inspiraient les Juifs aux populations du moyen âge, le mystère qui entourait leur existence de parias, et, il faut bien le dire aussi, l'âpre amour du gain et le patient esprit de vengeance dont ils donnaient tant de preuves, avaient enfanté une foule d'histoires à demi véritables, à demi fabuleuses, dont on peut trouver la trace chez les écrivains de toutes les nations, depuis le treizième jusqu'à la fin du seizième siècle. Chaucer nous a donné, dans un de ses *Contes de Cantorbery*, un spécimen des histoires qui couraient sur la cruauté des Juifs, ravisseurs et meurtriers d'enfants chrétiens, et Marlowe, dans son beau et immoral drame du *Riche Juif de Malte*, nous a transmis, mieux que Shakespeare peut-être, les préjugés violents et aveugles de l'opinion populaire à leur égard. Si vous voulez savoir ce que les populations pensaient du caractère des Juifs et ce dont elles les croyaient capables, c'est à Marlowe plutôt qu'à Shakespeare qu'il faut vous adresser. Quelle différence, en effet, entre le *Barabbas*, de Marlowe, et le *Shylock*, de Shakespeare! Shylock n'est qu'un agneau, comparé à Barabbas, usurier, voleur, assassin, empoisonneur, traître, blasphémateur, athée, copie vulgaire et puissante du parfait scélérat, selon les doctrines de Machiavel. De nos jours, même parmi ceux qui ont le moins d'affection pour la race juive, personne ne consentirait à accepter un instant la probabilité d'un pareil caractère. Marlowe écrit pour un public du seizième siècle, dont il nous transmet l'opinion dans toute sa crudité; au contraire, Shakespeare semble écrire pour les hommes du dix-neuvième siècle. Barabbas n'est plus vrai depuis la fin du moyen âge, mais Shylock reste vrai pour nous aujourd'hui, comme au jour où Shakespeare le lança sur la scène. Il y a des traces de préjugés populaires dans sa pièce, nous l'accordons, mais ces préjugés contre la race juive ne sont pas encore si bien effacés qu'on ne puisse les rencontrer parmi nous, et on les rencontrerait justement dans la mesure où nous les trouvons exprimés par Shakespeare.

Parmi ces histoires autrefois courantes, celle du contrat

singulier entre Shylock et Antonio était la plus répandue ; on la retrouve partout, même là où les juifs n'inspiraient pas la haine violente qu'ils inspiraient aux populations chrétiennes, chez les populations musulmanes. Un manuscrit persan, découvert au siècle dernier, raconte un contrat semblable passé entre un juif et un musulman et décidé par le cadi d'Émèse. Un recueil français de nouvelles intitulées *Roger Bontemps en belle humeur* mentionne la même histoire, et pareil procès fut, dit-on, jugé par le pape Sixte V. Une ballade anglaise populaire, où Shylock porte le nom de Gernutus, présente l'étrange affaire de la manière dont elle est présentée devant le doge de Venise et la décide comme Portia. Enfin Malone a découvert dans un recueil de discours de rhétorique composés en français, au seizième siècle, par un certain Alexandre Sylvain et traduits en anglais, les éléments des deux célèbres plaidoyers de Shylock et de Portia.

En dehors de la tradition, les deux principales sources où Shakespeare a puisé sont les *Gesta Romanorum*, vieux recueil d'histoires écrit au treizième siècle, et une nouvelle du *Pecorone* de ser Giovanni Fiorentino : *les Aventures de Gianetto*. Dans l'un et l'autre de ces deux recueils, on trouve les deux anecdotes qui font le sujet du *Marchand de Venise* : le contrat de Shylock et d'Antonio et la loterie des coffrets de Portia ; seulement, tandis que ces deux anecdotes forment deux histoires distinctes dans les *Gesta Romanorum*, elles se trouvent réunies ensemble dans la nouvelle du *Pecorone*, en sorte qu'on peut regarder cette dernière œuvre comme le véritable canevas de la pièce de Shakespeare. Mais que la médiocre qualité de ce canevas fait bien ressortir la magnificence du tableau que Shakespeare y a peint ! La nouvelle du *Pecorone* sent son moyen âge de la manière la plus déplaisante et la plus barbare. Rien n'est plus brutal, plus cynique, plus immoral que les caractères et les aventures présentés dans cette nouvelle qui se distingue par la plus repoussante absence de tout sens moral. C'est la peinture triviale de la mauvaise Italie dans ce qu'elle a jamais eu de plus bas. Au contraire, la pièce de Shakespeare, lumineuse comme les toiles de Véronèse et du Titien, est la peinture de ce que la magnifique Venise a jamais eu de plus noble, de plus gai, de plus poétique. Quelle différence entre l'impudique dame de Belmont du conte de ser Giovanni, qui s'amuse à pratiquer le chantage sur l'échelle la plus gigantesque, propose des conditions aussi honteuses qu'onéreuses à ses amants qu'elle enivre pour les empêcher de tenir leurs promesses et ruine jusqu'à trois fois le pauvre Gianetto, mauvais prototype du galant et spirituel Bassanio, et cette chaste, noble, enjouée, aimante Portia, qui peut se placer au premier rang dans l'innombrable galerie des irrésistibles héroïnes de Shakespeare.

Telles ou telles des pièces de Shakespeare peuvent encore aujourd'hui soulever la controverse; mais, sur le *Marchand de Venise*, l'opinion est unanime. Cette pièce a de tout temps conquis le suffrage même des juges les plus sévères et passe à bon droit pour un des chefs-d'œuvre de Shakespeare. Le caractère de Shylock est resté classique, et son nom est presque devenu un mot de la langue usuelle, ce qui est la plus grande bonne fortune que puisse rencontrer un poëte. Peu s'en faut qu'on ne dise un Shylock pour exprimer un créancier impitoyable, comme on dit un Lovelace ou un Don Juan pour désigner un séducteur, un Harpagon pour désigner un avare, un Tartufe pour désigner un hypocrite, etc. Nous ne voulons qu'ajouter un seul mot au tribut d'éloges que cette pièce a réunis autour d'elle, et cela pour faire remarquer la richesse inépuisable et la générosité de Shakespeare, qui, fécond et prodigue comme la nature, donne le plus, alors qu'il pourrait se contenter du moins. L'admirable cinquième acte, en effet, est une superfétation, un luxe presque inutile. La pièce est, à proprement parler, terminée avec le jugement de Portia, et un auteur plus économe de ses inspirations, ou moins fécond en inspirations, l'aurait certainement arrêtée là, en amenant, par un moyen grossier et facile à trouver, la reconnaissance de Portia et de Nérissa par Bassanio et Gratiano, après la comdamnation de Shylock. Shakespeare ne s'est pas contenté de ce dénoûment qui se présentait de lui-même, et il a écrit ce cinquième acte où il a exprimé la poésie des émotions du retour, l'enivrement des passions heureuses et l'harmonie des nuits lumineuses à l'éternelle admiration des amoureux, des poëtes, des artistes et de tous ceux qui sont capables de comprendre la musique que chantent de concert la nature et le cœur humain.

LE MARCHAND DE VENISE.

ACTE I.

SCÈNE PREMIÈRE.

Venise. — Une rue.

Entrent ANTONIO, SALARINO *et* SOLANIO.

Antonio. — En vérité, je ne sais pourquoi je suis si triste. Cette tristesse m'inquiète : vous dites qu'elle vous inquiète aussi; mais comment je l'ai attrapée, trouvée ou rencontrée, de quelle étoffe elle est faite, et d'où elle est née, voilà ce que je suis encore à savoir; et cette tristesse fait de moi un tel pauvre d'esprit, que j'ai grand'peine à me reconnaître moi-même.

Salarino. — Votre esprit est ballotté sur l'Océan, là où vos gros vaisseaux, aux voiles majestueusement gonflées, comme des seigneurs et de riches bourgeois des vagues, ou, si vous aimez mieux, comme les palais mouvants de la mer, regardent du haut de leur grandeur le menu peuple des petits navires marchands qui s'inclinent devant eux et leur font la révérence lorsqu'ils glissent à leurs côtés avec leurs ailes tissées.

Solanio. — Croyez-moi, Monsieur, si j'avais confié à la fortune des flots de telles richesses, la meilleure partie de mes affections serait errante au loin, en compagnie de mes espérances. Je serais toujours à arracher des brins d'herbe, pour savoir d'où vient le vent[1]; je serais toujours le nez dans les cartes marines, pour y chercher la situation des ports, des jetées et des rades, et toute chose qui pourrait me faire redouter un accident pour mes cargaisons me rendrait incontestablement triste.

Salarino. — Lorsque je soufflerais sur mon potage, l'air de mon haleine me porterait la fièvre, en éveillant en moi la pensée du mal qu'un trop grand vent pourrait faire sur mer. Je ne pourrais pas voir un sablier sans penser aux bas-fonds et aux bancs de sable, et sans imaginer mon riche navire *André*[2], engravé et courbant son grand mât plus bas que ses flancs pour baiser son tombeau. Si j'allais à l'église, pourrais-je voir le saint édifice de pierre sans penser immédiatement aux rochers dangereux qui, rien qu'en touchant les flancs de mon beau navire, éparpilleraient mes épices sur l'Océan et habilleraient de mes soieries les vagues rugissantes; et, en un mot, sans penser que moi, riche de toutes ces valeurs, je ne suis peut-être riche de rien du tout à ce moment-là même? Pourrais-je réfléchir à ces choses en évitant cette autre réflexion, que si un pareil malheur m'arrivait, il me rendrait triste? Mais, point n'est besoin de me le dire, je sais qu'Antonio est triste parce qu'il pense à ses marchandises.

Antonio. — Non, croyez-moi; j'en remercie ma fortune, toutes mes spéculations ne sont pas confiées à un seul bâtiment, et je n'en ai pas que d'un côté; toute ma richesse ne dépend pas non plus des chances de cette présente année; ce n'est donc pas par conséquent le sort de mes marchandises qui me rend triste.

Salarino. — Quoi donc alors? Vous êtes amoureux.

Antonio. — Fi! fi!

Salarino. — Vous n'êtes pas amoureux non plus? Alors, disons que vous êtes triste parce que vous n'êtes pas gai, et qu'il vous serait tout aussi aisé de rire, de sauter et de dire que vous êtes gai parce que vous n'êtes pas triste. Par Janus à la double tête[3], la nature s'amuse parfois à former de drôles de corps. Il y en a qui sont perpétuellement à faire leurs petits yeux et qui vont rire comme un perroquet devant un simple joueur de cornemuse, et d'autres qui ont une telle physionomie de vinaigre, qu'ils ne découvriraient pas leurs dents, même pour sourire, quand bien même le grave Nestor jurerait qu'il vient d'entendre une plaisanterie désopilante[4].

Solanio. — Voici venir Bassanio, votre très-noble parent, Gratiano et Lorenzo. Portez-vous bien; nous allons vous laisser en meilleure compagnie.

Salarino. — Je serais resté avec vous pour tâcher de vous rendre joyeux, si de plus nobles amis ne me dispensaient de cet office.

Antonio. — Votre bonne volonté me touche profondément. Vos affaires personnelles vous réclament, j'en suis sûr, et vous saisissez cette occasion de partir.

Entrent BASSANIO, LORENZO *et* GRATIANO.

Salarino. — Bonjour, mes bons seigneurs.

Bassanio. — Mes bons messieurs, dites-moi l'un et l'autre quand nous aurons le plaisir de rire ensemble? Quand cela, dites-moi? Vous devenez d'humeur singulièrement retirée; est-ce que cela doit continuer?

Salarino. — Nous arrangerons nos loisirs pour les faire accorder avec les vôtres.

(*Sortent Salarino et Solanio.*)

Lorenzo. — Monseigneur Bassanio, puisque vous avez trouvé Antonio, nous allons vous laisser avec lui, nous deux; mais à l'heure du dîner, rappelez-vous, je vous en prie, où nous devons nous rencontrer.

Bassanio. — Je n'y manquerai pas.

Gratiano. — Vous ne paraissez pas bien, seigneur Antonio; vous portez trop d'égards à l'opinion du monde; ceux-là sont des perdants qui l'achètent au prix de trop de soucis. Croyez-moi, vous êtes étonnamment changé.

Antonio. — Je ne tiens le monde que pour ce qu'il est,

Gratiano : un théâtre, où chacun doit jouer son rôle, et le mien est fort triste.

Gratiano. — Pour moi, je prends celui de fou. Que les rides de la vieillesse viennent en compagnie de la joie et du rire, et que mon foie soit plutôt échauffé par le vin que mon cœur refroidi par d'humiliants soupirs. Pourquoi un homme dont le sang coule chaud dans ses veines prendrait-il l'attitude de son grand-père taillé en statue d'albâtre? Pourquoi sommeillerait-il alors qu'il est éveillé, et se donnerait-il la jaunisse à force de mélancolie? Écoute bien ceci, Antonio; — je t'aime, et c'est mon amour qui te parle : — il est une espèce d'hommes dont les visages font crème comme la surface d'une eau stagnante, qui se maintiennent dans une passivité volontaire à l'effet de se donner une réputation de sagesse, de gravité et de profondeur, et qui ont l'air de dire : je suis le sire Oracle; lorsque j'ouvre mes lèvres, que pas un chien n'aboie. O mon Antonio, combien j'en connais qui sont réputés sages parce qu'ils ne disent rien, et qui, s'ils parlaient, entraîneraient, j'en suis sûr, à la damnation ceux de leurs auditeurs qui sont enclins à traiter leurs frères de fous[5]! Je t'en dirai davantage une autre fois sur ce sujet; mais ne t'en va pas pêcher avec l'hameçon de la mélancolie ce goujon des sots, la réputation. Venez, mon bon Lorenzo. Portez-vous bien en attendant; je finirai mes exhortations après dîner.

Lorenzo. — Nous allons donc vous laisser jusqu'à l'heure du dîner. Je dois être moi-même un de ces sages muets, car Gratiano ne me laisse jamais parler..

Gratiano. — Très-vrai; tiens-moi compagnie deux ans encore seulement, et tu ne connaîtras plus le son de ta propre voix.

Antonio. — Adieu; cette conversation finirait par me rendre bavard.

Gratiano. — Tant mieux, ma foi; car le silence n'est recommandable que dans une langue de bœuf fumée et chez une fille qui ne pourrait se vendre.

(*Sortent Gratiano et Lorenzo.*)

ACTE I, SCÈNE I.

Antonio. — Tout cela veut-il dire quelque chose?

Bassanio. — Gratiano est l'homme de Venise qui débite la plus prodigieuse quantité de riens. Sa conversation ressemble à deux grains de blé qui seraient perdus dans deux boisseaux de menue paille ; vous chercherez tout un jour avant de les trouver, et lorsque vous les aurez trouvés, ils ne vaudront pas la peine que vous aura coûtée votre recherche.

Antonio. — Exact ; maintenant, dites-moi quelle est cette dame pour laquelle vous avez décidé d'entreprendre un secret pèlerinage dont vous deviez m'entretenir aujourd'hui.

Bassanio. — Vous n'ignorez pas, Antonio, à quel point j'ai ruiné ma fortune pour avoir voulu tenir un plus grand état, et plus longtemps que ne me le permettaient mes faibles moyens. Je ne me plains pas d'être obligé de cesser ce noble train de vie ; mais ma principale sollicitude est de me tirer avec honneur des dettes énormes dont ma jeunesse, un peu trop prodigue, m'a laissé embarrassé. C'est à vous, Antonio, que je dois le plus, comme argent et comme amitié, et c'est sur votre amitié que je compte pour l'exécution des projets et des plans qui me permettront de me débarrasser de toutes mes dettes.

Antonio. — Je vous en prie, mon bon Bassanio, faites-les-moi connaître, et s'ils sont d'accord avec l'honneur que je sais vous être habituel, soyez assuré que ma bourse, ma personne, mes dernières ressources enfin, seront toutes mises à votre service pour cette occasion.

Bassanio. — Du temps que j'étais écolier, s'il m'arrivait de perdre une flèche, j'en lançais une autre d'une égale portée, dans la même direction, en la surveillant plus soigneusement, de manière à découvrir la première ; et ainsi, en en risquant deux, je retrouvais souvent les deux[6]. Je mets en avant cette réminiscence enfantine parce qu'elle s'accorde fort bien avec la demande pleine de candeur que je vais vous faire. Je vous dois beaucoup, et par la faute de ma jeunesse trop libre, ce que je vous dois est perdu ; mais s'il vous plaisait de lancer une autre flèche dans la même direction où vous avez lancé la première, comme je surveillerais son vol, je ne doute pas, ou bien que je les retrouverais toutes deux, ou bien que je vous rapporterais la dernière que vous auriez risquée, en restant avec reconnaissance votre débiteur pour la première.

Antonio. — Assurément vous me connaissez ; pourquoi donc alors perdez-vous votre temps avec moi en circonlocutions ? Vous me faites incontestablement plus d'injure en mettant en doute que mon amitié vous soit absolument acquise, que si vous aviez dissipé ma fortune entière. Dites-moi donc tout simplement ce que je devrais faire, ce que je dois faire pour vous à votre sens, et je suis tout prêt à vous exaucer; par conséquent, parlez.

Bassanio. — Il y a dans Belmont une riche héritière ; elle est belle, et plus belle encore que ce mot ne l'exprime, par ses merveilleuses vertus; maintes fois j'ai reçu de ses yeux de ravissants messages sans paroles. Son nom est Portia; elle ne le cède en rien à la fille de Caton, la Portia de Brutus. Le vaste monde n'ignore pas non plus ce qu'elle vaut; car les quatre vents lui amènent de chaque rivage des prétendants de renom. Sa chevelure couleur de soleil retombe sur ses tempes comme une toison d'or, ce qui fait de son château de Belmont un golfe de Colchide où une multitude de Jasons débarquent pour la conquérir. O mon Antonio ! si j'avais seulement les moyens de me soutenir contre l'un d'eux sur le pied de rival, quelque chose me présage que je plairais si bien que, sans nul doute, je réussirais dans mon entreprise.

Antonio. — Tu sais que toute ma fortune est sur mer ; je n'ai donc ni argent, ni moyen d'emprunter pour le moment la somme qui te serait nécessaire. En conséquence va de l'avant; essaye ce que peut mon crédit dans Venise; je suis prêt à l'épuiser jusqu'au dernier sou pour te fournir les moyens d'aller à Belmont, chez la belle Portia. Va de ce pas t'informer où l'on peut trouver de l'argent; j'en ferai autant de mon côté, et je ne doute pas que je ne le trouve, soit par mon crédit, soit par considération pour ma personne.

(*Ils sortent.*)

SCÈNE II.

Belmont. — Une chambre dans la maison de Portia.

Entrent PORTIA *et* NÉRISSA.

Portia. — Sur ma parole, Nérissa, ma petite personne est fatiguée de ce grand monde.

Nérissa. — Vous auriez raison de l'être, Madame, si vos misères étaient aussi abondantes que vos prospérités; et cependant, autant que je puis voir, ceux à qui *trop* donne des indigestions sont aussi malades que ceux que *rien* fait crever de faim. Ce n'est pas un médiocre bonheur, en vérité, que d'être placé ni trop haut ni trop bas; l'opulence prend très-vite des cheveux blancs, mais la simple aisance vit plus longtemps.

Portia. — De bonnes maximes, et bien exprimées.

Nérissa. — Elles vaudraient mieux si elles étaient bien suivies.

Portia. — Si faire était aussi aisé que savoir ce qu'il est bon de faire, les chapelles seraient des églises, et les chaumières des pauvres gens des palais de princes. C'est un bon prédicateur que celui qui suit ses propres instructions; pour moi, il me serait plus aisé d'enseigner à vingt personnes ce qu'il serait bon de faire que d'être une de ces vingt personnes et d'obéir à mes propres instructions. Le cerveau peut promulguer à son aise des lois contre la chair, mais un chaud tempérament saute par-dessus un froid décret, tant la folle jeunesse est une biche agile à franchir les filets de ce cul-de-jatte, le bon conseil. Mais ce raisonnement ne vaut rien pour m'aider à choisir un époux. Oh! quel mot, que ce mot choisir! Je ne puis ni choisir qui me plairait, ni refuser qui je déteste, tant la volonté d'une fille vivante est contrainte par la volonté d'un père mort. N'est-il pas dur, Nérissa, que je ne puisse ni choisir ni refuser personne?

Nérissa. — Votre père fut toujours vertueux, et les hommes sages ont à leur mort de nobles inspirations; il est donc évident que la loterie qu'il a imaginée avec ces trois coffrets d'or, d'argent et de plomb, en vertu de laquelle quiconque devine sa pensée vous conquiert du même coup, ne sera droitement comprise que par un homme qui vous aimera droitement. Mais quelle est la mesure de votre affection pour ces divers prétendants princiers qui sont déjà venus?

Portia. — Je t'en prie, récite-moi la liste de leurs noms; à mesure que tu les nommeras, j'en ferai la description, et cette description te donnera la mesure de mon affection.

Nérissa. — Il y a d'abord le prince napolitain.

Portia. — Oui, c'est un véritable étalon, car il ne fait rien que parler de son cheval et il range au nombre de ses principaux mérites l'art de le ferrer lui-même. J'ai bien peur que madame sa mère n'ait triché avec un maréchal[7].

Nérissa. — Il y a ensuite le comte palatin.

Portia. — Il ne fait que froncer le sourcil comme un homme qui a l'air de dire : Si vous ne voulez pas de moi, déclarez-le. Il écoute sans même sourire les anecdotes les plus amusantes; je crains qu'en vieillissant il ne représente le type du philosophe chagrin, étant si plein de déplaisante tristesse dans sa jeunesse. J'aimerais autant être mariée à une tête de mort avec un os dans la bouche, qu'à l'un de ces deux-là! Que le ciel me préserve de ces deux-là[8]!

Nérissa. — Que dites-vous du seigneur français, Monsieur Lebon?

Portia. — Dieu l'a créé, et par conséquent nous devons l'accepter pour un homme. Vrai, je sais que la moquerie est un péché; mais cet homme! — Il a un cheval supérieur à celui du Napolitain; il bat le comte palatin dans sa mauvaise habitude de froncer le sourcil, il est tous les hommes en général et n'est aucun homme en particulier; qu'une grive chante, immédiatement il va se mettre à cabrioler; il serait capable de se battre avec son ombre; si je l'épousais, j'épouserais vingt maris. Je lui pardonnerais volontiers s'il venait à me mépriser, car il m'aimerait jusqu'à la folie, qu'il me serait impossible de le payer de retour.

Nérissa. — Que dites-vous, alors, de Fauconbridge, le jeune baron d'Angleterre?

Portia. — Vous savez bien que je ne lui dis rien, car il ne me comprend pas, et moi je ne le comprends pas davantage; il ne parle ni le latin, ni le français, ni l'italien, et quant à moi, vous pourriez prêter serment en cour de justice que je ne sais pas pour deux sous d'anglais. C'est le portrait d'un bel homme, mais hélas! qui peut converser avec une peinture muette? Comme il est drôlement habillé! je pense qu'il a acheté son pourpoint en Italie, son haut-de-chausses en France, son chapeau en Allemagne et ses manières partout.

Nérissa. — Que pensez-vous du lord écossais, son voisin[9]?

Portia. — Qu'il est pourvu d'une charité de bon voisin, car il a emprunté un soufflet de l'Anglais et a juré qu'il le lui rendrait dès qu'il le pourrait; je crois que le Français s'est fait sa caution et a donné sa signature pour un second soufflet.

Nérissa. — Comment trouvez-vous le jeune Allemand, le neveu du duc de Saxe?

Portia. — Je le trouve répugnant le matin quand il est sobre, et plus répugnant dans l'après-midi lorsqu'il est ivre; dans ses meilleurs moments, il est tant soit peu au-dessous de l'homme et dans ses pires heures il vaut à peine mieux qu'une bête; s'il m'arrive par malheur ce qui peut m'arriver de pis, j'espère que je pourrai m'arranger pour me débarrasser de lui.

Nérissa. — S'il demandait à choisir entre les coffrets, et qu'il lui arrivât de choisir le bon, vous ne pourriez le refuser pour époux sans refuser d'exécuter les volontés de votre père.

Portia. — Aussi, par crainte de cette extrémité, place, je t'en prie, un verre de vin du Rhin sur le mauvais coffret, car quand bien même le diable serait dedans, si cette tentation-là est dessus, il ne peut manquer de le choisir. Je ferai tout, Nérissa, avant de consentir à épouser une éponge.

Nérissa. — Vous n'avez à craindre d'épouser aucun de ces seigneurs, Madame, car ils m'ont informée de leur résolution qui est de retourner dans leur pays et de ne plus vous importuner de leurs demandes, à moins qu'ils ne puissent vous obtenir par un autre moyen que cette loterie des coffrets imposée par votre père.

Portia. — Quand bien même je devrais vivre jusqu'à l'âge de la Sibylle, je mourrai aussi chaste que Diane, plutôt que d'être conquise autrement que selon la volonté de mon père. Je suis charmée que cette fournée de prétendants soit si raisonnable, car il n'est pas un d'eux tous après l'absence duquel je ne soupire, et je prie le ciel de leur accorder un heureux départ.

Nérissa. — Vous rappelez-vous, Madame, lorsque votre père vivait encore, un Vénitien à la fois lettré et soldat qui vint ici en compagnie du marquis de Montferrat?

Portia. — Oui, oui, c'était Bassanio; tel était son nom, je crois.

Nérissa. — Exactement, Madame; de tous les hommes sur lesquels mes yeux se sont jamais arrêtés avec plaisir, il est, à mon avis, celui qui mérite le mieux une belle dame.

Portia. — Je me le rappelle bien, et il me souvient qu'il était digne des louanges que tu lui donnes.

Entre un valet.

Eh bien! qu'y a-t-il? quelles nouvelles?

Le valet. — Les quatre étrangers vous cherchent pour prendre congé de vous, Madame, et il vient d'arriver le courrier d'un cinquième, le prince de Maroc, qui apporte la nouvelle que le prince son maître sera ici ce soir.

Portia. — Si je pouvais souhaiter la bienvenue à ce cinquième d'aussi bon cœur que je me dispose à dire adieu aux quatre autres, je serais heureuse de son arrivée; eût-il la nature d'un saint, s'il a le teint d'un diable, je l'aimerais mieux pour confesseur que pour mari. Viens, Nérissa; marche devant, maraud. A peine avons-nous tiré le verrou sur un prétendant qu'un autre frappe à la porte. (*Ils sortent.*)

SCÈNE III.

Venise. — Une place publique.

Entrent BASSANIO *et* SHYLOCK[10].

Shylock. — Trois mille ducats, bien.

Bassanio. — Oui, Monsieur, pour trois mois.

Shylock. — Pour trois mois, bien.

Bassanio. — Pour lesquels, ainsi que je vous l'ai dit, Antonio se portera caution.

Shylock. — Antonio se portera caution, bien.

Bassanio. — Pouvez-vous me rendre ce service? Voulez-vous me faire ce plaisir? Voulez-vous me faire connaître votre réponse?

Shylock. — Trois mille ducats pour trois mois et Antonio pour caution?

Bassanio. — Que répondez-vous à cela?

Shylock. — Antonio est bon.

Bassanio. — Avez-vous jamais entendu quelqu'un prétendre le contraire?

Shylock. — Oh! non, non, non, non. Mon intention en disant qu'il est bon est de vous faire comprendre que sa garantie m'est suffisante. Cependant sa fortune ne peut être évaluée que par supposition; il a un navire à destination de Tripoli, un autre en route pour les Indes; j'ai appris en outre sur le Rialto qu'il en a un troisième à Mexico et un quatrième désigné pour l'Angleterre; il a d'autres entreprises encore éparpillées de côté et d'autre. Mais les vaisseaux ne sont faits que de planches, les matelots ne sont que des hommes; il y a des rats de terre et des rats d'eau, des voleurs de terre et des voleurs d'eau, je veux dire des pirates; de plus, il y a le péril des vagues, des vents et des rochers. Néanmoins la caution est suffisante; trois mille ducats. Je pense que je puis accepter son billet.

Bassanio. — Soyez assuré que vous le pouvez.

Shylock. — Je m'assurerai que je le puis, et afin de m'en assurer, je m'en vais y penser. Puis-je parler à Antonio?

Bassanio. — S'il vous faisait plaisir de dîner avec nous?...

Shylock. — Oui, pour sentir l'odeur du porc; pour manger de la maison de chair où votre prophète, le Nazaréen, fit entrer le diable. Je veux bien acheter avec vous, vendre avec vous, parler avec vous, me promener avec vous et ainsi de suite, mais je ne veux pas manger avec vous, boire avec vous, ni prier avec vous. Quelles nouvelles sur le Rialto? — Qui vient ici?

Entre ANTONIO.

Bassanio. — C'est le signor Antonio.

Shylock, *à part*. — Quelle physionomie de publicain cajoleur! Je le hais parce qu'il est chrétien, mais bien plus encore parce que dans sa basse simplicité il prête de l'argent gratis et fait ainsi baisser le taux de l'usure à Venise. Mais si je puis jamais lui poser la main sur les rognons, je ferai largement repaître la vieille rancune que je lui porte. Il hait notre sainte nation, et jusque dans le lieu où se réunissent les marchands, il se raille de moi, de mes affaires et de mon gain légitimement acquis qu'il appelle usure. Maudite soit ma tribu si je lui pardonne!

Bassanio. — Shylock, entendez-vous?

Shylock. — Je suis en train d'établir le compte de mon capital à présent disponible, et autant que je puis me fier à ma mémoire, je vois qu'il m'est impossible de faire immédiatement l'énorme somme de trois mille ducats. Peu importe, cependant; Tubal, un riche Hébreu de ma tribu, me les prêtera. Mais doucement; pour combien de mois désirez-vous cette somme? (*A Antonio.*) Le bonheur vous garde, mon bon Signor ; nous venions justement de parler de Votre Honneur.

Antonio. — Shylock, quoique je ne prête ni n'emprunte à la condition de donner ou de recevoir plus que je n'ai emprunté ou prêté, cependant je sortirai cette fois de mes habitudes pour subvenir aux pressants besoins de mon ami. (*A Bassanio.*) Est-il informé déjà de ce qu'il vous faut?

Shylock. — Oui, oui, trois mille ducats.

Antonio. — Et pour trois mois.

Shylock. — J'avais oublié; trois mois, (*A Bassanio.*) c'est bien ce que vous aviez dit. (*A Antonio.*) Bien, alors votre billet, et voyons à conclure. Mais écoutez un peu : il me semble que vous venez de dire que vous ne prêtiez, ni n'empruntiez à intérêt.

Antonio. — Je ne le fais jamais.

Shylock. — Lorsque Jacob menait paître les troupeaux de son oncle Laban, ce Jacob qui fut de la famille de notre saint Abraham, grâce aux mesures que sa sage mère prit en sa faveur, le troisième représentant; oui, il fut le troisième....

Antonio. — Et que vient faire là Jacob ? prêtait-il à intérêt?

Shylock. — Il ne prenait pas d'intérêt, il ne prenait pas directement d'intérêt, comme vous diriez; mais remarquez bien ce qu'il fit. Laban et lui étaient tombés d'accord que tous les agneaux rayés et bigarrés seraient le salaire de Jacob ; lorsqu'à la fin de l'automne les brebis en chaleur cherchèrent les béliers, et que l'œuvre de la génération ut en train parmi les porte-laines, le rusé berger vous écorça certaines verges, et pendant qu'elles s'acquittaient de l'acte de la reproduction, il les présenta devant les brebis lascives, qui conçurent à ce moment-là, et. le temps d'agneler venu, mirent bas des agneaux de couleurs diverses, et ceux-là appartinrent à Jacob. C'était une manière de gagner et il fut béni dans son gain, car le gain est une bénédiction lorsqu'on ne le vole pas.

Antonio. — C'était une chance du hasard, Monsieur, sur laquelle Jacob aventurait ses services, une chose qu'il n'était pas en son pouvoir d'amener, mais qui était réglée et déterminée par la main de Dieu. Mais cette histoire a-t-elle jamais été insérée dans l'Écriture pour justifier l'usure? votre or et votre argent sont-ils des brebis et des béliers?

Shylock. — Je ne puis vous le dire, je fais en sorte qu'ils se reproduisent autant; mais prenez bien note de ce que je dis, Signor.

Antonio. — Remarquez ceci, Bassanio; le diable peut citer l'Écriture pour justifier ses desseins. Une âme méchante qui produit des témoignages divins est comme un scélérat dont le visage sourit, comme une belle pomme pourrie au cœur. Oh! quel bel extérieur la fausseté peut revêtir!

Shylock. — Trois mille ducats, c'est une somme tout à fait ronde. Trois mois sur les douze; voyons, à quel intérêt?

Antonio. — Eh bien! Shylock, est-ce que nous allons vous devoir de la reconnaissance?

Shylock. — Signor Antonio, mainte et mainte fois, sur le Rialto, vous m'avez maltraité à propos de mon argent et des intérêts que je lui fais rendre; cependant, j'ai supporté cela avec un patient haussement d'épaules, car l'endurance est la vertu caractéristique de toute notre race. Vous m'avez appelé mécréant, chien de malfaiteur, et vous avez craché sur ma robe de Juif; tout cela pour l'usage que je fais de ce qui m'appartient. Fort bien, mais il paraît que maintenant vous avez besoin de mon aide; alors vous venez à moi, et vous dites : « Shylock, nous aurions besoin d'argent; » c'est là ce que vous dites, vous qui avez déchargé votre rhume sur ma barbe et qui m'avez repoussé du pied comme vous chasseriez de votre seuil un chien des rues. Vous demandez de l'argent;

que dois-je vous répondre? ne devrais-je pas vous répondre : « Est-ce qu'un chien a de l'argent? est-il possible qu'un mâtin prête trois mille ducats? » ou bien, m'inclinant bien bas et sur le ton de voix d'un esclave, d'une respiration haletante et avec une humilité qui ose à peine parler, vous répondrai-je ceci? « Mon bon monsieur, vous avez craché sur moi mercredi dernier ; vous m'avez repoussé du pied un tel jour ; telle autre fois vous m'avez appelé chien, et pour toutes ces courtoisies je vais vous prêter tout l'argent que vous me demandez. »

Antonio. — Il est probable que je t'appellerai encore des mêmes noms, que je cracherai encore sur toi, que je te repousserai encore du pied. Si tu veux prêter cet argent, prête-le, non pas comme à tes amis, — car a-t-on jamais vu que l'amitié ait exigé d'un ami qu'il ferait faire des petits à un stérile morceau de métal ? — mais prête-le comme à tes ennemis, dont tu auras meilleure grâce à exiger le châtiment, s'ils manquent à leur parole.

Shylock. — Là, là ! comme vous vous emportez! Je voudrais faire pacte d'amitié avec vous, gagner votre affection, oublier les outrages dont vous m'avez souillé, fournir à vos présents besoins sans prendre aucun intérêt pour mon argent, et vous ne voulez pas m'écouter ; mon offre n'a rien que d'obligeant.

Antonio. — Ce serait en effet pure obligeance.

Shylock. — Et cette obligeance, je veux vous la prouver. Venez avec moi chez un notaire, vous m'y signerez simplement votre billet, et par manière de plaisanterie, il sera stipulé que si vous ne me payez pas tel jour, en tel lieu, la somme ou les sommes convenues, le dédit consistera dans une livre de votre belle chair, qui pourra être choisie et coupée dans n'importe quelle partie de votre corps qu'il me plaira.

Antonio. — Ma foi, cela me va ; je signerai ce billet, et je dirai désormais qu'on peut trouver dans un Juif une grande obligeance.

Bassanio. — Vous ne signerez pas pour moi un tel engagement ; j'aime mieux rester dans l'embarras où je suis.

Antonio. — Ne crains rien, ami; je n'aurai pas à payer ce dédit. D'ici à deux mois, c'est-à-dire un mois plus tôt que l'expiration de ce billet, j'attends des rentrées pour neuf fois sa valeur.

Shylock. — O père Abraham! voilà bien ces chrétiens que la cruauté de leurs propres actes enseigne à soupçonner les pensées des autres! Je vous en prie, répondez à ceci : Si par hasard il fait défaut au jour convenu, que gagnerai-je à exiger ce dédit? Une livre de chair humaine n'a pas autant de prix et ne peut faire autant de profit que la chair des moutons, des bœufs et des chèvres. Je vous le répète, c'est pour acheter ses bonnes grâces, que je lui fais cette offre amicale; s'il veut l'accepter, tant mieux; sinon, adieu; et en retour de mon amitié, ne m'outragez pas, je vous en prie.

Antonio. — Oui, Shylock, je signerai ce billet.

Shylock. — Alors, allez de ce pas m'attendre chez le notaire; donnez-lui les instructions nécessaires pour ce plaisant billet, et à mon arrivée je vous compterai immédiatement les ducats. Je vais donner un coup d'œil à ma maison, que j'ai laissée en tremblant à la garde peu sûre d'un nigaud négligent, et aussitôt après, je vous rejoins.

(*Il sort.*)

Antonio. — Dépêche-toi, aimable Juif. Cet Hébreu finira par se faire chrétien; il devient obligeant.

Bassanio. — Je n'aime pas des conditions généreuses faites par une âme de coquin.

Antonio. — Marchons; il ne peut résulter de cela rien de fâcheux : mes vaisseaux reviennent un mois avant le jour convenu. (*Ils sortent.*)

ACTE II.

SCÈNE PREMIÈRE.

Un appartement dans la maison de Portia.

Fanfares de trompettes. — Entrent LE PRINCE DU MAROC *avec sa suite;* PORTIA, NÉRISSA *et autres suivantes.*

Le prince du Maroc. — Ne me dédaignez pas à cause de mon teint, livrée d'ombre du soleil éblouissant dont je suis le voisin, et sous lequel j'ai grandi. Amenez-moi le plus beau des enfants de ce Nord, dont le feu de Phébus peut à peine fondre les glaces; pour l'amour de vous nous pratiquerons sur nous des incisions, et nous verrons quel est le plus rouge de son sang ou du mien[1]. Je te le dis, belle dame, ce visage a terrifié les braves, et je te le jure par l'amour que tu m'inspires, les vierges les plus considérées de nos climats l'ont aimé aussi. Je ne voudrais donc changer mon teint contre aucun autre, à moins que par là je ne pusse conquérir vos pensées, ma douce reine.

Portia. — Dans cette question du choix d'un époux, je ne peux pas me laisser uniquement conduire par la complaisante direction des yeux d'une jeune fille; en outre, la loterie de ma destinée m'interdit le droit d'un choix volontaire; mais si mon père ne m'avait pas limitée dans ma liberté, et contrainte par sa sagesse ingénieuse à me donner pour femme à celui qui me conquerra selon les moyens que je vous ai dits, vous, prince renommé, vous auriez autant de droits à mon affection qu'aucun des prétendants que j'aie encore vus.

Le prince du Maroc. — Je vous suis reconnaissant même de cela, et, en conséquence, je vous prie de me conduire près des coffrets pour que je tente la fortune. Par ce cimeterre, qui a tué le sophi et un prince persan, qui a gagné trois batailles sur le sultan Soliman, je serais capable, pour te conquérir, ô ma dame, de foudroyer de mon regard les yeux les plus menaçants, de surpasser en bravoure le cœur le plus intrépide de la terre, d'arracher à la mamelle de l'ourse ses petits nouveau-nés, plus encore, de railler le lion lorsqu'il rugit après sa proie. Mais, hélas! si Hercule et Lichas[2] jouent ensemble aux dés à qui est le plus grand des deux, il se peut que la fortune fasse amener le plus fort point à la plus faible main, et qu'Alcide soit battu par son page. C'est ainsi que moi, conduit par l'aveugle fortune, je puis manquer ce qu'un moins digne atteindra, et mourir de chagrin de ma défaite.

Portia. — Vous devrez accepter votre chance; par conséquent, n'essayez pas de choisir du tout, ou bien jurez, avant de choisir, que si vous choisissez mal, vous ne parlerez jamais plus de mariage à aucune dame; faites donc en sorte de vous décider avec prudence.

Le prince du Maroc. — Je consens à ces conditions; allons, conduisez-moi vers ma destinée.

Portia. — Allons d'abord au temple; après dîner, vous consulterez le sort.

Le prince du Maroc. — Que la fortune me soit propice alors! elle peut me faire le plus heureux ou le plus malheureux des hommes.

(*Fanfares de trompettes. — Ils sortent.*)

SCÈNE II.

Venise. — Une rue.

Entre LANCELOT GOBBO.

LANCELOT. — Certainement ma conscience finira par m'autoriser à fuir ce Juif mon maître. Le démon me pousse du coude et me tente en me disant : « Gobbo, Lancelot Gobbo, bon Lancelot, » ou bien : « bon Gobbo, » ou bien : « bon Lancelot Gobbo, servez-vous de vos jambes, fichez le camp, sauvez-vous. » Ma conscience, de son côté, me dit : « Prends garde, honnête Lancelot, prends garde, honnête Gobbo, » ou, comme je l'ai dit plus haut : « honnête Lancelot Gobbo, ne t'enfuis pas, méprise la pensée de prendre tes jambes à ton cou. » Mais l'intrépide démon m'ordonne de faire mes paquets : « En route, dit le démon ; file, dit le démon ; au nom du ciel, prends une résolution énergique et pars, » dit le démon. A son tour, ma conscience s'assied de tout son poids sur mon cœur et me dit ces très-sages paroles : « Mon honnête ami Lancelot, toi qui es le fils d'un honnête homme.... » — il vaudrait mieux dire le fils d'une honnête femme, car pour dire vrai, mon père sentait quelque peu certaine chose, il n'était pas tout à fait d'aplomb, il avait une manière de petit goût ; — ma conscience me dit donc : « Lancelot, ne bouge pas ; » « bouge, » dit le démon ; « ne bouge pas, » dit ma conscience. « Conscience, dirai-je, vous me conseillez bien ; démon, dirai-je, vous me conseillez bien aussi. » Si je me laisse gouverner par ma conscience, je resterai avec le Juif, mon maître, qui est une manière de diable ; si je m'enfuis de la maison du Juif, je prendrai pour maître le démon, qui, sauf votre respect, est Satan lui-même. Certainement le Juif est une incarnation du diable lui-même ; et, en conscience, ma conscience est une conscience sans pitié de me conseiller de rester avec le Juif; c'est le démon qui me donne le conseil le plus amical. Je m'enfuirai, démon, mes jambes sont à vos ordres; je m'enfuirai.

Entre le vieux GOBBO *avec un panier.*

Gobbo. — Mon jeune monsieur, je vous en prie, quel est le chemin de la maison de monsieur le Juif?

Lancelot, *à part.* — Oh ciel! c'est le véritable auteur de mes jours; il a la vue plus que brouillée, elle est tout à fait confuse, en sorte qu'il ne me reconnaît pas. Je vais m'amuser à le faire jouer aux quiproquos.

Gobbo. — Mon jeune monsieur, je vous en prie, quel est le chemin pour aller chez monsieur le Juif?

Lancelot. — Tournez à votre main droite au premier détour, mais au dernier détour de tous prenez à gauche, et ensuite au premier détour, ne tournez, pardi! ni à droite, ni à gauche, mais descendez indirectement vers la maison du Juif.

Gobbo. — Sur ma foi, voilà un chemin qui sera difficile à trouver. Pouvez-vous me dire si un certain Lancelot, qui demeure avec lui, demeure ou non avec lui?

Lancelot. — Parlez-vous du jeune monsieur Lancelot? — (*A part.*) Faites bien attention maintenant, je vais faire jouer les eaux. (*A Gobbo.*) Parlez-vous du jeune monsieur Lancelot?

Gobbo. — Non, Monsieur, il n'est pas du tout monsieur; ce n'est que le fils d'un pauvre homme; son père, quoique ce soit moi qui le dise, est un honnête homme extrêmement pauvre, et, Dieu soit loué, en bonne disposition de vivre.

Lancelot. — Bien; que son père soit ce qu'il voudra, nous parlons du jeune monsieur Lancelot.

Gobbo. — Lancelot, Monsieur, si Votre Seigneurie le veut bien.

Lancelot. — Mais je vous en prie, *ergo* vieillard, *ergo* je vous en supplie, est-ce du jeune monsieur Lancelot que vous parlez?

ACTE II, SCÈNE II.

GOBBO. — De Lancelot, s'il plaît à Votre Honneur.

LANCELOT. — *Ergo*, M. Lancelot. Ne parlez pas de M. Lancelot, bon papa; car le jeune gentilhomme, selon les décrets éternels et les destinées, et ainsi que le disent encore d'autres manières baroques de parler, selon les trois sœurs et autres personnes connues des savants, est décédé, ou, comme vous diriez en termes plus simples, est allé au ciel [3].

GOBBO. — Que Dieu m'en préserve! Le garçon était le bâton de ma vieillesse, mon véritable soutien.

LANCELOT, *à part*. — Est-ce que j'ai l'air d'un gourdin, d'une poutre, d'un bâton ou d'un échalas? (*A Gobbo.*) Me reconnaissez-vous, père?

GOBBO. — Hélas! non, je ne vous connais pas, mon jeune monsieur; mais dites-moi, je vous en prie, si mon garçon (paix à son âme!) est mort ou vivant?

LANCELOT. — Me reconnaissez-vous, père?

GOBBO. — Hélas! Monsieur, je suis presque aveugle, je ne vous reconnais pas.

LANCELOT. — En vérité, vous auriez vos yeux que vous pourriez encore fort bien ne pas me reconnaître; c'est un père bien fin, celui qui connaît l'enfant qui est à lui. Allons, vieux, je vais vous donner des nouvelles de votre fils. (*Il s'agenouille.*) Donnez-moi votre bénédiction : la vérité vient toujours à la lumière; un meurtre ne peut être caché longtemps, mais si fait bien le fils d'un homme; cependant à la fin la vérité finit toujours par se découvrir.

GOBBO. — Je vous en prie, Monsieur, levez-vous; je suis sûr que vous n'êtes pas Lancelot, mon garçon.

LANCELOT. — Je vous en prie, ne disons plus de bêtises sur ce sujet, mais donnez-moi votre bénédiction; je suis Lancelot, celui qui était votre petit garçon, celui qui est maintenant votre fils, celui qui sera toujours votre enfant.

GOBBO. — Je ne puis croire que vous êtes mon fils.

LANCELOT. — Je ne sais pas ce que je dois croire à ce sujet; mais je sais que je suis Lancelot, le domestique du Juif, et je suis sûr que Marguerite votre femme est ma mère.

Gobbo. — Son nom est Marguerite, c'est vrai; et j'affirmerais sous serment que si tu es Lancelot, tu es bien ma propre chair et mon propre sang. Dieu soit loué! comme la barbe t'a poussé! tu as plus de poils à ton menton que Dobbin, mon limonier, n'en a à la queue.

Lancelot. — Il paraîtrait alors que la queue de Dobbin pousse en diminuant; car je suis sûr qu'il avait plus de poils à la queue que je n'en ai au visage, la dernière fois que je l'ai vu.

Gobbo. — Seigneur, comme tu es changé! Comment vous accordez-vous ton maître et toi? Je lui apportais un présent. Comment vous accordez-vous maintenant?

Lancelot. — Bien, bien; mais, pour ma part, j'ai arrêté de m'enfuir; ainsi je ne *m'arrêterai* pas que je ne sois à une bonne distance de lui. Mon maître est un véritable Juif. Vous vouliez lui donner un présent! donnez-lui une corde : je meurs de faim à son service; vous pouvez compter tous les *doigts* que j'ai avec mes *côtes*. Père, je suis heureux que vous soyez venu : remettez-moi votre présent pour un certain Bassanio, qui donne à ses serviteurs de belles livrées neuves; si je ne le sers pas, je fuirai aussi loin que va la terre du bon Dieu. Oh! la rare fortune! voici venir l'homme en question; allons à lui, père, car je veux être Juif si je sers le Juif plus longtemps.

Entre BASSANIO *avec* LÉONARDO *et d'autres suivants.*

Bassanio. — Oui, vous pouvez vous arranger ainsi, mais dépêchez-vous de façon que le souper soit prêt au plus tard à cinq heures. Veillez à ce que ces lettres soient remises; donnez les livrées à faire et priez Gratiano de venir tantôt à mon logis.

(*Sort un domestique.*)

Lancelot. — Allons à lui, père.

Gobbo. — Dieu bénisse Votre Seigneurie!

Bassanio. — Grand merci; vous désirez quelque chose de moi?

Gobbo. — Voilà mon fils, Monsieur, un pauvre garçon....

ACTE II, SCÈNE II.

Lancelot. — Non pas un pauvre garçon, Monsieur, mais le domestique du riche Juif, qui voudrait, Monsieur, comme mon père le spécifiera....

Gobbo. — Il a, Monsieur, comme qui dirait une grande *infection* de servir....

Lancelot. — Pour vous dire vrai, le court et le long de mon affaire est que je sers le Juif, et que j'ai un désir comme mon père le spécifiera....

Gobbo. — Son maître et lui, sauf le respect de Votre Seigneurie, ne sont pas très-cousins ensemble....

Lancelot. — Pour être bref, la vérité vraie est que le Juif m'ayant fait du tort, me force, comme mon père, qui est un vieillard, va vous le *fructifier*....

Gobbo. — J'ai là un plat de pigeons que je voudrais offrir à Votre Seigneurie, et ma requête est....

Lancelot. — Pour être bref, la requête est impertinente à moi, comme Votre Seigneurie le connaîtra par cet honnête vieillard, et quoique vieillard ainsi que je le dis, cependant c'est un pauvre homme et mon père....

Bassanio. — Qu'un seul parle pour vous deux. Que voulez-vous ?

Lancelot. — Vous servir, Monsieur.

Gobbo. — C'est là le véritable sujet de l'affaire, Monsieur.

Bassanio. — Je te connais parfaitement; ta demande est accordée. Shylock, ton maître, m'a parlé aujourd'hui et m'a proposé de te faire avancer, si toutefois c'est un avancement que de quitter le service d'un riche Juif, pour devenir le suivant d'un si pauvre gentilhomme.

Lancelot. — Le vieux proverbe se divise très-bien entre mon maître Shylock et vous, Monsieur; vous avez la grâce de Dieu, Monsieur, et lui l'opulence [4].

Bassanio. — Tu as bien dit cela. Va avec ton fils, père; prends congé de ton vieux maître et fais-toi indiquer ma demeure. (*A ses valets.*) Qu'on lui donne une livrée plus galonnée que celles de ses camarades; veillez à ce que cela soit fait.

Lancelot. — Marchons, père. Je ne sais jamais me demander une place, non ; je ne me trouve jamais dans cette occasion de langue dans la bouche. (*Regardant sa main.*) Y a-t-il, je vous le demande, un homme en Italie qui ait pour prêter serment une plus belle table à poser sur le livre? J'aurai toutes sortes de bonheurs. Tenez, voyez-moi seulement cette ligne de vie[5]! Voilà une petite provision de femmes! Hélas! quinze femmes; mais ce n'est rien! onze veuves et neuf pucelles; mais c'est là la part bien stricte d'un homme! Et puis, échapper par trois fois à la noyade et être en péril de ma vie sur le bord d'un lit de plume ; voilà de bien petits dangers! Eh bien! si la fortune est femme, il faut convenir qu'elle se montre bonne fille dans cet horoscope! Père, marchons; je vais prendre congé du Juif en un clin d'œil.

(*Sortent Lancelot et le vieux Gobbo.*)

Bassanio. — Je t'en prie, mon bon Léonardo, pense à cela ; toutes ces choses une fois achetées et dûment distribuées, reviens-t'en en toute hâte, car je donne ce soir une fête à mes meilleurs amis. Va, dépêche-toi.

Léonardo. — Je vais m'y mettre de toute mon ardeur.

Entre GRATIANO.

Gratiano. — Où est votre maître?

Léonardo. — Là-bas, Monsieur ; il se promène.

(*Il sort.*)

Gratiano. — Signor Bassanio!

Bassanio. — Gratiano!

Gratiano. — J'ai une demande à vous faire.

Bassanio. — Elle vous est accordée.

Gratiano. — Vous ne pouvez me la refuser : je veux vous accompagner à Belmont.

Bassanio. — Eh bien! tu le peux. Mais, écoute-moi, Gratiano : tu es trop pétulant, trop sans façon ; tu as le verbe trop haut. Ces manières-là te vont fort bien, et à nos yeux ne paraissent nullement choquantes ; mais là où tu n'es pas connu, elles paraissent un peu trop libres. Je t'en prie, prends la peine de modérer par quelques froides gouttes de réserve les vivacités de ton humeur, de peur que ton extravagance habituelle ne me fasse mal juger dans le lieu où je me rends et ne détruise mes espérances.

Gratiano. — Écoutez-moi bien, signor Bassanio : si je ne me donne pas un grave maintien, si je ne parle pas avec respect, et s'il m'arrive de jurer autrement que par exception, si je ne porte pas dans mes poches un livre de prières, et si je ne me fais pas des regards modestes ; bien mieux, si, pendant qu'on dira les *grâces*, je ne me cache pas les yeux avec mon chapeau[6], — comme cela, — en soupirant et en disant *amen* ; si, en un mot, je n'observe pas toutes les règles de la civilité aussi strictement qu'un jeune homme qui s'est étudié à se donner un aspect austère pour plaire à sa grand'maman, n'ayez jamais plus confiance en moi.

Bassanio. — Bien, nous verrons comment vous vous conduirez.

Gratiano. — Certainement, mais je raye la soirée d'aujourd'hui de notre convention ; vous ne me jugerez pas par ce que je ferai ce soir.

Bassanio. — Non, ce serait dommage ; je prierais plutôt votre esprit de revêtir pour ce soir son plus beau costume de gaieté, car nous aurons des amis qui se proposent de s'amuser. Mais adieu, j'ai quelques affaires.

Gratiano. — Et moi je dois aller retrouver Lorenzo et les autres ; mais nous vous retrouverons à l'heure du souper. (*Ils sortent.*)

SCÈNE III.

Venise. — Un appartement dans la demeure de Shylock.

Entrent JESSICA *et* LANCELOT.

Jessica. — Je suis fâchée que tu abandonnes ainsi mon père ; notre maison est un enfer, et toi, joyeux diable, tu égayais quelque peu son atmosphère d'ennui. Cependant, porte-toi bien ; voici un ducat pour toi. Ce soir, à souper, Lancelot, tu verras Lorenzo, qui est le convive de ton nouveau maître; donne-lui cette lettre en secret, et là-dessus adieu; je ne voudrais pas que mon père me vît causer avec toi.

Lancelot. — Adieu! mes larmes parlent pour ma langue. Ravissante païenne! délicieuse Juive! Si quelque chrétien ne fait pas quelque tricherie pour t'enlever, je serai bien trompé. Mais adieu! ces folles larmes éteignent un peu trop mon courage d'homme : adieu!

Jessica. — Adieu, mon bon Lancelot. (*Sort Lancelot.*) Hélas! quel haïssable péché je commets en rougissant d'être la fille de mon père! mais quoique je sois sa fille par le sang, je ne le suis pas par le caractère. O Lorenzo! si tu tiens ta promesse, je ferai cesser ce combat en devenant une chrétienne et ton aimante épouse.

(*Elle sort.*)

SCÈNE IV.

Venise. — Une rue.

Entrent GRATIANO, LORENZO, SOLANIO
et SALARINO.

Lorenzo. — C'est cela, nous nous échapperons à l'heure du souper, nous nous déguiserons à mon logis, et nous serons tous de retour au bout d'une heure.

Gratiano. — Nous n'avons pas bien pris nos dispositions.

Salarino. — Nous n'avons encore rien dit des porteurs de torches.

Solanio. — C'est médiocre, à moins que ce ne soit très-élégamment disposé, et mieux vaut à mon avis ne pas s'en occuper.

Lorenzo. — Il n'est maintenant que quatre heures; nous avons deux heures pour nous préparer.

ACTE II, SCÈNE IV.

Entre LANCELOT, *avec une lettre.*

Lorenzo. — Ami Lancelot, quelles nouvelles ?

Lancelot. — S'il vous plaisait d'éventrer ce poulet, peut-être pourriez-vous les savoir.

Lorenzo. — Je connais cette main ; c'est ma foi une belle main, et une belle main plus blanche que le papier sur lequel elle a écrit.

Gratiano. — Pour sûr, des nouvelles d'amour ?

Lancelot. — Avec votre permission, Monsieur....

Lorenzo. — Où vas-tu, maintenant ?

Lancelot. — Parbleu, Monsieur, avertir mon vieux maître le Juif de venir souper ce soir avec mon nouveau maître le chrétien.

Lorenzo. — Arrête un peu, prends ceci : dis à la charmante Jessica que je ne lui manquerai pas ; dis-lui cela en secret : va.

(*Sort Lancelot.*)

Messieurs, voulez-vous faire vos préparatifs pour la mascarade de ce soir ? je me suis pourvu d'un porteur de torche.

Salarino. — Oui, parbleu, je vais m'en occuper de ce pas.

Solanio. — Et moi aussi.

Lorenzo. — Venez nous retrouver, moi et Gratiano, au logement de Gratiano, d'ici à une heure.

Salarino. — C'est ce qui vaut le mieux.

(*Sortent Salarino et Solanio.*)

Gratiano. — Cette lettre n'était-elle pas de la belle Jessica ?

Lorenzo. — Il faut nécessairement que je te dise tout. Elle m'informe de la manière dont je devrai l'enlever de la maison de son père ; elle m'apprend qu'elle s'est pourvue d'or, de joyaux, et s'est procuré un habit de page. Si jamais le Juif son père entre en paradis, ce ne sera qu'en considération de sa charmante fille, et si jamais la mauvaise fortune barrait la route à Jessica, elle ne pourrait faire valoir d'autre excuse que celle-ci : qu'elle est la fille d'un Juif infidèle. Allons, viens avec moi; parcours ce billet en route. La belle Jessica sera mon porteur de torche⁷. (*Ils sortent.*)

SCÈNE V.

Venise. — Devant la maison de Shylock.

Entrent SHYLOCK *et* LANCELOT.

Shylock. — Bien, tu verras; tes yeux feront la différence entre le vieux Shylock et Bassanio. — Hé! Jessica! — Tu ne pourras plus t'empiffrer comme tu le faisais chez moi. — Hé! Jessica! — Ni dormir, ni ronfler, ni déchirer ton costume. — Hé! Jessica! Allons donc!

Lancelot. — Hé! Jessica!

Shylock. — Qui t'ordonne d'appeler? Je ne t'ai pas ordonné d'appeler.

Lancelot. — Votre Seigneurie avait l'habitude de me reprocher de ne pouvoir jamais rien faire sans ordres.

Entre JESSICA.

Jessica. — Vous m'appelez? Que voulez-vous?

Shylock. — Je suis invité à souper, Jessica; voici mes clefs. — Mais pourquoi irais-je? Ce n'est pas par affection qu'on m'invite, ils veulent me flatter. Bah! j'irai par haine, rien que pour me repaître aux dépens de ce chrétien prodigue. — Jessica, ma fille, veille à la maison. Je sors vraiment à contre-cœur; quelque chose se brasse contre mon repos, car j'ai rêvé cette nuit de sacs d'argent⁸.

Lancelot. — Je vous en prie, Monsieur, allez; mon jeune maître attend votre *revenue*.

Shylock. — Et moi le sien.

Lancelot. — Et ils ont comploté ensemble...; je ne vous dirai pas que vous verrez une mascarade, mais si vous en voyez une, alors ce n'était pas sans raison que mon nez se mit à saigner le dernier lundi noir[9] à six heures du matin, qui tombait cette année le même jour que le mercredi des Cendres d'il y a quatre ans, dans l'après-midi....

SHYLOCK. — Comment, il y a des masques ? — Écoutez-moi bien, Jessica : verrouillez mes portes, et lorsque vous entendrez le tambour, ou le piaulement ridicule du fifre au coutors, ne grimpez pas aux fenêtres et n'allongez pas votre tête sur la voie publique pour regarder des paillasses chrétiens avec des masques vernis; mais au contraire, bouchez les oreilles de ma maison, je veux dire mes fenêtres ; ne laissez pas entrer dans ma grave maison les bruits futiles de la dissipation. Par le bâton de Jacob, je jure que je n'ai guère envie de festoyer aujourd'hui : cependant j'irai. Allez devant, drôle ; dites que je vais venir.

LANCELOT. — C'est ce que je vais faire, Monsieur. (*Bas à Jessica.*) Maîtresse, regardez par la fenêtre, malgré ses recommandations :

Vous verrez passer un chrétien,
Bien digne de l'œil d'une juive. (*Il sort.*)

SHYLOCK. — Que dit cet imbécile fils d'Agar, eh ?

JESSICA. — Il me disait : « Adieu, maîtresse ; » rien de plus.

SHYLOCK. — Ce turlupin n'est pas un méchant garçon du tout; mais il mange énormément, il est lent au travail comme un limaçon, et il dort plus souvent dans le jour qu'un chat sauvage. Les frelons n'ont rien à faire dans ma ruche; aussi je me sépare de lui, et je m'en sépare en faveur d'un certain personnage que je voudrais lui faire aider à dépenser la bourse qu'il a empruntée. Jessica, rentrez maintenant; peut-être serai-je immédiatement de retour; faites comme je vous ai dit, fermez les portes sur vous. *Qui serre bien, trouve vite;* c'est là un proverbe qui, pour un esprit économe, est toujours d'application.

(*Il sort.*)

JESSICA. — Adieu; et si ma fortune n'est pas contrariée, nous avons perdu moi, un père, et vous, une fille. (*Elle sort.*)

SCÈNE VI.

Venise.

Entrent GRATIANO *et* SALARINO, *masqués.*

Gratiano. — Voici la voûte sous laquelle Lorenzo nous a priés de l'attendre.

Salarino. — Il a déjà presque dépassé l'heure qu'il nous avait assignée.

Gratiano. — Et il est vraiment étonnant qu'il soit en retard sur son heure, car les amants ont l'habitude de devancer toujours l'horloge.

Salarino. — Oh! les pigeons de Vénus volent dix fois plus vite quand il s'agit de sceller des liens d'amour nouvellement faits, que lorsqu'il s'agit de préserver de rupture une foi engagée.

Gratiano. — Cela est d'une éternelle application. Qui jamais s'est levé de table avec un aussi vif appétit que lorsqu'il s'est assis pour dîner? Où est le cheval capable de revenir sur les traces fastidieuses du chemin qu'il a parcouru avec autant de feu qu'il a fait son premier voyage? Toutes les choses de ce monde sont poursuivies avec plus d'ardeur qu'elles ne sont possédées. Combien semblable à un jeune damerct ou à un enfant prodigue est la barque pavoisée qui sort de la baie natale caressée et embrassée par le vent libertin! et combien semblable aussi à l'enfant prodigue, elle revient avec ses flancs avariés par les bourrasques, ses voiles en lambeaux, usée, fendue, dépouillée de tout par le vent libertin!

Salarino. — Voici Lorenzo. Nous reprendrons cette conversation plus tard.

Entre LORENZO.

Lorenzo. — Merci, chers amis, pour m'avoir si patiemment attendu; la faute de ce retard est à mes affaires, non à moi. Lorsqu'il vous plaira de vous faire voleurs d'épouses, je vous rendrai exactement votre patience. Approchons; voici la demeure de mon père le Juif. Holà! y a-t-il quelqu'un?

JESSICA *paraît à la fenêtre en habits de garçon.*

Jessica. — Qui êtes-vous? dites-le-moi pour plus de certitude, quoique je puisse jurer que je connais votre voix.

Lorenzo. — Lorenzo et ton amour.

Jessica. — Lorenzo, certainement, et mon amour, c'est la vérité; car qui donc est-ce que j'aime autant? Quant à savoir si je suis le vôtre, il n'y a que vous qui puissiez le dire, Lorenzo.

Lorenzo. — Le ciel et ton âme sont témoins que tu l'es.

Jessica. — Tenez, attrapez cette cassette; elle en vaut la peine. Je suis heureuse qu'il soit nuit et que vous ne puissiez pas me contempler, car je suis toute honteuse de mon déguisement. Heureusement l'amour est aveugle et les amants ne peuvent voir les gentilles folies qu'ils commettent eux-mêmes; sans cela, Cupidon lui-même rougirait de me voir ainsi transformée en garçon.

Lorenzo. — Descendez, car il faut que vous me serviez de porte-flambeau.

Jessica. — Quoi! me faut-il donc tenir la chandelle à ma honte? ma honte n'est déjà que trop, trop en lumière. Mais, mon chéri, c'est une fonction propre à me faire découvrir, et j'aurais au contraire besoin d'obscurité.

Lorenzo. — Vous êtes assez dissimulée, ma chérie, par ce charmant costume de garçon. Mais venez vite, car la pleine nuit commence à s'écouler et nous sommes attendus à la fête de Bassanio.

Jessica. — Je vais verrouiller les portes et augmenter ma richesse de quelques ducats de plus; puis je suis à vous immédiatement.

(*Elle se retire de la fenêtre.*)

Gratiano. — Par mon chaperon, c'est une Gentile et non une Juive.

Lorenzo. — Mort de ma vie[10], je l'aime de tout mon cœur : car elle est sage, si mon jugement est bon ; elle est belle, si mes yeux ne sont pas trompeurs ; elle est sincère, comme elle l'a prouvé tout à l'heure, et c'est pourquoi, belle, sage et sincère comme elle l'est, elle occupera toujours mon âme constante.

(*Entre Jessica.*)

Eh bien ! te voici ? En route, Messieurs, en route ! nos compagnons de mascarade nous attendent.

(*Lorenzo sort avec Jessica et Salarino.*)

Entre ANTONIO.

Antonio. — Qui est là ?

Gratiano. — Signor Antonio !

Antonio. — Fi, fi, Gratiano ! où sont tous les autres ? Il est neuf heures ; tous nos amis nous attendent. Il n'y aura pas de mascarade ce soir ; le vent est bon, et Bassanio va s'embarquer immédiatement. J'ai envoyé plus de vingt personnes vous chercher.

Gratiano. — Je suis heureux de ces nouvelles ; je ne désire rien avec plus d'ardeur que d'être sous voiles et embarqué ce soir.

(*Ils sortent.*)

SCÈNE VII.

Belmont. — Un appartement dans le château de Portia.

Fanfares de trompettes. — *Entrent* PORTIA, LE PRINCE DU MAROC *et* leurs suites.

Portia. — Allez, tirez les rideaux et découvrez les divers coffrets aux yeux de ce noble prince. — Maintenant faites votre choix.

Le prince du Maroc. — Le premier, qui est d'or, porte cette inscription : *Qui me choisit, gagnera ce que beaucoup désirent.* Le second, d'argent, offre cette promesse : *Qui me choisit, obtiendra autant qu'il mérite.* Le troisième, de plomb terne, avec cet avertissement aussi vulgaire que son métal : *Qui me choisit, doit donner et hasarder tout ce qu'il a.* Comment saurai-je si j'ai bien choisi?

Portia. — Un de ces coffrets contient mon portrait, prince; si vous choisissez celui-là, je vous appartiens du coup.

Le prince du Maroc. — Qu'un Dieu guide mon jugement! Voyons, je vais relire les inscriptions. Que dit ce coffret de plomb? *Qui me choisit, doit donner et hasarder tout ce qu'il a.* Doit donner! en échange de quoi? en échange de plomb? hasarder tout pour du plomb? Ce coffret menace; les hommes qui hasardent tout le font dans l'espoir de beaux avantages. Une âme d'or ne s'abaisse pas devant des choses de rebut; je ne donnerai ni ne hasarderai rien pour du plomb. Que dit l'argent avec sa couleur virginale? *Qui me choisit, obtiendra autant qu'il mérite.* Autant qu'il mérite! arrête-toi ici, prince du Maroc, et pèse ta valeur d'une main impartiale. Si tu es évalué d'après ta propre estime, tu mérites beaucoup; mais beaucoup ne suffit pas pour te faire atteindre jusqu'à cette dame, et cependant douter de mon mérite serait une puérile dépréciation de moi-même. Autant que je mérite! Eh bien! mais c'est cette dame que je mérite. Je la mérite par ma naissance et par ma fortune, par mes grâces et par mes qualités d'éducation, et mieux que tout cela, je la mérite par mon amour. Eh bien! si je ne cherchais pas davantage et si je choisissais ce coffret? Voyons encore une fois ce que dit cette devise gravée sur or : *Qui me choisit, gagnera ce que beaucoup désirent.* Eh bien! c'est cette dame : le monde entier la désire; des quatre coins de la terre on vient pour baiser cette châsse, cette sainte mortelle. Les déserts d'Hyrcanie et les immenses solitudes de la vaste

Arabie sont convertis maintenant en grands chemins par les princes qui viennent visiter la belle Portia. Le royaume humide, dont la tête ambitieuse crache à la face du ciel, n'est pas une barrière suffisante pour arrêter les ardeurs des étrangers; ils le traversent comme un ruisseau pour voir la belle Portia. Un de ces trois coffrets contient son céleste portrait. Est-il probable que ce soit le coffret de plomb? Avoir une si basse pensée serait un sacrilége; ce serait un métal trop grossier pour enfermer seulement son suaire dans la tombe obscure[11]. Penserai-je que cette image est emprisonnée dans l'argent qui est apprécié dix fois moins que l'or? O la vilaine pensée! Jamais un si riche joyau ne fut enchâssé dans un moindre métal que l'or. Ils ont en Angleterre une monnaie qui porte la figure d'un ange[12] gravée sur or, mais c'est à la surface seulement qu'elle est gravée, tandis qu'ici c'est intérieurement, dans un lit d'or qu'un ange est couché. Donnez-moi la clef, je choisis ce coffret, et advienne que pourra!

PORTIA. — La voici, prenez-la, prince, et si mon portrait se trouve dans ce coffret, je suis à vous.

LE PRINCE DU MAROC, *après avoir ouvert le coffret.* — O enfer! qu'est-ce que je trouve? un squelette dont l'œil vide contient un rouleau écrit! je vais lire ce papier.

(*Il lit.*)

Tout ce qui brille n'est pas or,
Souvent vous avez entendu dire cela.
Plus d'un homme a vendu sa vie
Rien que pour contempler mon aspect.
Les tombes dorées recouvrent des vers.
Si vous aviez été sage autant que hardi,
Jeune de corps et vieux de jugement,
Vous auriez obtenu une autre réponse que celle de
 ce rouleau;
Portez-vous bien; votre espérance est refroidie.

Refroidie en effet, et mes peines sont perdues. Adieu maintenant, chaudes flammes! salut, glaces du cœur! Portia, adieu! J'ai le cœur trop malade pour prendre de vous un ennuyeux congé. Ainsi se retirent les perdants. (*Il sort avec sa suite. — Fanfares.*)

Portia. — Bon débarras. — Tirez les rideaux, allez. Puissent tous ceux qui ont un teint pareil choisir comme lui! (*Ils sortent.*)

SCÈNE VIII.

Venise. — Une rue.

Entrent SALARINO *et* SOLANIO.

Salarino. — Oui, mon cher, j'ai vu Bassanio s'embarquer; Gratiano est parti avec lui, mais Lorenzo, j'en suis sûr, n'est pas dans leur vaisseau.

Solanio. — Ce coquin de Juif a réveillé le duc par ses cris et l'a fait venir avec lui pour visiter l'embarcation de Bassanio.

Salarino. — Il est venu trop tard, le vaisseau avait mis à la voile, mais sur le port on a donné à entendre au duc que Lorenzo et son amoureuse Jessica avaient été vus ensemble dans une gondole[13]; en outre Antonio a certifié au duc qu'ils n'étaient pas dans le vaisseau de Bassanio.

Salarino. — Je n'ai jamais entendu de plaintes aussi partagées d'objet, aussi baroques, aussi furieuses, aussi changeantes, que celles dont ce chien de Juif a fait retentir les rues : « Ma fille! — Mes ducats! — Oh! ma fille! enfuie avec un chrétien! — Oh! mes ducats chrétiens! — Justice! — La loi! — Mes ducats et ma fille! — Un sac scellé, deux sacs scellés de ducats, de doubles ducats, dérobés à moi par ma fille! — Et des bijoux! deux pierres, deux riches et précieuses pierres volées par ma fille! — Justice! Qu'on trouve la fille! elle a sur elle les pierres et les ducats! »

Salarino. — Aussi tous les gamins de Venise le suivent-ils en criant : « Ses pierres! sa fille! ses ducats! »

Solanio. — Que le bon Antonio fasse bien attention a être exact au jour dit, ou c'est lui qui payera pour cette aventure.

Salarino. — Parbleu, vous me rappelez à ce propos, qu'hier, causant avec un Français, il me dit que dans les mers étroites qui séparent la France de l'Angleterre, un vaisseau richement chargé de notre pays avait fait naufrage : j'ai pensé à Antonio lorsqu'il m'a dit cela, et j'ai souhaité en silence que ce vaisseau ne fût pas à lui.

Solanio. — Vous feriez bien d'informer Antonio de ce que vous avez appris ; cependant ne le faites pas soudainement, car cela pourrait l'attrister.

Salarino. — Il n'y a pas un gentilhomme foulant cette terre qui ait un meilleur cœur. Je les ai vus se séparer, Bassanio et lui. Bassanio lui disait qu'il hâterait son retour ; il a répondu : « Ne faites pas cela, ne gâtez pas votre affaire par trop de précipitation, à cause de moi, Bassanio, mais donnez-vous tout le temps de la laisser mûrir ; quant au billet que le Juif a de moi, n'en inquiétez pas votre âme amoureuse ; soyez gai et employez vos meilleures pensées à faire votre cour et à déployer toutes les belles marques d'amour qu'il vous sera convenable de montrer là-bas. » Et alors, les yeux gros de larmes, la face détournée, il lui a tendu la main par derrière lui et avec une tendresse singulièrement vive, il a pressé celle de Bassanio ; puis ils se sont séparés.

Solanio. — Je crois vraiment qu'il ne tient à ce monde que pour Bassanio. Je t'en prie, partons, tâchons de le trouver et de secouer cette mélancolie qui est chez lui à demeure, par un plaisir ou un autre.

Salarino. — Oui, c'est cela.

(*Ils sortent.*)

SCÈNE IX.

Belmont. — Un appartement dans le château de Portia.

Entre NÉRISSA *avec* UN VALET.

NÉRISSA. — Vite, vite, je t'en prie ; tire immédiatement le rideau : le prince d'Aragon a prêté le serment et vient faire son choix à l'instant même.

Fanfares de trompettes. — *Entrent* LE PRINCE D'ARAGON, PORTIA *et* LEURS SUITES.

PORTIA. — Regardez, voici les coffrets, noble prince ; si vous choisissez celui qui contient mon portrait, les cérémonies de notre mariage seront célébrées immédiatement ; mais si vous vous trompez, vous devrez, Monseigneur, sans parler davantage, partir d'ici sur-le-champ.

LE PRINCE D'ARAGON. — Je me suis engagé par serment à trois choses : la première, de ne jamais révéler à personne quel coffret j'aurai choisi ; la seconde, de ne jamais parler de mariage à une vierge, pendant toute ma vie, si je me trompe de coffret ; la troisième, de prendre congé de vous et de partir sur-le-champ, si la fortune m'est contraire.

PORTIA. — Ce sont les conditions que doit jurer quiconque vient ici courir les chances du hasard pour mon indigne personne.

LE PRINCE D'ARAGON. — Et j'en ai pris mon parti. Fortune, maintenant réponds aux espérances de mon cœur ! — Or, argent et plomb vil. *Qui me choisit, doit donner et hasarder tout ce qu'il a.* Vous ferez bien de prendre un plus bel aspect, avant que je donne ou que je hasarde quelque chose. Que dit le coffret d'or ? Ah ! voyons ! *Qui me choisit, gagnera ce que beaucoup désirent.* Qu'est-ce que *beaucoup* peut signifier ? Ce beaucoup doit sans doute s'entendre de la folle multitude qui choisit sur l'apparence, qui n'en sait pas plus long que ne lui en apprennent ses yeux amoureux des surfaces, qui ne pénètre pas dans l'intérieur des choses, mais qui, comme le martinet, bâtit en plein air, sur le mur extérieur, au milieu des périls, sur la route même des accidents. Je ne choisirai pas ce que beaucoup désirent parce que je ne veux pas me mettre au niveau des esprits vulgaires et me confondre dans les rangs des multitudes barbares. Maintenant, à toi, palais d'argent; récite-moi encore une fois l'inscription que tu portes. *Qui me choisit, obtiendra autant qu'il mérite.* Voilà qui est bien dit; car nul ne devrait chercher à tromper la fortune, et prétendre s'élever aux honneurs s'il ne porte pas les marques du mérite. Nul ne devrait être assez présomptueux pour se parer d'une dignité imméritée. Oh! s'il se pouvait que les biens, les grades, les emplois ne fussent pas acquis par la corruption! S'il se pouvait que les honneurs fussent toujours achetés par le mérite de celui qui les obtient! Combien d'hommes seraient vêtus qui vont maintenant nus! Combien seraient commandés qui commandent! Combien de basse paysannerie on trouverait à séparer du bon grain du véritable honneur, et combien d'honneur on ramasserait parmi les décombres et les ruines faites par le temps, pour le rendre à son ancien lustre! Bien, mais faisons notre choix. *Qui me choisit, obtiendra autant qu'il mérite.* Je m'arrête au mérite. Donnez-moi la clef de ce coffret, et ouvrons immédiatement la porte de mon destin.

(*Il ouvre le coffret d'argent.*)

Portia. — Une trop longue pause pour l'objet que vous trouvez là dedans!

Le prince d'Aragon. — Qu'est-ce là? le portrait d'un idiot clignotant qui me présente un rouleau. Je vais le lire. Oh! combien différent tu es de Portia! combien différent de mes espérances et de mon mérite! *Qui me choisit, obtiendra autant qu'il mérite.* Est-ce que je ne mérite pas mieux qu'une tête d'idiot? Est-ce là tout ce que je vaux? mes qualités n'ont-elles pas plus de prix?

Portia. — Offenser et juger sont deux actes distincts et de nature opposée [14].

Le prince d'Aragon. — Qu'y a-t-il là d'écrit?
(*Il lit.*)

Le feu a sept fois éprouvé ce métal ;
Sept fois aussi a été éprouvé le jugement
Qui n'a jamais choisi de travers.
Il y en a qui embrassent des ombres,
Et ceux-ci possèdent un bonheur d'ombres.
Il y a, je le sais, des imbéciles vivants,
Argentés à la surface ; celui que voici en était un.
Épousez la femme que vous voudrez,
Ma tête sera toujours la vôtre :
Ainsi, partez ; vous êtes congédié.

Plus je resterai dans ces lieux et plus j'y semblerai stupide. Je suis venu avec une tête de sot pour contracter mariage, et je m'en retourne avec deux. Adieu, charmante. Je tiendrai mon serment et porterai patiemment mon malheur. (*Il sort avec sa suite.*)

Portia. — Ainsi le papillon s'est roussi à la chandelle! Oh! ces sots à réflexions profondes! lorsqu'ils doivent choisir, ils ont la sagesse de perdre à force d'esprit.

Nérissa. — Ce n'est pas une hérésie que l'ancien dicton : « La pendaison et le mariage sont décidés par le hasard. »

Portia. — Sortons ; tirez le rideau, Nérissa.

Entre un messager.

Le messager. — Où est Madame?

Portia. — Me voici ; et Monseigneur, que désire-t-il?

Le messager. — Madame, il est descendu à votre porte un jeune Vénitien qui a pris les devants pour annoncer l'arrivée de son maître dont il vous apporte les très-substantiels hommages, puisqu'en outre des salutations et des paroles courtoises, ils contiennent de riches présents. Je n'ai pas encore vu un ambassadeur d'amour qui répondît aussi bien à son emploi. Jamais journée d'avril n'est venue plus délicieusement annoncer la prochaine arrivée de l'opulent été que ce messager l'approche de son maître.

Portia. — Assez, je t'en prie ; j'ai presque peur que tu ne viennes à me dire que c'est quelqu'un de ta famille, tant je te vois dépenser, pour le louer, ton esprit des dimanches. Viens, viens, Nérissa ; car j'ai hâte de voir ce courrier du vif Cupidon qui se présente avec un si bon air.

Nérissa. — Oh ! seigneur Amour ! fais que ce soit Bassanio. *(Ils sortent.)*

ACTE III.

SCÈNE PREMIÈRE.

Venise. — Une rue.

Entrent SOLANIO *et* SALARINO.

Solanio. — Eh bien ! quelles nouvelles sur le Rialto ?

Salarino. — Eh bien ! le bruit court toujours, sans être démenti, qu'un navire richement chargé d'Antonio a fait naufrage dans le détroit, — les *Goodwins*, tel est je crois le nom de l'endroit où il a sombré, — un bas-fond dangereux et fatal où les carcasses d'une foule de gros navires ont leur sépulture, à ce qu'on dit, si toutefois ma commère, la rumeur, est une honnête femme fidèle à sa parole.

Solanio. — Je voudrais que dans cette circonstance

elle se trouvât aussi menteuse que la plus menteuse commère qui ait jamais mâché du gingembre[1] ou fait croire à ses voisines qu'elle pleurait pour la mort de son troisième mari. Mais sans glisser dans la prolixité, ou quitter la grande route de la conversation, disons qu'il n'est que trop vrai que le bon Antonio, l'honnête Antonio.... Oh! que n'ai-je une épithète assez honorable pour accompagner son nom!

SALARINO. — Voyons, arrive à la fin.

SOLANIO. — Ah! que dis-tu? la fin, c'est qu'il a perdu un vaisseau.

SALARINO. — Je voudrais que ce fût la fin de ses pertes.

SOLANIO. — Laisse-moi dire bien vite *amen*, de peur que le diable ne détruise l'effet de ma prière, car le voici qui vient sous la forme d'un Juif.

Entre SHYLOCK.

Eh bien! Shylock, quelles nouvelles parmi les marchands?

SHYLOCK. — Vous étiez instruits mieux que personne, mieux que personne, de la fuite de ma fille.

SALARINO. — Cela est certain; moi, pour ma part, je connaissais le tailleur qui a confectionné les ailes avec lesquelles elle s'est enfuie.

SOLANIO. — Et Shylock, pour sa part, savait que l'oiseau avait des plumes; et c'est la nature des oiseaux de quitter leur nid lorsqu'ils ont des plumes.

SHYLOCK. — Elle sera damnée pour cela.

SALARINO. — Cela est certain, si le diable peut être son juge.

SHYLOCK. — Ma chair et mon sang se révolter ainsi!

SOLANIO. — Fi! fi! vieille charogne! comment, cela se révolte à ton âge?

SHYLOCK. — Je dis que ma fille est ma chair et mon sang.

SALARINO. — Il y a plus de différence entre ta chair et la sienne qu'entre le jais et l'ivoire; plus de différence entre vos deux sangs qu'entre le vin rouge et le vin du

Rhin. Mais, dis-nous, as-tu ou n'as-tu pas entendu dire qu'Antonio avait éprouvé une perte en mer?

Shylock. — Voilà encore une autre bonne affaire pour moi! Un banqueroutier, un prodigue, qui ose à peine montrer sa tête sur le Rialto! un mendiant qui avait coutume de venir faire l'élégant sur le marché! Qu'il prenne garde à son billet. — Il avait l'habitude de m'appeler usurier; qu'il prenne garde à son billet. — Il avait l'habitude de prêter de l'argent par courtoisie chrétienne; qu'il prenne garde à son billet!

Salarino. — Bah! je suis sûr que s'il n'est pas en règle, tu ne prendras pas sa chair; à quoi serait-elle bonne?

Shylock. — A amorcer les poissons. Elle repaîtra ma vengeance, si elle ne peut servir à rien de mieux. Il a jeté le mépris sur moi, il m'a empêché de gagner un demi-million, il a ri de mes pertes, il s'est moqué de mes gains, il a méprisé ma nation, entravé mes affaires, refroidi mes amis, échauffé mes ennemis, et quelle raison a-t-il pour faire tout cela? je suis un Juif. Est-ce qu'un Juif n'a pas des yeux? est-ce qu'un Juif n'a pas des mains, des organes, des proportions, des sens, des affections, des passions? est-ce qu'il n'est pas nourri des mêmes aliments, blessé par les mêmes armes, sujet aux mêmes maladies, guéri par les mêmes moyens, échauffé et refroidi par le même été et par le même hiver qu'un chrétien? Si vous nous piquez, ne saignons-nous pas? Si vous nous chatouillez, ne rions-nous pas? Si vous nous empoisonnez, ne mourrons-nous pas? Et si vous nous outragez, ne nous vengerons-nous pas? Si nous vous ressemblons en tout le reste, nous vous ressemblerons aussi en cela. Si un Juif outrage un chrétien, quel sera le nom de l'humilité dont fera preuve ce dernier? vengeance. Si un chrétien outrage un Juif, quel nom devra porter la patience du Juif, s'il veut suivre l'exemple du chrétien? vengeance. La scélératesse que vous m'enseignez je la mettrai en pratique, et cela ira bien mal si je ne dépasse pas l'instruction que vous m'avez donnée.

Entre UN VALET.

LE VALET. — Messieurs, mon maître Antonio est chez lui, et désire vous parler.

SALARINO. — Nous l'avons cherché de tous côtés.

SOLANIO. — En voici venir un autre de cette tribu ; on n'en trouverait pas un troisième de la même espèce, à moins que le diable lui-même ne se fît Juif.

(*Sortent Solanio, Salarino et le valet.*)

Entre TUBAL.

SHYLOCK. — Eh bien ! Tubal, quelles nouvelles de Gênes ? as-tu trouvé ma fille ?

TUBAL. — J'ai séjourné dans plus d'un lieu où l'on parlait d'elle, mais je n'ai pu la trouver.

SHYLOCK. — Oh ! là, là, là, là ! un diamant de perdu qui m'avait coûté deux mille ducats à Francfort ! La malédiction n'était jamais tombée sur notre nation jusqu'à ce jour ; je ne l'avais jamais sentie jusqu'à ce jour. Deux mille ducats perdus avec ce diamant, et d'autres précieux, précieux bijoux ! Je voudrais que ma fille fût morte à mes pieds, avec les joyaux à ses oreilles ! je voudrais qu'elle fût enterrée à mes pieds, avec les ducats dans son cercueil ! Pas de nouvelles des fugitifs ? non, aucune ; et je ne sais combien d'argent dépensé pour les recherches ! Ah ! vois-tu, perte sur perte ! le voleur est parti avec tant, et il a fallu donner tant pour trouver le voleur, et pas de satisfaction, pas de vengeance ! pas de mauvaise chance pour d'autres épaules que les miennes ! pas d'autres soupirs que ceux que je pousse ! pas d'autres larmes que celles que je répands !

TUBAL. — Oh ! si, d'autres hommes ont aussi leur mauvaise chance. Antonio, à ce que j'ai appris à Gênes....

SHYLOCK. — Quoi ? quoi ? quoi ? Un malheur ? un malheur ?

TUBAL. — A eu un vaisseau naufragé en venant de Tripoli.

Shylock. — Je remercie Dieu! je remercie Dieu! Est-ce vrai? est-ce vrai?

Tubal. — J'ai parlé avec quelques-uns des matelots qui avaient échappé au naufrage.

Shylock. — Je te remercie, mon bon Tubal. De bonnes nouvelles! de bonnes nouvelles! Ah! ah! Où ça? à Gênes?

Tubal. — Votre fille a dépensé à Gênes, à ce que j'ai entendu dire, quatre-vingts ducats dans une nuit.

Shylock. — Tu me plonges un poignard dans le cœur; je ne reverrai jamais mon or. Quatre-vingts ducats en une seule fois! quatre-vingts ducats!

Tubal. — J'ai fait route pour Venise avec divers créanciers d'Antonio qui juraient qu'il ne pourrait éviter la banqueroute.

Shylock. — J'en suis tout à fait joyeux; je le ferai souffrir, je le torturerai; j'en suis tout à fait joyeux.

Tubal. — Un de ces créanciers m'a montré un anneau qu'il avait eu de votre fille en échange d'un singe.

Shylock. — Maudite soit-elle! tu me tortures, Tubal. C'était ma turquoise [2]; je l'avais eue de Lia lorsque j'étais garçon; je ne l'aurais pas donnée pour tout un désert plein de singes.

Tubal. — Mais Antonio est certainement ruiné.

Shylock. — Oui, oui; cela est vrai, cela est très-vrai. Va, Tubal; retiens-moi un sergent; retiens-le-moi une quinzaine d'avance. S'il n'est pas exact au jour dit, je veux avoir son cœur; car s'il n'était plus à Venise, je pourrais faire tout le commerce que je voudrais. Va, Tubal, et viens me rejoindre à notre synagogue; va, mon bon Tubal; à notre synagogue, Tubal. (*Ils sortent.*)

SCÈNE II.

Belmont. — Un appartement dans le château de Portia.

Entrent BASSANIO, PORTIA, GRATIANO, NÉRISSA
et LES GENS DE LA SUITE.

PORTIA. — Je vous en prie, ne vous pressez pas ; attendez un jour ou deux avant de consulter le sort, car si vous choisissez mal, je perds votre compagnie ; ainsi donc, différez un peu. Il y a quelque chose qui me dit, — oh ! ce n'est pas l'amour ! — que je ne voudrais pas vous perdre, et vous savez vous-même que ce n'est pas la haine qui conseille dans une telle disposition d'esprit : mais de peur que vous ne me compreniez pas bien, — et cependant une jeune fille n'a pas un langage différent de sa pensée, — je voudrais vous retenir ici un mois ou deux avant que vous vous remettiez à cause de moi aux mains de la fortune. Je pourrais vous enseigner le moyen de bien choisir, mais alors je serais parjure, et je ne le serai jamais ; d'un autre côté, vous pouvez me perdre, et si cela arrive, vous me ferez regretter de n'avoir pas commis le péché du parjure. Maudits soient vos yeux, ils m'ont ensorcelée et partagée en deux moitiés ; l'une de ces moitiés est à vous, l'autre est à demi à vous, à moi, veux-je dire ; mais si elle est à moi, elle est à vous, et ainsi je suis toute à vous. O la vilaine époque qui met des barrières entre les possesseurs et leurs droits légitimes ! C'est ainsi que quoique à vous, je ne suis pas à vous. Si les choses tournent mal, que ce soit la fortune qui en paye les pots cassés et non pas moi. Je parle trop, mais c'est pour retarder le temps, le ralentir, le traîner en longueur, afin de vous faire ajourner votre choix.

BASSANIO. — Laissez-moi choisir, car dans ma situation présente, je suis sur le chevalet.

Portia. — Sur le chevalet, Bassanio! Alors déclarez quelle espèce de trahison est mêlée à votre amour.

Bassanio. — Aucune, si ce n'est cette vilaine trahison de l'inquiétude qui me fait craindre pour la possession de mon amour. Il pourrait aussi bien exister pacte et amitié entre la neige et le feu qu'entre la trahison et mon amour.

Portia. — Oui, mais, je le crains, vous parlez sur le chevalet qui fait dire aux patients tout ce qu'on veut.

Bassanio. — Promettez-moi la vie et je confesserai la vérité.

Portia. — Et bien! alors, confessez et vivez.

Bassanio. — Confesser que je vous aime et vous aimer aurait été le véritable résumé de ma confession. O heureux tourment, puisque mon tourmenteur m'enseigne les réponses de délivrance! Mais conduisez-moi vers les coffrets et vers ma fortune.

(*Le rideau tiré découvre les coffrets.*)

Portia. — Eh bien! soit alors. Un de ces coffrets contient mon portrait; si vous m'aimez, vous me découvrirez tout droit. — Nérissa, et vous tous, tenez-vous à l'écart. Que la musique résonne pendant qu'il choisira; de la sorte, s'il perd, il fera une fin de cygne et disparaîtra au sein de la mélodie : afin que la comparaison soit plus juste encore, mes yeux seront le cours d'eau qui lui servira d'humide lit de mort. Il peut gagner, et alors que sera la musique? Eh bien! alors la musique tiendra lieu de ces fanfares qui accompagnent les révérences de fidèles sujets devant un roi nouvellement couronné; ou bien encore, elle sera comme ces harmonieux murmures qui, à la pointe du jour, se glissent dans l'oreille du fiancé endormi pour l'appeler au mariage. Maintenant il s'avance.. avec autant de fierté, mais avec plus d'amour, que le jeune Alcide lorsqu'il racheta Troie gémissante du tribut de vierges payé au monstre marin[3]. Moi je suis la victime destinée au sacrifice, et les autres ici à l'écart sont les femmes Dardaniennes qui, la terreur sur le visage, viennent contempler l'issue de cet exploit. Marche, Hercule!

Si tu vis, je vivrai. Je contemple ce combat avec bien plus, bien plus d'effroi que toi qui soutiens la lutte.

(La musique accompagne ce chant, pendant que Bassanio cherche mentalement à découvrir le secret des coffrets.)

CHANT.

Dites-moi où naît la passion,
Est-ce dans le cœur ou dans la tête ?
Comment est-elle engendrée ? Comment nourrie ?
Répondez, répondez.
Elle est engendrée dans les yeux,
Elle se nourrit de regards, et elle meurt
Dans le berceau où elle repose.
Entonnons tous le glas de la passion.
Je vais commencer : Ding, dong, sonne.

LE CHOEUR.

Ding, dong, sonne.

BASSANIO. — Les plus brillantes apparences peuvent couvrir les plus médiocres réalités ; le monde est toujours trompé par l'ornement. En justice, quelle cause si véreuse et si corrompue, dont une voix ingénieuse ne puisse, en la présentant habilement, dissimuler l'odieux aspect ? En religion, quelle erreur détestable dont un personnage au grave maintien ne puisse cacher l'énormité sous de beaux ornements, en la bénissant et en l'appuyant de textes ? Il n'y a pas de vice si simple qu'il ne réussisse à donner à son aspect extérieur quelqu'une des marques de la vertu. Combien de lâches, dont les cœurs sont aussi faux qu'un escalier fait de sable, et à qui, quand on les scrute intérieurement, on trouve le foie blanc comme le lait, portent à leurs mentons les barbes d'Hercule et de Mars au sourcil courroucé ! ils ne se parent de ces signes extérieurs du courage que pour se rendre redoutés. Regardez une certaine beauté et vous verrez qu'elle est achetée au poids ; une manière de miracle s'accomplit, qui rend plus légères celles qui en ont une plus grande quantité. Ainsi ces boucles dorées, tortillées comme des serpents, qui voltigent si capricieusement au vent sur une tête supposée belle, examinées de près, se trouvent souvent n'être que le douaire d'une autre tête dont le sépulcre renferme le crâne qui les nourrissait[4]. L'ornement n'est donc que le rivage trompeur d'une mer dangereuse, la brillante écharpe qui voile une beauté indienne[5]; en un mot, une vérité de surface dont le siècle rusé se sert pour attraper les plus sages. C'est pourquoi je te repousse absolument, or fastueux, dure nourriture de Midas, ainsi que toi, pâle et vil agent entre l'homme et l'homme; mais toi, maigre plomb, qui menaces plutôt que tu ne promets, ta simplicité me touche plus que l'éloquence, et c'est toi que je choisis. Que joyeuse soit la conséquence de ce choix!

Portia. — Comme elles se dissipent dans l'air, toutes ces passions qui m'agitaient, sauf une seule : anxiétés du doute, désespoir à la précipitation téméraire, crainte frissonnante, jalousie aux yeux verts! O Amour, modère-toi, comprime ton extase, fais pleuvoir ta joie avec mesure, retranche ton excès! Je sens trop vivement ta faveur, diminue-la, de crainte qu'elle ne m'étouffe!

Bassanio, *ouvrant le coffret de plomb*. — Qu'est-ce que je trouve ici? le portrait de la belle Portia! Quel demi-dieu a su joindre de si près la créature vivante? Ces yeux se meuvent-ils? ou bien semblent-ils en mouvement parce qu'ils tiennent en laisse les regards des miens? Voici les lèvres entr'ouvertes séparées par une respiration embaumée; une aussi douce barrière méritait de séparer de si douces amies. Dans ses cheveux, le peintre a imité l'araignée et a tissé un filet d'or pour prendre les cœurs des hommes en plus grand nombre que les toiles de l'araignée ne prennent de moucherons. Mais les yeux! comment a-t-il pu y voir assez pour les peindre? Il semble qu'en peindre un seul était suffisant pour lui faire perdre les deux siens et l'arrêter ainsi dans sa tâche. Voyez cependant! autant la réalité de mes éloges fait tort à cette ombre en restant au-dessous des éloges qu'elle mérite, autant cette ombre reste boiteuse en arrière de la vivante réalité. Mais voici le rouleau qui contient la moralité sommaire de mon heureuse fortune. (*Il lit.*)

A vous qui ne choisissez pas sur l'apparence,
Chance toujours aussi heureuse et choix toujours aussi vrai !
Puisque cette bonne fortune vous arrive,
Contentez-vous-en et n'en cherchez pas de nouvelle.
Si vous en êtes satisfait
Et que vous teniez votre aventure pour votre bonheur,
Tournez-vous du côté de votre dame,
Et réclamez-la avec un baiser d'amour.

Une aimable devise ! — Belle dame, avec votre permission, je viens, ma note à la main, pour donner et recevoir. (*Il l'embrasse.*) Comme lorsque deux lutteurs se disputent une victoire, celui qui pense avoir bien mérité aux yeux du peuple, en entendant les applaudissements et les hourras unanimes, s'arrête la tête saisie de vertige et regarde incertain si ces acclamations de louanges s'adressent ou ne s'adressent pas à lui ; ainsi, trois fois belle dame, je m'arrête incertain de savoir si ce que je vois est vrai jusqu'à ce que vous me l'ayez affirmé, confirmé, ratifié.

PORTIA. — Vous me voyez ici, seigneur Bassanio, telle que je suis. Pour ce qui est de moi seule, je ne nourrirais aucun ambitieux désir d'être mieux que je ne suis ; mais pour vous, je voudrais pouvoir me tripler vingt fois ; je voudrais être mille fois plus belle, mille fois plus riche ; et afin seulement de m'élever plus haut dans le compte que vous faites de moi, je voudrais en richesses, en vertus, en beautés, en amis, excéder tout compte. Quant à moi, la somme totale de ma personne équivaut à zéro ; c'est-à-dire, pour m'exprimer en résumé, équivaut à une fille sans instruction, sans savoir, sans expérience, heureuse en ceci qu'elle n'est pas encore si vieille qu'elle ne puisse apprendre ; plus heureuse en ceci qu'elle n'est pas si stupide qu'elle ne sache apprendre, et heureuse par-dessus tout de pouvoir remettre un esprit docile aux soins du vôtre, pour qu'il le dirige comme son seigneur, son gouverneur, son roi. Ma personne et ce qui m'appartient vous sont transférés et deviennent vôtres; il n'y a qu'un instant, j'étais la souveraine de ce beau château, la maîtresse de mes serviteurs, la maîtresse de moi-même; et maintenant, maintenant, ce château, ces serviteurs, cette personne qui est moi, sont vôtres, Monseigneur. Je vous les donne avec cet anneau; si jamais vous vous en séparez, le perdez ou le donnez, que ce soit le présage de la ruine de votre amour, et pour moi la légitime occasion de me plaindre de vous.

Bassanio. — Madame, vous m'avez privé de tout pouvoir de parole; mon sang seul vous répond dans mes veines, et il y a dans mes facultés une confusion pareille à celle qui se manifeste, après quelque discours éloquent prononcé par un prince populaire, parmi la multitude bourdonnante de satisfaction, lorsque de ses murmures mêlés ensemble, il sort ce bruit indistinct où il n'y a rien qu'une joie exprimée et non exprimée à la fois. Mais lorsque cet anneau se séparera de mon doigt, c'est que la vie me quittera, et alors vous pourrez dire hardiment : Bassanio est mort.

Nérissa. — Monseigneur et Madame, c'est maintenant à nous, qui avons été spectateurs et avons vu nos vœux s'accomplir, de crier: Bonheur parfait, bonheur parfait, Monseigneur et Madame!

Gratiano. — Monseigneur Bassanio, et vous, noble dame, je vous souhaite tout le bonheur que vous pouvez désirer, car je suis sûr que vos désirs ne peuvent se porter sur rien de ce qui peut faire le mien; aussi, lorsque Vos Honneurs solenniseront le contrat de leur union, je vous demande de me permettre de me marier en même temps.

Bassanio. — De tout mon cœur, si tu peux trouver une femme.

Gratiano. — Je remercie Votre Seigneurie; elle m'en a trouvé une. Mes yeux, Monseigneur, peuvent avoir des regards aussi prompts que les vôtres. Vous regardiez la maîtresse, moi je regardais la suivante; vous aimiez, j'aimais aussi, car la temporisation ne me va pas mieux qu'à vous, Monseigneur. Votre fortune dépendait de ces coffrets, et les choses se sont trouvées ainsi que la mienne en dépendait aussi; car après avoir fait ma cour jusqu'à me mettre en nage et avoir juré des serments d'amour jusqu'à me dessécher le palais, j'ai enfin, — si une promesse est une fin, — arraché à cette belle ici présente la promesse d'obtenir son amour si votre fortune vous faisait conquérir sa maîtresse.

Portia. — Est-ce vrai, Nérissa?

Nérissa. — Oui, Madame, si tel est votre bon plaisir.

Bassanio. — Et vous, Gratiano, êtes-vous de bonne foi?

Gratiano. — Oui, Monseigneur, de très-bonne foi.

Bassanio. — Nos noces seront fort honorées des vôtres.

Gratiano. — Et nous jouerons contre eux mille ducats, à qui aura le premier garçon.

Nérissa. — Et enjeu dehors?

Gratiano. — Non, on ne gagne jamais à ce jeu-là quand l'enjeu est dehors. Mais qui vient ici? Lorenzo et sa belle mécréante. Eh quoi! voici encore mon vieil ami de Venise, Solanio?

Entrent LORENZO, JESSICA *et* SOLANIO.

Bassanio. — Lorenzo et Solanio, soyez ici les bienvenus, si cependant mes titres en ces lieux ne sont pas encore trop jeunes pour me donner le droit de vous y souhaiter la bienvenue. — Avec votre permission, douce Portia, je souhaite ici la bienvenue à mes amis et compatriotes.

Portia. — Je fais de même, Monseigneur; ils sont entièrement les bienvenus.

Lorenzo. — Je remercie Votre Honneur. Pour ma part, Monseigneur, mon intention n'était pas de venir vous visiter ici; mais Solanio, que j'ai rencontré en chemin, m'a engagé à l'accompagner de manière à ne pas pouvoir le refuser.

Solanio. — C'est vrai, Monseigneur, et j'avais mes raisons pour cela. Le signor Antonio se recommande à vous.

(*Il donne une lettre à Bassanio.*)

Bassanio. — Avant que j'ouvre cette lettre, dites-moi, je vous prie, comment va mon excellent ami.

Solanio. — Il n'est pas malade, Monseigneur, à moins qu'il ne soit malade d'esprit, et il n'est pas bien portant non plus, à moins qu'il ne soit bien portant d'esprit. Sa lettre, que voici, vous dira son état.

(*Bassanio lit la lettre.*)

Gratiano. — Nérissa, faites bon accueil à cet étranger, souhaitez-lui la bienvenue. La main, Solanio; quelles nouvelles à Venise? Comment se porte ce royal marchand, ce bon Antonio? Je sais qu'il sera joyeux de notre succès. Nous sommes les Jasons, nous avons conquis la toison.

Solanio. — Je voudrais que vous eussiez conquis la toison qu'il a perdue.

Portia. — Cette lettre contient quelques mauvaises nouvelles qui dérobent leurs couleurs aux joues de Bassanio. Quelque cher ami mort, sans doute, car rien d'autre au monde ne pourrait à ce point bouleverser l'être physique d'un homme de ferme caractère. Quoi! de pis en pis! Avec votre permission, Bassanio, je suis la moitié de vous-même, et je dois libéralement avoir la moitié des nouvelles que vous apporte cette lettre.

Bassanio. — O douce Portia! cette lettre contient quelques-uns des mots les plus déplaisants qui aient jamais taché le papier. Charmante dame, lorsque la première fois je vous avouai mon amour, je vous dis franchement que toute ma richesse coulait dans mes veines, consistait dans ma qualité de gentilhomme, et je vous dis alors la vérité; et cependant, chère dame, en m'estimant à rien, vous verrez combien vantard j'ai été. Lorsque je vous ai dit que ma fortune équivalait à zéro, j'aurais dû vous dire que j'étais au-dessous de zéro, car, en vérité, je me suis engagé envers un ami bien cher, et j'ai engagé mon ami

ACTE III, SCÈNE II.

à son plus mortel ennemi pour fournir à mes dépenses. Voici une lettre, Madame, dont le papier est comme le corps de mon ami, et chacun de ses mots comme une blessure ouverte qui laisse échapper la vie avec le sang. Mais, cela est-il vrai, Solanio? Quoi? toutes ses expéditions ont échoué? Pas une seule n'a réussi? Quoi! à la fois celles de Tripoli, de Mexico, de l'Angleterre, de Lisbonne, des États barbaresques, de l'Inde? Pas un seul vaisseau n'a échappé au choc redoutable des rochers destructeurs de navires!

Solanio. — Pas un seul, Monseigneur. En outre, il paraîtrait que quand bien même il aurait l'argent pour rembourser le Juif, celui-ci ne l'accepterait pas. Je n'ai jamais vu une créature portant la forme humaine, plus avide et plus affamée de la perte d'un homme; il assiége le duc soir et matin de ses sollicitations, et déclare qu'il n'y a plus de liberté à Venise si on lui refuse justice. Vingt marchands, le duc lui-même, et les *magnificos* les plus considérables ont essayé de le ramener à la douceur, mais rien ne peut l'arracher à son haineux rabâchage : manque de promesse, justice, billet signé.

Jessica. — Lorsque j'étais avec lui, je l'ai entendu jurer, à Tubal et à Chus, ses compatriotes, qu'il aimerait mieux la chair d'Antonio que vingt fois la somme qu'il lui devait; et je sais, Monseigneur, que si la loi, l'autorité et la puissance laissent aller les choses, cela se passera mal pour ce pauvre Antonio.

Portia. — Est-ce votre cher ami qui se trouve en semblable malheur?

Bassanio. — Le plus cher de mes amis, l'homme le plus affectueux, l'âme la plus généreuse et la plus infatigable à rendre des services, la personne en laquelle plus qu'en aucune autre qui respire en Italie, apparaît l'antique honneur romain.

Portia. — Quelle somme doit-il au Juif?

Bassanio. — Il doit pour moi trois mille ducats.

Portia. — Comment! pas davantage? Payez-lui-en six mille et déchirez le billet; doublez ces six mille et puis triplez cette dernière somme plutôt que Bassanio laisse perdre un cheveu, par sa faute, à un ami tel que celui qu'il décrit. Venez d'abord avec moi à l'église et donnez-moi le titre d'épouse, et puis allez immédiatement à Venise retrouver votre ami, car vous ne coucherez jamais aux côtés de Portia avec une âme inquiète. Vous aurez de l'or en quantité suffisante pour payer vingt fois cette petite somme ; lorsqu'elle sera payée, revenez en amenant ce véritable ami. Ma suivante Nérissa et moi nous vivrons pendant ce temps-là comme des vierges et des veuves. Allons, sortons d'ici ! car il vous faut partir le jour même de votre mariage. Faites bon accueil à vos amis; montrez-leur joyeux visage. Puisque vous êtes chèrement acheté, je vous aimerai chèrement. Mais faites-moi connaître la lettre de votre ami.

Bassanio, *lisant*. — « Mon aimable Bassanio, mes vaisseaux ont tous péri, mes créanciers deviennent féroces, ma fortune est au plus bas, mon billet souscrit au Juif n'a pas été payé à l'échéance, et puisqu'en ne le payant pas il est impossible que je vive, toutes vos dettes envers moi seront éteintes si je puis vous voir seulement avant de mourir. Cependant, agissez comme il vous sera le plus agréable, et que ma lettre ne vous contraigne pas à revenir si votre amitié ne peut vous y engager. »

Portia. — O chéri, dépêchez toutes vos affaires et partez !

Bassanio. — Puisque vous me donnez la permission de partir, je vais faire diligence, mais croyez que jusqu'à mon retour, aucun lit ne sera coupable de mon retard, aucun repos ne viendra s'interposer entre nous deux.

(*Ils sortent.*)

SCÈNE III.

Venise. — Une rue.

Entrent SHYLOCK, SALARINO, ANTONIO
et UN GEÔLIER.

Shylock. — Geôlier, surveillez-le. — Ne me parlez pas de clémence ; c'est là l'imbécile qui prêtait de l'argent gratis. Geôlier, surveillez-le.

Antonio. — Écoutez-moi encore, mon bon Shylock.

Shylock. — Je veux que les conditions de mon billet soient remplies ; ne me parlez pas contre elles ; j'ai juré qu'elles seraient exécutées. Tu m'as appelé chien lorsque tu n'avais aucune raison de le faire ; mais puisque je suis un chien, prends garde à mes crocs. Le duc m'accordera justice. Je m'étonne, propre à rien de geôlier, que tu sois assez bête pour sortir avec lui lorsqu'il te le demande.

Antonio. — Je t'en prie, écoute-moi.

Shylock. — Je veux les conditions de mon billet ; je ne veux pas t'écouter. Je veux les conditions de mon billet ; par conséquent, ne me parle pas davantage. Vous ne ferez pas de moi un de ces bonasses imbéciles de pleurnicheurs qui vont secouer la tête, faiblir, soupirer et céder à des intercesseurs chrétiens. Ne me suis pas ; je ne veux pas de discours ; je veux les conditions de mon billet.

(*Il sort.*)

Salarino. — C'est bien le chien le plus impénétrable à la pitié qui ait jamais fait commerce avec des hommes.

Antonio. — Laissez-le tranquille, je ne le fatiguerai plus de prières inutiles. Il en veut à ma vie, et je sais pourquoi ; souvent j'ai tiré de ses griffes des débiteurs qui venaient gémir près de moi : c'est pourquoi il me hait.

Salarino. — Je suis sûr que le duc n'accordera jamais l'exécution de ce contrat.

Antonio. — Le duc ne peut empêcher la loi d'avoir son

cours, à cause des garanties commerciales que les étrangers trouvent auprès de nous, à Venise; suspendre la loi, serait porter atteinte à la justice de l'État, puisque le commerce et la richesse de la ville dépendent de toutes les nations. Ainsi marchons; ces chagrins et ces pertes m'ont mis si bas que c'est à peine si je serai en état de fournir demain une livre de chair à mon cruel créancier. Allons, geôlier, marchons. Plaise à Dieu que Bassanio vienne pour me voir payer sa dette, et alors je n'ai plus de souci!

(*Ils sortent.*)

SCÈNE IV.

Belmont. — Un appartement dans le château de Portia.

Entrent PORTIA, NÉRISSA, LORENZO, JESSICA *et* BALTHAZAR.

Lorenzo. — Madame, je le déclare, quoique vous soyez présente; vous avez de la divine amitié une idée noble et vraie, et vous le montrez vaillamment par la manière dont vous acceptez l'absence de votre époux. Mais si vous saviez à qui vous faites cet honneur, à quel vrai gentilhomme vous envoyez du secours, à quel tendre ami de Monseigneur votre époux, je suis sûr que vous seriez plus fière de votre action que vous ne le seriez de tout autre bienfait ordinaire.

Portia. — Je ne me suis jamais repentie d'avoir fait le bien, et je ne m'en repentirai pas aujourd'hui. Chez des compagnons qui vivent en commerce familier et passent leur temps ensemble, dont les âmes portent un joug égal d'affection, il doit exister nécessairement une similitude de natures, de manières et d'esprits; ce qui me porte à penser que cet Antonio doit ressembler nécessairement à mon seigneur, puisqu'il est l'ami de cœur de mon seigneur. S'il en est ainsi, combien est petit le prix que j'ai donné pour racheter de la griffe d'une infernale cruauté cette ressemblance de mon amour! Mais ce langage approche un peu trop de la flatterie personnelle; donc, coupons-y court, et parlons d'autre chose. Lorenzo, je remets entre vos mains la surintendance et la direction de ma maison jusqu'au retour de mon époux. Pour ce qui me concerne, j'ai adressé au ciel le vœu secret de vivre dans la prière et la contemplation, en la seule compagnie de Nérissa, jusqu'au retour de mon époux et de mon seigneur : il y a un monastère à deux milles d'ici; c'est là que nous nous retirerons. Vous me ferez plaisir en ne refusant pas cette charge que mon amour et certaines nécessités me contraignent maintenant à vous imposer.

Lorenzo. — Madame, de tout mon cœur; je suis prêt à obéir à tous vos aimables ordres.

Portia. — Mes gens connaissent déjà mes intentions et vous écouteront, vous et Jessica, comme les suppléants de Monseigneur Bassanio et de moi-même. Ainsi, bonne santé, jusqu'à notre prochaine entrevue.

Lorenzo. — Que les belles pensées et les heures joyeuses vous accompagnent!

Jessica. — Je souhaite à Votre Seigneurie l'accomplissement de tous les vœux de son cœur.

Portia. — Je vous remercie de votre souhait et suis très-heureuse de vous le rendre; adieu, Jessica.

(*Sortent Jessica et Lorenzo.*)

Maintenant, Balthazar, je désire te trouver encore aujourd'hui, ce que je t'ai toujours trouvé : honnête et loyal. Prends cette lettre et emploie toute la diligence possible à un homme pour te rendre à Padoue; remets-la soigneusement en main propre à mon cousin, le docteur Bellario; prends les papiers et les vêtements qu'il te donnera, et porte-les, je t'en prie, avec toute la vitesse imaginable, au bateau de passage qui fait le service de Venise. Ne perds pas de temps en paroles; mais pars, je serai là avant toi.

Balthazar. — Madame, je ferai toute la diligence possible. (*Il sort.*)

Portia. — Viens, Nérissa ; j'ai en main une entreprise dont tu ne sais rien encore ; nous verrons nos époux plus tôt qu'ils ne pensent.

Nérissa. — Et eux, nous verront-ils ?

Portia. — Ils nous verront, Nérissa ; mais sous un tel costume qu'ils croiront que nous sommes pourvues de ce qui nous manque. Je te fais la gageure que lorsque nous serons toutes deux habillées en jeunes gens, c'est moi qui serai le plus joli garçon des deux, qui porterai une dague avec la grâce la plus crâne, qui saurai le mieux imiter la voix de l'âge hésitant entre l'enfance et la virilité, le mieux changer nos trottinements menus en mâles enjambées, le mieux parler de querelles comme un beau jeune homme fanfaron, et dire de jolis mensonges. Je raconterai, par exemple, combien d'honorables dames ont recherché mon amour, et ne l'ayant pas obtenu sont tombées malades et sont mortes de chagrin, mais que je n'y puis rien ; ensuite j'affecterai le repentir, et je dirai qu'après tout je voudrais ne les avoir pas tuées, et vingt autres mensonges mignons de ce genre ; si bien que les hommes jureront qu'il n'y a pas plus d'un an que je suis sortie du collége. J'ai dans ma tête plus de mille des drôleries de ces bébés vantards et je m'en servirai.

Nérissa. — Quoi, allons-nous tourner aux hommes ?

Portia. — Fi ! quelle question, si quelqu'un de méchant t'entendait ! Mais viens, je t'exposerai tous mes plans lorsque nous serons dans ma voiture qui nous attend à la porte du parc ; dépêchons, car il nous faut faire vingt milles aujourd'hui.

(Elles sortent.)

SCÈNE V.

Belmont. — Le jardin de Portia.

Entrent LANCELOT *et* JESSICA.

Lancelot. — Oui, en vérité ; car voyez-vous, les péchés du père retombent sur les enfants ; c'est pourquoi je vous assure que je tremble pour vous. J'ai toujours été franc avec vous, voilà pourquoi je vous exprime maintenant mon *assentiment* sur cette matière Ainsi donc, amusez-vous bien, car en vérité, je crois que vous êtes damnée. Vous n'avez qu'un espoir qui puisse vous être de quelque secours ; et cet espoir est encore une manière d'espoir bâtard.

Jessica. — Et quel est cet espoir, je te prie ?

Lancelot. — Pardi, c'est que vous pouvez espérer que peut-être votre père ne vous a pas engendrée, que vous n'êtes pas la fille du Juif.

Jessica. — Ce serait en effet une sorte d'espoir bâtard ; s'il en était ainsi, les péchés de ma mère devraient retomber sur moi.

Lancelot. — Vraiment ! alors, je crains bien que vous ne soyez damnée à la fois à cause de votre père et à cause de votre mère ; ainsi lorsque j'évite Scylla votre père, je tombe dans Charybde votre mère : bien, vous êtes perdue des deux côtés.

Jessica. — Je serai sauvée par mon mari ; il m'a faite chrétienne.

Lancelot. — Il n'en est vraiment que plus à blâmer ; nous étions déjà bien assez de chrétiens ; nous étions même plus qu'il n'en fallait pour vivre en bons voisins. Cette rage de faire des chrétiens fera monter le prix des cochons ; si nous nous mettons à devenir des mangeurs de porcs, bientôt on ne pourra plus, même à un prix fou, se faire une grillade.

Jessica. — Je vais répéter ce que tu dis à mon mari, Lancelot ; le voici qui vient.

Entre LORENZO.

LORENZO. — Je vais bientôt devenir jaloux de vous, Lancelot, si vous continuez à entretenir ainsi ma femme dans les coins.

JESSICA. — Vous n'avez rien à craindre de nous, Lorenzo ; Lancelot et moi nous sommes en querelle. Il me dit carrément qu'il n'y a pas d'espoir pour moi au ciel parce que je suis la fille d'un Juif, et il dit que vous n'êtes pas un bon citoyen de la république, car en convertissant les Juifs en chrétiens vous faites monter le prix du porc.

LORENZO. — Il me sera plus facile de me justifier de cette action auprès de la république qu'à vous d'expliquer la rotondité de la négresse ; la mauresse est enceinte de vos œuvres, Lancelot.

LANCELOT. — Il est sans doute *mortifiant* que la *mauresse* soit grosse à *mort* ; mais si elle n'est pas tout à fait honnête femme, quoi d'étonnant? je suis surpris que sa vertu soit encore aussi *vivante* qu'elle l'est ; j'aurais cru à une vertu de *Maure*.

LORENZO. — Comme un imbécile peut jouer aisément sur les mots! je crois que le plus gracieux ornement de l'esprit sera bientôt le silence, et que la parole ne sera plus un mérite que pour les perroquets. Allons, faquin, rentre à la maison et dis-leur de faire leurs préparatifs pour le dîner.

LANCELOT. — Ils les ont faits, Monsieur, car ils ont tous des estomacs.

LORENZO. — Seigneur! quel adroit attrapeur de bons mots vous faites! eh bien alors, allez leur dire de préparer le dîner.

LANCELOT. — C'est fait aussi, Monsieur ; seulement c'est couvert et non dîner qui est le mot propre.

LORENZO. — Eh bien! soit, Monsieur ; va pour couvert.

LANCELOT. — Couvert? oh! non, Monsieur, pas davantage ; je connais mon devoir.

LORENZO. — Toujours des escarmouches à propos de chaque mot qui passe! veux-tu montrer en une seule fois toute la richesse de ton esprit? Aie la bonté, je t'en prie, de comprendre un homme sensé qui parle en termes sensés; va trouver tes camarades, dis-leur de couvrir la table, de servir les plats et que nous allons aller dîner.

LANCELOT. — C'est la table qui sera servie, Monsieur; et ce sont les plats qui seront couverts; quant à votre venue pour le dîner, Monsieur, il en sera ce qu'en décideront votre humeur et votre fantaisie. *(Il sort.)*

LORENZO. — O cher bon sens! les jolis mariages de mots! l'idiot a rangé dans sa mémoire toute une armée de bons mots, et je connais nombre d'imbéciles de plus haute condition, qui sont farcis des mêmes sottises que lui, et qui, pour le plaisir de lancer un mot amusant, vont déranger toute une conversation. Eh bien! Jessica, comment cela va-t-il? Maintenant, ma bonne chérie, dis-moi ton opinion sur la femme de Monseigneur Bassanio; l'aimes-tu beaucoup?

JESSICA. — Au delà de toute expression. Il sera trop juste que Monseigneur Bassanio mène une vie exemplaire, car ayant dans sa femme une telle bénédiction, il trouvera ici sur terre les joies du ciel; s'il ne trouve pas ces joies sur terre, il sera vraiment bien juste qu'il soit exclu du ciel. Oui, si les dieux faisaient quelque céleste gageure dont l'enjeu fût deux femmes terrestres et que Portia fût une de ces deux femmes, il faudrait engager quelque autre chose du côté de la seconde, car notre pauvre monde grossier n'a pas sa pareille.

LORENZO. — Eh bien! tu as en moi un époux comparable à ce qu'elle est comme femme.

JESSICA. — Vraiment! demandez-moi aussi mon opinion là-dessus!

LORENZO. — C'est ce que je ferai tout à l'heure. Allons d'abord dîner.

JESSICA. — Non, laissez-moi vous louer pendant que j'en ai appétit.

LORENZO. — Non, je t'en prie, réserve tes louanges pour nos propos de table; alors, quelque chose que tu dises, je la digérerai avec mon dîner.

Jessica. — Fort bien; je m'en vais vous dire votre fait. *(Ils sortent.)*

ACTE IV.

SCÈNE PREMIÈRE.

Venise. — Une cour de justice.

Entrent LE DUC, LES MAGNIFICOS, ANTONIO, BASSANIO, GRATIANO, SOLANIO, SALARINO *et autres.*

Le duc. — Eh bien! Antonio est-il ici?

Antonio. — Présent; aux ordres de Votre Grâce.

Le duc. — J'en suis affligé pour toi, mais tu as été appelé pour répondre à un ennemi de pierre, à un misérable inhumain, incapable de pitié, dont le cœur vide est à sec de la plus petite goutte de clémence.

Antonio. — J'ai appris que Votre Grâce avait pris de grandes peines pour l'amener à modérer l'acharnement de ses poursuites; mais puisqu'il persiste dans son inflexibilité et qu'il n'existe aucun moyen légal de me soustraire aux atteintes de sa méchanceté, j'opposerai ma patience à sa furie et j'armerai mon esprit d'une fermeté tranquille capable de me faire supporter la tyrannie et la rage du sien.

Le duc. — Que quelqu'un aille dire au Juif de se présenter devant la cour.

Solanio. — Il est à la porte; le voici, Monseigneur.

Entre SHYLOCK.

Le duc. — Faites place, et laissez-le venir en face de nous. — Shylock, le public pense, et je pense moi aussi, que ton intention a été simplement de poursuivre ton jeu cruel jusqu'au dernier moment, et qu'alors tu montreras une clémence et une pitié plus extraordinaires que ne l'est ton apparente cruauté; en sorte qu'au lieu d'exiger la pénalité consentie, c'est-à-dire une livre de la chair de ce pauvre marchand, non-seulement tu renonceras à cette condition, mais que, touché de générosité et de tendresse humaine, tu abandonneras une moitié du principal, considérant avec pitié les pertes récentes qui ont pesé sur lui d'un poids qui suffirait pour renverser un royal marchand[1] et pour inspirer la commisération à des poitrines de bronze et à des cœurs de durs rochers, à des Turcs inflexibles et à des Tartares ignorants des devoirs de la douce courtoisie. Juif, nous attendons tous de toi une réponse généreuse.

Shylock. — J'ai informé Votre Grâce de mes intentions, et j'ai juré par notre saint sabbat que j'obtiendrais l'exécution de la clause pénale de mon contrat; si vous me la refusez, que le danger qui en résultera retombe sur la constitution et les libertés de votre ville. Vous me demanderez pourquoi j'aime mieux prendre une livre de charogne que recevoir trois mille ducats : à cela je ne répondrai pas autrement qu'en disant que telle est mon humeur. La réponse vous paraît-elle bonne? Si un rat trouble ma maison et qu'il me plaise de donner dix mille ducats pour l'empoisonner, qu'a-t-on à dire à cela? Voyons, est-ce là encore une bonne réponse? Il y a des gens qui n'aiment pas à entendre crier un cochon[2]; d'autres à qui la vue d'un chat donne des accès de folie, et d'autres qui, lorsque la cornemuse leur chante sous le nez, ne peuvent retenir leur urine; car notre sensibilité, souveraine de nos passions, leur dicte ce qu'elles doivent aimer ou détester. Maintenant, voici la réponse que vous me demandez. De même qu'on ne peut donner de raison valable pour expliquer pourquoi celui-ci ne peut souffrir les cris du cochon, celui-là la vue d'un chat, bête nécessaire et inoffensive, cet autre une cornemuse qui chante, et qu'on est obligé de s'arrêter à celle-ci : qu'ils sont contraints de céder à une humiliante antipathie, laquelle les pousse à offenser parce qu'ils sont eux-mêmes offensés; ainsi moi, je ne peux donner d'autre raison, et je n'en veux donner d'autre que celle-ci : j'ai pour Antonio une haine fixe, une aversion absolue qui me poussent à lui intenter un procès ruineux pour moi. Êtes-vous satisfaits de ma réponse?

BASSANIO. — Homme insensible, ce n'est pas là une réponse qui puisse excuser le débordement de ta cruauté.

SHYLOCK. — Je ne suis pas obligé de donner une réponse qui te fasse plaisir.

BASSANIO. — Est-ce que tous les hommes tuent ce qu'ils n'aiment pas?

SHYLOCK. — Est-il un homme qui haïsse ce qu'il ne voudrait pas tuer?

BASSANIO. — Toute offense n'engendre pas d'abord la haine.

SHYLOCK. — Quoi ! tu voudrais qu'un serpent te piquât deux fois?

ANTONIO. — Pensez donc, je vous en prie, que vous discutez avec le Juif. Vous pouvez aussi bien vous en aller sur la plage et ordonner à la marée de ne pas monter jusqu'à sa hauteur habituelle ; vous pouvez aussi bien demander au loup pourquoi il contraint la brebis à bêler après son agneau ; vous pouvez aussi bien défendre aux pins des montagnes de balancer leurs hautes cimes et de ne pas faire de bruit lorsqu'ils sont agités par les souffles du ciel; vous pouvez aussi bien accomplir l'entreprise la plus dure à exécuter que d'essayer d'adoucir (car est-il rien de plus dur?) son cœur de Juif. Par conséquent, je vous en prie, ne faites pas de nouvelles offres, ne cherchez pas de nouveaux moyens; mais, sans plus tarder et sans plus épiloguer, faites ce que vous devez faire nécessairement : prononcez mon jugement et accordez au Juif l'objet de son désir.

Bassanio. — Pour tes trois mille ducats en voici six mille.

Shylock. — Quand bien même chacun des six mille ducats serait divisé en six parties, et que chacune de ces parties serait un ducat, je ne les recevrais pas; je voudrais l'exécution de mon billet.

Le duc. — Comment pourras-tu espérer la clémence, puisque tu n'en accordes aucune?

Shylock. — Quel jugement ai-je à redouter, puisque je ne fais aucun mal? Vous avez parmi vous de nombreux esclaves que vous avez achetés et que vous employez comme vos ânes, vos chiens et vos mulets, à des besognes abjectes et serviles parce que vous les avez achetés. Viendrai-je vous dire : mettez-les en liberté, mariez-les à vos héritières? pourquoi suent-ils sous leurs fardeaux? pourquoi leurs lits ne sont-ils pas aussi doux que les vôtres, leurs palais flattés par les mêmes mets? Vous me répondriez : les esclaves sont à nous. Je vous réponds de même : cette livre de sa chair que je lui réclame, je l'ai chèrement achetée; elle est à moi et je l'aurai. Si vous me la refusez, anathème sur votre loi! les décrets de Venise sont désormais sans force. J'attends de vous justice; répondez, me la ferez-vous[3]?

Le duc. — En vertu de mon pouvoir, je puis congédier la cour, à moins que Bellario, un savant docteur que j'ai envoyé chercher pour décider cette cause, n'arrive aujourd'hui.

Solanio. — Monseigneur, un messager nouvellement arrivé de Padoue avec des lettres du docteur attend à la porte.

Le duc. — Apportez-nous les lettres; introduisez le messager.

Bassanio. — Bon espoir, Antonio! Allons, ami, encore du courage. Le Juif aura ma chair, mon sang, mes os et toute ma personne, avant que tu perdes pour moi une goutte de sang.

Antonio. — Je suis la brebis malade du troupeau, la mieux faite par conséquent pour la mort; le fruit le plus faible est celui qui tombe le premier à terre ; qu'il en soit ainsi de moi. Vous ne pouvez mieux vous employer, Bassanio, qu'à vivre et à écrire mon épitaphe.

Entre NÉRISSA, *sous les habits d'un clerc d'avocat.*

Le duc. — Vous venez de Padoue, de la part de Bellario?

Nérissa. — Oui, Monseigneur, exactement. Bellario salue Votre Grâce.

(*Elle lui présente une lettre.*)

Bassanio, *à Shylock.* — Pourquoi donc aiguises-tu ton couteau avec autant d'entrain?

Shylock. — Pour couper à ce banqueroutier-ci le dédit qu'il me doit.

Gratiano. — Ce n'est pas sur ta semelle, mais sur ton âme[4], âpre Juif, que tu donnes le fil à ton couteau. Aucun métal, pas même la hache du bourreau, n'est aussi tranchant de moitié que ta malice acérée. Aucune prière ne peut-elle donc te pénétrer?

Shylock. — Non, aucune que ton esprit puisse suffire à composer.

Gratiano. — Oh! sois damné, inexorable chien, et que ta vie accuse la justice! Tu ébranlerais presque assez fortement ma foi, pour me faire partager cette opinion de Pythagore, que les âmes des animaux s'incarnent dans les corps des hommes. Ton esprit de chien animait autrefois un loup qui fut pendu pour meurtre d'homme; son âme féroce s'échappa de la potence et s'insinua en toi dans le ventre même de ta païenne de mère, car tes désirs sont ceux d'un loup, sanguinaires, affamés et rapaces.

Shylock. — Tant que tes railleries n'effaceront pas la signature de mon billet, tu ne feras, en parlant si haut, autre chose que blesser tes poumons; fais des réparations à ton esprit, mon bon garçon, ou bien il va tomber dans une ruine irrémédiable. J'attends ici l'exécution de la loi.

Le duc. — Cette lettre de Bellario recommande à notre cour un jeune et savant docteur. Où est-il ?

Nérissa. — Il se tient tout près d'ici, attendant la réponse qui doit lui apprendre si vous l'admettez.

Le duc. — De tout mon cœur. Que trois ou quatre d'entre vous aillent le chercher pour le conduire ici avec courtoisie. En attendant, la cour va prendre connaissance de la lettre de Bellario.

Un clerc, *lisant*. — « Votre Grâce doit être informée qu'au moment où je reçois votre lettre je suis très-malade ; mais votre messager s'est rencontré chez moi avec un jeune docteur de Rome dont le nom est Balthazar, qui était venu me rendre une visite amicale. Je lui ai exposé l'objet du procès entre Antonio le marchand et le Juif ; nous avons ensemble consulté de nombreux auteurs ; il possède mon opinion sur cette affaire, et cette opinion, améliorée par sa propre science, dont je ne saurais assez louer l'étendue, il vous la porte sur mes instances pour répondre à ma place à la requête de Votre Grâce. Je vous conjure de ne pas considérer son extrême jeunesse comme une raison pour lui épargner l'estime, car je n'ai jamais vu si vieille tête sur un si jeune corps. Je le recommande à votre gracieux accueil ; l'épreuve que vous ferez de lui dira plus hautement son mérite que mes paroles. »

Le duc. — Vous entendez ce que m'écrit le savant Bellario. Mais voici, je pense, le docteur.

Entre PORTIA, *habillée comme un docteur en droit.*

Le duc. — Donnez-moi la main. Venez-vous de la part du vieux Bellario ?

Portia. — Oui, Monseigneur.

Le duc. — Vous êtes le bienvenu. Prenez votre place. Êtes-vous informé du procès qui est actuellement pendant devant la cour ?

Portia. — Je suis entièrement au courant de la cause. Quel est ici le marchand, et quel est le Juif ?

Le duc. —Antonio, et toi, vieux Shylock, avancez tous deux.

Portia.—Votre nom est-il Shylock?

Shylock. — Shylock est mon nom.

Portia.—La demande que vous faites est d'une étrange nature, et cependant tellement légale, que la loi vénitienne ne peut vous empêcher de poursuivre. (*A Antonio.*) Vous tombez sous sa coupe, n'est-il pas vrai?

Antonio.—Oui; c'est ce qu'il dit.

Portia. —Avouez-vous ce billet?

Antonio. — Oui.

Portia. — Alors, le Juif doit se montrer clément.

Shylock. —Par l'effet de quelle contrainte? dites-le-moi.

Portia.—Le propre de la clémence est de n'être pas contrainte; elle tombe comme tombe la douce pluie du ciel sur la plaine qui est au-dessous d'elle; elle est deux fois bénie; elle bénit celui qui la donne et celui qui la reçoit. C'est ce qu'il y a de plus puissant dans ce qui est tout-puissant; elle sied mieux que la couronne au monarque sur son trône; le sceptre peut bien montrer la force du pouvoir temporel, l'attribut de la majesté et du respect qui font craindre et redouter les rois; mais la clémence est au-dessus de cette autorité du sceptre; elle a son trône dans les cœurs des rois, elle est un attribut de Dieu lui-même, et le pouvoir terrestre approche autant que possible du pouvoir de Dieu, lorsque la clémence tempère la justice. Par conséquent, Juif, quoique la justice soit ton point d'appui, considère bien ceci : que ce n'est pas par la justice qu'aucun de nous trouvera son salut; nous prions pour demander la clémence, et cette même prière par laquelle nous la demandons, nous enseigne à tous que nous devons nous montrer cléments nous-mêmes. Je n'ai si longuement parlé que pour t'engager à modérer la justice de ta demande; si tu y persistes, cette cour de Venise, sévèrement fidèle à la loi, devra nécessairement prononcer sentence contre le marchand ici présent.

Shylock. — Que mes actions retombent sur ma tête ! J'exige la loi, l'exécution de la clause pénale et le dédit de mon billet.

Portia. — Est-ce qu'il ne peut pas rembourser l'argent ?

Bassanio. — Si, j'offre de le rendre ici pour lui devant la cour ; bien plus, j'offre deux fois la somme ; si cela ne suffit pas, je m'engagerai à en payer dix fois le montant en mettant en gage ma tête, mes mains, mon cœur ; si cela ne suffit pas encore, alors il sera clair que la méchanceté l'emporte sur l'honnêteté. Je vous en conjure, pour une seule fois, faites fléchir la loi devant votre autorité ; faites un petit mal pour faire un grand bien, et courbez l'obstination de ce diable cruel.

Portia. — Cela ne peut être ; il n'y a pas de pouvoir à Venise qui puisse altérer un décret établi ; un tel précédent introduirait dans l'État de nombreux abus ; cela ne peut pas être.

Shylock. — Un Daniel est venu pour nous juger ; oui, un Daniel ! Oh ! sage jeune juge, combien je t'honore !

Portia. — Laissez-moi, je vous prie, examiner le billet.

Shylock. — Le voici, très-révérend docteur, le voici.

Portia. — Shylock, on offre de te rendre trois fois ton argent.

Shylock. — Un serment, un serment, j'ai fait un serment au ciel. Chargerai-je mon âme d'un parjure ? Non, je ne le ferais pas pour Venise entière.

Portia. — Oui, ce billet est échu sans payement, et par les conventions y consignées, le Juif peut légalement réclamer une livre de chair qu'il a droit de couper tout près du cœur de ce marchand. — Sois compatissant, reçois trois fois le montant de la dette ; laisse-moi déchirer le billet.

Shylock. — Lorsqu'il aura été acquitté conformément à sa teneur. Il paraît que vous êtes un digne juge ; vous connaissez la loi, votre exposé a été très-solide ; je vous enjoins donc de par la loi, dont vous êtes une des colonnes les plus méritantes, de procéder au jugement. Je jure par mon âme qu'il n'est pas langue humaine ayant assez d'éloquence pour changer ma volonté. Je m'en tiens à mon billet.

Antonio. — Je supplie la cour de tout mon cœur qu'elle veuille bien rendre le jugement.

Portia. — Eh bien ! mais alors le voici ; il vous faut préparer votre sein au couteau.

Shylock. — Oh ! noble juge ! O excellent jeune homme !

Portia. — En effet, l'objet de la loi et le but qu'elle poursuit sont étroitement en relation avec la pénalité que ce billet montre pouvoir être réclamée.

Shylock. — C'est très-vrai, ô juge sage et intègre ! combien tu es plus vieux que ne le dit ton visage !

Portia. — Par conséquent, mettez votre sein à nu.

Shylock. — Oui, sa poitrine ; c'est ce que dit le billet, n'est-ce pas, noble juge ? la place la plus près du cœur, ce sont les termes mêmes.

Portia. — Les termes mêmes. Y a-t-il ici une balance pour peser la chair ?

Shylock. — J'en ai une toute prête.

Portia. — Shylock, avez-vous pris quelque chirurgien à votre charge pour bander ses blessures, afin qu'il ne saigne pas à mort ?

Shylock. — Cela est-il énoncé dans le billet ?

Portia. — Cela n'est pas énoncé ; mais qu'importe ? il serait bon que vous le fissiez par charité.

Shylock. — Je ne vois pas pourquoi ; cela n'est pas dans le billet.

Portia. — Approchez, marchand ; avez-vous quelque chose à dire ?

Antonio. — Peu de chose. Je suis armé de courage et tout préparé à mon sort. Donnez-moi votre main, Bassanio ; adieu ! Ne regrettez pas que ce malheur me soit arrivé pour vous ; car dans cette affaire la fortune s'est montrée plus compatissante que de coutume. C'est son habitude de laisser le malheureux survivre à sa richesse pour contempler avec des yeux creux et un front ridé une interminable pauvreté; eh bien! moi, elle me débarrasse de la lente punition d'une telle misère. Recommandez mon souvenir à votre honorable femme; racontez-lui toutes les péripéties de la fin d'Antonio; dites-lui combien je vous aimais, parlez bien de moi après ma mort, et lorsque vous lui aurez tout appris, demandez-lui de décider si Bassanio n'avait pas naguère un véritable ami. Ne vous repentez pas de perdre votre ami, et lui ne se repentira pas de payer votre dette; car si le Juif coupe assez profondément, je m'en vais la payer de mon cœur tout entier.

BASSANIO. — Antonio, je suis marié à une femme qui m'est aussi chère que la vie elle-même; mais la vie, ma femme, le monde entier ne me sont pas plus chers que ta vie; je perdrais tout, je sacrifierais tout pour te délivrer de ce diable-ci.

PORTIA. — Si votre femme était ici près et qu'elle vous entendît faire une pareille offre, elle vous ferait de médiocres remercîments.

GRATIANO. — J'ai une femme que j'aime, je le déclare; eh bien! je voudrais qu'elle fût au ciel afin de pouvoir engager quelque puissance divine à changer le cœur de ce féroce Juif.

NÉRISSA. — Vous faites bien d'exprimer un pareil vœu en son absence. Exprimé en sa présence, ce vœu vous ferait une maison peu tranquille.

SHYLOCK, *à part*. — Voilà bien les maris chrétiens. J'ai une fille; j'aurais mieux aimé qu'elle épousât quelqu'un de la race de Barabbas que de lui voir un chrétien pour époux. (*Haut.*) Nous perdons du temps; je t'en prie, achève ta sentence.

PORTIA. — Il te revient une livre de la chair de ce marchand; la loi te la donne et la cour te l'adjuge.

SHYLOCK. — O juge très-équitable!

PORTIA. — Et vous pouvez couper cette chair sur sa poitrine; la loi le permet et la cour vous y autorise.

SHYLOCK. — O très-docte juge! voilà une sentence! Allons, préparez-vous!

Portia. — Arrête un instant; il y a encore quelque autre chose à dire. Ce billet ne t'accorde pas une goutte de sang; les mots formels sont ceux-ci : *une livre de chair*. Prends donc ce que t'accorde ton billet, prends ta livre de chair; mais si, en la coupant, il t'arrive de répandre une goutte de sang chrétien, tes terres et tes biens seront, de par la loi de Venise, confisqués au profit de l'État de Venise.

Gratiano. — O le juge intègre! n'est-ce pas, Juif? O le docte juge!

Shylock. — Est-ce la loi?

Portia. — Tu verras toi-même le texte; car, puisque tu demandes justice, sois assuré que tu l'obtiendras plus que tu ne désires.

Gratiano. — O le docte juge, n'est-ce pas, Juif? O le docte juge!

Shylock. — J'accepte son offre, alors; payez-moi trois fois la valeur du billet, et laissez aller le chrétien.

Bassanio. — Voici l'argent.

Portia. — Doucement! le Juif aura toute justice. Doucement, pas de hâte. Il n'aura rien que l'exécution des clauses pénales stipulées.

Gratiano. — O Juif! Un juge intègre, un docte juge!

Portia. — Prépare-toi donc à couper la chair; ne répands pas de sang et ne coupe ni plus ni moins qu'une livre de chair; si tu en prends plus ou moins d'une livre précise, quand ce ne serait que la quantité suffisante pour en augmenter ou en diminuer le poids de la vingtième partie d'un petit soupçon de chair; bien plus, si l'équilibre de la balance est dérangé du poids d'un cheveu, tu meurs et tous tes biens sont confisqués.

Gratiano. — Un second Daniel, Juif, un Daniel! Te voilà pris, maintenant, païen.

Portia. — Pourquoi le Juif s'arrête-t-il? Prends ton amende.

Shylock. — Donnez-moi le principal de la dette et laissez-moi partir.

ACTE IV, SCÈNE I.

Bassanio. — Je le tiens tout préparé pour toi; le voici.

Portia. — Il l'a refusé en pleine cour ; il n'aura que justice tout simplement, et ce que lui accorde son billet.

Gratiano. — Un Daniel, je te le répète, un second Daniel! Je te remercie, Juif, pour m'avoir appris ce mot.

Shylock. — Ne puis-je avoir purement et simplement mon principal?

Portia. — Tu n'auras rien que l'amende stipulée, prise, comme je te l'ai dit, à tes risques et périls, Juif.

Shylock. — Eh bien! alors, que le diable lui en donne quittance; je ne resterai pas plus longtemps ici à discuter.

Portia. — Arrête, Juif; la loi a encore une autre prise sur toi. Il est établi par les lois de Venise que s'il est prouvé qu'un étranger, par des moyens directs ou indirects, a cherché à attenter à la vie d'un citoyen, une moitié de ses biens appartiendra à la personne contre laquelle il a conspiré, et l'autre moitié au coffre particulier de l'État, et que la vie de l'offenseur dépendra entièrement de la clémence du duc, qui pourra faire prévaloir sa volonté contre tout jugement. Voilà, dis-je, le cas où tu te trouves; car il est évident par tes actes manifestes que tu as conspiré indirectement et directement aussi contre la vie même du défendeur; tu as encouru par conséquent la peine précédemment énoncée par moi. A genoux donc, et implore la clémence du duc.

Gratiano. — Supplie qu'on te laisse la permission de te pendre toi-même; cependant, comme toutes tes richesses sont confisquées au profit de l'État, il ne te reste pas la valeur d'une corde; par conséquent, tu dois être pendu aux frais de l'État.

Le duc. — Pour que tu voies bien la différence de nos sentiments, je te fais grâce de ta vie avant que tu ne le demandes; quant à tes biens, la moitié appartient à Antonio, et l'autre moitié revient à l'État; cette confiscation, ton humilité peut nous la faire transformer en amende.

Portia. — Oui, pour ce qui regarde l'État, mais non pour ce qui regarde Antonio.

Shylock. — Eh, parbleu! prenez ma vie et tout; n'épargnez pas cela plus que le reste; vous prenez ma maison, lorsque vous prenez l'appui qui la soutient; vous prenez ma vie, lorsque vous m'enlevez les moyens de vivre.

Portia. — Quel pardon pouvez-vous lui accorder, Antonio?

Gratiano. — Une corde gratis; rien de plus, au nom du ciel.

Antonio. — Je prie Monseigneur le duc et la cour de réduire l'amende à une moitié de ses biens; je me contenterai d'avoir le simple usage de l'autre moitié, pour la rendre à sa mort au gentilhomme qui a récemment enlevé sa fille. Je demande que deux conditions soient en outre imposées à cette faveur : la première, qu'il se fasse présentement chrétien; la seconde, qu'il fasse ici, devant la cour, une donation légale de tout ce qu'il possédera au moment de sa mort, à son gendre Lorenzo et à sa fille.

Le duc. — Il remplira ces conditions, autrement je rétracte le pardon que j'ai récemment prononcé ici.

Portia. — Es-tu satisfait, Juif? Eh bien! que dis-tu?

Shylock. — Je suis satisfait.

Portia. — Clerc, rédigez un acte de donation.

Shylock. — Je vous en prie, donnez-moi la permission de m'en aller; je ne suis pas bien, envoyez l'acte chez moi et je le signerai.

Le duc. — Va-t'en, mais tiens parole.

Gratiano. — Au baptême, tu auras deux parrains; si j'avais été juge, tu en aurais eu dix de plus pour te conduire à la potence et non au baptistère [5].

(*Shylock sort.*)

Le duc. — Monsieur, je vous prie de vouloir bien venir dîner avec moi.

Portia. — Je prie humblement Votre Grâce de vouloir bien m'excuser. Il faut que ce soir je sois en route pour Padoue, et il est nécessaire que je parte immédiatement.

Le duc. — Je suis affligé que vous n'ayez pas le loisir

de rester. — Antonio, récompensez ce gentilhomme ; car, à mon avis, vous lui êtes fort redevable.

(*Sort le duc avec sa suite.*)

BASSANIO. — Très-digne gentilhomme, par votre sagesse, moi et mon ami nous avons été aujourd'hui exemptés de châtiments cruels. En récompense, ces trois mille ducats, qui étaient au Juif, nous les accordons librement à vos gracieux services.

ANTONIO. — Et de plus, et par-dessus tout, nous restons pour toujours vos débiteurs en affection et en dévouement.

PORTIA. — Il est bien payé, celui qui est content de lui; je suis content de vous avoir délivré, et par conséquent je me tiens pour bien payé; je n'ai jamais eu l'âme très-mercenaire. Veuillez me reconnaître, je vous en prie, lorsque je vous rencontrerai; je vous souhaite bonne santé, et là-dessus je prends congé de vous.

BASSANIO. — Mon cher monsieur, permettez-moi d'insister encore auprès de vous; acceptez de nous quelque souvenir, comme hommage, sinon comme honoraires. Accordez-moi deux choses, je vous en prie : de ne pas me refuser et de vouloir m'excuser.

PORTIA. — Vous me pressez beaucoup; il me faut donc céder. Donnez-moi vos gants, je les porterai en souvenir de vous, et pour l'amour de vous je prendrai cet anneau-ci. Ne retirez pas votre main; je ne prendrai rien de plus; et vous, par amour de moi, vous ne pouvez me refuser cela.

BASSANIO. — Cet anneau, mon bon monsieur, hélas! c'est une bagatelle; j'aurais honte de vous donner cela.

PORTIA. — Je ne veux rien de plus que cet anneau. Je sens que j'en ai maintenant une très-vive fantaisie.

BASSANIO. — Cet anneau a pour moi un prix bien au-dessus de sa valeur. Je ferai chercher et je vous donnerai le plus riche anneau qu'il y ait dans Venise; mais pour celui-ci, je vous prie de m'excuser.

PORTIA. — Je vois, Monsieur, que vous êtes libéral en paroles; c'est vous qui m'avez appris à mendier, et maintenant il me semble que vous m'apprenez comment on doit répondre aux mendiants.

BASSANIO. — Mon bon monsieur, cet anneau me fut donné par ma femme, et lorsqu'elle me le mit au doigt, elle me fit jurer que jamais je ne le vendrais, ne le donnerais, ni ne le perdrais.

PORTIA. — C'est là une de ces excuses qui servent à bien des gens pour refuser leurs dons; mais si votre femme n'est pas folle, et si elle savait combien j'ai mérité cet anneau, elle ne vous en voudrait certainement pas éternellement pour me l'avoir donné. C'est bien; que la paix soit avec vous!

(*Sortent Portia et Nérissa.*)

ANTONIO. — Monseigneur Bassanio, donnez-lui l'anneau; que ses services et mon amitié l'emportent sur le commandement de votre femme.

BASSANIO. — Va, Gratiano, cours et attrape-le; donne-lui l'anneau et amène-le, si tu peux, à la maison d'Antonio. Vite, dépêche-toi. (*Sort Gratiano.*) Allons-nous-en tous deux chez vous immédiatement, et demain de bon matin nous prendrons notre vol pour Belmont. Venez, Antonio. (*Ils sortent.*)

SCÈNE II.

Venise. — Une rue.

Entrent PORTIA *et* NÉRISSA.

PORTIA. — Informe-toi de la maison du Juif, donne-lui cet acte et fais-le-lui signer. Nous partirons ce soir et nous serons de retour un jour avant nos époux. Cette donation sera la bienvenue auprès de Lorenzo.

Entre GRATIANO.

GRATIANO. — Mon beau monsieur, je vous rattrape fort heureusement. Monseigneur Bassanio, après plus ample réflexion, vous envoie cet anneau et sollicite l'honneur de votre compagnie à dîner.

PORTIA. — Cette dernière chose ne se peut; quant à son anneau, je l'accepte avec grande reconnaissance; dites-le-lui bien, je vous en prie. Pourriez-vous, en outre, montrer à mon jeune clerc la maison du vieux Shylock?

GRATIANO. — Oui, je le puis.

NÉRISSA. — Monsieur, je voudrais vous parler. (*A part à Portia.*) Je vais voir si je puis enlever à mon époux l'anneau que je lui ai fait jurer de garder toujours.

PORTIA. — Tu peux le lui faire donner, je te le garantis. Ils nous feront tous les serments du monde qu'ils ont donné les anneaux à des hommes, mais nous les démentirons et nous les confondrons. Vite! hâte-toi; tu sais où je dois t'attendre.

NÉRISSA. — Venez, mon bon monsieur; voulez-vous me montrer cette maison? (*Ils sortent.*)

ACTE V.

SCÈNE UNIQUE.

Belmont. — L'avenue du château de Portia.

Entrent LORENZO *et* JESSICA.

LORENZO. — La lune est resplendissante. Ce fut par une nuit pareille à celle-ci, pendant que les doux vents baisaient gentiment les arbres qui ne faisaient aucun bruit, ce fut par une telle nuit, sans doute, que Troïlus monta sur les remparts de Troie et exhala son âme en soupirs en face des tentes grecques, où Cressida dormait.

JESSICA. — Ce fut par une telle nuit que Thisbé, marchant d'un pas craintif à travers la rosée, vit l'ombre du lion avant de voir le lion lui-même et s'enfuit pleine d'effroi.

LORENZO. — Ce fut par une telle nuit que Didon, une branche de saule à la main, se tenant debout sur la plage déserte de la mer, suppliait par ses gestes son amant de revenir à Carthage.

JESSICA. — Ce fut par une telle nuit que Médée cueillit les herbes magiques qui rajeunirent le vieil Æson.

LORENZO. — Ce fut par une telle nuit que Jessica se déroba de la maison du riche Juif, et qu'avec elle un amant étourdi s'enfuit de Venise jusqu'à Belmont.

JESSICA. — Ce fut par une telle nuit que le jeune Lorenzo lui jura qu'il l'aimait bien, et vola son âme avec mille serments de fidélité dont il n'y avait pas un seul de vrai.

LORENZO. — Ce fut par une telle nuit que la gentille Jessica, comme une petite espiègle, calomnia son amant qui le lui pardonna.

JESSICA. — Je vous battrais dans ce *duo* sur la nuit si personne ne venait; mais chut! j'entends le pas d'un homme.

Entre STEPHANO.

LORENZO. — Qui vient donc si précipitamment au milieu du silence de la nuit?

STEPHANO. — Un ami.

LORENZO. — Un ami! quel ami? Votre nom, s'il vous plaît, l'ami.

STEPHANO. — Stephano est mon nom, et je viens vous annoncer que ma maîtresse sera de retour avant l'aube, ici, à Belmont; elle s'attarde à quelque distance d'ici, devant les saintes croix, aux pieds desquelles elle s'agenouille et prie pour obtenir d'heureux jours de mariage.

LORENZO. — Qui vient avec elle?

STÉPHANO. — Personne, si ce n'est un saint ermite et sa suivante. Mais, mon maître est-il de retour, s'il vous plaît?

LORENZO. — Non, et nous n'avons pas non plus appris de ses nouvelles. Mais, je vous en prie, Jessica, entrons et faisons quelques préparatifs de fête pour souhaiter la bienvenue à la maîtresse de ce logis.

Entre LANCELOT.

LANCELOT. — Tonton, tonton, tontaine! tonton, tontaine, tonton[1]!

LORENZO. — Qui appelle?

LANCELOT. — Tonton! — Avez-vous vu M. Lorenzo et Mme Lorenzo? — Tontaine, tonton!

LORENZO. — Cesse de sonner l'hallali, bonhomme; approche un peu.

LANCELOT. — Tonton! — Où ça? où ça?

LORENZO. — Ici.

LANCELOT. — Dites-lui qu'il est venu un courrier de la part de mon maître, avec sa trompe pleine de bonnes nouvelles; mon maître sera ici avant le matin. (*Il sort.*)

LORENZO. — Cher amour, rentrons et attendons leur arrivée. Et pourtant, c'est inutile; pourquoi rentrerions-nous? Mon ami Stéphano, allez, je vous prie, annoncer à la maison que votre maîtresse est tout près, et dites à vos musiciens de venir ici, en plein air. (*Sort Stéphano.*) Comme le clair de lune dort doucement sur ce banc de gazon! Allons nous y asseoir, et laissons les accords de la musique se couler dans nos oreilles; la douce tranquillité et la nuit sont les meilleurs auxiliaires pour faire goûter la suave harmonie. Assieds-toi, Jessica. Vois comme le parquet du ciel est parsemé de nombreuses patènes d'or brillant[2]; il n'est pas jusqu'au plus petit de ces globes que tu contemples, qui, par ses mouvements, ne rende une harmonie angélique qui s'accorde avec les voix des chérubins aux yeux éternellement jeunes. Les âmes immortelles ont en elles une telle musique; mais, pendant que ce vêtement de boue, fait pour tomber, l'em prisonne grossièrement entre ses cloisons, nous ne pouvons l'entendre.

Entrent des MUSICIENS.

LORENZO. — Holà! venez et éveillez Diane avec un hymne; que vos plus doux accords aillent atteindre les oreilles de votre maîtresse, et tirez-la jusque chez elle par la musique. (*La musique joue.*)

JESSICA. — Je ne suis jamais gaie lorsque j'entends une douce musique.

LORENZO. — La raison en est que tous vos esprits sont attentifs. Remarquez un peu comment se comporte un troupeau sauvage et capricieux, une bande de jeunes étalons indomptés faisant de folles cabrioles, soufflant et hennissant à grand bruit, actes qui sont les conséquences naturelles de la chaleur de leur sang; s'il arrive que par hasard ces étalons entendent un bruit de trompettes, ou si quelque ondulation musicale vient toucher leurs oreilles, vous les verrez, sous le doux pouvoir de la musique, s'arrêter immobiles comme d'un mutuel accord, et leurs yeux prendront une expression timide. C'est pour cette raison que le poëte imaginait qu'Orphée attirait les arbres, les pierres et les flots, car il n'est pas d'objet si stupide, si dur, si plein de rage, dont la musique ne puisse, pour un moment, changer la nature. L'homme qui n'a pas de musique en lui ou qui n'est pas ému par l'harmonie des doux sons, est fait pour les trahisons, les stratagèmes et les larcins; les mouvements de son esprit sont sourds comme la nuit et ses affections ténébreuses comme l'Érèbe; ne vous confiez jamais à un tel homme. — Écoutez la musique.

Entrent PORTIA *et* NÉRISSA, *à distance.*

PORTIA. — Cette lumière que nous apercevons brûle dans ma salle : comme cette petite chandelle jette au loin ses rayons! Ainsi brille une bonne action dans un monde mauvais.

NÉRISSA. — Lorsque la lune brillait nous n'apercevions pas la chandelle.

PORTIA. — C'est ainsi qu'une grande gloire éclipse une gloire moindre : le lieutenant d'un roi brille d'un aussi grand éclat que le roi, jusqu'au moment où celui-ci se présente; mais alors, sa grandeur va décroissant, pareille à un ruisseau qui, de l'intérieur des terres, va se perdre dans la masse de l'Océan. — De la musique! écoutons!

NÉRISSA. — Ce sont les musiciens de votre maison, Madame.

PORTIA. — Nulle chose, je le vois, n'est bonne qu'en son lieu. Il me semble que cette musique résonne plus doucement que pendant le jour.

NÉRISSA. — C'est le silence qui lui prête cette vertu, Madame.

PORTIA. — La corneille chante aussi mélodieusement que l'alouette lorsqu'il n'y a personne pour écouter, et je crois que si le rossignol chantait durant le jour, pendant que toutes les oies piaillent, il ne serait pas jugé un meilleur musicien que le roitelet. Combien de choses doivent leur vraie perfection et leurs louanges légitimes à l'opportunité des circonstances! Paix! là-bas! La lune sommeille avec Endymion et ne voudrait pas être réveillée. (*La musique s'arrête.*)

LORENZO. — Ou je me trompe bien, ou c'est la voix de Portia.

PORTIA. — Il me reconnaît comme l'aveugle reconnaît le coucou, à ma vilaine voix.

LORENZO. — Chère dame, soyez la bienvenue.

PORTIA. — Nous sommes allées prier pour le succès de nos époux, qui, nous l'espérons, aura été hâté par nos prières. Sont-ils revenus?

LORENZO. — Pas encore, Madame; mais il est venu un messager pour annoncer leur arrivée.

PORTIA. — Entre, Nérissa; ordonne aux domestiques de ne rien faire qui puisse révéler que nous avons été absentes. N'en parlez pas non plus, Lorenzo; ni vous, Jessica. (*On entend une fanfare.*)

LORENZO. — Votre mari est proche; j'entends la trompette; nous ne sommes pas indiscrets, Madame; n'ayez aucune crainte de nous.

PORTIA. — Il me semble que cette nuit n'est que le plein jour malade; elle est seulement un peu plus pâle; c'est un jour, comme on en voit, quand le soleil se cache.

Entrent BASSANIO, GRATIANO, ANTONIO *et leurs suivants.*

BASSANIO, *à Portia.* — Nous aurions le jour en même temps que les antipodes, si vous vous promeniez d'habitude en l'absence du soleil.

PORTIA. — Que je donne la lumière, soit, pourvu que je ne sois pas légère comme cette lumière; car une femme légère fait un mari insupportable, et je ne veux pas que Bassanio soit jamais pour moi rien de pareil. Mais Dieu dispose de toutes choses! Vous êtes le bienvenu, Monseigneur.

BASSANIO. — Je vous remercie, Madame. Souhaitez la bienvenue à mon ami; c'est là cet homme, cet Antonio envers qui je suis si infiniment obligé.

PORTIA. — Vous devez dans tous les sens lui être très-obligé; car, à ce que j'apprends, il s'était extrêmement obligé pour vous.

ANTONIO. — Et cette obligeance n'excède pas le payement que j'en ai reçu.

PORTIA. — Monsieur, vous êtes le bienvenu chez moi : je vous le montrerai mieux que par des paroles; c'est pourquoi j'abrége ces phrases de politesse.

GRATIANO, *à Nérissa.* — Par la lune que voici, je vous jure que vous me jugez mal; c'est la pure vérité, je l'ai donné au clerc du docteur; je voudrais que celui qui l'a fût châtré, puisque vous prenez la chose si fort à cœur, mon amour.

PORTIA. — Une querelle? déjà! Quel en est le sujet?

GRATIANO. — Un cercle d'or, un mauvais petit anneau qu'elle m'a donné, un anneau dont la devise, s'adressant à tout le monde, comme les devises que les couteliers gravent sur leurs couteaux, disait : *Aimez-moi et ne m'abandonnez pas* ³.

NÉRISSA. — Pourquoi venez-vous parler de sa devise ou de sa valeur? Vous m'avez juré, lorsque je vous le donnai, que vous le porteriez jusqu'à l'heure de votre mort, et que vous le garderiez avec vous dans le tombeau. Vous auriez dû, sinon pour moi, au moins en considération de la véhémence de vos serments, être un peu moins oublieux et conserver cet anneau. Vous l'avez donné au clerc d'un juge? Non, le ciel soit mon juge! le clerc à qui vous l'avez donné ne portera jamais de barbe sur le visage.

GRATIANO. — Il en portera, s'il vit jusqu'à l'âge d'homme.

NÉRISSA. — Oui, certes, si une femme peut devenir un homme.

GRATIANO. — Par cette main étendue, je jure que je l'ai donné à un jeune homme, une manière d'enfant, un petit être rabougri; pas plus grand que toi, le clerc du juge; un garçon babillard, qui me l'a réclamé comme honoraire; je n'ai pas eu le cœur de le lui refuser.

PORTIA. — Vous avez été blâmable, je vous le dis franchement, de vous être séparé si légèrement du premier don de votre femme, d'un objet attaché à votre doigt avec des serments, et ainsi rivé par la foi à votre chair. Moi aussi je donnai mon anneau à mon amour, et je lui fis jurer de ne jamais s'en séparer. Il est ici présent, et j'oserais affirmer pour lui qu'il ne le donnerait ni ne le retirerait de son doigt pour toute la richesse que renferme le monde. En vérité, Gratiano, vous avez donné à votre femme un trop désobligeant sujet de chagrin. Si c'était à moi que ce chagrin eût été fait, j'en deviendrais folle.

BASSANIO, *à part.* — Parbleu! je ferais bien de me couper la main gauche et de jurer que j'ai perdu l'anneau en le défendant.

GRATIANO. — Monseigneur Bassanio a donné son anneau au juge qui le lui demandait et qui le méritait véritablement; puis son clerc, qui s'était donné quelques peines pour les écritures, me demanda le mien; et ni le maître, ni le serviteur n'ont voulu prendre autre chose que les deux anneaux.

Portia. — Quel anneau avez-vous donné, Monseigneur? Ce n'est pas, j'espère, celui que vous aviez reçu de moi?

Bassanio. — Je le nierais, si je pouvais ajouter un mensonge à une faute; mais vous voyez que mon doigt n'a pas l'anneau; je ne l'ai plus.

Portia. — Et votre cœur hypocrite n'a pas plus de foi que votre doigt n'a d'anneau. Par le ciel! je n'entrerai pas dans votre lit que je n'aie vu mon anneau.

Nérissa. — Ni moi dans le vôtre que je n'aie revu le mien.

Bassanio. — Ma douce Portia, si vous saviez à qui j'ai donné l'anneau, si vous saviez pour qui j'ai donné l'anneau, si vous pouviez concevoir pourquoi j'ai donné l'anneau, si vous saviez avec quelle répugnance j'ai donné l'anneau, alors qu'on ne voulait rien autre chose que l'anneau, vous modéreriez la vivacité de votre déplaisir.

Portia. — Si vous aviez connu la vertu de l'anneau, ou la moitié de la valeur de celle qui vous donna l'anneau, ou à quel point votre honneur était engagé à garder l'anneau, vous ne vous seriez jamais séparé de l'anneau. Est-il un homme assez déraisonnable, s'il vous avait plu de défendre votre anneau avec un tant soit peu de zèle, pour commettre l'indiscrétion d'exiger une chose considérée par vous comme sacrée? Nérissa m'enseigne ce que je dois croire; je veux mourir si ce n'est pas une femme qui a reçu l'anneau.

Bassanio. — Non, sur mon honneur, Madame, sur mon âme, aucune femme ne l'a reçu; c'est un simple docteur en droit, qui n'a pas voulu de moi trois mille ducats et m'a demandé l'anneau que je lui ai refusé, en le laissant partir très-fâché; c'est ce même docteur qui a sauvé la vie de mon cher ami. Que vous dirai-je, douce dame? Je me vis forcé de faire courir après lui. J'étais tiraillé entre la honte et la courtoisie, et mon honneur ne pouvait permettre que l'ingratitude le souillât à ce point.

Pardonnez-moi ; excellente dame ; car, je le jure par ces flambeaux sacrés de la nuit, si vous aviez été là vous-même, vous m'auriez demandé, j'en suis persuadé, de donner l'anneau à ce digne docteur.

Portia. — Que ce docteur ne vienne jamais près de ma maison ; car, puisqu'il a obtenu le joyau que j'aimais et que vous aviez juré de garder pour l'amour de moi, je me montrerai aussi libérale que vous, et je ne lui refuserai rien de ce que je possède ; non rien, ni mon propre corps, ni le lit de mon mari. Je le reconnaîtrai, j'en suis très-sûre ; ne découchez pas une seule nuit, gardez-moi comme Argus ; car si vous ne le faites pas, si vous me laissez seule, par mon honneur, qui est encore ma propriété, je prendrai ce docteur pour compagnon de lit.

Nérissa. — Et moi son clerc ; par conséquent, faites bien attention à ne pas me laisser à la protection de moi-même.

Gratiano. — Bien, faites un peu cela ; que je n'y prenne pas le jeune clerc, car si je l'y prends, je briserai sa plume.

Antonio. — Je suis l'occasion malheureuse de toutes ces querelles.

Portia. — N'en prenez pas souci, Monsieur ; vous êtes nonobstant le bienvenu.

Bassanio. — Portia, pardonne-moi ce tort auquel j'ai été forcé ; je te le jure devant ces nombreux amis, je te le jure par tes beaux yeux où je me mire....

Portia. — Voyez-vous un peu cela ! Il se voit en double dans mes deux yeux : un Bassanio dans chaque œil. Jurez par votre double moi ; voilà un serment qu'on pourra croire.

Bassanio. — Oh ! veuille m'écouter. Pardonne cette faute, et je jure sur mon âme que jamais plus je ne manquerai à un serment que je t'aurai fait.

Antonio. — Je prêtai autrefois mon corps dans l'intérêt de sa fortune, ce corps qui aurait été fort malmené sans celui qui a obtenu l'anneau de votre mari ; j'ose de nouveau m'engager, et cette fois mon âme servira de dédit, que votre seigneur ne rompra jamais plus volontairement sa foi.

Portia. — Alors vous serez sa caution. Donnez-lui cet anneau, et recommandez-lui de le mieux garder que l'autre.

Antonio. — Ici, seigneur Bassanio; jurez de garder cet anneau.

Bassanio. — Par le ciel, c'est le même que j'ai donné au docteur!

Portia. — Je l'ai eu de lui; pardonnez-moi, Bassanio, car au moyen de cet anneau le docteur a couché avec moi.

Nérissa. — Et pardonnez-moi, mon aimable Gratiano, car ce petit rabougri, le clerc du docteur, au moyen de cet anneau, a couché la nuit dernière avec moi.

Gratiano. — Comment donc! mais cela ressemble à la réparation des grandes routes en été, alors qu'elles sont assez belles pour n'en avoir aucun besoin. Quoi! sommes-nous donc cocus avant de l'avoir mérité?

Portia. — Ne parlez pas si grossièrement. — Vous êtes tous étonnés; voici une lettre; lisez-la à votre loisir. Elle vient de Padoue, de Bellario; vous y lirez que Portia était le docteur, et Nérissa, ici présente, son clerc. Lorenzo sera témoin que je suis partie aussitôt que vous et que je viens seulement de revenir; je ne suis pas encore entrée dans ma maison. Antonio, vous êtes le bienvenu; j'ai en réserve pour vous de meilleures nouvelles que vous n'en attendiez. Décachetez bien vite cette lettre; vous y verrez que trois de vos navires sont arrivés soudainement au port avec de riches cargaisons; vous ne saurez pas par quel étrange accident cette lettre est tombée entre mes mains.

Antonio. — Je reste muet.

Bassanio. — Comment, vous étiez le docteur et je ne vous ai pas reconnue!

Gratiano. — Comment, vous étiez le clerc qui doit me faire cocu!

Nérissa. — Oui, mais le clerc qui n'a pas l'intention de vous faire cocu à moins qu'il ne devienne un homme.

Bassanio. — Mon doux docteur, vous serez mon compagnon de lit; lorsque je m'absenterai, je vous permets de coucher avec ma femme.

Antonio. — Ma douce dame, vous m'avez rendu la vie et le moyen de vivre; car cette lettre me donne la certitude que mes vaisseaux sont arrivés à bon port.

Portia. — Eh bien, Lorenzo! mon clerc a aussi pour vous certain écrit qui vous fera plaisir.

Nérissa. — Oui, et je le lui donnerai sans honoraires. Je vous remets, à vous et à Jessica, une donation spéciale faite par le riche Juif de tous les biens dont il sera possesseur à sa mort.

Lorenzo. — Belles dames, vous semez la manne sur le chemin des gens affamés.

Portia. — Le matin approche; et cependant, j'en suis sûre, vous ne croyez pas encore être assez bien informés de tous ces événements. Entrons, posez-nous des questions et nous y répondrons en toute vérité.

Gratiano. — Qu'il en soit ainsi. La première question que je poserai à ma Nérissa est celle-ci : veut-elle rester levée jusqu'à la nuit prochaine, ou bien profiter des deux heures qui nous restent jusqu'au jour pour aller se coucher? Mais si le jour était venu, je souhaiterais qu'il fût nuit afin de pouvoir coucher avec le clerc du docteur. Fort bien; pendant toute ma vie, je n'apporterai à rien autant de zèle qu'à conserver l'anneau de Nérissa.

(*Ils sortent.*)

COMMENTAIRE.

ACTE I.

1. *Plucking the grass to know where sits the wind.* Une manière de boussole primitive employée par les voyageurs et les chasseurs. Les marins, qui n'ont pas de gazon ou de plumes à leur disposition, ont recours à une autre méthode tout aussi simple que la précédente : ils se mouillent un doigt et le tiennent levé ; le côté du doigt qui sent le plus tôt le froid indique de quel côté souffle le vent.

2. *My wealthy Andrew.* Shakespeare, qui observe la couleur locale jusque dans ses plus petits détails, ayant à faire causer des Vénitiens d'affaires maritimes, fait baptiser par l'un d'eux son navire imaginaire du nom du célèbre amiral génois, André Doria.

3. *Now by the two headed Janus.* Encore l'observation scrupuleuse de la couleur locale. Nous sommes en Italie, et chacun sait que les serments et les jurons des Italiens se font encore aujourd'hui sous l'invocation des anciens dieux : *per Bacco, corpo di Bacco, per Giove, santa Diana*, etc.

4. *Though Nestor swear the jest be laughable.* Shakespeare sait aussi que les souvenirs classiques sont pour les Italiens des souvenirs de tradition, et pour ainsi dire de famille, et non des souvenirs d'école comme pour les autres nations. C'est ainsi que le nom de Nestor se présente tout naturellement à la pensée de Solarino, ayant à parler d'un homme grave ; c'est ainsi que nous verrons Bassanio se rappeler la Portia de Caton à propos de la châtelaine de Belmont, et, lorsqu'il voudra louer son ami Antonio, le présenter comme l'héritier de l'antique honneur romain.

5. Gratiano fait ici allusion à la sentence célèbre de l'Évangile, qui condamne au feu éternel ceux qui disent à leur frère *Raca*.

6. Cette méthode pour découvrir une flèche perdue semble aussi ancienne que l'invention de l'arc, et elle avait donné naissance en Angleterre à l'expression proverbiale que nous trouvons dans la bouche de Bassanio.

7. Les Napolitains étaient très-renommés au seizième siècle pour les arts de l'équitation et de l'escrime. La première école d'équitation, au

sortir du moyen âge, a été Naples, et les premiers livres sur l'art de l'équitation ont été écrits par des Napolitains.

8. On croit possible que Shakespeare ait voulu faire allusion à un certain comte palatin polonais, Albert Lazski de Siradz, qui visita l'Angleterre en 1583, fut reçu par la reine Élisabeth avec une grande distinction et se fit remarquer par ses excessives prodigalités. Pour réparer les brèches qu'il fit en peu de temps à sa fortune, pourtant énorme, il eut recours à la pierre philosophale, se lia d'amitié avec deux des alchimistes les plus célèbres de l'époque, Dee et Kelly, et les emmena en Pologne, à son palais, près de Cracovie. La presque totalité de la fortune du comte fut engloutie dans les creusets des alchimistes, et il ne s'aperçut de la fourberie dont il était victime que lorsqu'il se vit sur le bord de l'extrême ruine. (Note de l'édition STAUNTON.)

9. *The scottish Laird*. Tel est le texte des éditions publiées avant l'avénement de Jacques Ier. Dans les éditions ultérieures, on substitua à ces mots, ceux-ci : *The other Lord*, l'autre seigneur, afin de ne pas donner ombrage au roi et à son entourage écossais.

10. On a supposé que ce nom de Shylock avait été tiré par dérivation du nom de *Scialac*, qui était porté à l'époque de Shakespeare par un Maronite célèbre du mont Liban. D'autres ont pensé que ce nom dérivait du mot italien *scialacquo*, prodigalité. S'il en est ainsi, Shakespeare aurait baptisé son célèbre Juif par antiphrase. Mais ce nom de Shylock était très-commun parmi les Juifs. Une brochure, qui porte la date de 1607, contient les prophéties d'un certain savant juif, Caleb Shylock, pour cette même année, et comme cette brochure était une réimpression d'un écrit bien antérieur à la fin du seizième siècle, il est probable que Shakespeare en aura tiré le nom de son immortel usurier.

ACTE II.

1. *To prove whose blood is reddest*. Le sang rouge était considéré comme un signe de courage, et parmi les Saxons, le rouge était considéré comme la couleur des vaillants et des forts. Aussi, aux funérailles, avaient-ils la coutume de couvrir leurs morts illustres d'un drap rouge au lieu d'un drap noir. — JOHNSON et DOUCE.

2. Serviteur d'Hercule, qui fut jeté par lui dans la mer après qu'il lui eut apporté la tunique de Déjanire.

3. Il est remarquable que Lancelot est une manière de bel esprit rustique, un domestique qui a pris en tous lieux des bribes d'érudition. Il cite des mots latins qu'il place dans ses phrases à tort et à travers ; nous allons le voir montrer des connaissances en chiromancie ; il fait la critique des expressions mythologiques et des métaphores en usage auprès des rhéteurs, comme nous le voyons dans la phrase à laquelle cette note se rapporte ; il joue sur les mots à exaspérer Lorenzo, et ne perd jamais une occasion de faire le discoureur. Avant de servir chez le Juif, il aura

servi chez quelque savant de la renaissance, ou quelque chanoine de Venise, ou rempli l'office d'enfant de chœur auprès du curé de son village natal.

4. Lancelot fait allusion à un vieux proverbe anglais : la grâce de Dieu vaut mieux que les richesses, proverbe ainsi transformé en Écosse : la grâce de Dieu est une assez grande fortune.

5. En chiromancie, *la table* était la paume de la main. On distinguait trois lignes principales : la ligne de la fortune, qui part de l'index et fait une courbe sous les autres doigts ; la ligne naturelle, qui est la ligne du milieu de la main ; enfin la ligne de vie, qui décrit un cercle autour de la naissance du pouce.

6. On sait que la coutume était autrefois de dîner avec son chapeau sur la tête.

7. L'office de porteur de torches était une manière de distinction et ne rentrait pas dans le service des valets ordinaires ; c'est pourquoi Lorenzo peut sans injure choisir Jessica, habillée en page, pour porteur de torche.

8. Rêver de sacs d'argent était un signe de malheur.

9. Le lundi noir était le lundi de Pâques. Le chroniqueur Stowe nous apprend l'origine de cette appellation : « Dans la trente-quatrième année du règne d'Édouard III, nous dit-il (1360), le 14 d'avril et le lendemain du jour de Pâques, le roi Édouard, avec son armée, campa devant la ville de Paris, et le jour fut tellement obscurci de brouillard et de grêle, et il fit un froid si vif, que beaucoup d'hommes moururent de froid sur leurs chevaux. C'est pourquoi jusqu'aujourd'hui ce jour a été appelé le lundi noir. »

10. *Beshrew me*. L'origine de ce juron, qui se rencontre fréquemment dans Shakespeare, est assez curieuse. Selon Florio, il venait du nom anglais de la musaraigne, *the shrew*, animal inoffensif qui avait l'étrange réputation d'empoisonner tous les animaux qu'il mordait, et de les estropier rien que par son attouchement. Quoi qu'il en soit, ce mot de *shrew* était devenu le synonyme de tout ce qui est maudit et méchant. Une femme méchante, ce que nous nommons une mégère ou une pie-grièche, s'appelait *shrew*. Une pièce de Shakespeare, dont l'héroïne est une femme acariâtre, porte pour titre *The taming of the shrew*, la mégère domptée. (Voir le glossaire de Nares, aux mots *Beshrew* et *Shrew*.)

11. Le texe porte *cerecloth*, drap de cire. C'était un drap enduit de cire dont on se servait pour envelopper les cadavres embaumés.

12. Nous avons déjà rencontré, et nous rencontrerons souvent le nom de cette monnaie à l'effigie de l'ange, qui était très-ancienne en Angleterre et en usage commun au temps d'Élisabeth.

13. Nous ne pouvons assez faire remarquer à quel point Shakespeare a observé la couleur vénitienne jusque dans ses plus petites nuances. Il donne le nom de gondoles aux bateaux vénitiens ; la monnaie que Jessica emporte à son père, et que Bassanio emprunte à Shylock s'appelle ducats ; la mascarade aux flambeaux de Lorenzo et de ses compagnons rappelle les plaisirs familiers aux jeunes Vénitiens ; les mar-

chands et les trafiquants de la pièce se rassemblent sur le Rialto, la place où ils s'assemblaient en effet. Le poëte a été fidèle jusqu'au scrupule aux moindres détails de mœurs : cette paire de pigeons, par exemple, que le vieux Lancelot Gobbo porte au maître de son fils, est un de ces mille détails. C'est encore aujourd'hui la coutume des paysans italiens et même des paysans de tous les pays de la langue d'oc en France de porter aux riches propriétaires dont ils sont fermiers ou métayers, ou dont ils veulent s'assurer les bonnes grâces, quelque pièce de volaille ou quelque panier de fruits.

14. *To offend and judge are distinct offices;*
And of opposed natures.

Par cette sentence, que sa concision rend quelque peu obscure, Portia s'excuse auprès du prince d'Aragon des dures paroles qui lui sont adressées par le coffret. Ces paroles ne lui étaient pas adressées à lui plus qu'à un autre; elles étaient adressées à celui qui choisirait le coffret d'argent. Leur but n'était donc pas d'offenser, mais de prononcer une sentence, et elles l'ont prononcée. Tant pis si la sentence est dure, mais que le prétendant évincé ne la prenne pas pour un outrage.

ACTE III.

1. Allusion aux propriétés bien connues du gingembre, et à son emploi habituel dans les siècles qui ont précédé le nôtre comme stimulant pour la vieillesse.

2. La turquoise était estimée autrefois, non-seulement à cause de sa beauté et de sa rareté, mais aussi à cause des propriétés particulières qu'on lui attribuait. On la prétendait, par exemple, fidèle à son possesseur, au point de changer de couleur selon son état de santé ou de fortune. Elle prévenait encore les passions qui divisent et maintenait la bonne entente entre le mari et la femme.

3. Allusion à l'antique histoire du tribut annuel payé à Neptune offensé par les Troyens, et dont Hercule les racheta.

4. Les dames du seizième siècle avaient, autant que celles du nôtre, la rage des fausses chevelures, paraît-il; car cette mode, à laquelle Shakespeare fait de nombreuses allusions, est le sujet d'une multitude d'épigrammes et de traits d'esprit chez les écrivains contemporains. La ressemblance de cette mode avec celle de nos jours était aussi complète que possible, car les dames du temps de Shakespeare affectionnaient particulièrement les fausses chevelures d'un blond ardent ou rousses, par flatterie sans doute envers la reine Élisabeth, dont les cheveux étaient de cette couleur.

5. *The beauteous scarf veiling an indian beauty.* On a supposé, non sans raison, que le mot *beauté* était ici de trop ou avait été substitué à un autre. Il est évident que pour Bassanio l'Indienne n'est pas un type de beauté, puisqu'il vient de parler des apparences somptueuses qui recou-

vrent de laides et misérables réalités. Cependant on peut supposer que ce mot est pris ironiquement, et que beauté indienne correspond dans sa pensée à quelque chose comme ce que nous appelons la Vénus Hottentote.

ACTE IV.

1. *A royal merchant*. Ce titre de *royal marchand* est deux fois donné à Antonio : une fois par Bassanio, une fois par le doge; mais elle n'a n'a pas tout à fait le même sens dans les deux cas. Dans la bouche de Bassanio, cette épithète de *royal* est un compliment payé à son ami. Il appelle Antonio, royal marchand, comme les Américains de nos jours appellent leurs grands commerçants *princes marchands*. Dans la bouche du doge, cette qualification s'applique au marchand qui fait les affaires des couronnes. C'était le titre que portait au temps de Shakespeare le fameux sir Thomas Gresham.

2. *A gaping pig*. Les commentateurs croient que par cette expression on doit entendre un cochon de lait rôti dont la tête bâille. L'antipathie dont parle Shylock consisterait à ne pouvoir supporter la vue de cette gueule entr'ouverte. On cite nombre de passages des auteurs contemporains qui semblent corroborer cette expression. Nous aimons mieux croire que Shakespeare veut parler de l'antipathie qu'excite un cochon criant, quoiqu'il faille un peu forcer le sens du mot *gaping* pour arriver à cette interprétation.

3. Malone, dans ses *Notes supplémentaires*, cite deux curieuses *déclamations* extraites d'une espèce de *Conciones* écrit par un rhéteur de loisir. Le titre de cette collection de discours composés à froid est l'*Orarateur, contenant cent discours divers en forme de déclamations;* quelques-uns des arguments sont tirés de Tite Live, *les autres de l'invention de l'auteur, qui les a empruntés en partie à des événements arrivés de notre époque. Écrits en français par Alexandre Silvayn, et traduits en anglais par L. P.* Ces deux *Déclamations* se composent du discours d'un juif qui, comme Shylock, et dans les mêmes circonstances, réclame une livre de chair à un chrétien, devant un tribunal, et de la réponse de ce chrétien. Shakespeare avait certainement lu cette traduction qui porte la date de 1596, et qui se trouve ainsi presque contemporaine du *Marchand de Venise*, car quelques-uns des arguments de Shylock et de Portia se rencontrent dans ces déclamations. Nous avons ici une preuve nouvelle de cette avidité de lecture qui semble avoir caractérisé Shakespeare.

4. *Not on thy sole but on thy soul*. Le texte doit à un calembour de Gratiano, qui roule sur la prononciation des mots *sole*, semelle, et *soul*, âme, une énergie que la traduction ne peut rendre.

5. Allusion au nombre de douze jurés exigé par la loi pénale anglaise.

ACTE V.

1. Lancelot imite le son de la trompe, par laquelle les messagers annonçaient leur arrivée.

2. *Patines of bright gold.* La patène est cette rondelle d'or que l'on donne à baiser aux fidèles dans le sacrement de l'Eucharistie. C'est un de ces mille et un détails qui, dans Shakespeare, se rapportent à l'ancienne civilisation catholique, et trahissent chez le poëte une origine catholique.

3. C'était une coutume, qui n'est pas encore tout à fait abolie, et qu'on retrouve encore dans les provinces reculées du centre de la France, de graver des devises sur les couteaux au moyen de l'eau-forte.

FIN DU PREMIER VOLUME.

TABLE.

LA TEMPÊTE...	1
Avertissement..	3
La Tempête..	9
Commentaire...	82
LES DEUX GENTILSHOMMES DE VÉRONE.............	101
Avertissement..	103
Les Deux Gentilshommes de Vérone................	107
Commentaire...	185
LA COMÉDIE DES MÉPRISES.........................	193
Avertissement..	195
La Comédie des Méprises...........................	199
Commentaire...	265
LE SONGE D'UNE NUIT D'ÉTÉ.........................	273
Avertissement..	275
Le Songe d'une nuit d'été...........................	281
Commentaire...	354
LE MARCHAND DE VENISE............................	365
Avertissement..	367
Le Marchand de Venise..............................	373
Commentaire...	460

FIN DE LA TABLE.

IMPRIMERIE GÉNÉRALE DE CH. LAHURE
Rue de Fleurus, 9, à Paris

LIBRAIRIE DE L. HACHETTE ET Cie
Boulevard Saint-Germain, 77, à Paris.

NOUVELLE PUBLICATION

BIBLIOTHÈQUE
DES MERVEILLES

DIRIGÉE
PAR EDOUARD CHARTON
ENVIRON 100 VOLUMES
ILLUSTRÉS DE NOMBREUSES VIGNETTES
Prix de chaque volume broché : 2 francs
La reliure en percaline, tranches rouges, se paye en sus, 1 fr.

Nous appelons « merveilles » ce qu'il y a de plus admirable dans la nature, dans les sciences, dans l'industrie, dans les arts, dans l'histoire, dans l'homme, dans tout ce qui est digne de notre intérêt en dehors de nous et en nous-même.

Depuis les métamorphoses de la petite graine en fleur ou de la chenille en papillon jusqu'aux évolutions sublimes des astres, combien de beautés à contempler, à admirer, à essayer de comprendre dans l'immense panorama de la nature!

Depuis les premières observations de quelques hommes de génie dans l'antiquité, les Aristote et les Archimède, jusqu'aux prodigieuses découvertes, nées hier sous nos yeux et l'honneur de notre siècle, applications de la vapeur, de l'électricité, ou de la chimie, que d'admirables éclairs de l'intelligence humaine, que de conquêtes glorieuses sur l'ignorance! Qui pourrait, sans être ému, sans être pénétré de respect et saisi d'admiration, entrer dans ce cercle des sciences qui va s'élargissant sans cesse, et, de siècle en siècle, tend de tous les points de sa circonférence vers l'infini!

Dans l'industrie, comment ne pas admirer tant de nombreux témoignages de la puissance humaine en lutte avec la nature, soit qu'on la suive cherchant l'or, le fer, la houille dans les entrailles de la terre, soit qu'on la contemple à l'œuvre dans ces fournaises éblouissantes, dans ces ruches laborieuses, usines et fabriques, où, nuit et jour, des essaims d'hommes font subir à la matière les transformations nécessaires à l'accroissement de notre bien-être, de nos forces, et au perfectionnement de nos moyens d'action.

Et quelles merveilles que ces chefs-d'œuvre des arts, peinture, sculpture, architecture, musique, ou poésie, dont les inspirations variées sont pour nous l'intarissable source de surprises si charmantes et de si doux ravissements !

D'autre part, les grands enseignements de la vie humaine ne sont pas moins dignes de captiver notre attention. L'histoire surprend notre âme par ses vicissitudes, l'élève et l'enthousiasme par l'exemple de ses héroïsmes, en même temps que cette âme elle-même nous attire et nous étonne par ses instincts étranges, par ses facultés parfois si extraordinaires, par ses passions si généreuses ou si terribles.

Qu'il serait à plaindre celui qui, au milieu de tant de merveilles, se sentirait froid et impuissant à admirer !

L'admiration pour tout ce qui a une véritable grandeur est la plus noble de nos facultés et aussi la plus heureuse, car c'est celle qui a le plus de sujets de se satisfaire, sans mélange d'amertume, d'envie, ou d'aucun des sentiments qui abaissent ou altèrent la dignité de notre nature.

Il n'y a que deux sortes d'états de l'âme où l'on puisse concevoir qu'il ne se trouve point de place pour l'admiration : une ignorance extrême comparable à celle des êtres inférieurs à l'homme, qui, quelle que soit l'intelligence qu'on veuille leur donner, très-probablement n'admirent guère ; ou l'orgueil d'un esprit aride, qui se condamne volontairement à l'indifférence, à l'impassibilité, imaginant sans doute que ne paraître surpris de rien est une marque de supériorité, et que ne point résister à l'enthousiasme est une faiblesse.

Laissons-nous aller, simplement, naturellement, aux délicieux enchantements qui rayonnent de toutes ces magnificences de l'univers, de toutes ces beautés et de tous ces progrès de la civilisation, qui nous font aimer le don de la vie, nous aident à supporter nos épreuves, nous consolent de nos misères, et nous inspirent la confiance qu'un jour l'étincelle sacrée qui est en nous deviendra flamme et notre petitesse grandeur.

Et ainsi entraînés, élevés par notre admiration, cédons à l'attrait et au charme qui ne sauraient manquer de faire naître en nous le goût et la volonté de nous instruire. Quoi de plus simple que d'aspirer à étudier et à connaître ce que nous admirons ! Et ne craignons pas que l'étude et la connaissance affaiblissent en nous le don et le bonheur d'admirer. Il y a aussi une admiration, dit Joubert, qui est « fille du savoir [1]. »

Loin de nous assurément la pensée de critiquer l'emploi de méthodes plus sévères pour répandre et populariser les connaissances utiles à tous les hommes. Mais n'est-ce pas au moment où, grâce à l'accroissement rapide des écoles et des cours publics,

---

1. Pensées, essais et maximes.

un grand nombre de nouvelles intelligences s'entr'ouvrent à la curiosité d'apprendre, qu'il est opportun et utile de montrer les pentes agréables et faciles qui conduisent aux premières études des sciences et des arts. La raison suffira bien pour enseigner ensuite que des efforts plus sérieux deviendront nécessaires lorsque le goût, une fois né, aura communiqué aux esprits la persévérance et l'énergie d'application sans lesquelles, en effet, on ne saurait s'approprier une instruction solide et suffisamment complète.

Voilà le but que nous nous proposons d'atteindre par cette série d'ouvrages dont nous avons commencé la publication ; voilà ce que veut exprimer, annoncer et conseiller notre titre ; voilà la conviction et l'espérance que partagent les professeurs, les savants, les littérateurs qui se sont groupés autour de nous, animés qu'ils sont, ainsi que nous, du désir de seconder l'heureux mouvement qui porte aujourd'hui toutes les classes de la société vers l'instruction.

A peine est-il utile d'ajouter que celui qui écrit ces lignes et qu'on a bien voulu charger de la direction de cette encyclopédie nouvelle, ne négligera rien de ce que lui a enseigné l'expérience et de ce que lui commande son dévouement à la grande cause de l'instruction, pour rendre la *Bibliothèque des merveilles* aussi digne qu'il lui sera possible de l'estime publique. Chacun de ces petits volumes, d'un prix peu élevé, étant imprimé à quelques milliers d'exemplaires seulement pour chaque édition, il sera facile de les tenir incessamment au courant de tous les progrès des sciences et des arts. C'est ce qu'on ne peut pas faire aisément dans les volumineuses encyclopédies, stéréotypées ou non, dont les articles, enchaînés en quelque sorte les uns aux autres, ne sauraient être modifiés ou renouvelés qu'à de très-longs intervalles. Les lacunes, presque inévitables, seront de même comblées sans aucune difficulté dès qu'on le jugera utile. De nos jours l'esprit humain va vite : il faut le suivre d'un pas agile ; le service que doivent rendre ces recueils encyclopédiques est de résumer, pour le plus grand nombre des lecteurs, la science du passé, ce qu'y ajoute le présent, et d'ouvrir aussi quelque perspective de ce qu'il est permis d'entrevoir dans l'avenir.

Édouard CHARTON.

BIBLIOTHÈQUE DES MERVEILLES

OUVRAGES DÉJA PUBLIÉS.

Les Ballons, par F. MARION. 1 vol. illustré de 20 vignettes par P. SELLIER.

La Chaleur, par M. le professeur CAZIN. 1 vol. illustré de 90 vignettes par JAHANDIER.

Les Chemins de fer, par AMÉDÉE GUILLEMIN. 1 vol. illustré de 111 vignettes.

Éclairs et Tonnerre, par W. DE FONVIELLE. 1 vol. illustré de 38 vignettes par E. BAYARD et H. CLERGET.

Les grandes Chasses, par VICTOR MEUNIER. 1 vol. illustré de 30 vignettes par LANÇON.

Grottes et Cavernes, par BADIN. 1 vol. illustré de 30 vignettes par CAMILLE SAGLIO.

Les Merveilles de l'architecture, par ANDRÉ LEFÈVRE. 1 vol. illustré de 40 vignettes par THÉROND.

Les Merveilles de l'art naval, par L. RENARD. 1 volume illustré de 50 vignettes sur bois par MOREL-FATIO.

Les Merveilles célestes, LECTURES DU SOIR, par C. FLAMMARION. 1 vol. illustré de 30 planches.

Les Merveilles de la céramique, par JACQUEMART. 1 vol. illustré de 53 vignettes par H. CATENACCI.

Les Merveilles de l'électricité, par M. BAILLE. 1 vol. illustré par JAHANDIER.

Les Merveilles de la météorologie, par MM. ZURCHER et MARGOLLÉ. 1 vol. illustré de 23 vignettes par LEBRFTON.

Les Merveilles du monde invisible, par W. DE FONVIELLE. 1 vol. illustré de 100 figures sur bois.

Les Merveilles de l'optique, par F. MARION. 1 vol. illustré de 60 vignettes par A. DE NEUVILLE et JAHANDIER.

Les Merveilles de la végétation, par F. MARION. 1 vol. illustré de 45 vignettes par LANCELOT.

Les **Métamorphoses des insectes**, par Girard, vice-président de la Société entomologique de France. 1 vol. illustré de 300 figures sur bois.

Les **Parcs et les jardins**, par André Lefèvre. 1 volume illustré de 26 vignettes par de Bar.

Les **Plages de la France**, par Armand Landrin. 1 volume illustré de 140 vignettes par Mesnel.

Volcans et Tremblements de terre, par Zurcher et Margollé. 1 vol. illustré de 62 vignettes par E. Riou.

OUVRAGES EN PRÉPARATION

Les **Merveilles de l'Intelligence des animaux**, par Ernest Menault. 1 vol. illustré.

La Verrerie, par Sauzay, conservateur du musée Sauvageot au Louvre. 1 vol. illustré.

La Vie des Plantes, par Bocquillon, professeur de botanique au lycée Saint-Louis. 1 vol. illustré.

Le Son, par R. Radeau. 1 vol. illustré.

Les **Armes**, par Lacombe, ancien élève de l'École des chartes. 1 vol. illustré.

Les **Colosses**, par Arthur Rhoné. 1 vol. illustré.

L'Eau, par G. Tissandier. 1 vol. illustré.

Les **Glaciers**, par Zurcher et Margollé. 1 vol. illustré.

Les **Grandes Pêches**, par Victor Meunier. 1 vol. illustré.

Les **Machines**, par Georges Renaud. 1 vol. illustré.

Les **Monstres marins**, par A. Landrin. 1 vol. illustré.

Les **Phares**, par L. Renard, bibliothécaire au dépôt des cartes de la marine. 1 vol. illustré.

Les **Ruines et les Tombeaux**, par Michel Masson. 1 v. ill.

L'Or et l'Argent, par V. Meunier, fils. 1 vol. illustré.

Imprimerie générale de Ch. Lahure, rue de Fleurus, 9, à Paris.

Librairie de L. HACHETTE et Cie, boulevard Saint-Germain, n° 77, à Paris.

BIBLIOTHÈQUE VARIÉE

FORMAT IN-18 JÉSUS

1re SÉRIE, A 3 FR. 50 CENT. LE VOLUME.

About (Edm.). Causeries, 2 vol. — La Grèce contemporaine. 1 vol. — Le Progrès. 1 vol. — Le Turco, 1 vol. — Madelon. 1 vol. — Salon de 1864. 1 vol. — Salon de 1866. 1 vol. — Théâtre impossible. 1 vol.
Achard (Amédée). Album de voyages. 2 vol.
Ackermann. Contes et poésies. 1 vol.
Arnould (Edm.). Sonnets et poèmes. 1 vol.
Barrau. Histoire de la Révolution française. 1 vol.
Bautain (l'abbé). La belle saison à la campagne. 1 v. — La chrétienne de nos jours. 2 vol. — Le chrétien de nos jours. 2 vol. — La religion et la liberté. 1 v. — Manuel de philosophie morale. 1 vol. — Méditations sur les épîtres et les évangiles des dimanches et des fêtes. 1 vol. — Méditations sur les épîtres et les évangiles du carême. 1 vol. — Idées et plans pour la méditation et la prédication. 1 vol.
Bayard (J.F.). Théâtre. 12 vol.
Bellemare (A.). Abd-el-Kader 1 vol
Belloy (de). Le chevalier d'Aï. 1 vol. — Légendes fleuries. 1 vol.
Belot (Ad.). L'Habitude et le Souvenir. 1 vol.
Bersot. Mesmer ou le magnétisme animal. 1 vol.
Boulé. Phidias, drame antique. 1 vol.
Calemard de la Fayette (Ch.). Le poème des champs. 1 vol.
Caro. Études morales. 1 vol. — L'idée de Dieu. 1 v.
Carraud (Mme). Le Livre des jeunes filles. 1 vol.
Castellane (de). Souvenirs de la vie militaire. 1 volume.
Charpentier. Les écrivains latins de l'empire. 1 volume.
Cherbuliez (Victor). Le comte Costia. 1 vol. — Paul Méré. 1 vol. — Le Roman d'une honnête femme. 1 vol. — Le Grand-Œuvre. 1 vol.
Chevalier (M.). Le Mexique ancien et moderne. 1 v.
Chodzko. Contes slaves. 1 vol.
Crépet (E.). Le trésor épistolaire de la France. 2 v.
Dargaud (J.). Marie Stuart. 1 vol. — Voyage aux Alpes. 1 vol. — Voyage en Danemark. 1 vol.
Daumas (E.). Mœurs et coutumes de l'Algérie. 1 v.
Deschanel (Em.). Physiologie des écrivains. 1 vol. — Études sur Aristophane. 1 vol.
Devinck (F.) La pratique commerciale. 1 vol.
Duruy (V.). Causeries de voyage: De Paris à Vienne. 1 vol.
Ferry (Gabr.). Le coureur des bois. 2 vol. — Costal l'Indien. 1 vol.
Figuier (Louis). Histoire du merveilleux. 4 vol. — L'alchimie et les alchimistes. 1 vol. — L'année scientifique, 12 années (1856-1868). 12 vol.
Francklin (Benjamin). Œuvres traduites de l'anglais et annotées par M. Ed. Laboulaye. 4 vol.
Fromentin (Eug.). Dominique. 1 vol.
Garnier (Ad.). Traité des facultés de l'âme. 3 v.
Geruzez (E). Mélanges et pensées. 1 vol.
Guizot (F.). Un projet de mariage royal. 1 vol.
Hoefer. La chimie enseignée par la biographie de ses fondateurs. 1 vol. — Les Saisons. 1 vol.
Houssaye (A.). Histoire du 41e fauteuil. 1 vol. — Le violon de Franjolé. 1 vol. — Voyages humoristiques. 1 vol.
Hugo (Victor). Œuvres. 20 vol.
Jouffroy. Cours de droit naturel. 2 vol. — Cours d'esthétique. 1 vol. — Mélanges philosophiques. 1 v. — Nouveaux mélanges philosophiques. 1 vol.
Jurien de la Gravière (l'amiral). Souvenirs d'un amiral. 2 vol. — Voyage en Chine. 2 volumes. — La marine d'autrefois. 1 vol.
La Landelle (G. de). Le tableau de la mer. 4 v.
Lamartine (A. de). Œuvres. 8 vol. — Lectures pour tous. 1 vol.
Lanoye (F. de). L'Inde contemporaine. 1 vol. — Le Niger. 1 vol.
Laugel. Études scientifiques. 1 vol.
Marmier. En Alsace; L'avare et son trésor. 1 vol. — En Amérique et en Europe. 1 v. — Gazida 1 v. — Hélène et Suzanne. 1 vol. — Histoire d'un pauvre musicien (1770-1793). 1 vol. — Le roman d'un héritier. 1 vol. — Les fiancés du Spitsberg. 1 vol. — Lettres sur le Nord. 1 vol. — Mémoires d'un orphelin. 1 vol. — Sous les sapins. 1 vol. — Un été au bord de la Baltique et de la mer du nord. 1 vol. — De l'Ouest à l'Est. 1 vol.
Martha. Les moralistes sous l'Empire romain. 1 v.
Mézières (L.) Les Charades et les homonymes. 1 v.
Michelet. La femme. 1 vol. — La mer. 1 vol. — L'amour. 1 v. — L'insecte. 1 vol. — L'oiseau. 1 v.
Michelet (Mme J.). Mémoires d'un enfant. 1 vol.
Monnier. L'Italie est-elle la terre des morts? 1 v.
Mortemart (baron de). La vie élégante. 1 vol.
Mouy (Ch. de). Les jeunes ombres. 1 vol.
Nisard (Désiré). Études de mœurs et de critique sur les poètes latins de la décadence. 2 vol.
Nisard (Ch.) Curiosités de l'étymologie française. 1 v.
Patin. Études sur les tragiques grecs. 4 vol.
Perrens (F. T.). Jérôme Savonarole. 1 vol.
Perrot (Georges). L'Ile de Crète. 1 vol.
Pfeiffer (Mme Ida). Voyage d'une femme autour du monde. 1 vol. — Mon second voyage autour du monde. 1 vol. — Voyage à Madagascar. 1 vol.
Ponson du Terrail. Les contes du drapeau. 2 v.
Poussielgue (Achille). Voyage en Chine et en Mongolie, de M de Bourboulon. 1 vol.
Prevost-Paradol. Études sur les moralistes français. 1 vol. — Histoire universelle. 2 vol.
Quatrefages (de). Unité de l'espèce humaine. 1 v.
Raymond (X.). Les marines de la France et d l'Angleterre. 1 vol.
Rendu (V.). L'intelligence des bêtes. 1 vol.
Roussin (A.). Une campagne au Japon. 1 vol.
Sainte-Beuve. Port-Royal. 6 vol.
Saintine (X.-B.). Le chemin des écoliers. 1 vol. — Picciola. 1 vol. — Seul! 1 vol.
Sand (George). Jean de la Roche. 1 vol.
Simon (Jules). La liberté politique. 1 vol. — La liberté civile. 1 vol. — La liberté de conscience. 1 v. — La religion naturelle. 1 vol. — Le devoir. 1 v. — L'ouvrière. 1 vol.
Taine (H.). Essai sur Tite Live. 1 vol. — Essais de critique et d'histoire. 1 vol. — Histoire de la littérature anglaise. 4 vol. — Nouveaux essais de critique et d'histoire. 1 vol. — La Fontaine et ses fables. 1 vol. — Les philosophes français au XIXe siècle 1 vol. — Voyage aux Pyrénées. 1 vol. — Notes sur Paris : Vie et opinions de M. Graindorge. 1 vol.
Théry. Conseils aux mères sur les moyens de diriger et d'instruire leurs filles. 2 vol.
Thiercelin (le Dr). Journal d'un baleinier, voyage en Océanie. 2 vol.
Töpffer (Rod.). Nouvelles genevoises. 1 vol. — Rosa et Gertrude. 1 vol. — Le presbytère. 1 vol. — Réflexions et menus propos d'un peintre genevois. 1 vol.
Troplong. De l'influence du christianisme sur le droit civil des Romains. 1 vol.
Ulliac-Trémadeure (Mlle). La maîtresse de maison. 1 vol.
Vapereau (Gust.). L'année littéraire, 9 années
Viennet. Fables complètes. 1 vol.
Vigneaux. Souvenirs d'un prisonnier de guerre au Mexique. 1 vol.
Vivien de St-Martin. L'année géographique 5 années (1862-1866). 5 vol.
Wallon. Vie de N.-S. Jésus-Christ, 1 volume. — La sainte Bible. 1 vol.
Wey (Francis). Dick Moon en France. 1 volume. — La haute Savoie. 1 vol.
Widal. Études sur Homère. 1re partie : Iliade. 1 vol.

Imprimerie générale de Ch. Lahure, rue de Fleurus, 9, à Paris.

www.ingramcontent.com/pod-product-compliance
Lightning Source LLC
Chambersburg PA
CBHW060226230426
43664CB00011B/1562